Zeichnen mit Buntstiften

07/98

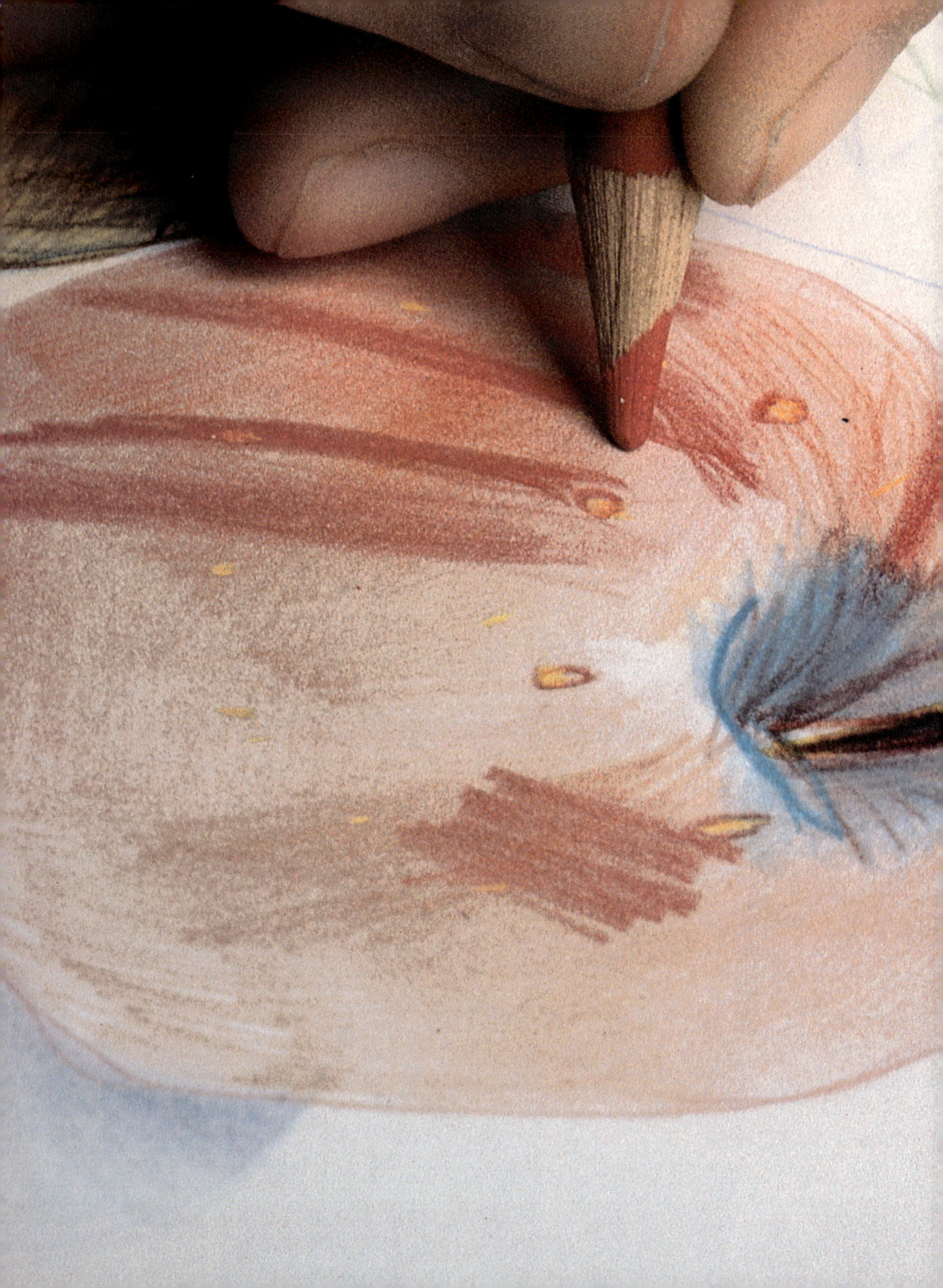

Zeichnen mit Buntstiften

Iain Hutton-Jamieson

Könemann

This book was designed and produced by
Quarto Publishing plc
The Old Brewery
6 Blundell Street
London N7 9BH

Original title: Coloured Pencil Drawing Techniques

Senior Editor: Sandy Shepherd
Art Editor: Marnie Searchwell
Editor: Ricki Ostrov
Designers: Heather Jackson, Louise David
Design Assistant: Gill Elsbury
Photographer: Ian Howes
Art Director: Alastair Campbell

Bonner Str. 126, D-50968 Köln
Übersetzung aus dem Englischen
(für Agents-Producers-Editors):
Claudia Gatzweiler
Redaktion und Satz der deutschen Ausgabe:
Agents-Producers-Editors, Overath
Druck und Bindung: Sing Cheong Printing Co., Ltd.
Printed in Hong Kong, China
ISBN 3–8290–0326–9

INHALTSVERZEICHNIS

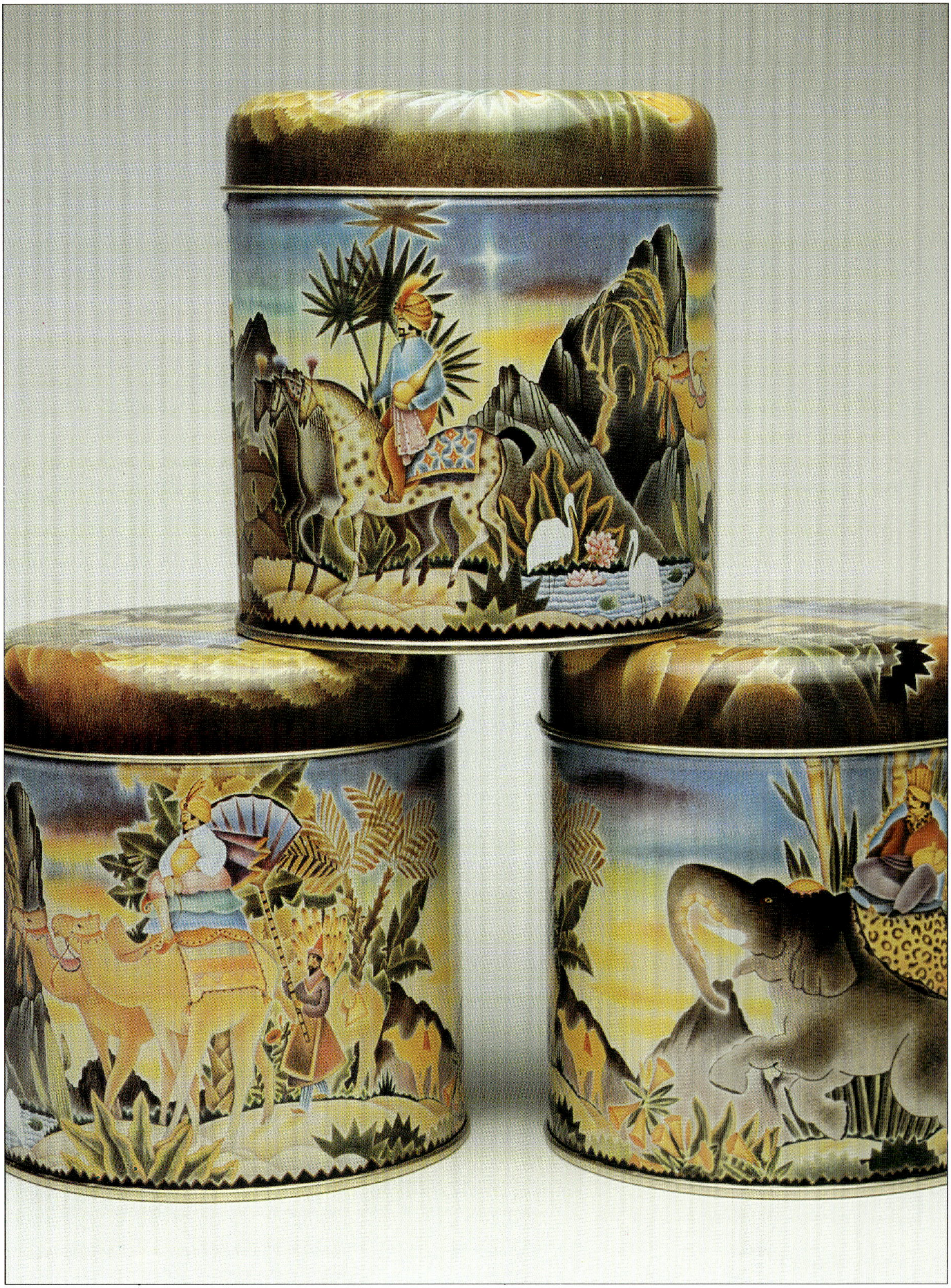

ERSTES KAPITEL

EINFÜHRUNG

Bilder können durch ein einfaches Symbol eine komplexe Vorstellung oder gar eine ganze Geschichte darstellen. Das macht sie zu einem wesentlichen Medium für die Vermittlung von Ideen. Stil und handwerkliche Fertigkeit eines Künstlers verstärken in einer gelungenen Zeichnung die Botschaft des Symbols noch.

Farben eröffnen dem Künstler wie dem Betrachter eine andere Ebene der Erfahrung – eine andere Sprache. Sie erweitern die Vielzahl verschiedener Zeichentechniken und eröffnen eine breite Auswahl an Darstellungsweisen. Die diversen Techniken der Farbgebung beim Zeichnen unterscheiden sich erheblich von allen anderen Maltechniken und können sogar das analytische Denken während des Entstehungsprozesses einer Zeichnung vollständig verändern.

Buntstifte sind nicht nur Kinderspielzeug, noch werden sie nur für die Vorbereitung einer künstlerischen Arbeit verwendet. Sie sind inzwischen auch für Illustrationen sehr populär geworden, besonders im Bereich von Verpackungen. Die Bilder auf den Weihnachtsdosen (*links*) wurden von Jenny Tilden-Wright gezeichnet.

Die Entwicklung des Buntstiftes

Bis vor nicht allzu langer Zeit waren Zeichnungen für rein ästhetische Zwecke eher ungewöhnlich. Weil Zeichnungen zu Studienzwecken benutzt wurden – wie die Zeichnungen Leonardo da Vincis – oder als Vorskizzen für Gemälde und Skulpturen, galten sie im Vergleich zur fertigen Arbeit als eher unbedeutend. Erst Mitte des 18. Jahrhunderts wurde das Zeichnen zu einer eigenständigen Kunstform. Ungefähr zwei Jahrhunderte früher hatte man grobe Zeichenmaterialien weiterentwickelt, was schließlich zur Erfindung der ›Bleistifte‹ – langer Stücke gebundener Graphitteilchen – führte. Graphit ist die kristalline Form des Kohlenstoffes und hat in Wirklichkeit nichts mit Blei zu tun – irgendwann im Laufe der Geschichte wurde es als ›schwarzes Blei‹ erwähnt, und daher stammt die eher mißverständliche Terminologie, die wir noch heute benutzen. Diese Stifte konnten in jeder erwünschten Breite gemacht werden. Um zu verhindern, daß sie sich an den Händen des Benutzers abrieben, wurden schon bald Ummantelungen entwickelt. Einige Stifte wurden mit Leder- oder Metallummantelungen versehen, es dauerte aber noch eine geraume Zeit, bis holzummäntelte Stifte üblich wurden.

Noch später tauchten Buntstifte auf dem Markt auf. Sie werden genauso hergestellt wie Bleistifte, das ›Blei‹ allerdings besteht aus Pigmentpartikeln, die in einem Bindemittel gelöst sind. Die Qualität des Buntstifts hängt von der Reinheit der Pigmente, der Pigmentdichte innerhalb der Mine und der Qualität des Bindemittels ab.

Noch heute werden Buntstifte im wesentlichen so hergestellt. Eine bestimmte Menge Farbpigmente, die mit einem Wachs gebunden ist, wird zu einer dünnen Mine geformt. In ein flaches Holzstück werden Nuten gefräst, in die die Minen eingepaßt werden, nachdem man das Holz mit einer Schicht Klebstoff bestrichen hat. Dann wird ein identischer Holzstreifen auf die Mine gesetzt, so daß sie wie ein Sandwich in Holz eingebettet ist. Das Holz rundherum wird sorgfältig weggeschnitten, bis es die Form eines Stiftes hat. Mal ist dieser rund, mal mehreckig – letzteres soll den Stift davor bewahren wegzurollen oder zu fallen, was die Mine leicht beschädigen könnte. Die Stifte werden bemalt, lackiert und durch Aufdruck oder Prägung mit den notwendigen Informationen versehen. Nach dem Anspitzen werden sie schließlich verpackt.

Die Entwicklung von Buntstiften geht mit dem Einzug gezeichneter Illustrationen in die Kunst einher. Farbig gezeichnete Studien sind aufschlußreicher als einfarbige und verfügen über einen ästhetischen Charme, der zuvor unbekannt war.

Die Arbeit mit Buntstiften

Buntstifte gehören zu den am leichtesten handhabbaren Materialien, die es zum Malen gibt. Sie bieten breitgefächerte Möglichkeiten, um das gewünschte Motiv präzise und akkurat darzustellen. Buntstifte sind leicht zu transportieren, ebenso die anderen Zeichenmaterialien – verschiedene Papiersorten, Radierer, Fixative, Spitzer und so weiter. Daher ist es leicht, eine Szene oder ein Bild spontan einzufangen oder eine rasche Skizze anzufertigen, die Sie später als Vorlage für eine Zeichnung benutzen können. Mit Buntstiften läßt sich zudem eine Vielzahl unterschiedlichster Markierungen auf dem Papier herstellen, um einen bestimmten Effekt zu erzielen. Sogar die Art, wie Sie den Buntstift halten, ihn anspitzen oder bewegen, und selbst das verwendete Papier können zusätzliche Interpretationsebenen schaffen.

In einem Bild sind Linien extrem wichtig – sie können richtungsgebunden sein (aufwärts, abwärts oder seitwärts), den Blick des Betrachters auf das Bild oder von ihm weg lenken, und sie können ruhige oder unruhige Bereiche schaffen. Es gibt so viele Zeichentechniken wie es Effekte gibt, und nur durch Ausprobieren und Üben können Sie Ihre Fähigkeiten entwickeln.

Eines der größten Probleme beim Zeichnen besteht darin, drei Dimensionen auf ein flaches, zweidimensionales Blatt Papier zu übertragen und dabei trotzdem ein scheinbar dreidimensionales Bild zu erzeugen. Damit Ihnen das gelingt, müssen Sie drei wichtige Elemente verstehen: Form, Kontur und Farbe. Sie können natür-

Weiter auf Seite 12 ☞

Die von Ihnen gewählte Zeichenoberfläche wird den allgemeinen Eindruck Ihres Bildes beeinflussen. Im *Porträt der Alice Linell* von Christine Fitzmaurice (*rechts*) wählte die Künstlerin ein strukturiertes Zeichenpapier, auf dem sie die Farbpigmente leicht auftrug. Das Ergebnis ist eine sehr glatte Oberfläche, die von der Papierstruktur gebrochen wird. Der hübsch gepunktete Effekt betont die Sanftheit des Porträts.

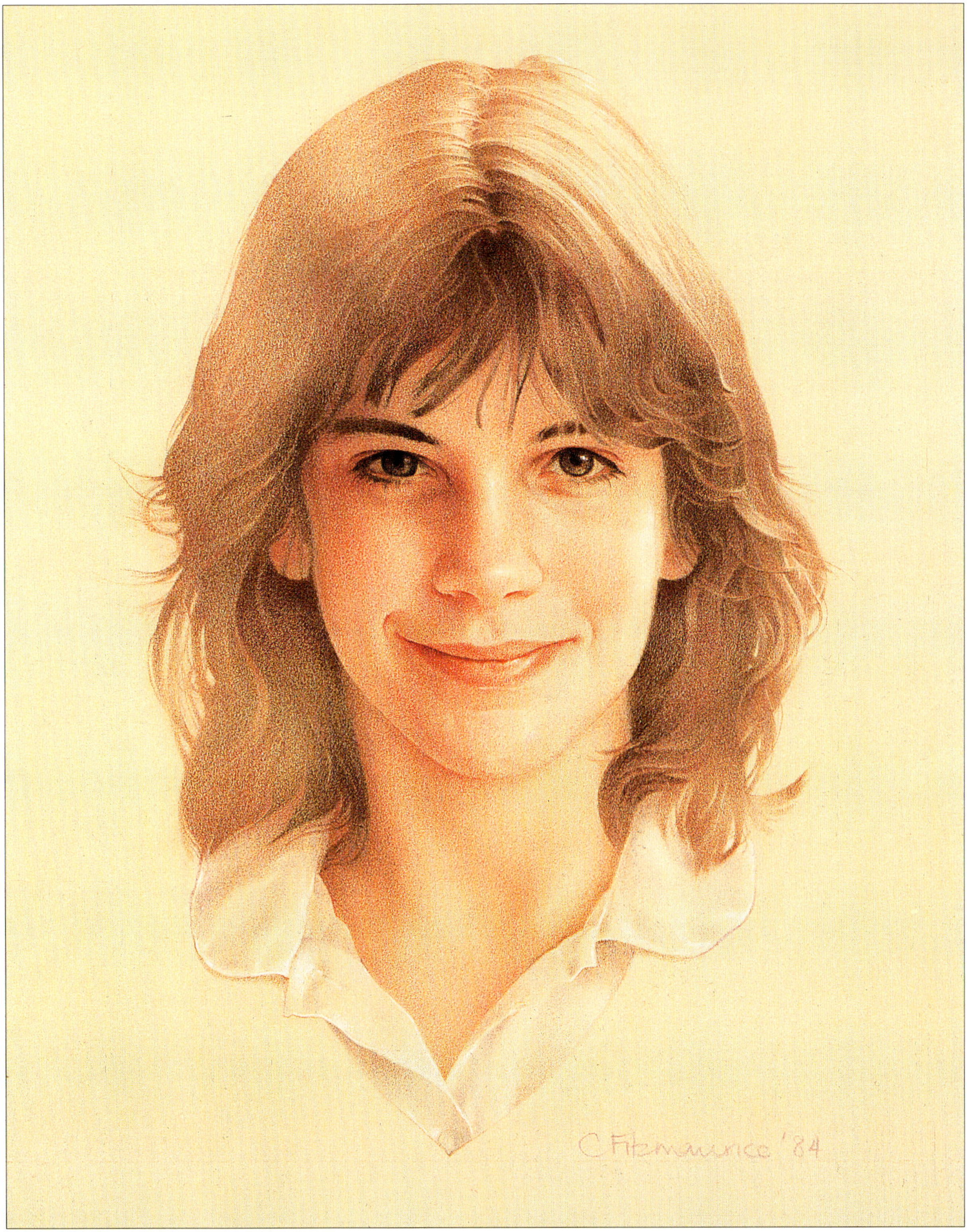
C Fitzmaurice '84

Jeder Künstler hat seinen eigenen Stil, den Sie bei näherer Analyse seiner Arbeiten leicht erkennen können. In dieser Werbung für Schlagsahne benutzte der Künstler Simon Thompson, wie in seiner gesamten Arbeit, einfache und Kreuzschraffuren, um Farbe und Textur darzustellen. Die blättrige, knusprige Konsistenz des Gebäcks und der Verpakkungskarton wirken durch die geschickt eingesetzten Schraffuren noch überzeugender. Der purpurfarbene Schatten des Kuchens erhält zusätzliche Wirkung, indem der Künstler ihn durch rote und pinkfarbene Schraffuren über Blau darstellte und nicht mit farbreinen purpurnen Pigmenten.

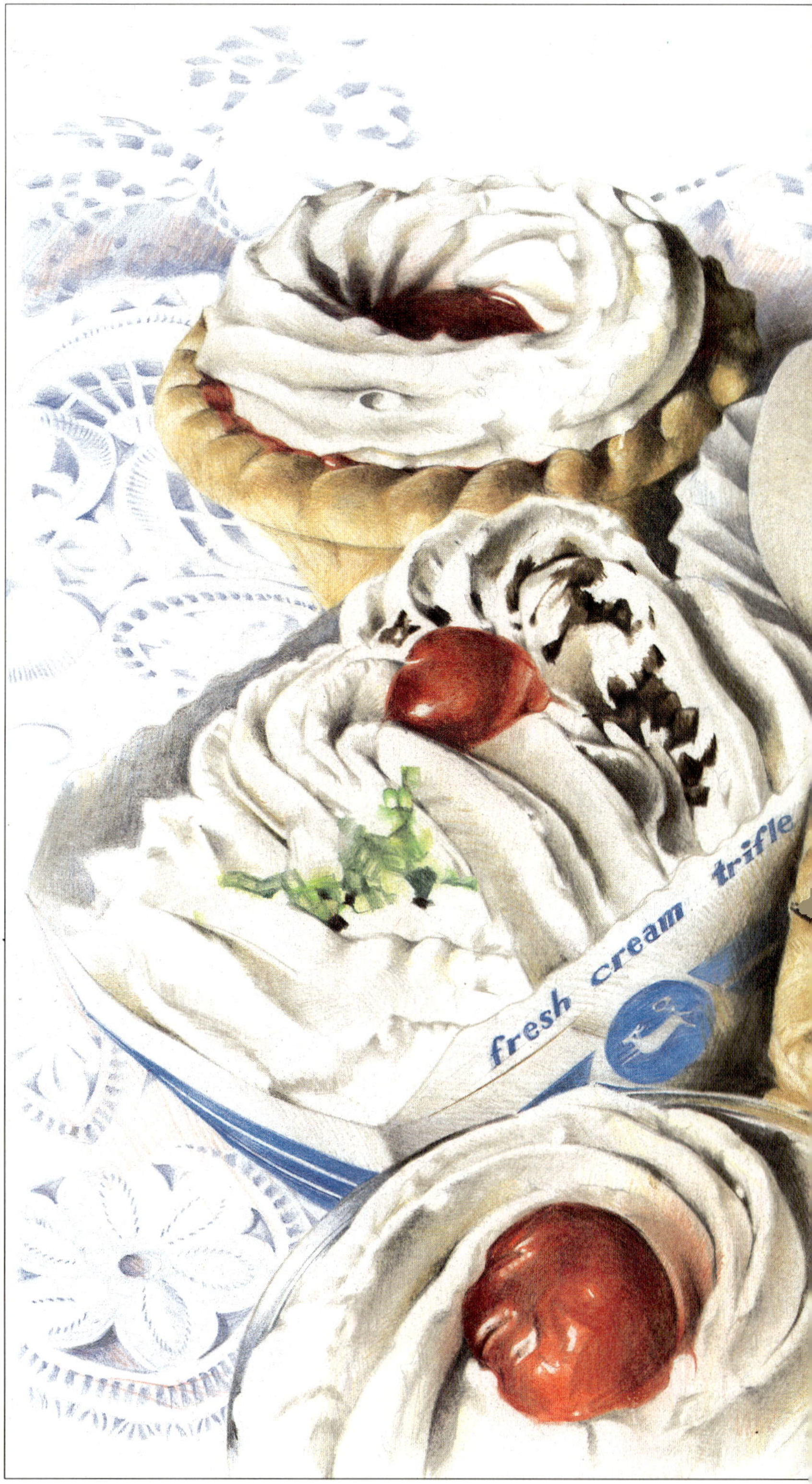

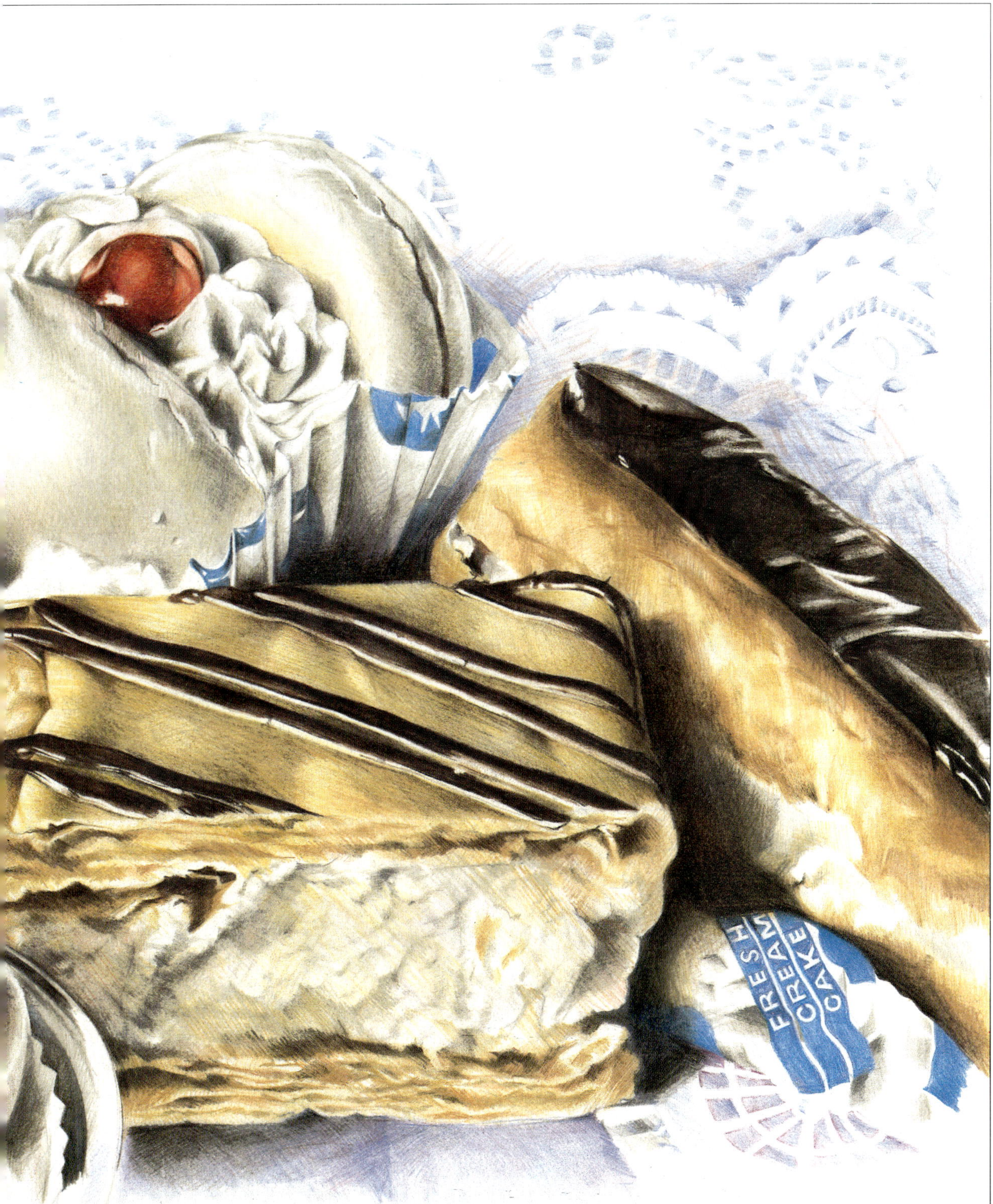
FRESH
CREAM
CAKE

lich auch die Wirklichkeit interpretieren oder überzeichnen, indem Sie zum Beispiel ein Motiv länger oder kürzer, heller oder dunkler wiedergeben, als es ist, oder durch die Verwendung ungewöhnlicher Farben. Sie sollten das, was Ihr Auge wahrnimmt, als Wirklichkeit akzeptieren und durch Ihr Wissen über die Wirklichkeit ergänzen, um ein realistisches Bild herauszuarbeiten. Je nachdem, wie diese Elemente aufgenommen und in welchem Stil sie übermittelt werden, bestimmen sie den Charakter der fertigen Arbeit. Die verwendeten Materialien und die Art, wie sie gehandhabt werden, legen dagegen ihren physikalischen Aspekt fest. Die Kombination all dieser Elemente ist Ausdruck der persönlichen künstlerischen Interpretation. Die Schönheit und Stärke farbiger Zeichnungen und ihre unterschiedlichen Ausdrucksmöglichkeiten können zu einer einzigartigen Sprache entwickelt werden – und in der Tat erzählt jedes Bild eine Geschichte. Die folgenden Kapitel untersuchen die Anwendungsmöglichkeiten von Buntstiften und zeigen, wie leicht dieses flexible Material für jedermann zugänglich ist.

Typen von Zeichnungen

Um die für Sie richtige Technik und einen eigenen Zugang zum Zeichnen mit Buntstiften zu finden, hilft es, verschiedene Zeichenstile und -techniken zu untersuchen. Suchen Sie sich in Zeitschriften Arbeiten von anderen Künstlern und analysieren Sie sie hinsichtlich ihrer Form, Gestalt und Farbe, und hinterfragen Sie den jeweiligen Standpunkt. Decken Sie einen weiten Themenbereich ab, von Kochen über Mode, Essen, Autos bis zur Architektur, und hängen Sie Ihre Fundstücke vielleicht an einer Pinwand auf – oft ist es einfacher, eine Weile mit solchem Referenzmaterial zu leben, als zu versuchen, alles auf einmal in sich aufzunehmen. Wahrscheinlich werden Sie sehr markante und immer wiederkehrende Muster in der Art und Weise entdecken, wie ein Künstler seine Themen handhabt. Diese Muster sind seine Reaktion auf ein bestimmtes Medium, das er benutzt. Einige Künstler arbeiten bei kleinen, kompakten Zeichnungen mit sehr präzisen Farbnuancen und benutzen komplexe Methoden, um Schattierungen aufzubauen und eine exakte Wiedergabe zu erreichen. Andere entwickeln einen viel flüssigeren, lockereren und geradlinigeren Stil, der einigen Themen durchaus angemessen ist.

Sie können Zeichnungen auch anhand des Farbgebrauchs analysieren: Ist er provokativ? Stellt er akzeptierte Prinzipien in Frage? Wurde der Farbe mehr Bedeutung zugemessen als dem eigentlichen Thema der Zeichnung? Wurde die Farbe komplex und aufwendig aufgetragen, oder wurde sie als sekundäres Element betrachtet? Hat der Künstler die Realität vielleicht zu einer Sammlung einfacher, flacher Schattierungen destilliert?

Wenn Sie die Arbeitsweise anderer Künstler analysieren, eignen Sie sich eine gute Ausgangsbasis für Ihre eigenen Interpretationen an. Um Ihre Ideen in die Praxis umzusetzen, mag es hilfreich sein, ein einfaches Stilleben unter verschiedenen Aspekten zu betrachten. Sehen Sie es als eine Ansammlung farbiger Linien, die dick oder dünn sein können, oder als eine Komposition flacher Schattierungen. Stellen Sie es sich in einer anderen Farbe als der natürlichen vor. Versuchen Sie, das Bild wie ein Foto zu sehen, indem Sie zunächst die Farbe des Objektes als das ›Positiv‹ sehen und dem Hintergrund eine sekundäre Rolle zuweisen, dann kehren Sie den Vorgang um, indem Sie den Hintergrund als ›Positiv‹ sehen und das Objekt in den Hintergrund treten lassen. Wenn Sie diese Übungen mit den verschiedensten Techniken, die für den Gebrauch von Buntstiften geeignet sind, kombinieren, werden Sie entdecken, welche Methoden zu Ihnen passen und welche Themen Sie bevorzugen. Vielleicht möchten Sie eher mit festen Vorgaben arbeiten, wie es bei architektonischen Zeichnungen der Fall ist, wo Farbstifte ein höchst differenziertes Medium darstellen. Landschaftsdarstellungen befinden sich am anderen Ende der Skala, wo Sie vielleicht eher mit feinen, wasserlöslichen Stiften experimentieren möchten, um die gedämpften, ineinander übergehenden Farben der Natur darzustellen.

Rechts: Im Gegensatz zur vorhergehenden Zeichnung arbeitete der Künstler Ian Sidaway hier mit lockereren und freieren Strichen. Die dicken lockeren Striche, mit denen er die Koniferen in einem Park zeichnete, sind ideal, um die nadelartigen Blätter darzustellen. Die freie Strichführung im Vordergrund vermittelt zudem den Eindruck einer Rasenfläche.

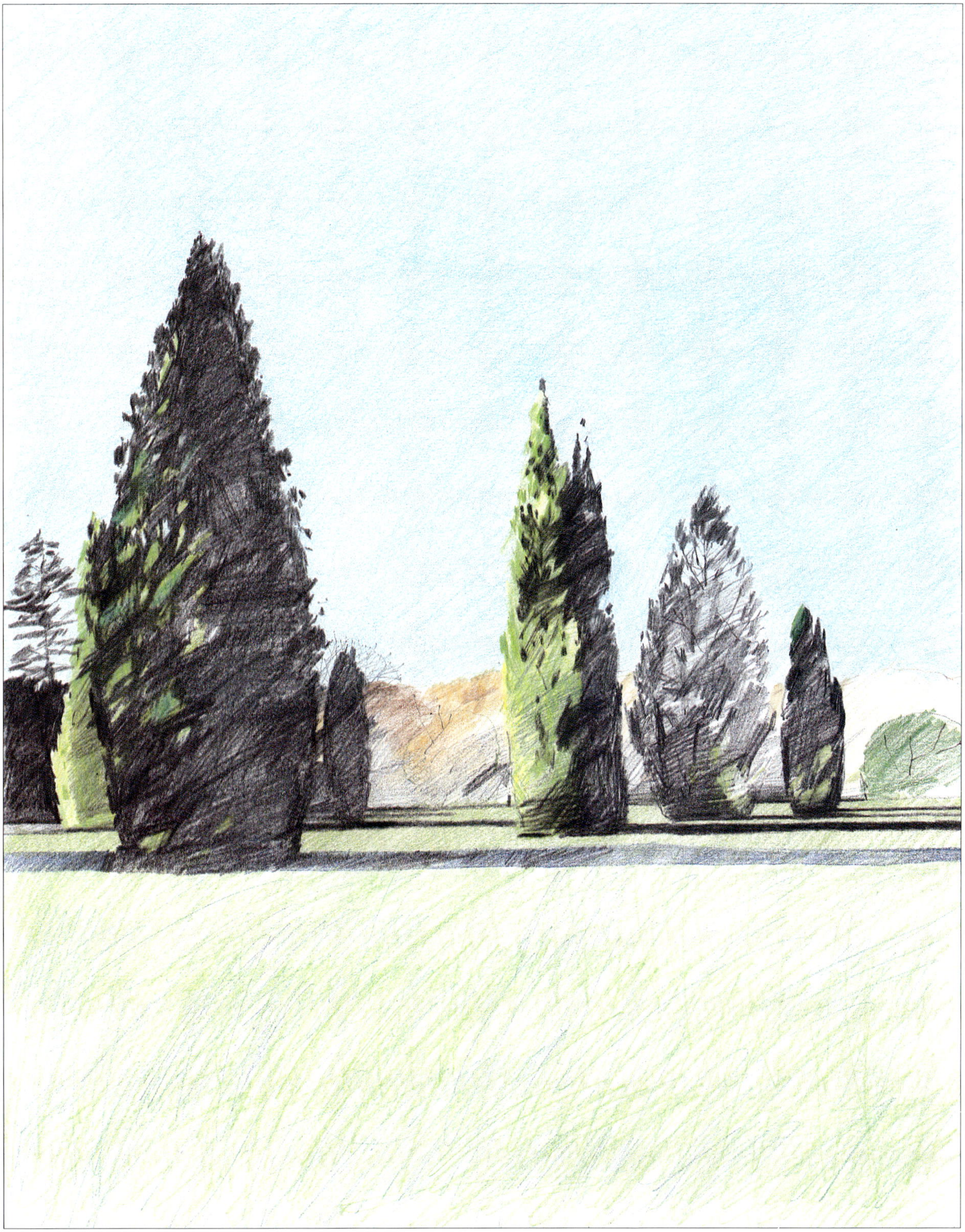

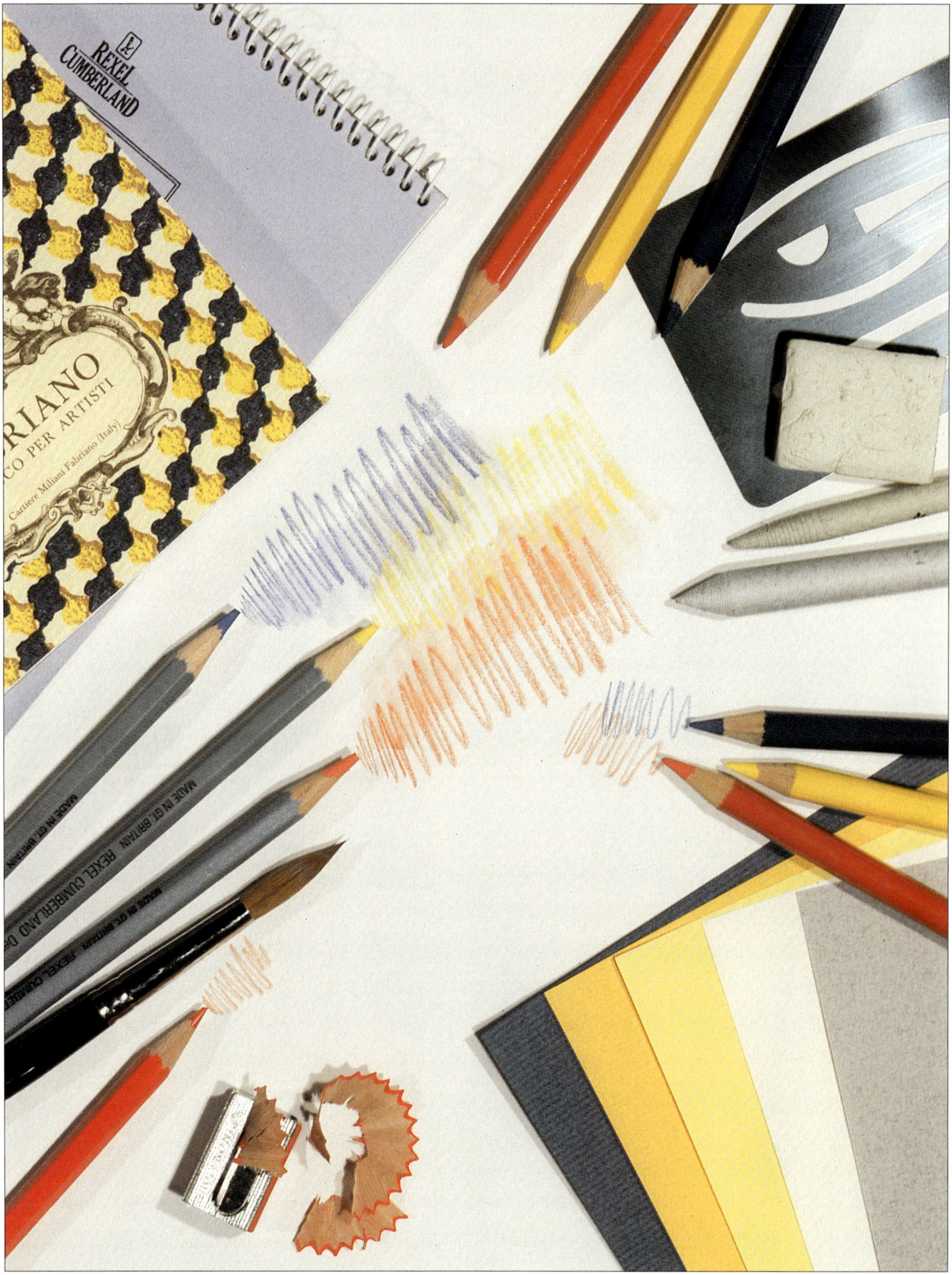
REXEL
CUMBERLAND
RIANO
CO PER ARTISTI
Cartiere Miliani Fabriano (Italy)
MADE IN GT. BRITAIN
REXEL CUMBERLAND

Zweites Kapitel

Materialien

Eine künstlerische Arbeit kann man unter verschiedenen Aspekten beurteilen und bewerten. Technik und Stil eines Künstlers sind von großer Bedeutung, werden aber durch die Beschaffenheit der benutzten Materialien eingeschränkt. Deren physische Qualitäten verleihen einer künstlerischen Arbeit Leben und Schönheit, und sie sind es, die sowohl Ihre Arbeitsweise als auch Ihr Endresultat bestimmen.

Machen Sie sich darum vor der Auswahl Ihrer Arbeitsmaterialien klar, welche Effekte Sie erzielen wollen, und wählen Sie Papier, Stifte und was Sie sonst noch für Ihre Buntstiftzeichnung benötigen, unter diesem Gesichtspunkt aus.

Für eine Buntstiftzeichnung benötigen Sie nicht viele Materialien, aber die sollten qualitativ gut sein, wenn Ihre Zeichnung von Dauer sein soll. Sie brauchen Blöcke zum Vorzeichnen, mehrere Papiersorten, eine Auswahl verschiedenster Stifte mit unterschiedlichen Minenqualitäten, Radierer, Spitzer und – für spezielle Effekte – Werkzeuge zum Aufhellen.

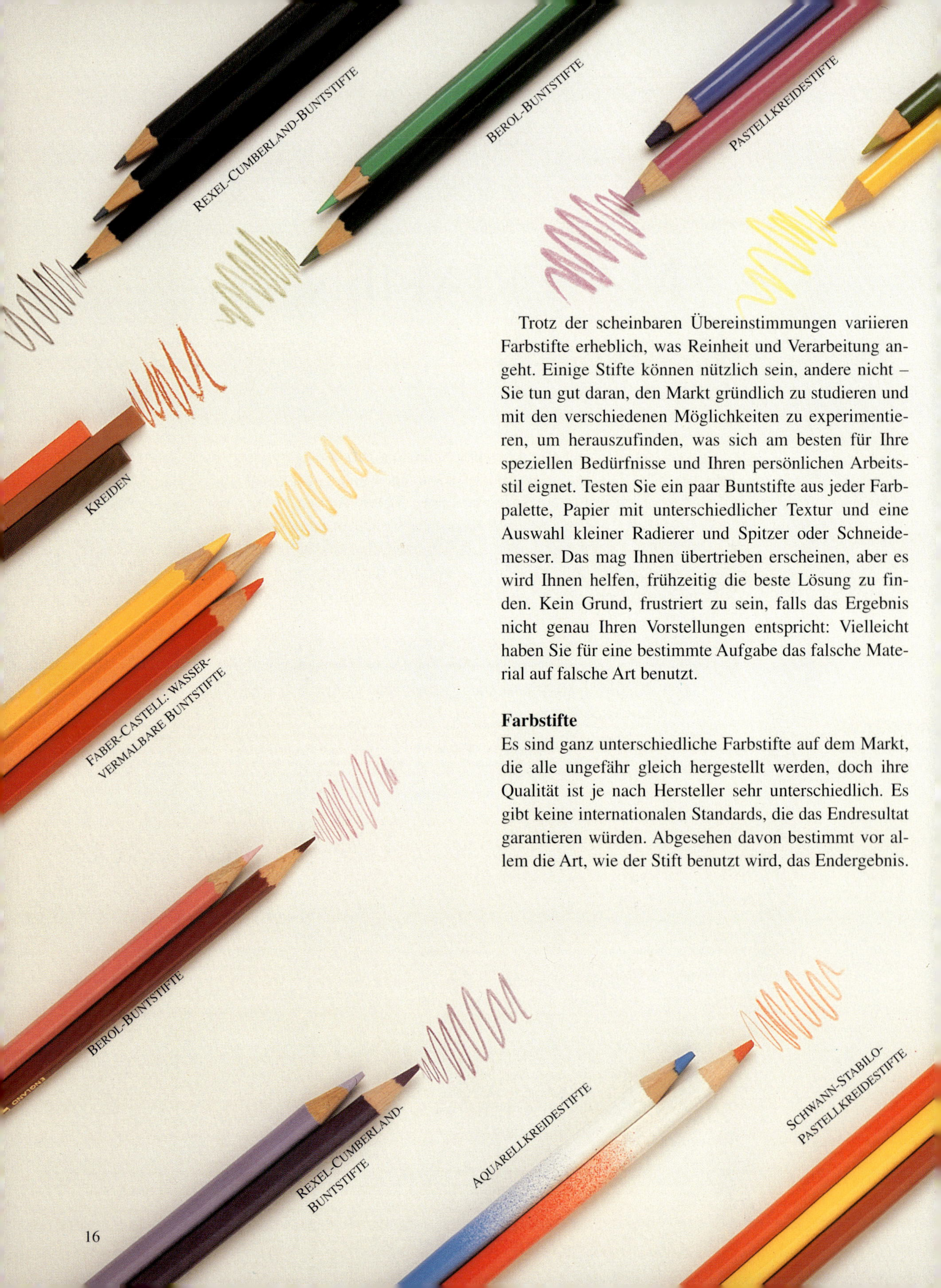

Trotz der scheinbaren Übereinstimmungen variieren Farbstifte erheblich, was Reinheit und Verarbeitung angeht. Einige Stifte können nützlich sein, andere nicht – Sie tun gut daran, den Markt gründlich zu studieren und mit den verschiedenen Möglichkeiten zu experimentieren, um herauszufinden, was sich am besten für Ihre speziellen Bedürfnisse und Ihren persönlichen Arbeitsstil eignet. Testen Sie ein paar Buntstifte aus jeder Farbpalette, Papier mit unterschiedlicher Textur und eine Auswahl kleiner Radierer und Spitzer oder Schneidemesser. Das mag Ihnen übertrieben erscheinen, aber es wird Ihnen helfen, frühzeitig die beste Lösung zu finden. Kein Grund, frustriert zu sein, falls das Ergebnis nicht genau Ihren Vorstellungen entspricht: Vielleicht haben Sie für eine bestimmte Aufgabe das falsche Material auf falsche Art benutzt.

Farbstifte

Es sind ganz unterschiedliche Farbstifte auf dem Markt, die alle ungefähr gleich hergestellt werden, doch ihre Qualität ist je nach Hersteller sehr unterschiedlich. Es gibt keine internationalen Standards, die das Endresultat garantieren würden. Abgesehen davon bestimmt vor allem die Art, wie der Stift benutzt wird, das Endergebnis.

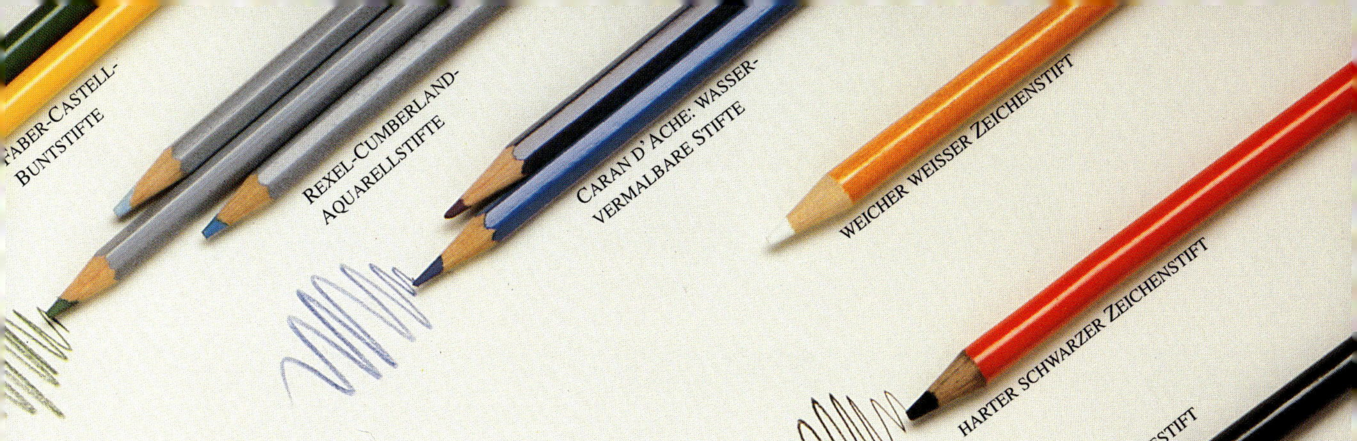

Sie werden entdecken, daß Buntstifte in verschiedenen Längen erhältlich sind, manchmal rund, manchmal ek-kig, einige werden aus härterem Holz hergestellt, andere haben sehr rein pigmentierte Minen. Alle diese Eigenschaften beeinflussen auch die Art der Verwendung. Feine, kompakte Minen sind sehr hart und eignen sich am besten für ebenfalls harte, feinstrukturierte Oberflächen. Weichere, pastellige Minen verwendet man besser für weichere Oberflächen, auf denen die Pigmente leicht hängenbleiben, ohne das Papier zu zerreißen. Die Qualität der Mine bestimmt auch, wie Sie sie anspitzen müssen. Eine harte Mine kann weit aus der Ummantelung herausragen, ohne daß die Spitze bricht, und man kann ihr die gewünschte Form geben. Weiche Minen krümeln und fallen auseinander, wenn die Spitze zu weit herausragt; sie nutzen sich auch erheblich schneller ab, geben dafür aber eine insgesamt weichere Linie.

Buntstifte werden in Anlehnung an festgelegte Farbpaletten hergestellt. Finden Sie heraus, welche Palette am ehesten für Sie geeignet ist, wenn Sie in einem bestimmten Farbbereich arbeiten wollen. Einige verfügen etwa über eine größere Bandbreite von Grautönen, andere enthalten mehr unterschiedliche Farben, wieder andere mehr Nuancen in einzelnen Farbbereichen. Manch-

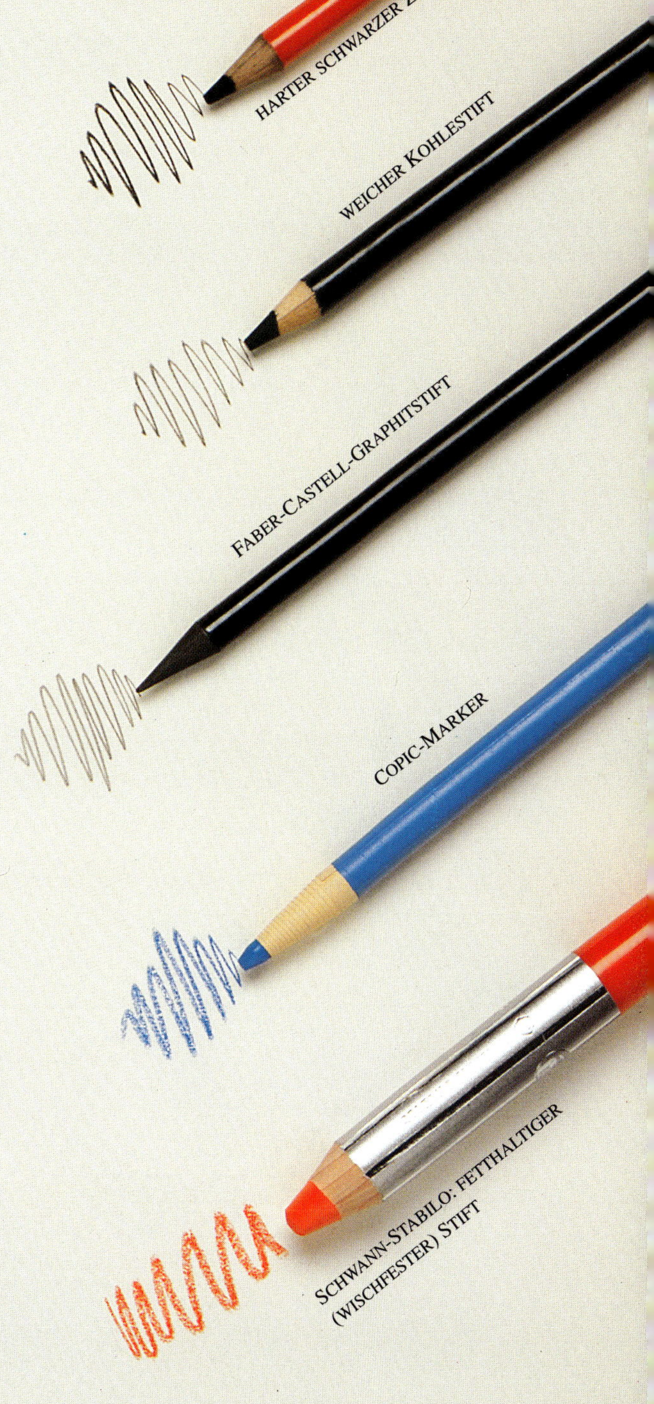

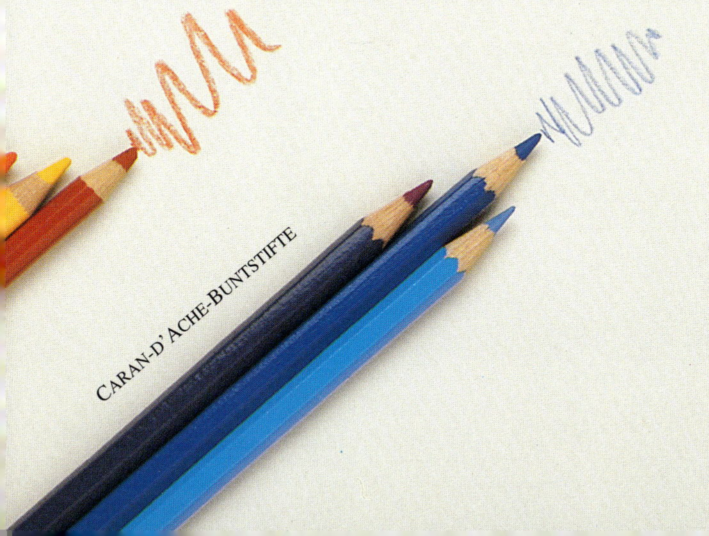

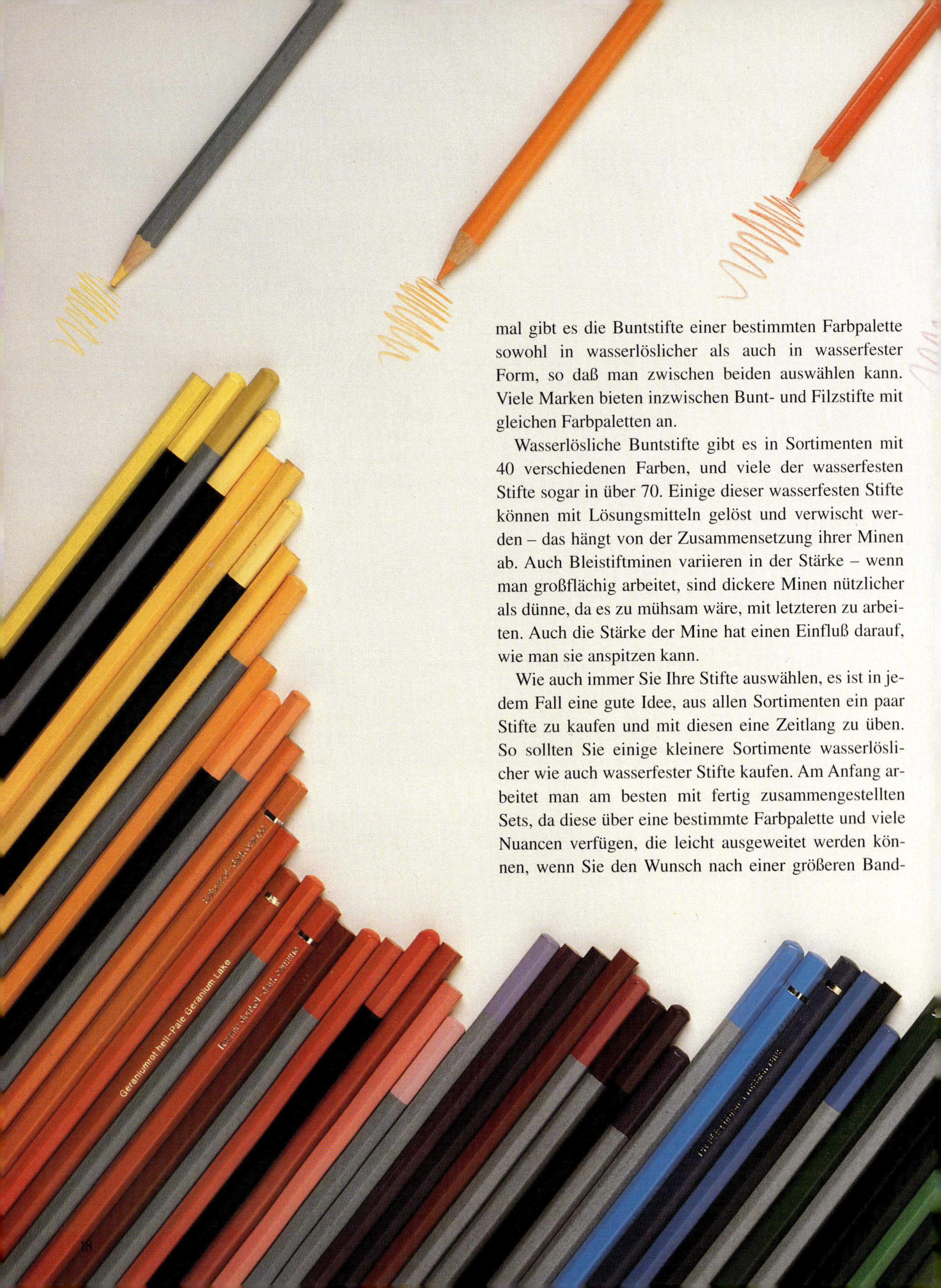

mal gibt es die Buntstifte einer bestimmten Farbpalette sowohl in wasserlöslicher als auch in wasserfester Form, so daß man zwischen beiden auswählen kann. Viele Marken bieten inzwischen Bunt- und Filzstifte mit gleichen Farbpaletten an.

Wasserlösliche Buntstifte gibt es in Sortimenten mit 40 verschiedenen Farben, und viele der wasserfesten Stifte sogar in über 70. Einige dieser wasserfesten Stifte können mit Lösungsmitteln gelöst und verwischt werden – das hängt von der Zusammensetzung ihrer Minen ab. Auch Bleistiftminen variieren in der Stärke – wenn man großflächig arbeitet, sind dickere Minen nützlicher als dünne, da es zu mühsam wäre, mit letzteren zu arbeiten. Auch die Stärke der Mine hat einen Einfluß darauf, wie man sie anspitzen kann.

Wie auch immer Sie Ihre Stifte auswählen, es ist in jedem Fall eine gute Idee, aus allen Sortimenten ein paar Stifte zu kaufen und mit diesen eine Zeitlang zu üben. So sollten Sie einige kleinere Sortimente wasserlöslicher wie auch wasserfester Stifte kaufen. Am Anfang arbeitet man am besten mit fertig zusammengestellten Sets, da diese über eine bestimmte Farbpalette und viele Nuancen verfügen, die leicht ausgeweitet werden können, wenn Sie den Wunsch nach einer größeren Band-

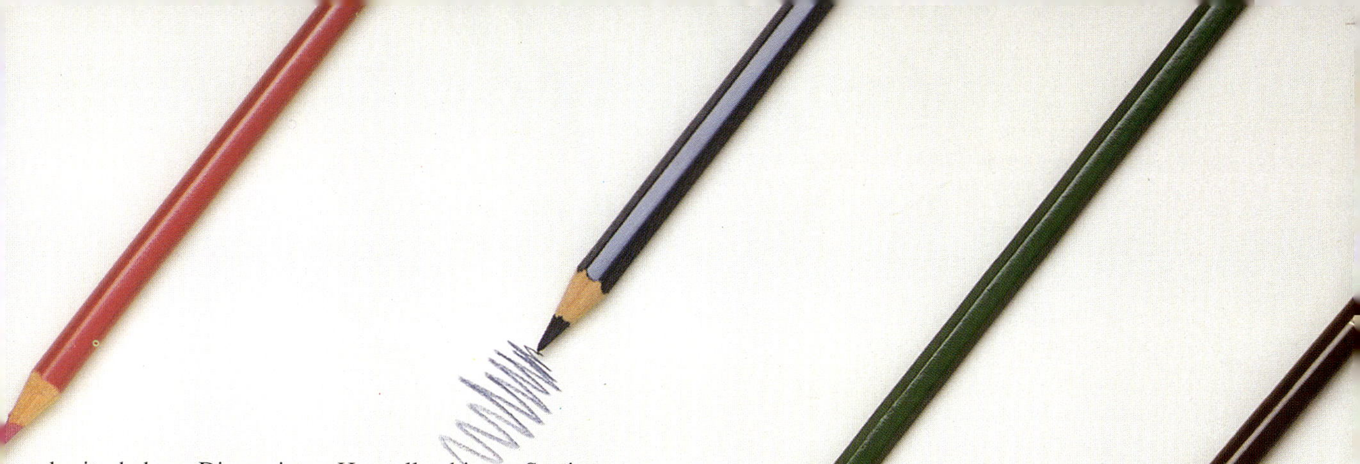

breite haben. Die meisten Hersteller bieten Sortimente mit 6, 12, 18, 24 Stiften und so weiter an. Idealerweise sollten Sie mit Sortimenten von 18 oder 24 Farben beginnen, weil dies Sie anregen wird, mit Farbmischungen zu experimentieren, statt sich nur auf vorgefertigte Farben zu verlassen.

Fixative

Viele Buntstiftpigmente müssen nach dem Auftragen fixiert werden. In der Regel verschmieren nur weichere Stifte, da sie zu viele Pigmente auf der Oberfläche zurücklassen. Es ist dennoch ratsam, alle Zeichnungen zu fixieren, um sie zu erhalten.

Fixative sind im Grunde genommen Lacke. Sie sind gebrauchsfertig in Spraydosen oder Flaschen erhältlich, wobei letztere mit Hilfe einer aufgesetzten Fixativspritze aufgetragen werden (die Sie selbst herstellen können). Sprays sind leicht anzuwenden – richten Sie einfach den Sprühkopf auf die gewünschte Stelle und drükken Sie darauf. Für den Gebrauch einer Fixativspritze benötigen Sie ein wenig Übung. Die einfachste Ausführung besteht aus einem rechtwinkligen Metallröhrchen, an dessen Knick sich ein Loch befindet. Das untere Ende wird in eine Flasche mit Fixativ gesteckt, dann

Buntstifte
Jedes Farbsortiment verfügt über bestimmte Eigenschaften – einige haben weiche Minen, andere harte, mit einigen können Sie eher klare Linien zeichnen, mit anderen ausgefranste. Alle Sortimente haben ihre Vorteile, aber die Ergebnisse hängen nicht allein vom Typ oder der Qualität des gewählten Materials ab, sondern auch von Ihrer Fähigkeit, es differenziert einzusetzen. Die Künstler, die die Illustrationen für dieses Buch anfertigten, haben die hier gezeigte Auswahl verwendet. Es lohnt sich, verschiedene Sortimente auszuprobieren und so festzustellen, welche Ihrem Stil am ehesten entsprechen.

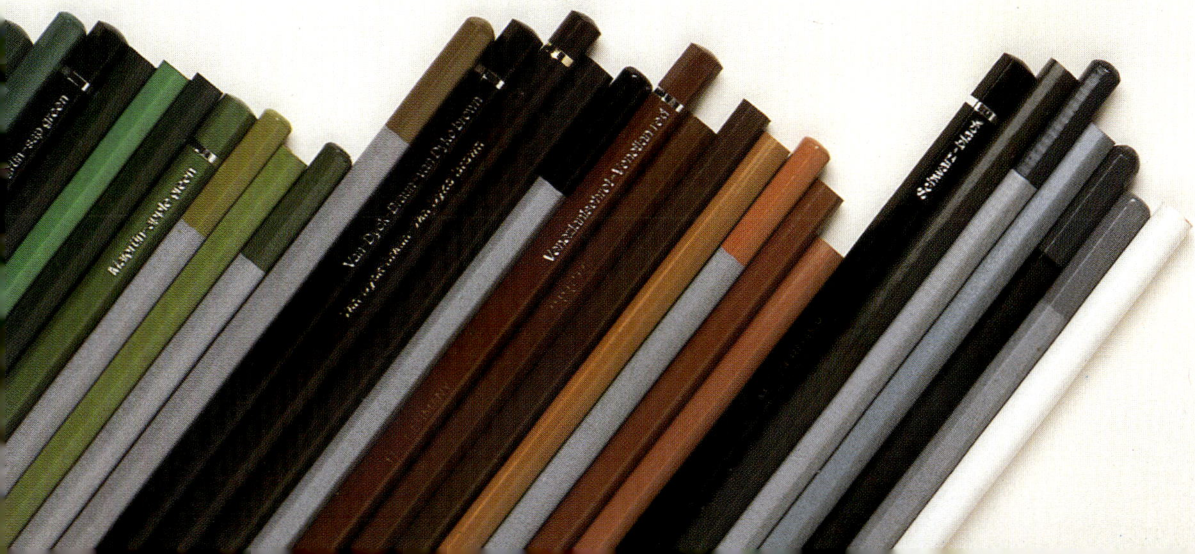

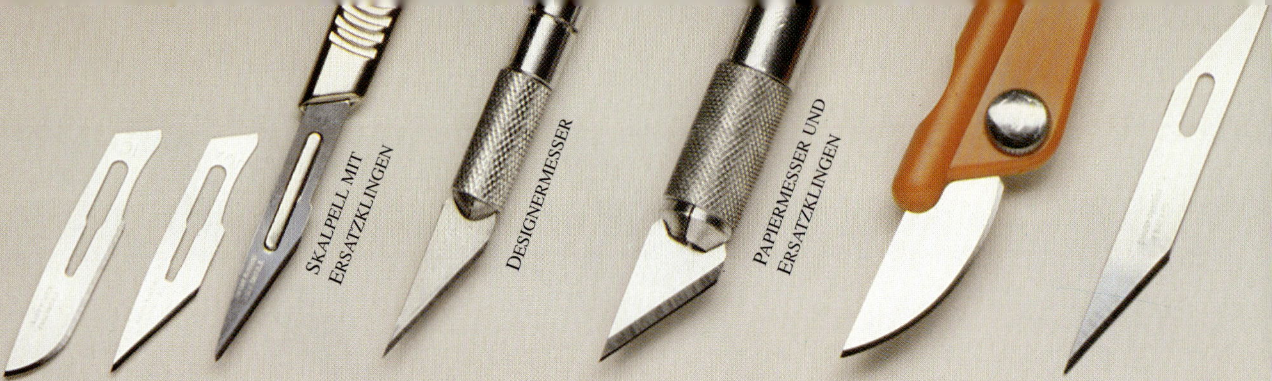

blasen Sie in das Loch im Knick. Durch die Kapillarkräfte steigt die Flüssigkeit im Röhrchen nach oben und wird dann plötzlich mit großem Druck durch den abgeknickten Teil des Metallröhrchens in die Düse gepreßt, so daß ein gleichmäßiger Sprühnebel entsteht. Zu Beginn wird dies wahrscheinlich zu Flecken und Unregelmäßigkeiten führen, aber mit ein wenig Übung funktioniert diese Methode ebenso gut wie eine vorgefertigte Spraydose. Sie hat sogar den Vorteil, daß weniger Fixierer versprüht wird.

Als Notlösung können Sie auch auf andere Fixierungen zurückgreifen, etwa auf konventionelles Haarspray, aber untersuchen Sie solche Alternativen gründlich. Gebrauchsfertige Fixativsprays hinterlassen normalerweise eine kaum sichtbare Oberfläche, während bei vielen der handelsüblichen Lacke ein deutlich sichtbarer Glanz entsteht. Auf manche Papiersorten können Sie ruhig schwerere Firnisse auftragen, auf anderen erhalten Sie dann lediglich eine klebrige Glasur. Experimentieren Sie ruhig, bevor Sie das Fixativ auf eine fertige Arbeit auftragen. Für alle Materialien gilt, daß man sie vor Gebrauch besser ausprobiert, denn es gibt nichts Schlimmeres, als nach stundenlanger Arbeit festzustellen, daß Sie das falsche Material benutzt haben.

Spitzer

Welche unterschiedlichen Zeichenelemente Sie erzeugen können, hängt davon ab, wie Sie Ihre Stifte anspitzen und welches Werkzeug Sie hierfür benutzen. In Geschäften für Künstlerbedarf ist die Auswahl an verschiedenen Werkzeugen, mit denen Sie Ihre Stifte schärfen oder anspitzen können, groß. Das hilft Ihnen, Ihren Minen die gewünschte Form zu geben. Das Angebot erstreckt sich von einfachen Bleistiftspitzern über größere, am Tisch zu befestigende Ausführungen bis hin zu elektrisch betriebenen. Alle Spitzer mit feststehender Klinge verursachen eine konisch abgerundete Spitze und bieten keinerlei Spielraum beim Formen der Mine und damit

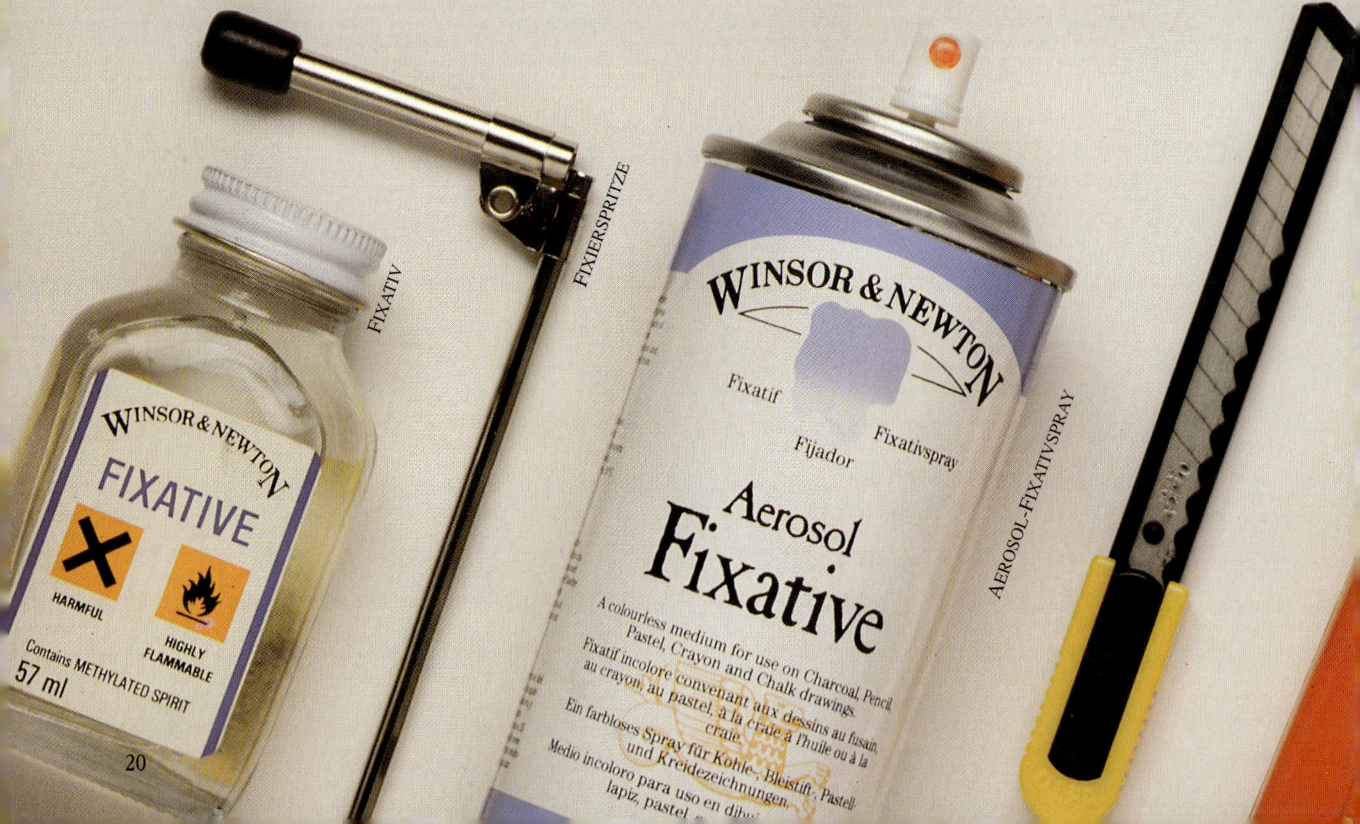

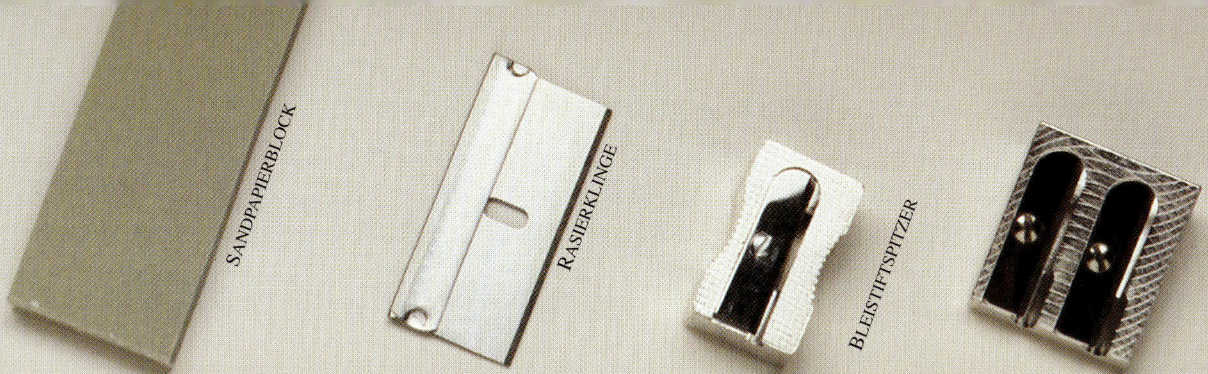

der Linie, die Sie erzeugen können. Sie werden feststellen, daß diese Spitzer das Holz bei weichen Stiften zu stark wegschneiden, so daß die Mine zu weit herausragt und dann krümelt oder bricht.

Weiche Minen müssen beim Spitzen mit viel Sorgfalt behandelt werden. Ein Messer hilft Ihnen, die Stifte kontrollierter anzuspitzen. Probieren Sie auch ein Skalpell oder ein Designermesser mit einer kurzen Klinge aus. Sie können sogar ein Teppichmesser nehmen – die mit herausschiebbarer Präzisionsklinge sind die besten. Diese Klingen kann man abbrechen, wenn sie stumpf geworden sind, außerdem sind sie preiswert. Große Messer sind dagegen eher unhandlich. Viele dieser Messer haben feststehende Klingen, die trotz guter Qualität auf Dauer stumpf werden, wenn man sie für Holz benutzt. Es mag jedoch sein, daß sie Ihren Zwecken eher entsprechen. Suchen Sie sich ein Messer, das Sie leicht handhaben können, denn Sie werden präzise und fein arbeiten wollen, um entsprechende Resultate zu erzielen.

Wenn Sie einmal eine bestimmte Spitzenform erreicht haben, kann es sein, daß Sie diese nachformen wollen, ohne weiteres Holz der Ummantelung zu entfernen. Das können Sie entweder mit einem Sandpapierblock, den Sie selbst herstellen können, erreichen oder mit einer Rasierklinge. Sandpapierblöcke bestehen aus Schichten von Sandpapier, die um einen kleinen Holzblock herum befestigt sind. Sie können die Spitze oder die Seiten der Mine nach Wunsch formen, indem Sie sie über das Sandpapier reiben. Sie können auch einseitig geschliffene Rasierklingen verwenden, die zum einfacheren Gebrauch in einen Metallhalter gesteckt werden. Sie sind zum Formen der Minen ideal, verbiegen oder brechen jedoch leicht, wenn sie für Hartholz benutzt werden. Das Anspitzen von Minen bedarf der Übung, und die gewünschten Spitzen und Kanten zu erzielen ist nicht so leicht, wie es aussieht. Aber ein wenig Geduld lohnt sich, da Sie am Ende eine größere Vielfalt von Spitzen erhalten als mit einem einfachen Spitzer.

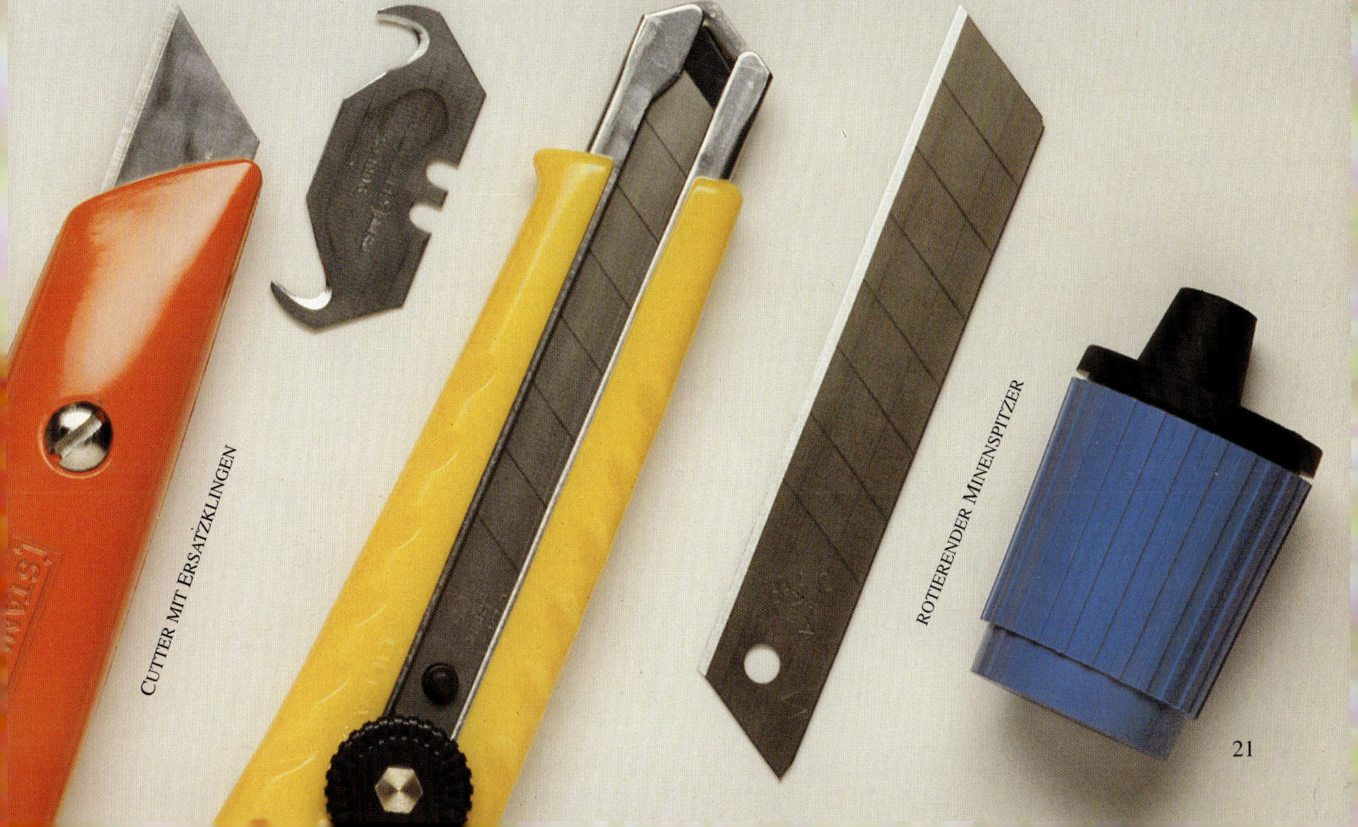

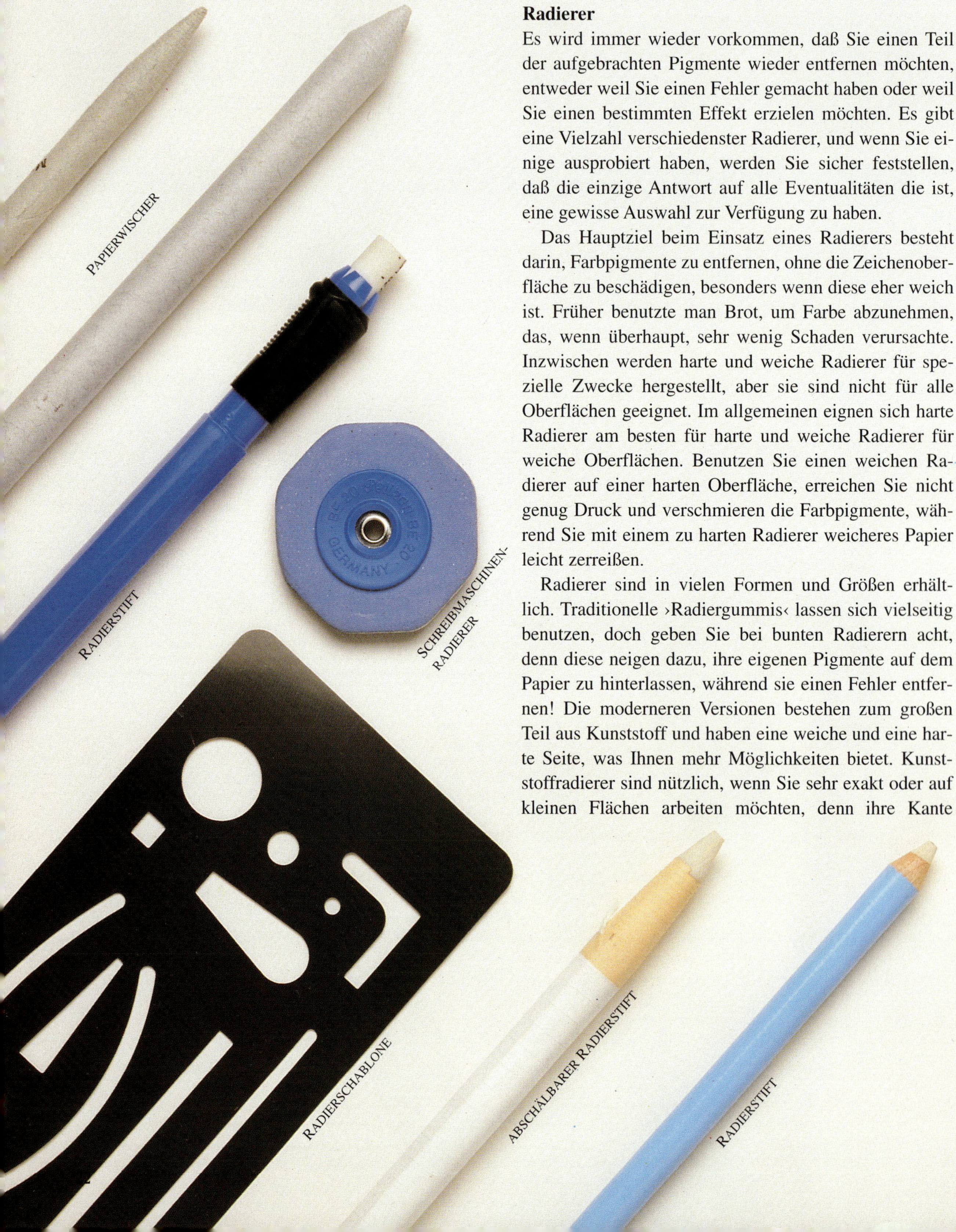

Radierer

Es wird immer wieder vorkommen, daß Sie einen Teil der aufgebrachten Pigmente wieder entfernen möchten, entweder weil Sie einen Fehler gemacht haben oder weil Sie einen bestimmten Effekt erzielen möchten. Es gibt eine Vielzahl verschiedenster Radierer, und wenn Sie einige ausprobiert haben, werden Sie sicher feststellen, daß die einzige Antwort auf alle Eventualitäten die ist, eine gewisse Auswahl zur Verfügung zu haben.

Das Hauptziel beim Einsatz eines Radierers besteht darin, Farbpigmente zu entfernen, ohne die Zeichenoberfläche zu beschädigen, besonders wenn diese eher weich ist. Früher benutzte man Brot, um Farbe abzunehmen, das, wenn überhaupt, sehr wenig Schaden verursachte. Inzwischen werden harte und weiche Radierer für spezielle Zwecke hergestellt, aber sie sind nicht für alle Oberflächen geeignet. Im allgemeinen eignen sich harte Radierer am besten für harte und weiche Radierer für weiche Oberflächen. Benutzen Sie einen weichen Radierer auf einer harten Oberfläche, erreichen Sie nicht genug Druck und verschmieren die Farbpigmente, während Sie mit einem zu harten Radierer weicheres Papier leicht zerreißen.

Radierer sind in vielen Formen und Größen erhältlich. Traditionelle ›Radiergummis‹ lassen sich vielseitig benutzen, doch geben Sie bei bunten Radierern acht, denn diese neigen dazu, ihre eigenen Pigmente auf dem Papier zu hinterlassen, während sie einen Fehler entfernen! Die moderneren Versionen bestehen zum großen Teil aus Kunststoff und haben eine weiche und eine harte Seite, was Ihnen mehr Möglichkeiten bietet. Kunststoffradierer sind nützlich, wenn Sie sehr exakt oder auf kleinen Flächen arbeiten möchten, denn ihre Kante bleibt erhalten. Obendrein können Sie sie in jede benötigte Form schneiden. Traditionelle Radiergummis werden aus Kautschuk hergestellt. Sie sind sehr geschmeidig, und man kann mit ihnen sehr gut auf großen Flächen arbeiten und verwischte oder ineinander übergehende Farbränder schaffen. Ähnlich funktionieren Knetradierer, die Sie in allen Geschäften für Künstlerbedarf erhalten. Sie sind extrem weich und können mit der Hand in jede gewünschte Form geknetet werden. Sie sind hervorragend für durchgängige Oberflächenstrukturen oder zum Verwischen geeignet, aber es ist beinahe unmöglich, präzise mit ihnen zu arbeiten. Inzwischen gibt es auch weiche Radierer mit Papierhülse, die man nach und nach entfernen kann. Sie sind sehr präzise einsetzbar, und man kann sie abschneiden, wenn sie verschmiert sind.

Egal, welchen Radierer Sie benutzen, es ist wichtig, ihn immer sauberzuhalten, da Buntstiftpigmente Wachs enthalten – sonst passiert es leicht, daß Sie mit dem verschmierten Radierer eine Farbe auf die Zeichnung bringen, die Sie dort nicht haben wollen. Ist der Radierer stark verschmiert, reinigen Sie ihn mit warmem Seifenwasser. Benutzen Sie ihn jedoch auf keinen Fall, bevor er gründlich getrocknet ist!

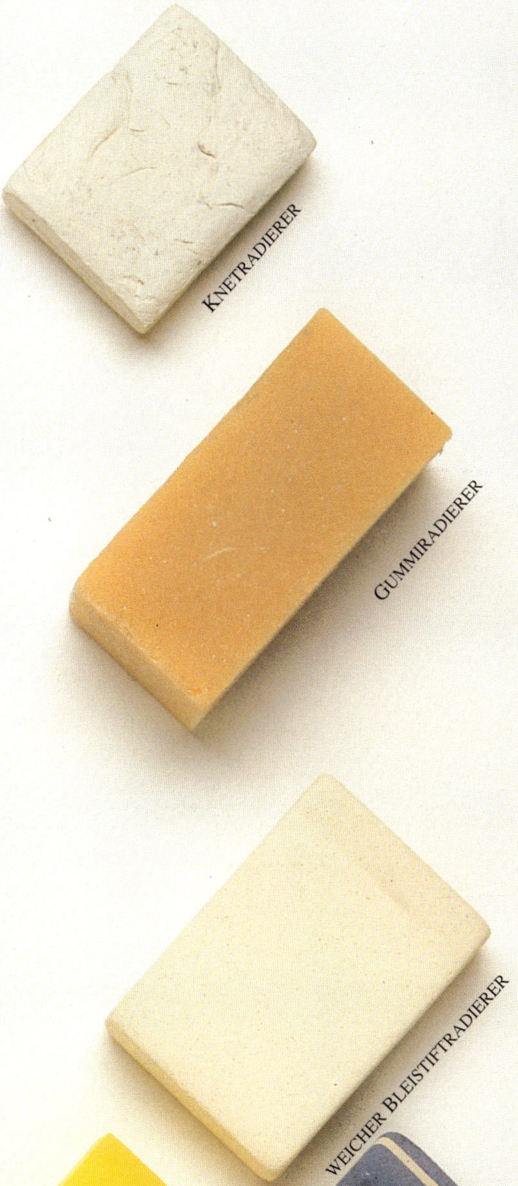

Papier

Genauso wichtig wie die Wahl der Stifte, Spitzer und Radierer ist die des Papiers. Die verschiedenen Papiersorten unterscheiden sich durch ihre Zusammensetzung sowie ihre Oberflächenstruktur und -behandlung. Ihre Entscheidung wird vor allem davon abhängen, welche Sorten Sie bekommen können, denn das Papier, das Ihren Bedürfnissen entspricht, gibt es sicher.

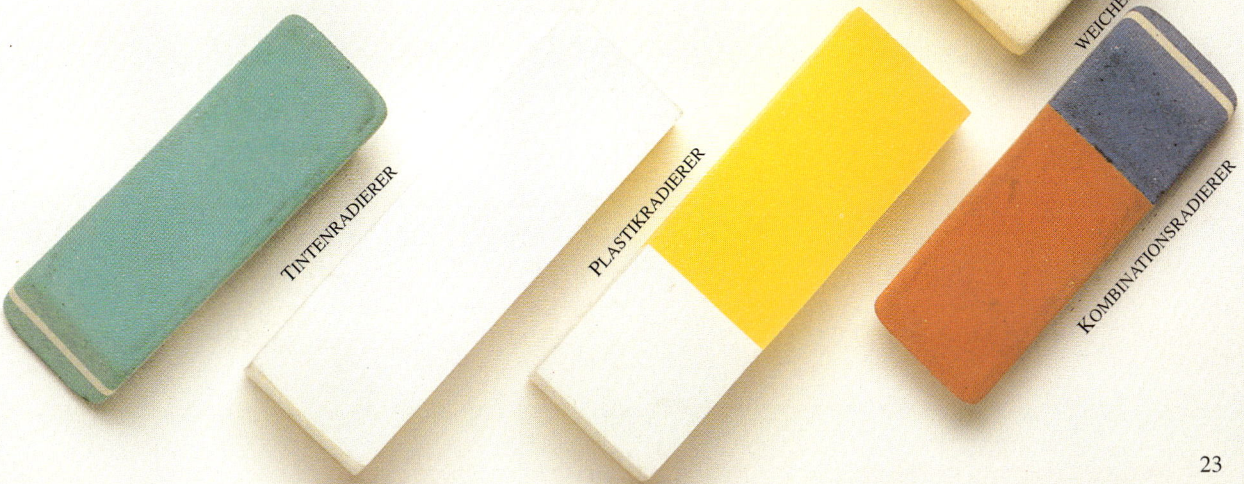

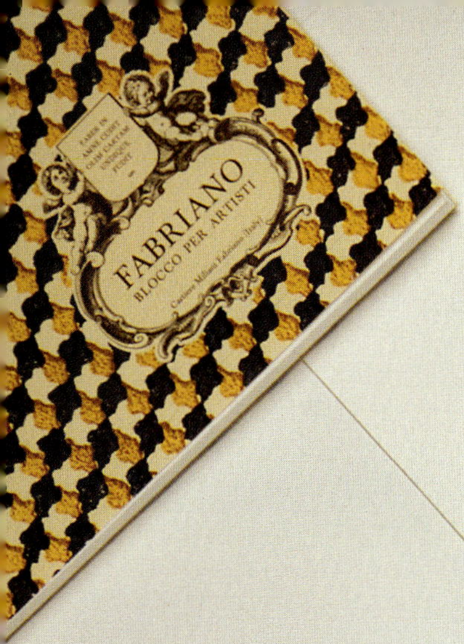

Papier hat dank seiner Fasern eine einzigartige Gewebestruktur. Die Art des Rohmaterials und dessen Lage, wenn der Papierbrei sich setzt, bestimmen die Textur des fertigen Papiers. Seine Körnung bestimmt, wie die Farbpigmente aufgenommen werden, wenn die Spitze des Stifts darüberstreicht. Wenn Sie die Menge der aufgetragenen Farbpigmente untersuchen, werden Sie feststellen, daß sie in direktem Verhältnis zur Papieroberfläche steht.

Die meisten Papiersorten ›von der Stange‹ werden maschinell produziert, aber es gibt noch immer einige Firmen, die wunderschönes Büttenpapier herstellen, wobei die Produktionsabläufe seit Hunderten von Jahren dieselben geblieben sind. Was Büttenpapier so attraktiv macht, ist sein Charakter. Tatsächlich hat jedes einzelne Blatt eine eigene Persönlichkeit und ist vollkommen anders als alle anderen. Büttenpapier hat eine ganz andere Textur als maschinell produzierte Sorten.

Das traditionelle Rohmaterial für Papier bestand aus alten Baumwoll- oder Leinenhadern, und Baumwoll-, Leinen-, Jute-, Ramie- und Espartofasern ergeben noch immer den reinsten Papierbrei. Hadernpapier wird heute nur noch für einen sehr speziellen Markt produziert, da das Rohmaterial teurer ist als der Pflanzenbrei, der für Massenproduktionen verwendet wird. Die Blätter wer-

LANGTON-AQUARELLBLOCK/ BOCKINGFORD

WHATMAN: SÄUREFREIES PAPIER AUS 100% HADERN

den einzeln verkauft oder mit einer Gummierung zu Blocks verarbeitet. Büttenpapier, wie die populäre Fabrianosorte, wird seit 1260 hergestellt und noch immer von Zeichnern bevorzugt. Dieses Zeichenpapier, das Sie bei den meisten gutsortierten Händlern finden werden, ist ein rein aus Hadern hergestelltes, säurefreies, luftgetrocknetes und gelatiniertes Papier. Es ist als matt, rauh, extra-rauh und torchon kategorisiert und neben anderen Marken wie Arches eines der besten Zeichenpapiere, die Sie bekommen können.

Zeichenpapiere – in Handarbeit oder maschinell produziert – werden als rauh, kaltgepreßt oder heißgepreßt klassifiziert. Rauh bedeutet, daß das Papier ohne jedes Glätten oder Pressen getrocknet wird. Kaltgepreßt bezieht sich auf die Art, wie die Blätter ohne dazwischengelegten Filz aufeinandergeschichtet werden, was sie leicht komprimiert und eine glattere Oberfläche schafft. Heißgepreßtes Papier wird durch heiße Walzen geführt, um eine glatte Oberfläche zu erhalten.

Jeder Büttenpapierhersteller hat spezielle Techniken und Eigenarten. Kein handgeschöpftes Blatt Papier gleicht dem anderen, egal wie geschickt der jeweilige Büttenpapierhersteller ist, und gerade das macht seinen Reiz aus. Probieren Sie verschiedene Büttenpapiersorten aus, um herauszufinden, welche verschiedenen Effekte

ARCHES: AQUARELL- UND TEMPERAPAPIER

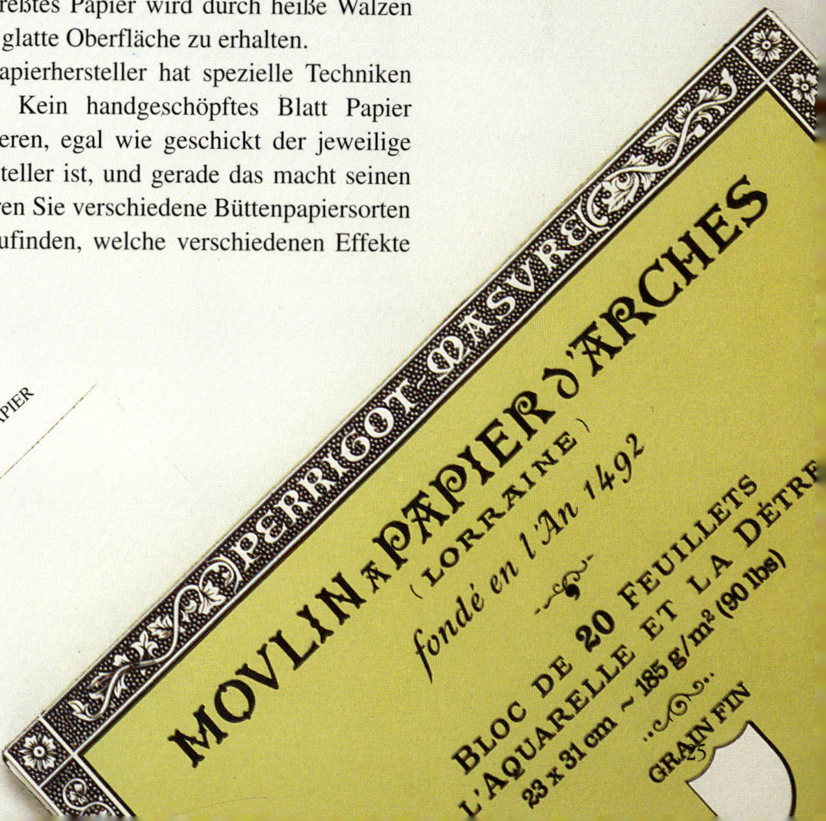

BUNTPAPIER

Sie auf den diversen Oberflächen erzielen können. Die Papiersorten sind unterschiedlich weich, einige haben eine eher unregelmäßige Struktur, andere dagegen eine regelmäßige. Das sehr weitgefächerte Angebot an matten (heißgepreßten), rauhen und kaltgepreßten Papiersorten verleiht Ihren Zeichnungen eine zusätzliche Dimension.

Fabrikproduziertes Papier ist nicht so fein strukturiert wie handgeschöpftes und ermöglicht daher ganz andere Effekte als jene, die Sie auf Büttenpapier erzielen könnten. Sehr fein gekörntes Papier wie Cartridge-Papier ist ideal zum Zeichnen, besonders wenn es gedehnt wird. Auf manchen beschichteten Sorten wie Bristolkarton können Sie mit harten Minen ebenfalls sehr interessante Ergebnisse erzielen. Auf farbigem Zeichenpapier wie Canson-Mi-Teintes, das lichtbeständig ist und bei dem bereits der Papierbrei eingefärbt wird, können Sie sehr schöne Effekte erreichen, wenn Sie transparente Buntstifte benutzen, weil dies völlig andere Farbnuancen produziert. Anderes Buntpapier wie Ingres oder Vellum fügt sowohl der Farbgebung als auch der Struktur eine neue Dimension hinzu.

Probieren Sie auch fabrikgefertigte Papiere mit Oberflächen wie Leinenstruktur, Elefantenhaut oder Lederkarton aus. Diese Sorten sind nicht notwendigerweise

SPIRALISIERTE SKIZZENBLÖCKE

SKIZZENBLOCK

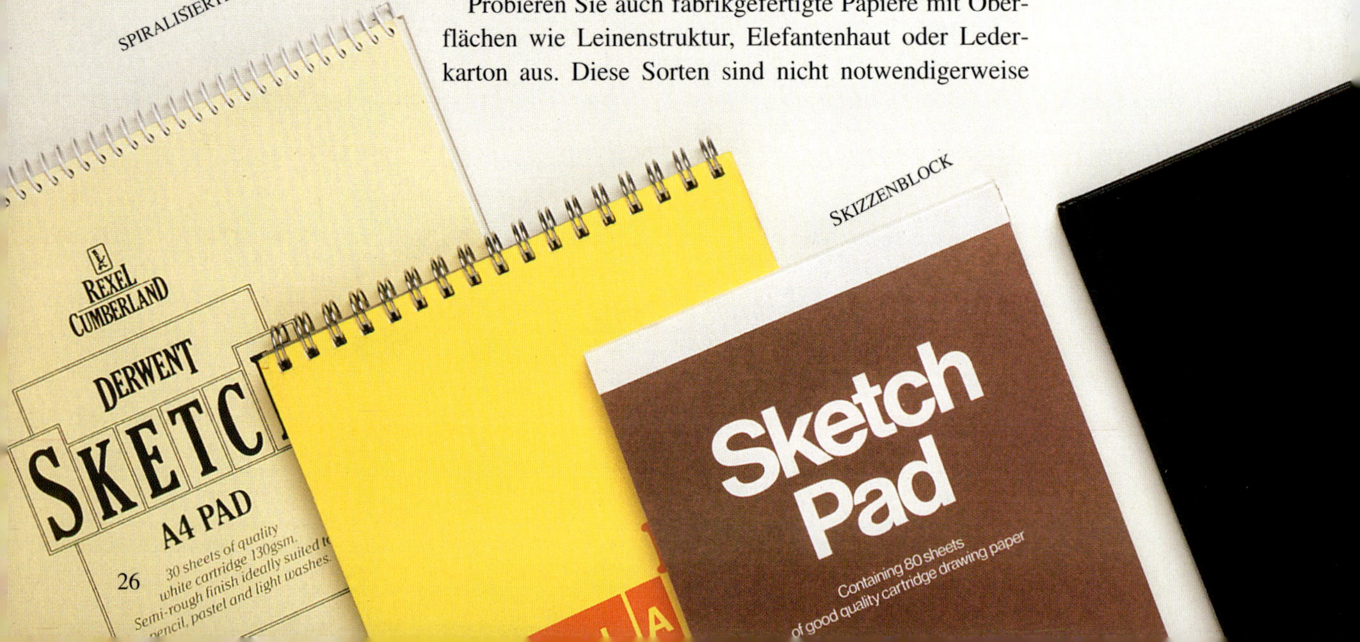

aufdringlich, und wenn Sie sie sinnvoll einsetzen, erhalten Sie ganz erstaunliche Resultate. Überlegen Sie sich auch, ob Sie lieber mit Blocks oder losen Blättern arbeiten möchten.

Es gibt keine eindeutigen Richtlinien für die Auswahl guten Papiers. Wichtig ist nur, daß es Spaß machen sollte, damit zu arbeiten, daß es nicht knittert, wenn es gedehnt wird, und daß es unter normalen Umständen bei der Bearbeitung mit größerem Druck keine Falten wirft. Gutes Papier nimmt die Farbpigmente der Buntstifte leicht auf und ist sein Geld wert.

Das Dehnen von Papier

Verschiedene Papiersorten können extrem unterschiedliche Strukturen haben: Einige bestehen aus dicht gepreßten Faserkombinationen, während andere eher lokker strukturiert sind. Manchmal verlaufen die Fasern beinahe senkrecht, dann wieder sind sie kreuz und quer verwebt; einige sind dick, andere dünn. Beim Gebrauch von Lösungsmitteln nehmen manche Papiersorten die Flüssigkeit vollständig auf, ohne daß dies die Struktur verändert. Bei anderen führt das Tränken mit Wasser oder einem Lösungsmittel dazu, daß die trockenen Fasern die Flüssigkeit aufsaugen und das Papier sich wellt. Dies verursacht eine sehr unebene Oberfläche, auf der

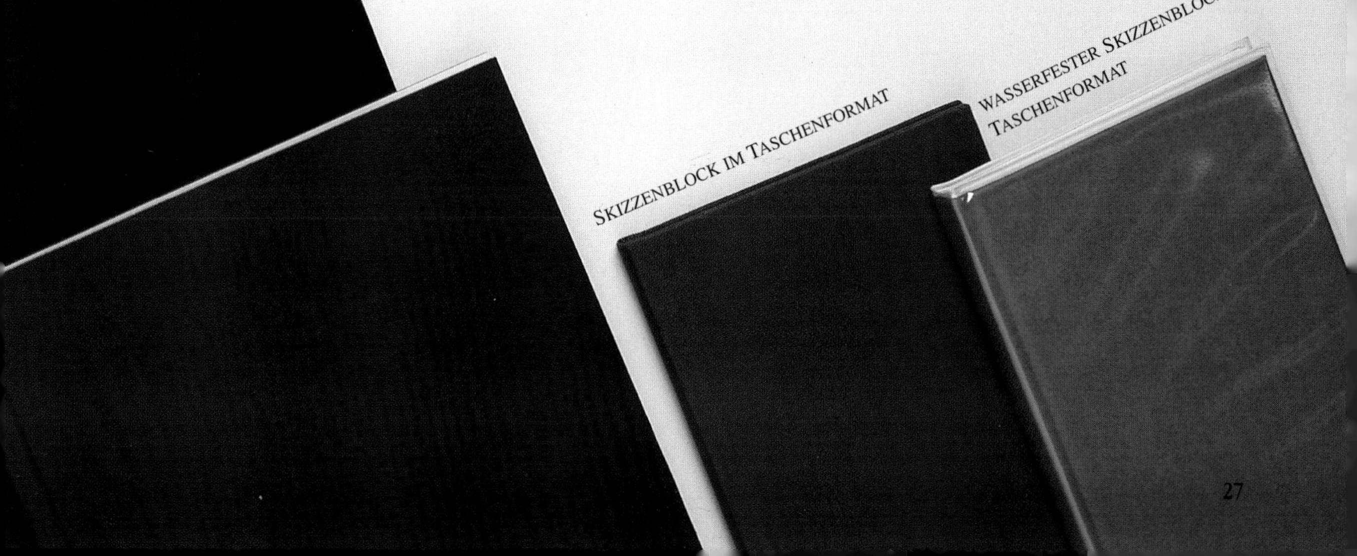

es schwierig ist zu arbeiten. Manchmal löst sich das Papier sogar auf.

Torchonaquarellpapier ist so konzipiert, daß es selbst in nassem Zustand nicht wellig wird. Dies gilt auch für einige härtere Papiersorten mit einer speziellen, nichtporösen Oberfläche. Wenn Sie gern mit wasservermalbaren Stiften auf einem mittelschweren, mittelgroben Papier zeichnen, müssen Sie die Zeichenfläche präparieren. Es gibt eine einfache Methode, um eine gute Arbeitsoberfläche zu erreichen und einige der genannten Probleme zu vermeiden. Diese Methode nennt man Dehnen.

Beim Dehnen muß das Papier straff gehalten werden, damit die Fasern sich nicht ausdehnen, sobald irgend etwas auf die Oberfläche aufgebracht wird. Wählen Sie dafür zunächst das gewünschte Papier aus. Jedes Papier hat eine ›richtige‹ und eine ›falsche‹ Seite. Bei einer schwereren Qualität ist dies leicht festzustellen, schwieriger wird es oft bei einem feineren Zeichenpapier. Halten Sie das Blatt vor ein Fenster oder gegen eine andere direkte Lichtquelle und biegen Sie es ganz leicht. Sie werden eine Struktur erkennen, die auf einer Seite leicht erhaben ist – dies ist die Oberseite des Papiers, auf der gezeichnet wird. Die Unterseite ist flacher und regelmäßiger. Auch glattes Papier hat auf der Zeichenseite eine gröbere Struktur und Körnung, die die Farbpigmente aufnehmen – es sei denn, es ist oberflächenbehandelt (was bei Zeichenpapier recht selten der Fall ist). Wenn Sie jedoch ein glattes, feines Zeichenpapier verwenden, ist der Unterschied zwischen Vorder- und Rückseite ziemlich klein, und ein Irrtum hat keine schlimmeren Folgen.

Nachdem Sie ein Papier ausgewählt haben, legen Sie es flach in kaltes Wasser, aber nicht zu lange: 10 bis 20 Minuten genügen. Wenn das Papier sehr weich ist, kann es sich bei zu langem Einweichen auflösen, während ein härteres Papier länger benötigt, um soviel Wasser aufzu-

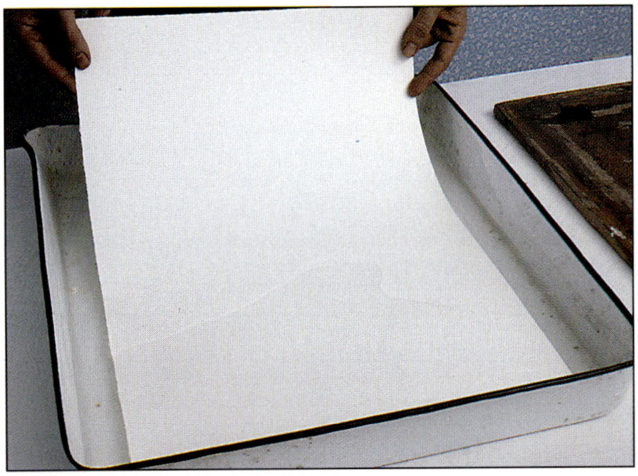

A

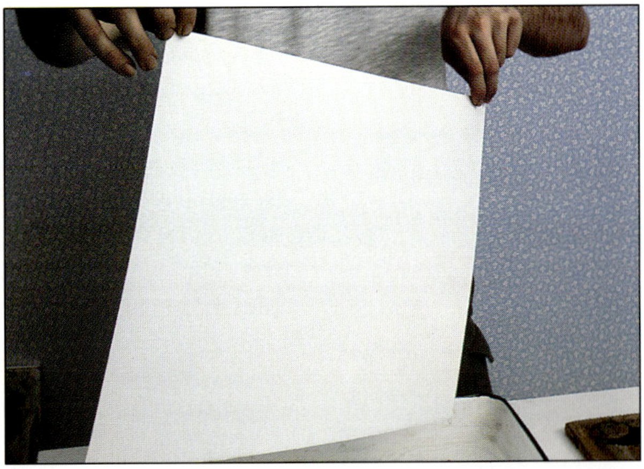

B

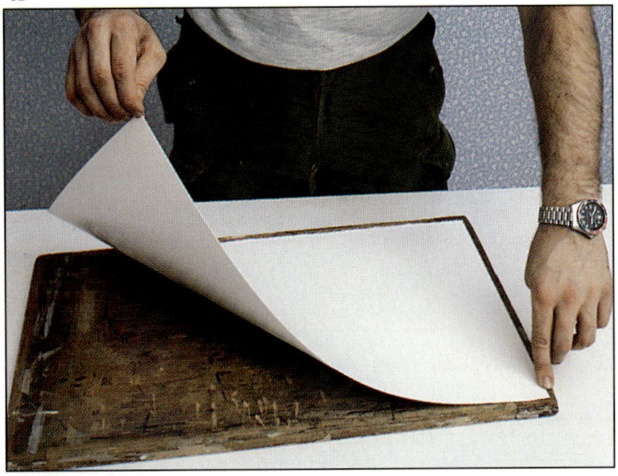

C

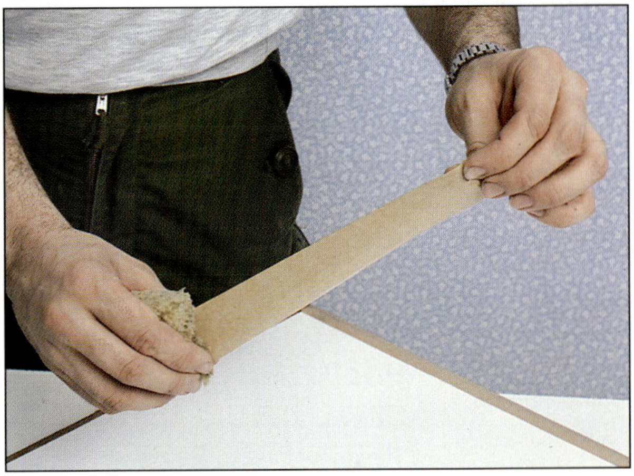

D

nehmen. Es ist sinnvoll, das Papier immer mit der gleichen Seite nach oben ins Wasser zu legen. Für das Papier spielt das zwar keine Rolle, aber es ist ärgerlich, wenn Sie vergessen, welche Seite die richtige ist, da man das auf nassem Papier oft schwer sieht. Nach dem Einweichen heben Sie das Papier vorsichtig aus dem Wasser, indem Sie es an zwei Ecken fassen. Vermeiden Sie, die Zeichenfläche zu berühren, denn in nassem Zustand ist Papier recht empfindlich, und Sie könnten es leicht knittern oder beflecken.

Während Sie die beiden Ecken festhalten, drücken Sie die obere Kante des Papiers gegen die Oberkante Ihrer Zeichenunterlage. Benutzen Sie auf jeden Fall eine feste Unterlage, die glatt und sauber ist. Pappe und ähnlich biegsame Materialien sind nicht geeignet, besonders nicht für größere Blätter, denn sie verziehen sich schnell durch die Feuchtigkeit und die beim Trocknen des Papiers entstehende Spannung.

Nachdem Sie die Oberkante des Papiers angelegt haben, senken Sie das Blatt vorsichtig ab, so daß keine Luftblasen entstehen. Wenn Sie das Papier kräftig auseinanderziehen, sollte das nicht vorkommen, aber es wird unweigerlich passieren, wenn Sie es zu locker halten oder durchsacken lassen. Falls Sie doch Luftblasen eingeschlossen haben, lösen Sie vorsichtig die einzelnen Ecken und legen Sie sie noch einmal an.

Liegt das Papier einmal richtig, kann es mit einem starken, 2,5 cm breiten Klebestreifen befestigt werden. Schneiden Sie für alle Seiten des Papiers einen passenden Streifen Klebeband zu, jeweils ein wenig länger als das Papier, um es um die Ecken der Zeichenunterlage kleben zu können. Dann feuchten Sie das Klebeband an und machen es an jeder Seite des Papiers fest, so daß es sich zur Hälfte auf dem Papier, zur anderen Hälfte auf der Zeichenunterlage befindet. Legen Sie das Papier flach hin und lassen Sie es bei Zimmertemperatur trock-

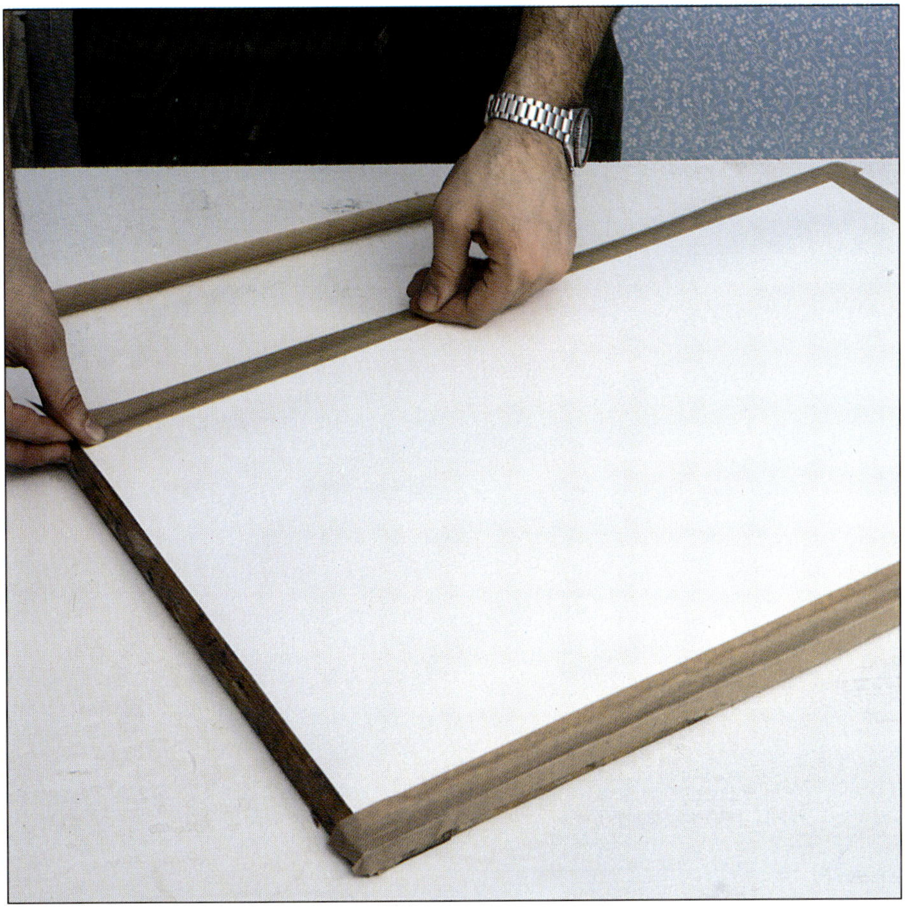

E

Papier dehnen
Um Papier zu dehnen, müssen Sie zunächst die Oberseite finden, indem Sie es leicht gebogen gegen eine Lichtquelle halten. Wenn das Papier ein Wasserzeichen hat, sollte es richtig herum lesbar sein. Legen Sie das Papier mit der Zeichenseite nach oben in sauberes Wasser.

A Lassen Sie es flach 10 bis 20 Minuten im Wasser.

B Heben Sie es dann an einer Ecke heraus und schütteln Sie es vorsichtig, damit überschüssiges Wasser abfließen kann.

C Legen Sie das nasse Papier mit der Oberseite nach oben auf Ihre Zeichenunterlage. Achten Sie darauf, daß das Papier ganz flach liegt.

D Schneiden Sie entsprechend lange Klebestreifen zu und feuchten Sie sie mit einem Schwamm an.

E Versehen Sie jede Seite mit einem Klebestreifen und befestigen Sie das Papier in jeder Ecke mit Nadeln. Lassen Sie es trocknen.

nen. Stellen Sie es nicht aufrecht, bevor nicht der größte Teil des Wassers verdunstet ist, da sonst die obere Seite schneller als die untere trocknet, das Papier sich von der Unterlage löst oder schlimmstenfalls sogar reißt.

Es dauert etwa zwölf Stunden, bis das Papier vollständig getrocknet ist. Daher ist es sinnvoll, immer ein bis zwei Zeichenblätter mindestens einen Tag vorher vorzubereiten. Versuchen Sie nicht, den Trocknungsprozeß mit einer Wärmequelle zu beschleunigen, denn dies wird die Struktur Ihres Papiers zerstören. Es trocknet dann unregelmäßig, was zu Spannungen führt, die sichtbar werden, sobald es wieder feucht wird. Möglicherweise hält das Papier keine plötzlichen Kontraktionen mehr aus und reißt.

Falls in den ersten Stunden des Trocknens Wassertropfen auf der Oberfläche zurückbleiben, können Sie sie leicht mit einem Papiertuch oder einem weichen Schwamm aufnehmen – aber reiben Sie unter keinen

Eine Gessogrundierung anlegen
Oben: Wenn Sie eine Gessogrundierung anlegen, benutzen Sie einen feuchten Pinsel, so daß keine Luftblasen entstehen. Tragen Sie eine Grundierungsschicht auf und lassen Sie sie trocknen.
Unten: Legen Sie mehrere Schichten an, aber tragen Sie jede in entgegengesetzter Richtung zur vorherigen auf. Lassen Sie jede Schicht trocknen, bevor Sie die nächste auftragen.

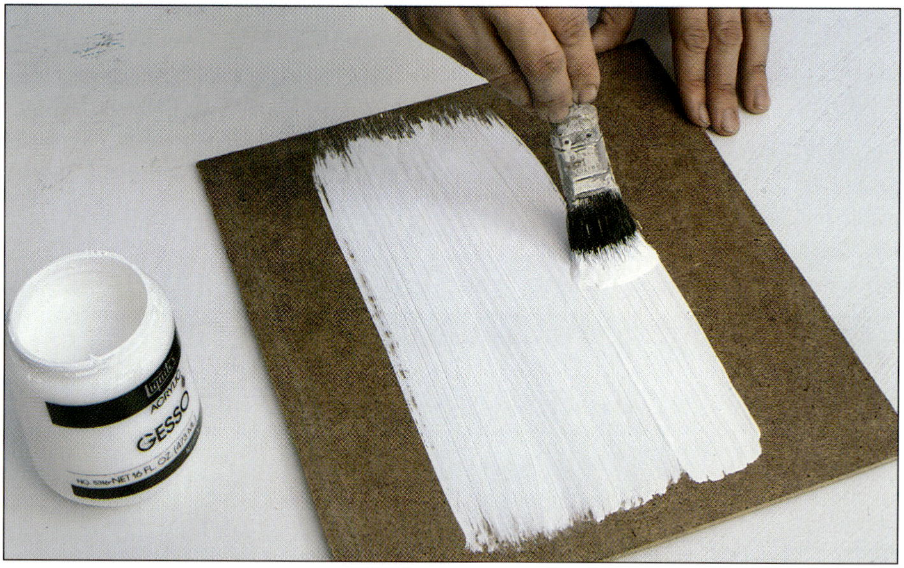

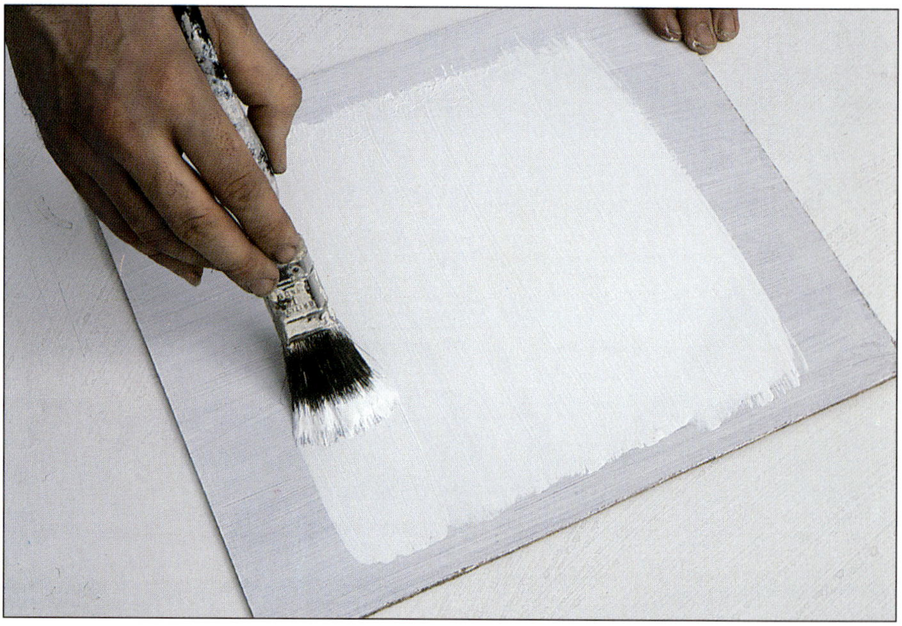

Umständen auf der Oberfläche, während sie noch naß ist, denn sonst zerstören Sie die Struktur oder zerreißen das Blatt.

Nachdem das Papier getrocknet ist, ist es sehr straff und sollte sich nicht mehr wellen, wenn es mit Flüssigkeiten in Kontakt kommt – wellt es sich trotzdem, war es nicht vollständig gedehnt. Es wird sich auch dann nicht mehr wellen, wenn Sie mit dem Stift größeren Druck ausüben, wie dies zum Beispiel beim Aufhellen der Fall sein kann. Gedehntes Papier ist eine gute Zeichenoberfläche, die nur den Nachteil hat, daß man seine Benutzung vorausplanen und eine feste Zeichenunterlage haben muß, wenn man es im Freien benutzen möchte. Für die Arbeit im Studio ist es jedoch ideal.

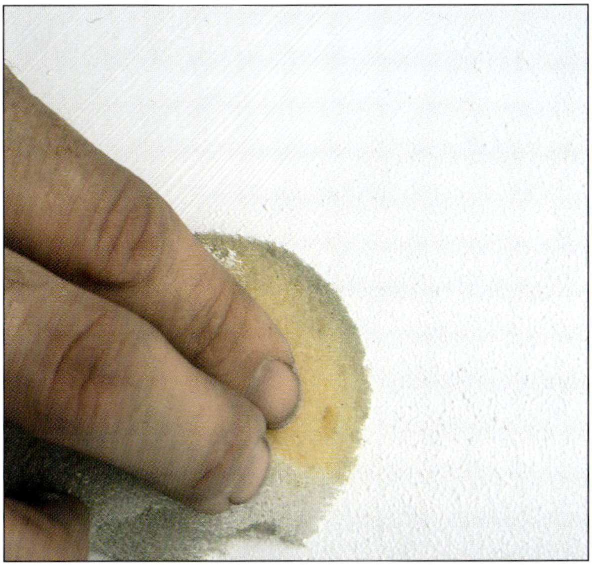

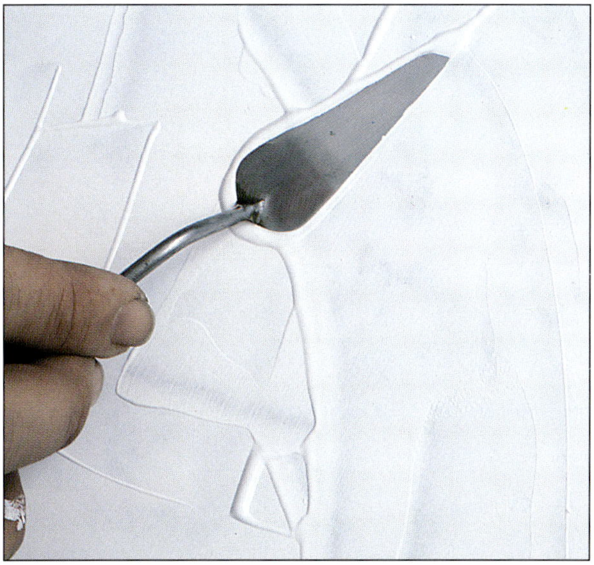

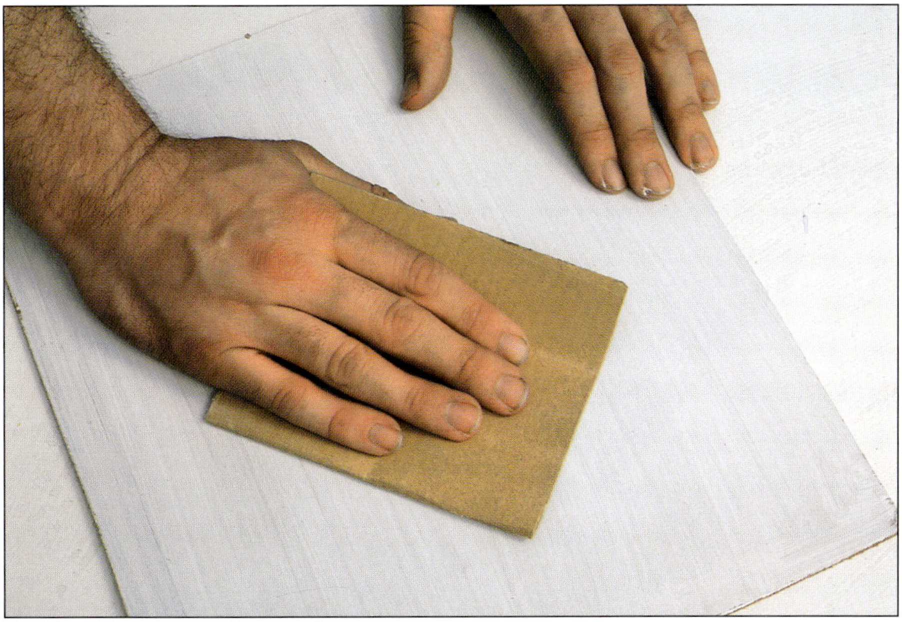

Gessogrundierungen
Oben links und *oben rechts* sehen Sie zwei Methoden, mit denen Sie auf dem Gesso unterschiedliche Oberflächen erzielen. Mit einem Naturschwamm erhalten Sie eine rauhe Oberfläche, die den Farbpigmenten guten Halt bietet. Wenn Sie Gesso mit einem Spachtel glätten, erhalten Sie große Flächen ohne Struktur. *Links*: Mit sehr feinem Sandpapier können Sie jegliche unerwünschte Struktur im getrockneten Gesso abschmirgeln und erhalten eine sehr feine, glatte Oberfläche.

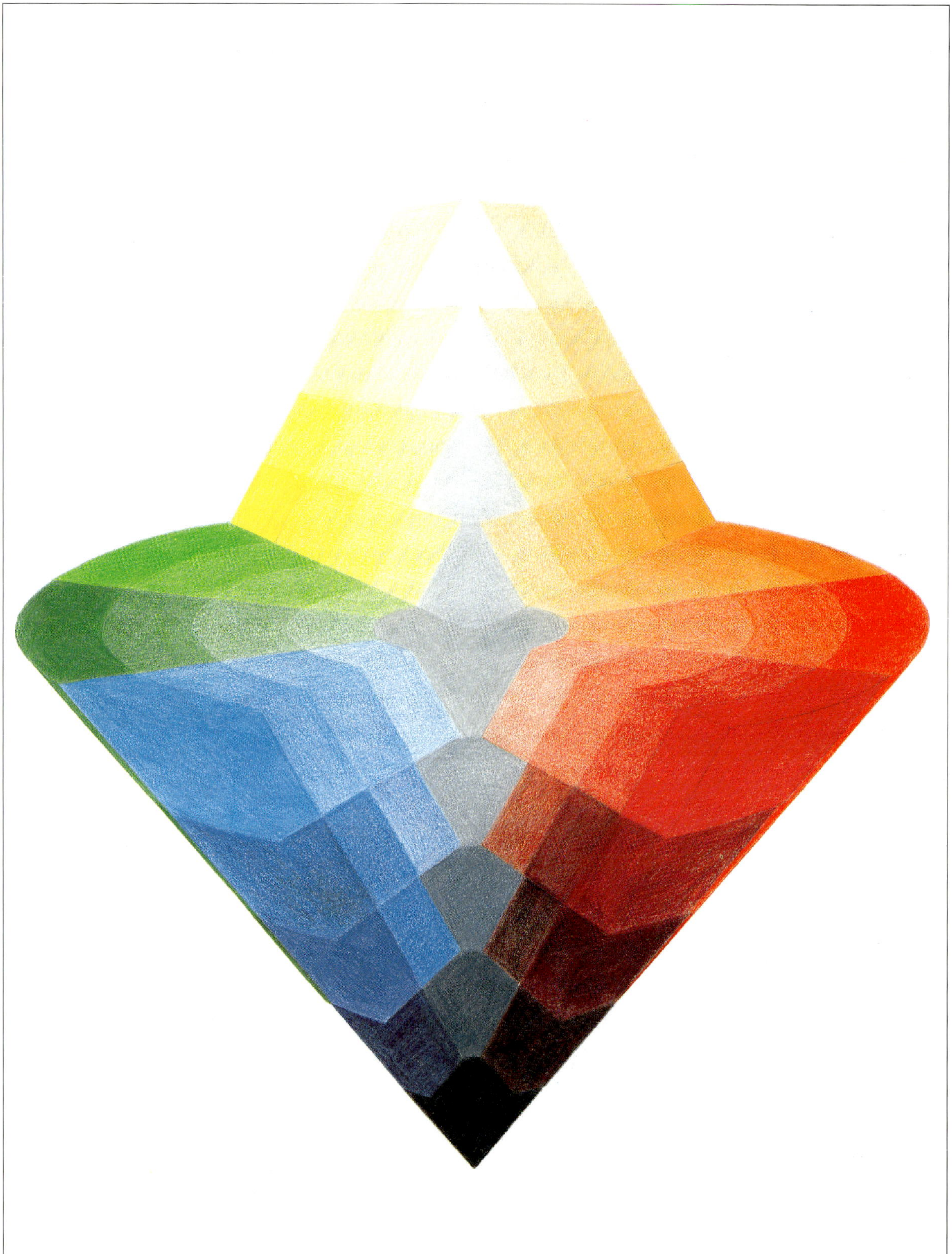

DRITTES KAPITEL

FARBE UND KOMPOSITION

Das erste Element in jeder Zeichnung ist die Linie, und um deren Ausdrucksfähigkeit zu steigern, fügen wir zwei weitere Elemente hinzu: Tönung und Farbe. Im Großen und Ganzen ist Farbe nichts anderes als Licht – Licht, das gebrochen oder absorbiert wird. Ohne Licht sehen wir nichts. Mit Licht sind wir fähig, schätzungsweise 6 Millionen Farben wahrzunehmen. Die Untersuchung und Darstellung dieser Farben erweitert nicht nur unser Verständnis von der Wirklichkeit, sondern trainiert auch unseren Geist, das wahrzunehmen, was jenseits des unmittelbar Erkennbaren liegt.

Die Interpretation von Farben hat eine persönliche wie auch eine wissenschaftliche Dimension. Künstler nutzen diese Interpretationsmöglichkeiten, um Farben auf zwei verschiedenen Ebenen einzusetzen – zur Darstellung der Wirklichkeit und zur Darstellung von Gefühlen.

Wenn man sich mit Farben beschäftigt, ist es hilfreich, sich mit einigen Grundbegriffen der Farbenlehre vertraut zu machen. Vieles auf diesem Gebiet wird sehr kontrovers diskutiert, und wir befinden uns auf weitgehend unbekanntem Terrain, wo der Umgang mit Farben noch immer eine Entdeckungsreise ins Ungewisse darstellt.

Links: Die symmetrische, konische Form hat sich als eines der nützlichsten Diagramme für die Darstellung des Farbenspektrums erwiesen. In der zentralen Achse verläuft die Grauskala von Weiß bis Schwarz. Auf dem Umriß des Kegels befinden sich die gesättigten Farben, die zum Zentrum hin graduell heller werden.

Additive und subtraktive Farben

Weißes Licht ist nicht einfach eine unsichtbare Leere, sondern es setzt sich aus allen Farben des Spektrums zusammen. Diese Farben werden als Regenbogen sichtbar, wenn man einen weißen Lichtstrahl durch ein Prisma schickt. Es ist möglich, weißes Licht nur mit drei dieser Spektralfarben zu erzeugen: mit Orangerot, Grün und Blauviolett. Projiziert man jedoch zwei dieser Farben übereinander, werden nur ganz bestimmte Farben erzeugt: Blauviolett mit Grün ergibt Cyanblau, Grün und Orangerot ergeben Gelb, und Orangerot und Blauviolett erzeugen zusammen Magenta. Das nennt man additives Farbmischen, und die drei genannten Farben, die durch die Überlagerung zweier anderer entstehen, heißen Sekundärfarben.

Farbeffekte, die durch die Kombination von Substanzen wie Mal- und Buntstiftpigmenten entstehen, werden nicht durch Licht erzeugt, sondern durch die Fähigkeit der Farbpigmente, Licht zu absorbieren statt es zu brechen. Die Gesetzmäßigkeiten des Lichts entsprechen also nicht notwendigerweise denen, die für Farben gelten. Das Mischen von Pigmenten bezeichnet man daher als subtraktives Farbmischen. Die drei subtraktiven Primärfarben sind Magentarot, Cyanblau und Chromgelb. Genau wie die Primärfarben des Lichts können auch diese Farben nicht durch das Mischen anderer Farben erzeugt werden. Mischt man dagegen die drei Primärfarben, entstehen folgende Resultate: Aus Gelb und Magenta entsteht Orangerot, Magenta und Cyan bilden Blauviolett, und Gelb und Cyan mischen sich zu Grün. Alle drei zusammen ergeben Schwarz. Schwarz bedeutet also nicht einfach die Abwesenheit von Farbe.

Wahrnehmbare Farben erzeugen

Es wäre zu einfach zu behaupten, alle Farben seien das Resultat solcher Kombinationen, aber die Beschreibung der additiven und subtraktiven Grundfarben und ihrer Mischungen macht deutlich, daß das, was wir als eine bestimmte Farbe wahrnehmen, höchstwahrscheinlich eine Ansammlung von Farben ist. Das menschliche Auge interpretiert eine Kombination von Farben als Gesamtes und verallgemeinert sie. Seine Farberkennung hängt außerdem vom Medium ab, in das die jeweilige Farbe eingebunden ist. Erscheint etwa ein tropischer Fisch bei Nacht im Wasser leuchtend farbig, wirken seine Farben bei Tageslicht außerhalb des Wassers aber anders. Auf ähnliche Weise stumpfen die Farben farbenprächtiger Objekte aus dem hellen tropischen Sonnenlicht in der verschmutzten, grauen Luft einer europäischen Industriestadt sehr ab.

Künstler manipulieren Farben. Sie dämpfen oder verstärken sie, tauschen sie aus und legen genau fest, welchen Farbeindruck sie vermitteln wollen. Man braucht viel Erfahrung, um das wiederzugeben, was man wahr-

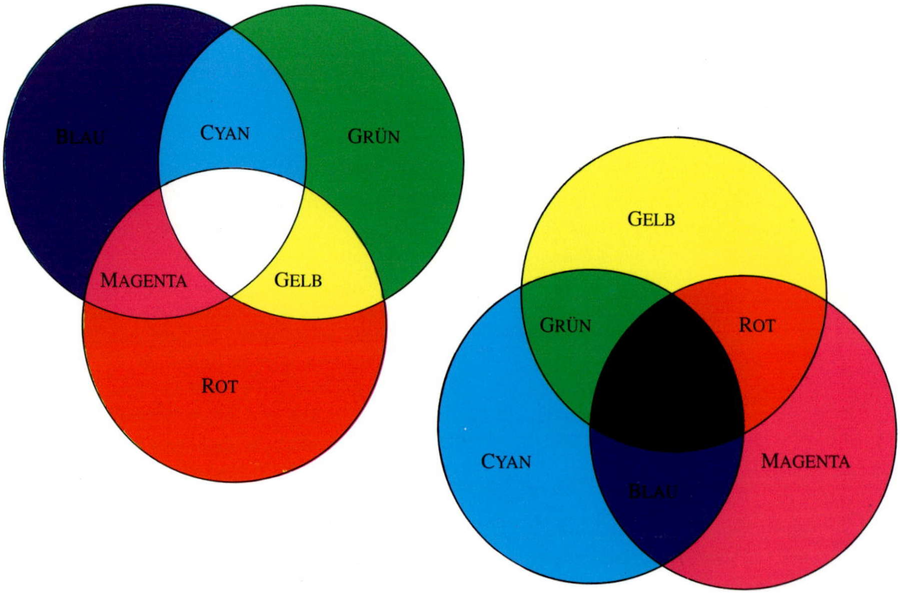

Farbiges Licht und farbige Pigmente
Die Diagramme zeigen die verschiedenen Mischungsverhältnisse des Lichtes (*links*) und von Farbpigmenten (*rechts*). Die drei Primärfarben – Grün, Rot und Blau – werden vermischt, um Sekundärfarben zu erzeugen – Magenta, Gelb und Cyan. Man nennt dies additives Mischen. Die drei Primärfarben bei den Pigmenten – Gelb, Cyan und Magenta – vermischen sich zu Rot, Blau und Grün. Das Mischen von Substanzen, die Licht absorbieren, nennt man subtraktives Mischen.

Das Spektrum
Das Lichtspektrum von Pigmenten zeigt die Farben, die entstehen, wenn weißes Licht durch Brechung in seine Komponenten zerlegt wird.

Der Farbkreis
Farbkreise sind einfache Darstellungen des linearen Lichtspektrums, dessen Enden zusammengesetzt wurden. Sie zeigen recht deutlich das Verhältnis zwischen den Grundfarben und ihren Gegenstücken, den Komplementärfarben, sowie den benachbarten Farben. Der Kreis *links* zeigt die sechs Hauptspektralfarben, der Kreis *rechts* die dazwischenliegenden Farbtöne.

nimmt. Eine Farbe mit geringer Intensität oder Sättigung entsteht etwa, indem man mit dem Stift sehr leicht über das Papier streicht und damit nur kleine Mengen von Pigmenten zurückläßt. Farbpigment läßt sich durch Hinzufügen von Grau modifizieren: Wenn Sie die Skala der Grautöne betrachten – von Tiefschwarz bis hin zu Weiß – und diese Grautöne mit den verschiedenen Farbtönen mischen, werden Sie eine große Palette von helleren und dunkleren Schattierungen erhalten. Die Farben, die dabei entstehen, können mit Begriffen wie hell oder dunkel beschrieben werden.

Die Komposition

Eine Farbkomposition zu schaffen ist für eine Zeichnung ebenso grundlegend wie der Stil. Es ist sinnvoll, zunächst mit einer flüchtigen Skizze zu beginnen. Auch wenn sie sehr klein ist und nur aus einfachen Linien besteht, wird sie Ihnen helfen, den dargestellten Gegenstand aus unterschiedlichen Blickwinkeln zu betrachten. Sie hält die im Freien gefundenen Formen und Farben fest und wird Ihnen bei der Ausarbeitung helfen. Beim Skizzieren können Sie Realität und Zeichnung miteinander vergleichen, bevor Sie zuviel auf dem Papier festlegen – mit anderen Worten, Skizzen geben Ihnen die Möglichkeit, die Wirklichkeit neu zu ordnen.

An diesem Punkt ist es wichtig zu entscheiden, wie die Komposition begrenzt werden soll, wieviel Raum

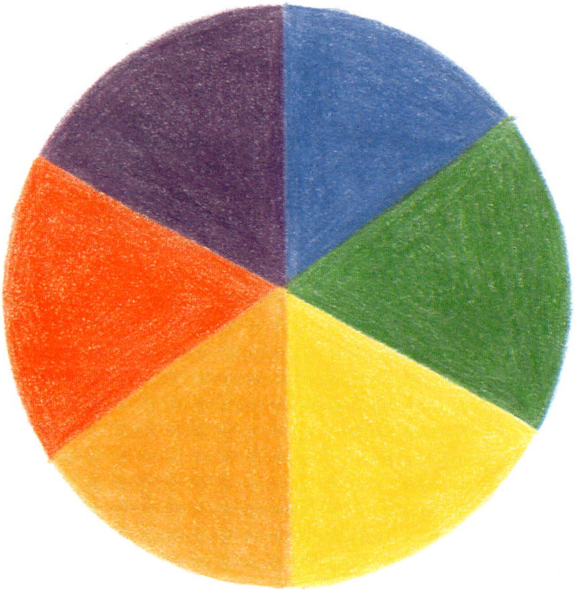

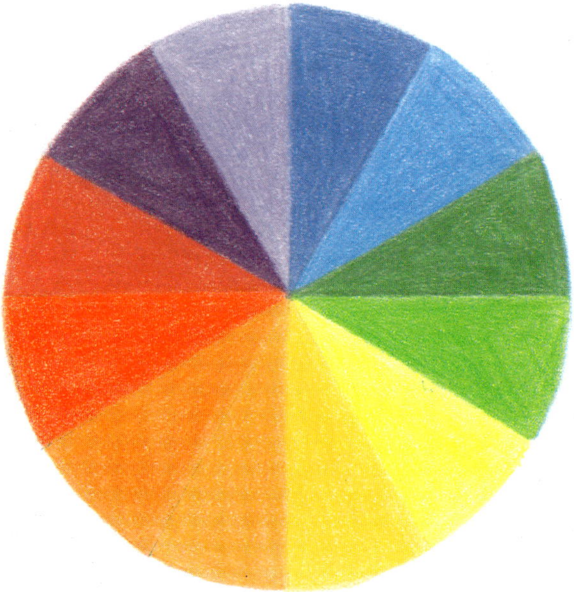

der Vordergrund einnehmen soll und ob Sie ein Hoch- oder Querformat wählen wollen. Sie können das Format leicht festlegen, indem Sie einen Rahmen um den Bereich, den Sie darstellen möchten, ziehen, und sich ansehen, wie das betreffende Motiv darin aussieht. Sie können natürlich auch immer ein Paar L-förmiger Kartonstücke mitnehmen, mit denen Sie das Motiv einrahmen, um es von seiner Umgebung zu trennen. Durch verschiedene Positionen des Rahmens können Sie sich einen Eindruck verschaffen, bevor Sie sich entscheiden.

Nachdem Sie die innere Struktur und die Parameter Ihrer Arbeit festgelegt haben, müssen Sie sich mit den Farben beschäftigen. Da die Arbeit mit Buntstiften eher langsam vorangeht, ist es wichtig, zunächst einen Arbeitsplan für eine kleine Fläche festzulegen. Sie können zum Beispiel die Farben am Rand Ihrer Vorskizze mischen und sie eine nach der anderen auf die Zeichnung auftragen. Auf diese Weise entsteht langsam ein Miniaturbild, das sich mehr und mehr dem fertigen Bild annähert. Wenn eine Form zum Beispiel optisch vorne stehen soll, können Sie die Komposition hieran anpassen; auf ähnliche Weise können Sie die Farben verteilen, um einen Blickpunkt im Bild zu schaffen.

Wie wir eine Farbe wahrnehmen, hängt von dem Maßstab ab, in dem wir sie sehen. Dieser wiederum ist von unseren eigenen physischen Proportionen bestimmt. Sie werden feststellen, daß etwas, das in seinem natürlichen Umfeld als eine Farbe mit großer Form oder Präsenz erscheint, in den Grenzen einer kleinen Bildfläche unscheinbar wirkt. Sie müssen dementsprechend die Schattierung oder Sättigung der Farbe erhöhen, um es ›real‹ aussehen zu lassen. Auch das Gegenteil trifft zu: Wenn Sie einen kleinen Gegenstand mit sehr kräftigen Farben malen, wird er übertrieben und unproportioniert wirken, obwohl er in jedem erdenklichen Sinne ein ›realer‹ Gegenstand ist.

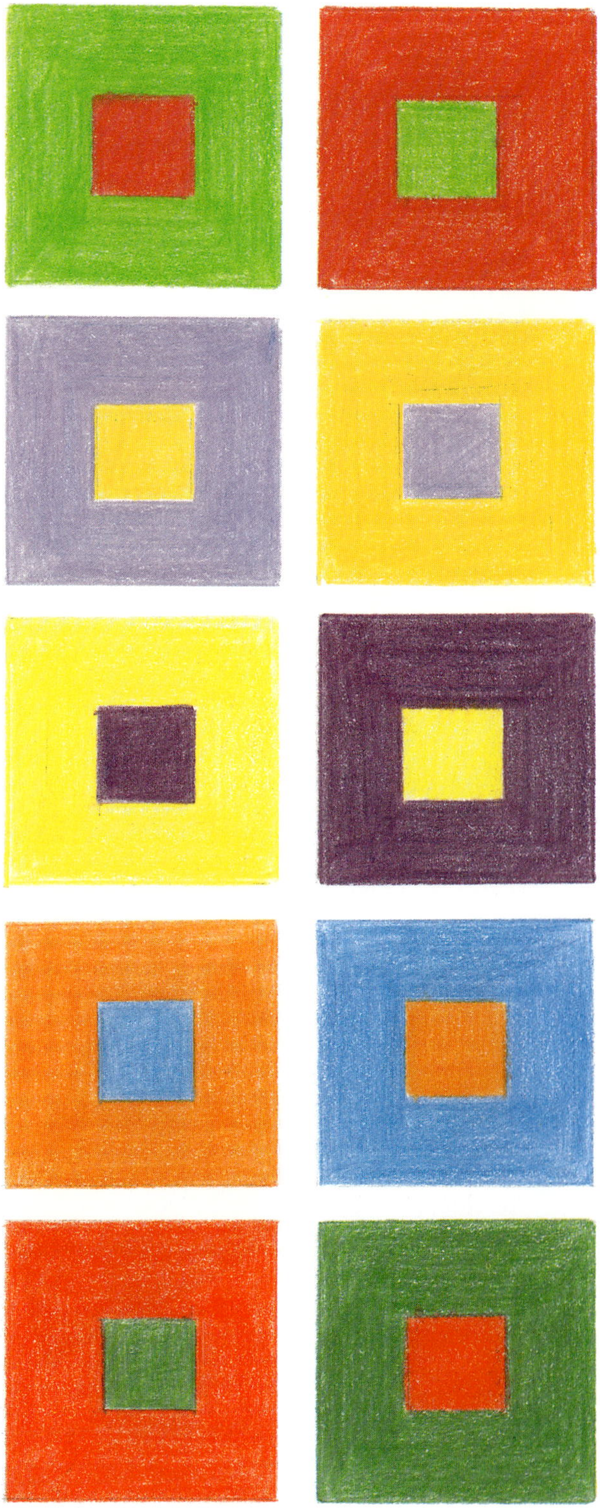

Hervor- und zurücktretende Farben

Die Kraft einer Farbe und ihre visuelle Dominanz sind direkt von den sie umgebenden Farben abhängig – man könnte das als Farbkontext bezeichnen. Ebenso wird die Wirkung einer Farbe von der Größe der Fläche beeinflußt, die sie einnimmt. Die Tafel *rechts* zeigt fünf Farbpaare in jeweils umgekehrten Verhältnissen, die veranschaulichen, wie Fläche und Umgebung die Wahrnehmung einer Farbe beeinflussen und sie in den Vorder- oder Hintergrund treten lassen können.

Die Bildkomposition
Flüchtige Skizzen sind wesentlich für jegliche Entscheidung über Komposition, Form und Farbe. Experimentieren Sie mit unterschiedlichen Bildausschnitten, und verschieben Sie den Blickpunkt versuchsweise von links nach rechts. Im Beispiel *rechts* wird die vertikale Linie der Blumenvase durch die horizontale des Fensters ausbalanciert. Im Bild *unten* entschied sich der Künstler, die Linien des Raumes und des Tisches als Kontrast zur zylindrischen Form der Vase zu benutzen.

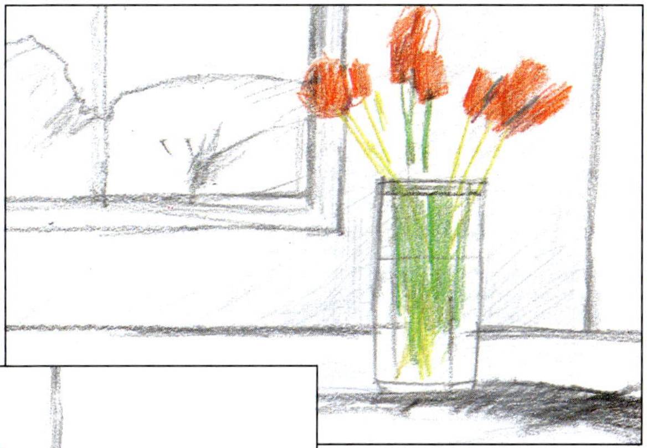

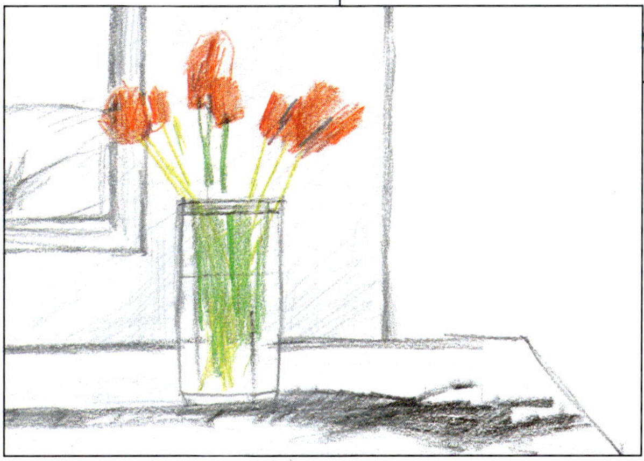

Unten links: Hier dominiert die Vase mit den Tulpen die Komposition, da der Künstler die Ränder abschnitt und damit die senkrechte Ausrichtung des Bildes betonte. Durch einen weiter zurückliegenden Blickwinkel und die Tischkante im unteren Bildteil wird die Vase mehr in ihre Umgebung und die Komposition integriert.

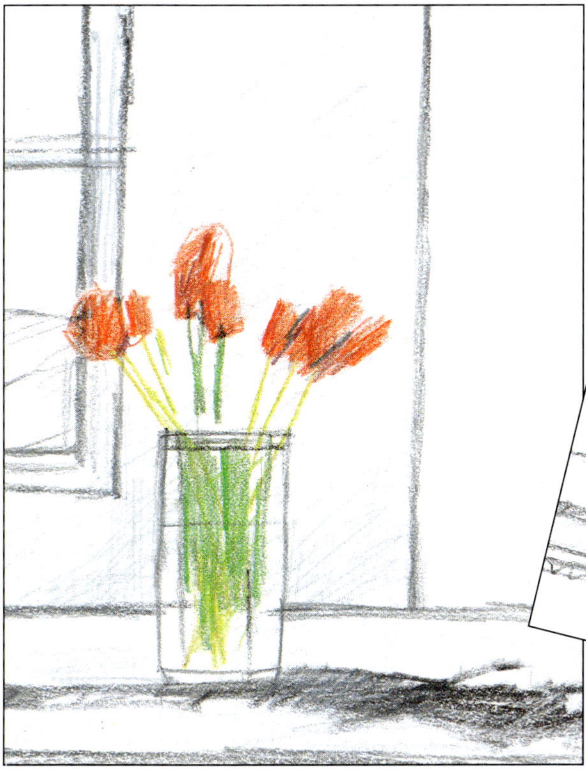

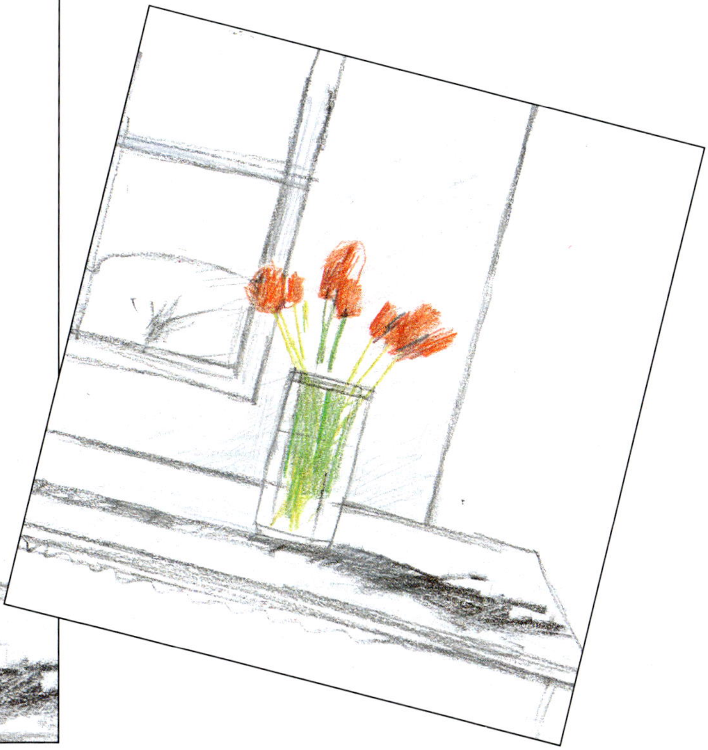

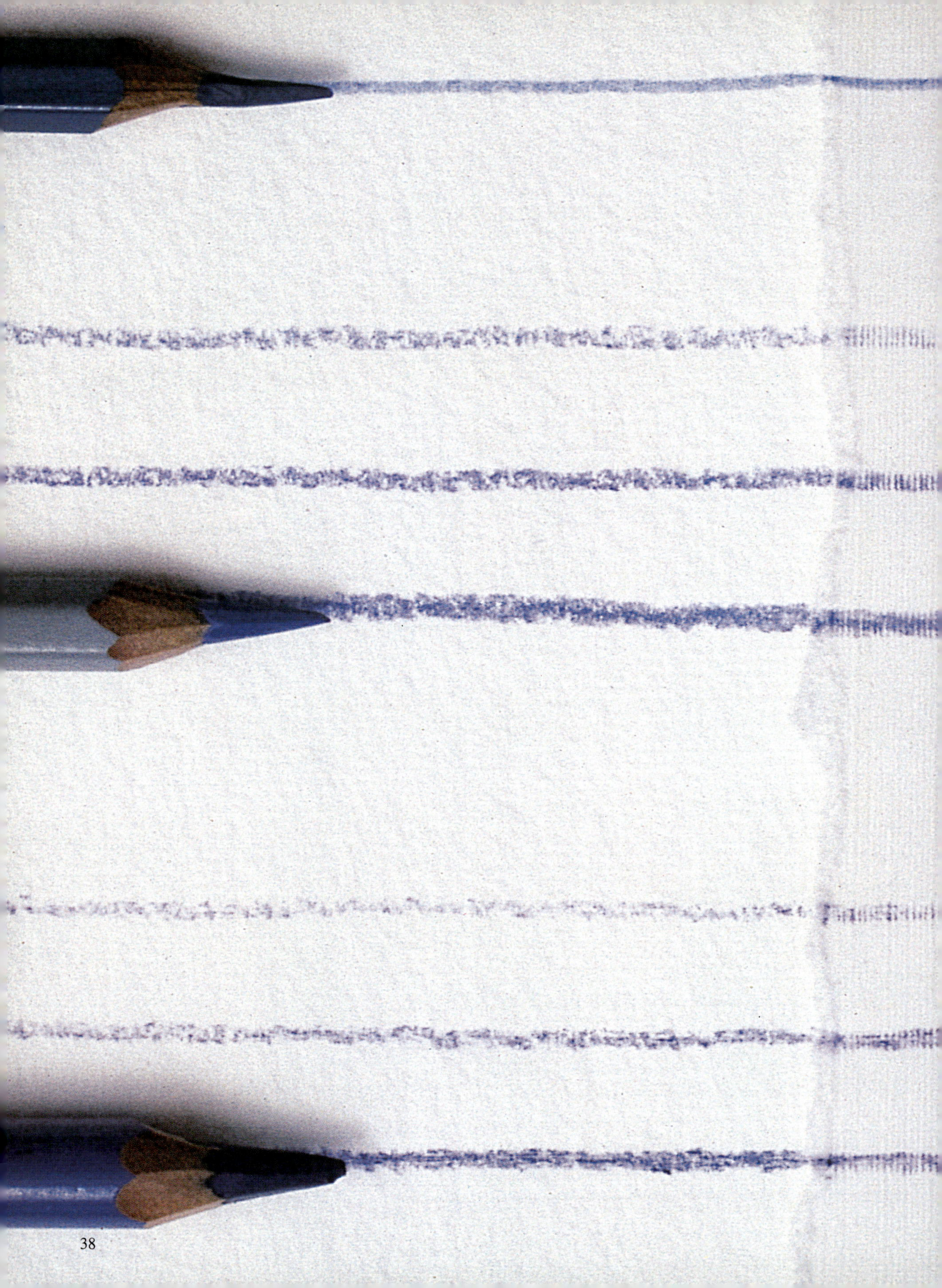

VIERTES KAPITEL

STRICHE

In einer Zeichnung ist die Linie oder der Strich der elementarste Bestandteil. Zugleich ist die Linie eines der wichtigsten, gefühlsbetontesten Zeichen im künstlerischen Ausdruck. Es ist sinnvoll, verschiedene Arten von Strichen auszuprobieren und ihre Ausdrcuksmöglichkeiten zu erforschen. Das wird Ihnen helfen, den Stift sicher zu benutzen, zu fühlen und zu verstehen, wie Sie die gewünschten Effekte erzielen können. Sie werden bald in der Lage sein, das Zusammenspiel zwischen Ihrer Hand, dem Stift und dem Papier zu beherrschen, um einen Ihrer Vorstellung entsprechenden Eindruck zu Papier zu bringen. Und je besser Ihnen dies gelingt, desto größer ist die Bandbreite der Effekte, die Sie erzeugen können.

Die Auswahl des Materials

Bevor Sie mit einer Zeichnung beginnen, ist es wichtig, darüber nachzudenken, welchen Effekt Sie erzielen wollen, denn diese Überlegung bestimmt die Wahl Ihres Materials. Stifte können ganz unterschiedliche Minen haben – weiche oder harte, mit fester oder pastelliger Konsistenz. Der jeweilige Effekt wird durch die Papieroberfläche verstärkt: Eine harte Mine gleitet nicht so leicht über rauhes oder kaltgepreßtes Papier wie eine weiche. Eine zu weiche Mine hingegen zerbröckelt auf einer grobstrukturierten Zeichenoberfläche. Um herauszufinden, welches Material Sie bevorzugen, ist es unerläßlich, eine Vielzahl von Stiften auf unterschiedlichen Zeichenflächen auszuprobieren, zum Beispiel auf Aquarell-, maschinenproduziertem oder mit Acrylgesso grundiertem Papier. Kaufen Sie verschiedene Papiersorten und zeichnen Sie mit demselben Stift einfach einige Linien und Schattierungen darauf. Sie werden rasch erkennen, welche Effekte durch die unterschiedlichen Papieroberflächen entstehen.

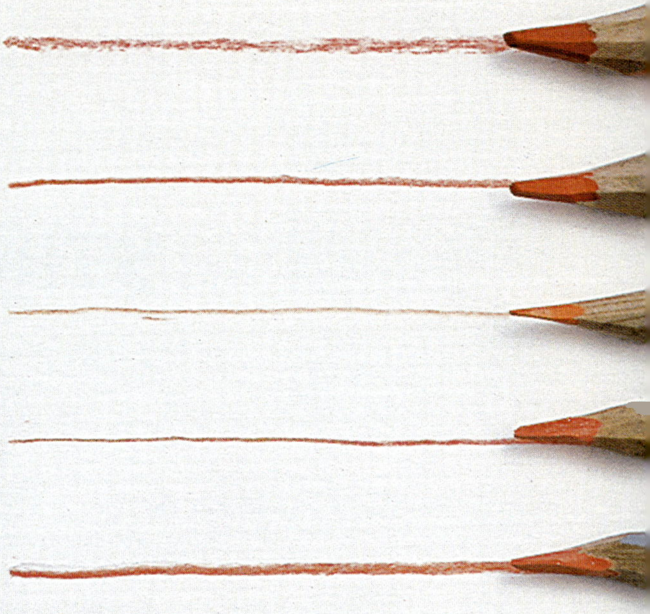

Striche mit verschiedenen Minen
Unterschiedliche Minen erzeugen unterschiedliche Striche. Die Mine des *obersten* Stiftes hat eine pastellige Konsistenz und erzeugt entsprechend eine Linie mit verwischter Struktur. Der Aquarellstift *unten* hat eine ähnlich weiche Mine und erzeugt eine dicke Linie. Der Stift in der *Mitte* ist sehr hart und eignet sich entsprechend für dünne, abgeschlossene Linien.

Stifte anspitzen

Nachdem Sie sich für einen bestimmten Typ von Stiften entschieden haben, ist es wichtig, deren ›Krümelfaktor‹ festzustellen. Davon hängt ab, wie Sie die Stifte anspitzen, was wiederum unmittelbar die Art der Linien, die Sie erzeugen, beeinflußt. Eine harte Mine läßt sich leicht in der gewünschten Form spitzen, während weichere Minen schnell zerfallen oder brechen, wenn sie zu weit freigelegt werden oder wenn der Spitzer sie nicht gleichmäßig abschabt. Ein Standardspitzer erzeugt eine verhältnismäßig gleich gerundete Spitze, aber Sie sollten auch einmal ein Universalmesser oder ein Skalpell ausprobieren. Testen Sie verschiedene Klingen, bis Sie eine gefunden haben, mit der Sie sich wohlfühlen, denn Sie brauchen völlige Kontrolle über das Schneidewerkzeug, um eine präzise Form zu erreichen. Wenn Sie etwa die Mine zu zwei glatten Oberflächen schneiden, erhalten Sie eine meißelartige Spitze, die eine große Fläche für das Aufbringen der Farbe aufs Papier bietet. Schneiden Sie die Spitze dagegen in Form mehrerer kleinerer, aber gleich flacher Seiten zu, ergibt das eine facettenförmige Spitze, die unterschiedlich breite Striche erzeugt.

Nachdem Sie Ihre Stifte mit unterschiedlichen Werkzeugen angespitzt haben, probieren Sie aus, welche unterschiedlichen Striche Sie erzeugen können. Scharfe Spitzen verursachen dünne, kontrolliert ausgerichtete Linien, während Sie mit eher abgerundeten Spitzen weiche, an den Rändern verlaufende Linien zeichnen können. Meißelförmige oder facettierte Spitzen ergeben breite, weiche oder unregelmäßige Linien, abhängig davon, wie stark die Mine mit Farbpigmenten gesättigt ist.

Probieren Sie auch einmal aus, auf welche Art Sie mit einer Spitze immer wieder andersartige Linien erzeugen können – auch wenn jede Spitze immer wieder ähnliche Linien schafft. Mit einer schärferen Spitze werden Sie größere Ebenmäßigkeit erreichen als mit einer abgeflachten, die viel eher von den Unregelmäßigkeiten des Papiers beeinflußt wird und eine größere Bandbreite unterschiedlicher Strichstärken erzeugt. Einige Stifte ent-

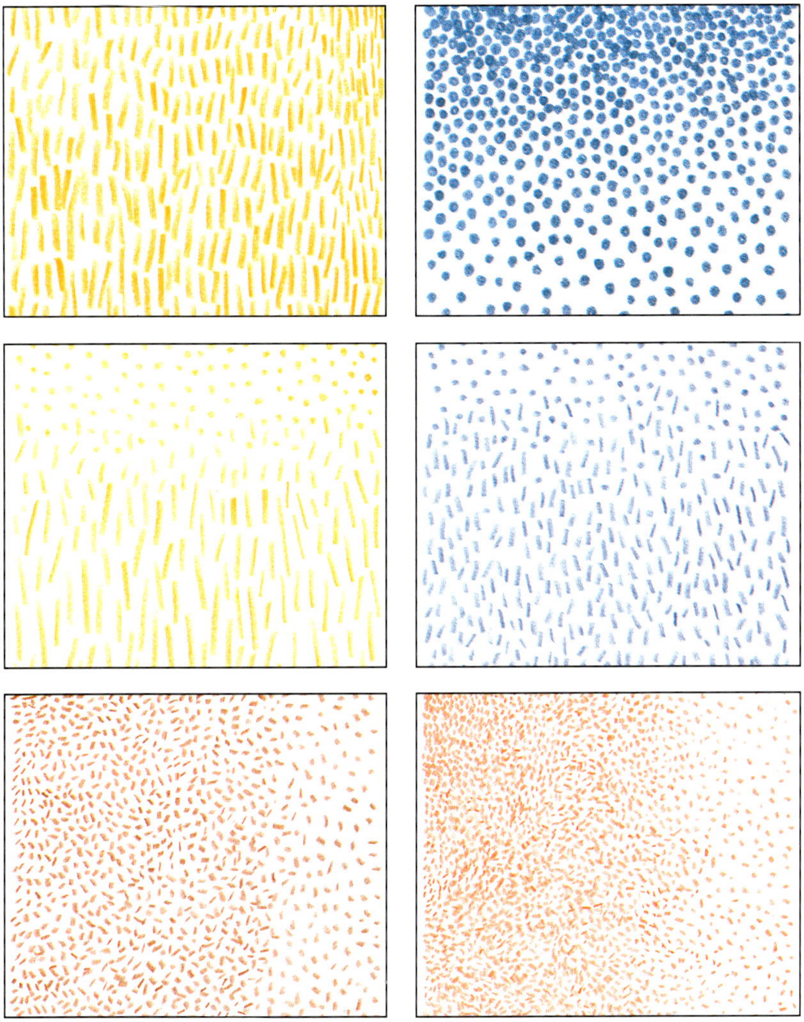

Striche und ihre Struktur
Die Muster *links* zeigen, wie einfache Striche durch ihre Form und Richtung eine große Bandbreite unterschiedlicher Muster und Strukturen erzeugen können.
Oben links: Ein regelmäßiges, mehr oder weniger senkrechtes Muster, das aus kleinen Linien etwa gleicher Länge besteht.
Oben rechts: Durch das Drehen der Stiftspitze auf dem Papier können sehr gleichmäßige Punkte erzeugt werden, die Farbtöne suggerieren. Es ist möglich, hellere oder dunklere Farben anzudeuten, indem man die Verteilungsdichte der Punkte variiert.
Mitte links: Punkte, die zu kleinen Linien verzogen werden, vermitteln den Eindruck von Bewegung und Richtung.
Mitte rechts: Gleichbleibend kurze Linien erzeugen eine gepunktete, beinahe stachelige Struktur.
Unten links: Unregelmäßig verteilte kurze Linien erzeugen eine gröbere Struktur als Punkte.
Unten rechts: Durch Kürzen der Striche und ihre dichtere Verteilung kann man den Eindruck von Farbnuancierung erreichen.

halten in ihrer Mine Pigmente, die eher unregelmäßige Effekte verursachen. Bedenken Sie, daß der Farbauftrag unregelmäßiger wird, je weiter die Mine aus der Ummantelung herausragt.

Punkte zeichnen

Beginnen Sie, Punkte zu zeichnen, wenn Sie etwas über Striche herausfinden wollen. Punkte können einfach durch das Aufstoßen der Stiftspitze auf die Zeichenoberfläche erzeugt werden. Aber die Spitzen reagieren sehr unterschiedlich auf diese Behandlung. Die Effekte reichen von präzisen, stecknadelkopfgroßen bis zu eher verwischten Punkten. Wenn Sie den Stift beim Aufsetzen auf das Papier nur minimal seitlich bewegen, erzeugen Sie kleine Striche. Die Dichte und die Ausrichtung dieser ›Punkt-Striche‹ vermitteln ein Gefühl von Richtung. Wenn Sie die Punkte mit größerem Abstand zueinander setzen, fällt die weiße Fläche um sie herum mehr ins Auge, und der Effekt der Punktstruktur wird abgeschwächt und gemildert.

Versuchen Sie, Bewegung und Dichte innerhalb der Punktmuster zunächst einfarbig zu erzeugen, und wenden Sie dann dieselbe Technik auf mehrere Farben an. Wie Sie inzwischen wissen, bestehen Farben aus vielen verschiedenen Spektralanteilen des Lichts. Das Auge erkennt einen komplexen Farbbereich nicht als eine Kombination von Pigmenten, sondern schätzt den allgemeinen Eindruck des Farbtons ein und nimmt ihn als eine einzige Farbe wahr. Sie können sehr interessante Effekte erzielen, wenn Sie Farbeindrücke durch den Gebrauch dieser pointillistischen Maltechnik erzeugen. Der Buntstift ist dafür ideal, da farbreine Pigmente benutzt werden, um entsprechende Farbeindrücke herzustellen. Diese Technik erzeugt die am differenziertesten aus reinen Pigmenten gemischten Farben, ist aber sehr zeitaufwendig. Die Punkte können einer Arbeit einen sehr charakteristischen Stil verleihen, der an die Pop-art erinnert.

Punkte werden zu Linien

Wenn Punkte zu kurzen Linien werden, bekommen sie automatisch eine Richtung, normalerweise die, in der sie gezeichnet werden. Wenn Sie Punkte zeichnen wollen, können Sie den Stift fast senkrecht halten. Zeichnen Sie jedoch Linien, verstärkt der Winkel des Stifts ihre Ausdruckskraft. Zeichnen Sie mehrere Linien, indem Sie jeden der unterschiedlich angespitzten Stifte in verschiedenen Winkeln halten. Sie werden schnell eine bequeme und gut zu kontrollierende Methode finden, wie Sie Striche zeichnen können – im Grunde gibt es nur zwei Arten: Sie können den Stift ›über der Hand‹ wie beim Schreiben zwischen Daumen und den restlichen Fingern halten oder ihn ›unter der Hand‹ wie einen Pinsel von oben fassen. Wenn Sie ihn wie beim Schreiben halten (also zwischen Daumen und Zeigefinger abgestützt), können Sie den Winkel, in dem die Mine und das Papier zueinander stehen, sehr differenziert bestimmen. So können Sie entweder die Spitze oder die flachen Seiten der Mine in unterschiedlichen Winkeln ansetzen, ohne Ihre Hand viel bewegen zu müssen. Fassen Sie den Stift dagegen wie einen Pinsel von oben (also so, daß er sich unter Ihrer Hand befindet, von Ihren Fingern gestützt und vom Daumen geführt), werden Sie automatisch die größtmögliche Fläche der Mine auf das Papier aufsetzen, was langgezogene, weite Bewegungen zuläßt und zu breiten, ausdrucksstarken Strichen führt. Dies ist zum Beispiel bei eher großflächigen, skizzenhaften Bildern oder beim Ausfüllen großer Flächen sehr nützlich.

Verschiedene Linien

Es gibt verschiedene Typen von Linien, die entsprechend ihrer Form kategorisiert werden können. Linien können durchgehend sein, das heißt, ihre Beschaffenheit ist stabil und konsistent. Der Druck und die Bewegung, mit denen sie ausgeführt werden, beeinflussen unmittelbar ihr Aussehen. Gebrochene Linien entstehen, wenn

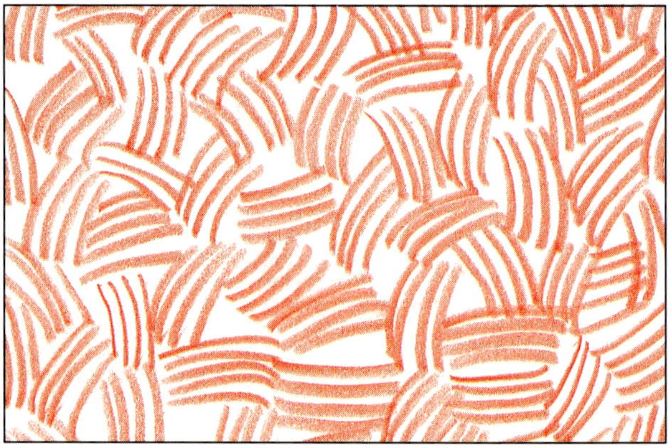

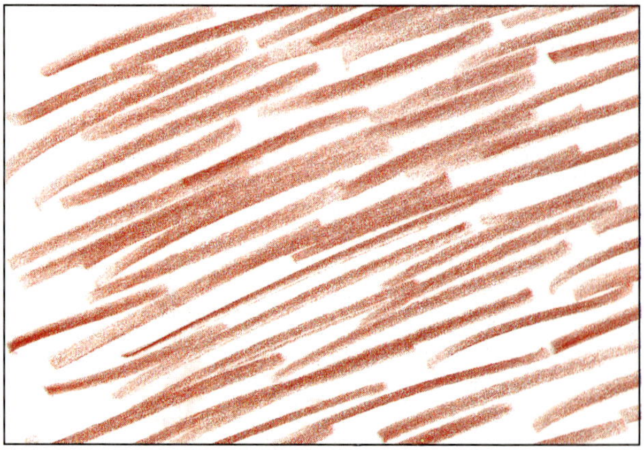

Striche und Struktur
Muster und Oberflächenstrukturen können mit Hilfe von Linien aufgebaut werden. In den beiden *oberen* Abbildungen sieht man unterschiedliche Gruppen von kurzen Linien in gebogenen und geraden Formationen. Sie ähneln einander, erzeugen aber ganz unterschiedliche Muster und Bewegungen. Längere Linien mit größerem Zwischenraum vermitteln den Eindruck von Geschwindigkeit und Richtung.

Papieroberfläche und Linien
Links ist zu sehen, wie Papiersorten mit unterschiedlicher Textur die Pigmente aufnehmen. *Unten*: Die Strichstärke hängt davon ab, wie der Stift gehalten wird – von oben wie ein Pinsel, noch einmal von oben mit Drehung des Stifts und in Schreibhaltung. *Ganz unten*: Striche, die mit unterschiedlichem Druck ausgeführt werden, unterscheiden sich in Form, Stärke und Farbton.

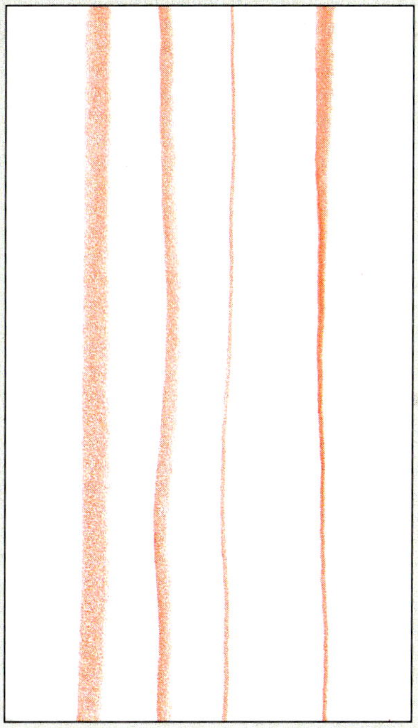

der Druck auf den Stift vermindert wird oder die Struktur des Papiers Lücken verursacht. Zusammengesetzte Linien bestehen aus einer Vielzahl feiner Linien, die zusammen eine unregelmäßige, dicke Linie ergeben.

Zeichnen Sie in diesen Grundtechniken kurze Linien. Jede einzelne vermittelt ihre eigene, individuelle Botschaft. Einzelne kurze Linien sind normalerweise kontrollierter, bestimmter und weniger deutlich ausgerichtet als längere. Wenn man sie jedoch zu oft einsetzt, entstehen Flächen mit dichtem Farbton und ein Eindruck von Struktur und Richtung. Kurze, gerade, durchgezogene Linien wirken von Natur aus eher statisch. Als Gruppe paralleler kurzer Linien jedoch deuten sie allein durch ihre Menge eine Richtung an. Durch das Zeichnen kleiner Gruppen paralleler Linien können Sie sehr interessante Strukturen erzielen, die entweder in eine unbestimmte Richtung zu fließen scheinen oder zum Beispiel wie das Flechtmuster eines Korbes wirken. Versuchen Sie, mit Linien harte oder weiche Oberflächen wie Wellblech oder etwas Gestricktes darzustellen.

Striche und Bewegung
Durch rasches Zeichnen von ausgeprägten Biegungen, längeren und kürzeren Strichen und leicht gebogenen Linien entsteht auf kleiner Fläche ein unruhiges, turbulentes Muster.

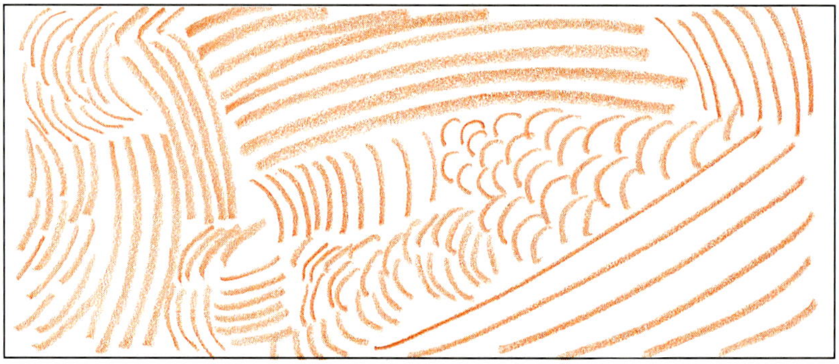

Lange fließende und leicht gewellte Linien vermitteln den Eindruck von Bewegung und Richtung, wobei die Geschwindigkeit eher als langsam empfunden wird. Die Zeichnung insgesamt strahlt Ruhe aus. Wenn Sie die Dichte und die Strichstärke variieren, entsteht ein Gefühl von Tiefe.

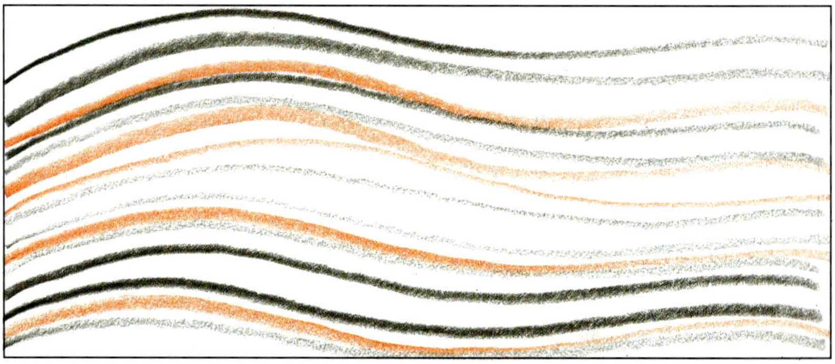

Striche und Form
Die fünf Abbildungen *rechts* zeigen die Entwicklung einer Farbe und einer dreidimensionalen Form mit Hilfe von kurzen, geraden, in Gruppen angeordneten Strichen. Die Form entwickelt sich mit dem schichtweisen Aufbau der Farbe. In jeder Schicht kreuzen sich die Linien in einem ähnlichen Muster. Sie lassen weiße Stellen in Flächen mit intensiver Färbung stehen, in den Schattenbereichen werden sie dichter. Das letzte Bild hat einen flachen Hintergrund in demselben Stil.

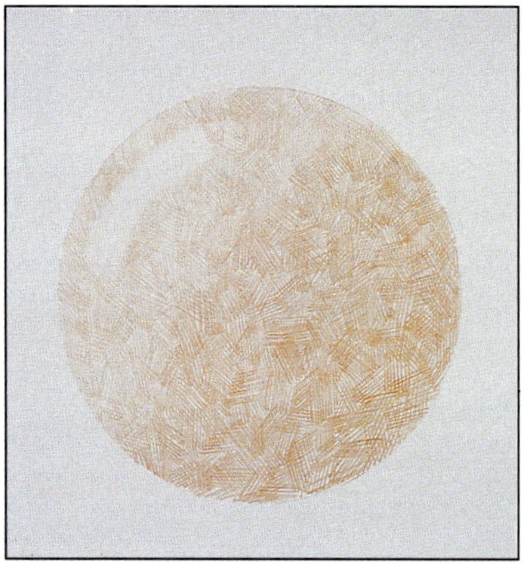

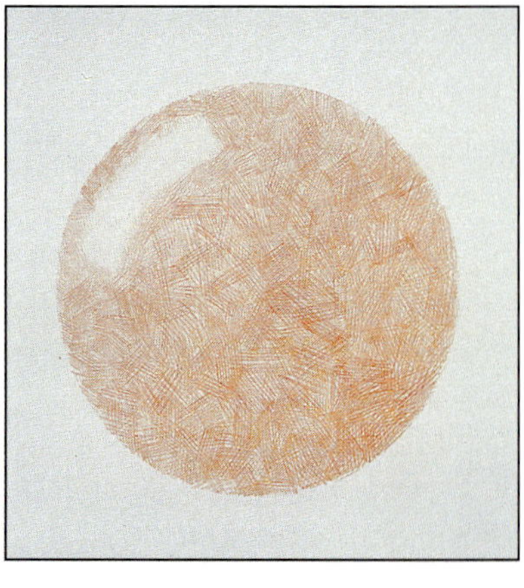

Gekrümmte Striche

Wenn Sie eine lange Linie zeichnen, erhält sie eine Krümmung. Da der Arm eine bogenförmige Bewegung des ganzen Körpers von links nach rechts oder umgekehrt verursacht, ist es nur natürlich, daß lange Linien der geschwungenen Bewegung folgen. Gekrümmte Linien entstehen auch deshalb, weil man automatisch Finger und Daumen zusammen mit dem Stift handeinwärts bewegt und die Hand sich dabei dreht. Krümmungen sind also eine natürliche Erscheinung in der Entwicklung vom nahezu statischen Punkt hin zur kurzen Linie, und nur, wenn wir uns bewußt bemühen oder ein Lineal benutzen, können wir die Linie gerade halten.

Gekrümmte Linien bieten eine zusätzliche Dimension, die Bewegung und Tiefe schafft. Sie können statisch verwendet werden, indem sie die Form einer gekrümmten Oberfläche nachziehen, sie können aber auch einzeln oder in kleinen Blöcken eingesetzt werden, die in entgegengesetzter Richtung verlaufen und so eine sehr komplexe Struktur schaffen. Wenn die Stärke einer Linie konstant bleibt, erhält man eine rein zweidimensionale Struktur. Variiert man sie jedoch, wird das Auge

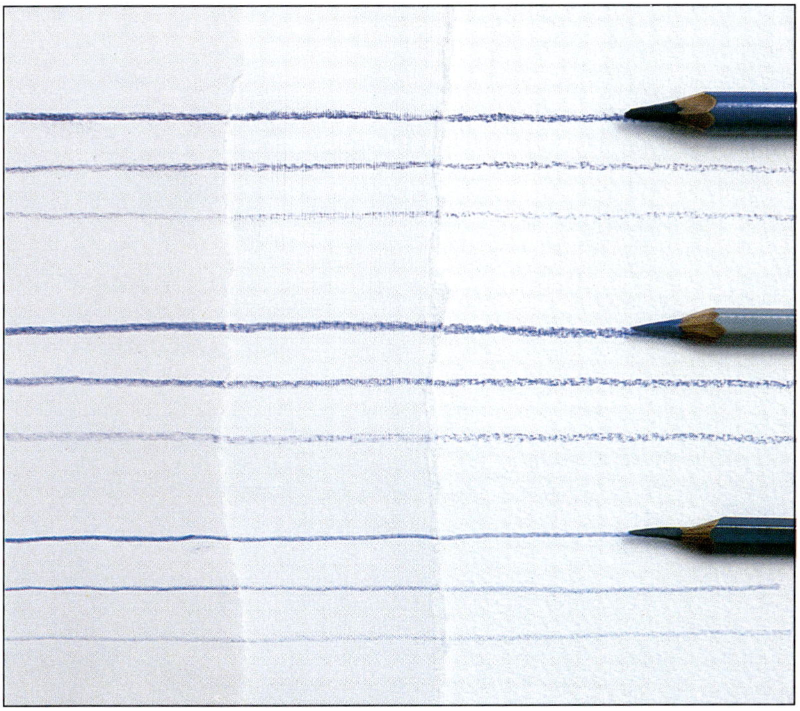

Striche und Papiertextur
Die Struktur einer Linie steht in enger Verbindung zur Textur des Zeichenpapiers.
Die Linien *ganz links* entstanden auf einem glatten Zeichenpapier, wodurch sich eine dichte, feste Linie ergibt.
Das Papier in der *Mitte* hat eine erhabene Textur, so daß die Pigmente nur auf einigen Stellen haften bleiben und eine Reihe von vertikalen Strichen entsteht.
Die Linien *links* wurden auf rauhem, schweren Aquarellpapier mit sehr unregelmäßiger Textur gezeichnet.

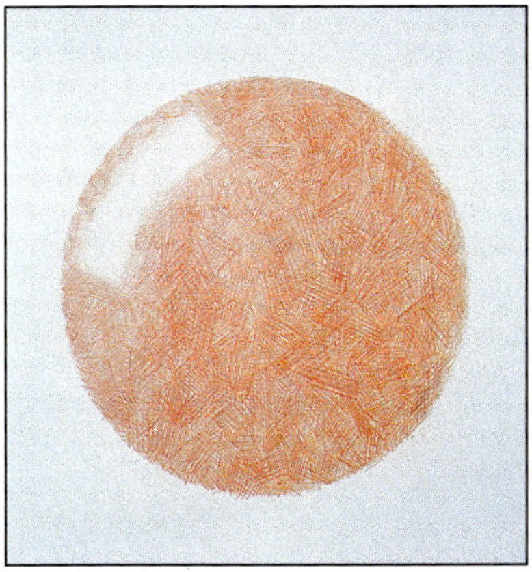

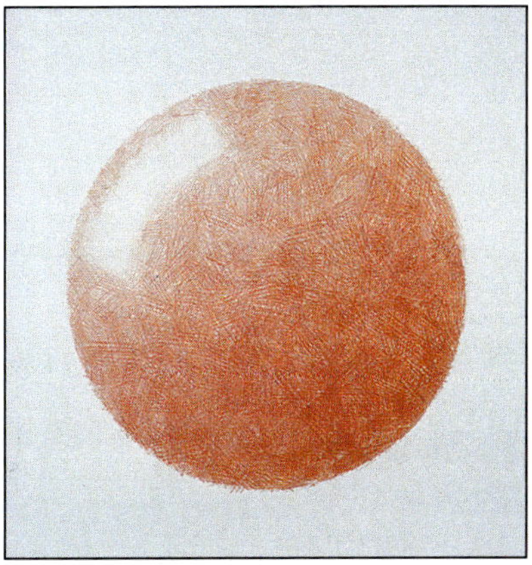

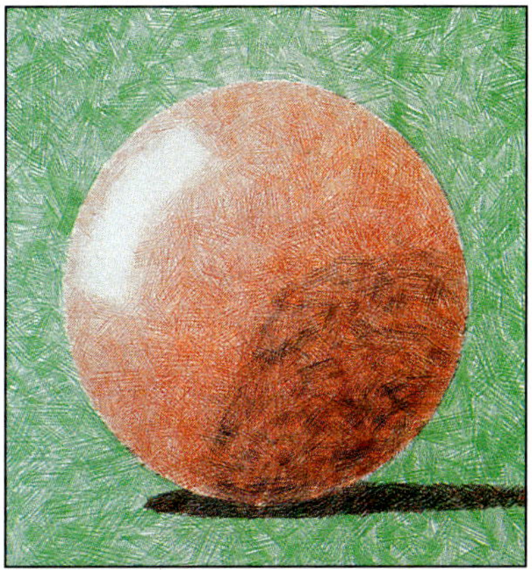

nicht nur um das Objekt herum geführt, sondern auch in das Bild hinein oder aus ihm hinaus. So kann eine einfache Strichzeichnung dreidimensional erscheinen.

Gekrümmte Linien können auch Bewegung oder Geschwindigkeit suggerieren. Wieder ist es die veränderliche Stärke der Linien, die die Bewegung von vorn nach hinten oder von links nach rechts entstehen läßt. Kurze gekrümmte Linien vermitteln das Gefühl schneller Bewegung, während lange, sanft schwingende Linien eine langsame, gleichmäßige Bewegung andeuten. Versuchen Sie zuerst, diese Effekte mit einer Farbe zu erreichen, dann mit mehreren. Farben wie Rot und Gelb verstärken die Effekte noch. Probieren Sie auch aus, gekrümmte Linien parallel verlaufen zu lassen, entweder als lange Striche oder als kurze, kontrollierte Flächen. Vergleichen Sie sie mit gekrümmten Linien, die etwa in dieselbe Richtung verlaufen, aber zufällig angeordnet sind, und mit gekrümmten Linien, die frei aus der Hand übereinandergezeichnet wurden. Die Ausdrucksmöglichkeiten gekrümmter Linien sind unendlich.

Linien verlängern

Durch das Verlängern einer Linie können Sie das Gefühl für die Richtung in einem Bild verstärken, sei es eine tatsächliche oder lediglich eine visuelle Richtung. Das Auge folgt dem Fluß der Linien, ist dabei jedoch nicht besonders differenziert, sondern interpretiert die Botschaft als Ganzes. Das gibt Ihnen die Möglichkeit, Formen anzudeuten. Wenn diese langen Linien sich in ihrer Stärke verändern – zum Beispiel, indem sie dick beginnen und dann dünner werden –, folgt das Auge ihnen und interpretiert Distanz in das Bild hinein. Die dünner werdenden Linien erwecken den Eindruck, im Hintergrund zu verschwinden. Auf diese Weise können Sie ganz natürlich Perspektive in die Zeichnung bringen. Wenn Sie auch noch gekrümmte Linien hinzufügen, erhalten Sie eine weitere Dimension für die Darstellung von Form oder strukturierten Oberflächen, was zum Beispiel für Stoff oder Fell nützlich ist.

Werden die Linien zu lang, erhalten sie im Verhältnis zum dargestellten Gegenstand und zur Größe des Bildes Eigenständigkeit. Passen Sie Ihre Striche dem Bild an. Wenn Sie mit kleinen, leichten Linien in einer Zeichnung mit einer Seitenlänge von ungefähr 90 Zentimetern arbeiten, verbinden sie sich mit der Struktur und der Farbe des Bildes. Fallen die Linien dicker und länger aus, werden sie als solche und als Farbe interpretierbar. Entsprechend ist es durchaus möglich, kleine, feine Linien in einem Bild mit nur etwa 7 Zentimetern Seitenlänge zu erkennen, in dem größere Striche womöglich zu beherrschend wirken würden.

Geschwindigkeit durch Linien darstellen

Das Gefühl von Geschwindigkeit, das eine Linie vermitteln kann, kann durch die Stärke oder die Richtung der Linie verstärkt werden, entsteht aber im allgemeinen durch den Nachdruck, mit dem die Linie gezeichnet wird. Kurze, schnelle Striche wirken sehr lebhaft, lange, fließende Linien dagegen eher ruhig und gelassen. Linien, die deutlich in einer Richtung verlaufen, vermitteln das Gefühl hoher Geschwindigkeit, Schlängellinien dagegen

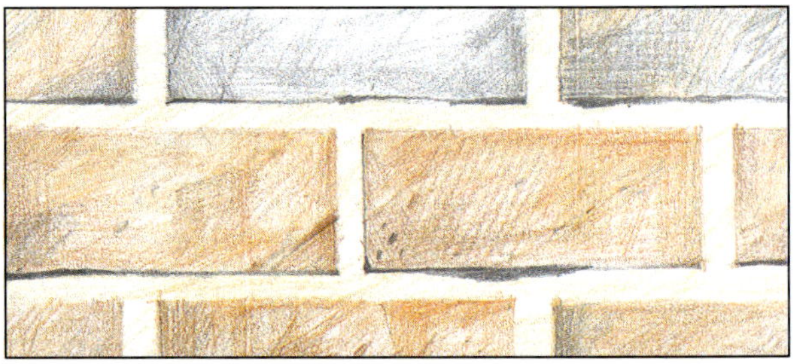

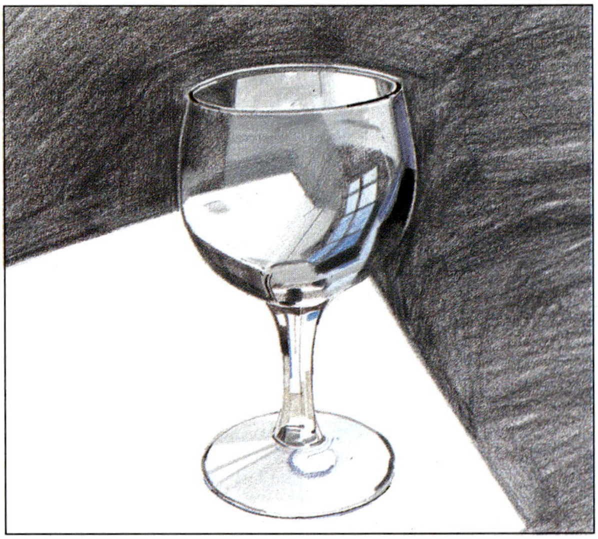

Oberfläche und Form

Oben: Gestrichelte Flächen mit kurzen und langen Strichen, ausgeführt mit unterschiedlichem Druck, geben die rauhe Oberfläche der Ziegelsteine wieder.

Unten: Fließende Linien, die in schattigen Bereichen dünner und in hellen Bereichen dicker werden, deuten die grazilen Kurven des Glases an.

verursachen den Eindruck von sich verändernder Geschwindigkeit. Eine Linie, die breit anfängt und dann dünner wird, suggeriert die Zunahme von Geschwindigkeit. Im Kontrast dazu steht eine stärker werdende Linie, die den Eindruck einer langsamer werdenden Bewegung hervorruft.

Eine nützliche Übung besteht darin, einen bestimmten Gegenstand unterschiedlich schnell zu zeichnen – sagen wir, einmal innerhalb einer Minute bis hin zu einem Zeitraum von zehn Minuten. Sie schulen auf diese Weise Ihre Beobachtungsfähigkeit, da Sie gezwungen sind, auszuwählen, was Sie innerhalb einer bestimmten Zeit darstellen können (was für Skizzen äußerst nützlich ist). Die Ergebnisse machen Ihnen auch die Geschwindigkeiten von Linien begreifbar. Ihre Linien unterscheiden sich von der ersten bis hin zur letzten Zeichnung in ihrer Nachdrücklichkeit – eine Technik, die Ihnen bei Ihrer Arbeit sehr zugute kommen kann.

Machen Sie sich bewußt, daß Sie mit Buntstiften nicht lediglich Zeichen zu Papier bringen. Linien sind gleichzeitig auch ein Transportmittel für Farben.

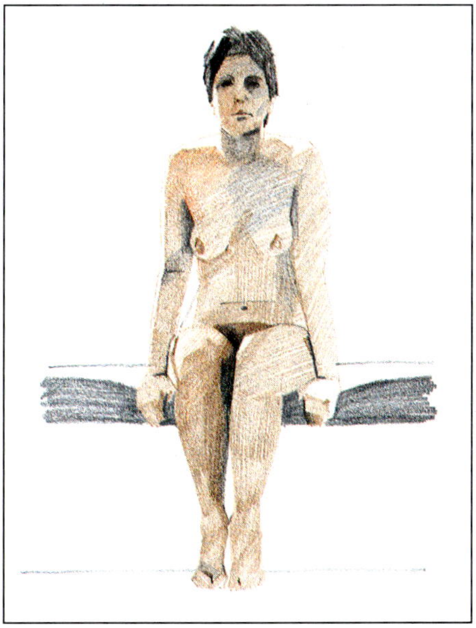

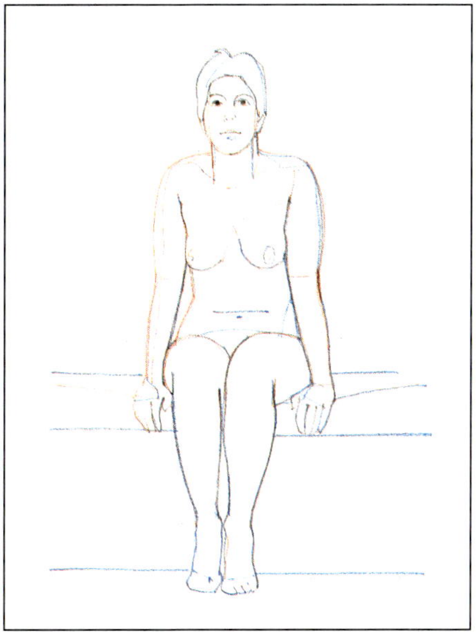

Mit Linien darstellen
In diesen Bildern wurden Linien auf zwei völlig unterschiedliche Arten benutzt. Im Beispiel *rechts* beschreiben sie in rein linearer Weise die Umrisse und die Form der sitzenden Figur. Im zweiten Beispiel *links* wurde die Figur durch schraffierte Flächen dargestellt.

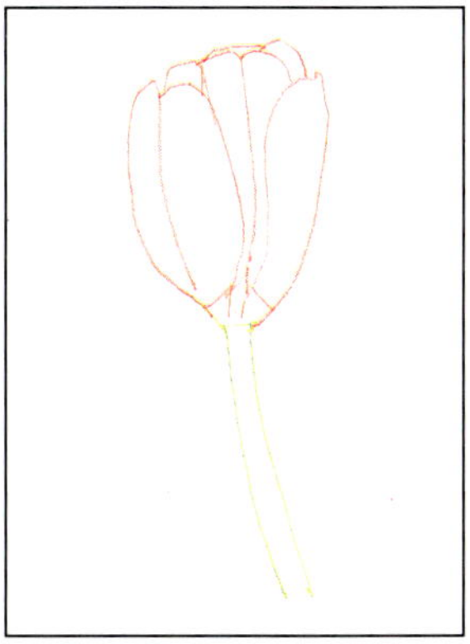

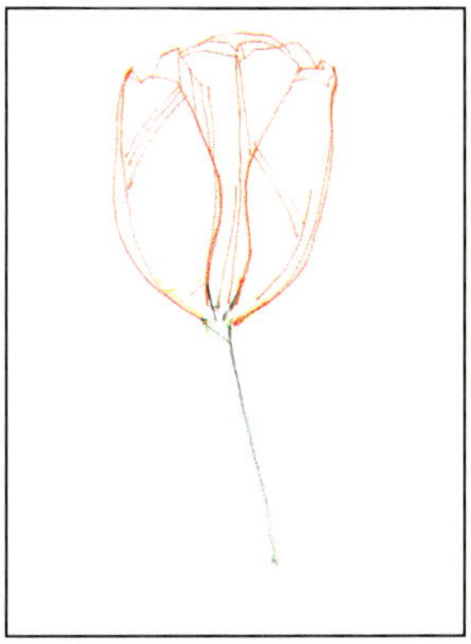

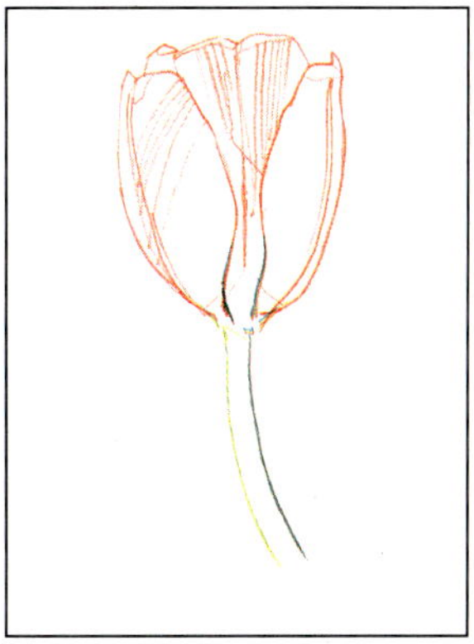

Rasch skizzieren
Schnelles Skizzieren verbessert Ihre analytischen Fähigkeiten und die Prägnanz Ihrer Zeichnung. Die Blume *ganz links* entstand in 30 Sekunden, so daß die schnell hingeworfenen Linien nur die Form andeuten. In zwei Minuten wurden die Schattierungen einbezogen (*Mitte*). Der Künstler benötigte drei Minuten für eine ausgearbeitetere Interpretation der Tulpe *rechts*.

STILLEBEN MIT TULPEN

Dieses Stilleben besteht aus einem Apfel, einer Zitrone, einem eingewickelten Strauß Tulpen und Iris sowie einem Zeichenblock. Jedes dieser Elemente hat eine andere Oberfläche, Farbe und Form, was die Zusammenstellung interessant macht. Der Apfel ist glatt und tiefrot mit Streifen und Flecken aus hellem Rot und Orange. Die porige Oberfläche der Zitrone und ihre lebhafte Farbe stellen einen ausgeprägten Kontrast zum Apfel dar. Der Zeichenblock, auf dem die Früchte liegen, dient dazu, sie im Bild zu verankern – ohne ihn würden sie in der Luft schweben.

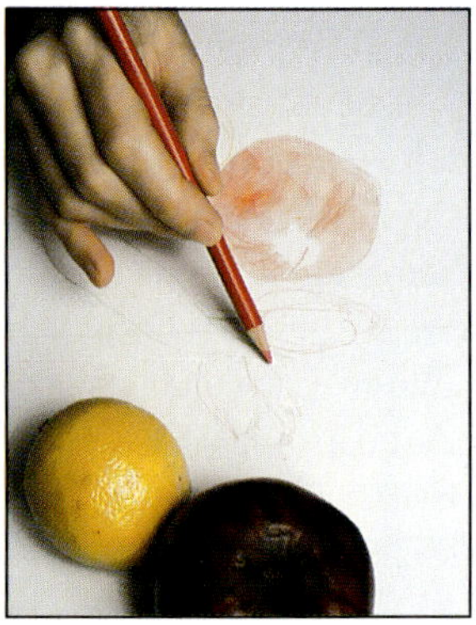

1 Die Aufmerksamkeit der Künstlerin galt den Farben des Stillebens. Sie begann zunächst mit den größeren Flächen in roter Farbe, um sie als Basis für den Rest des Bildes zu benutzen.

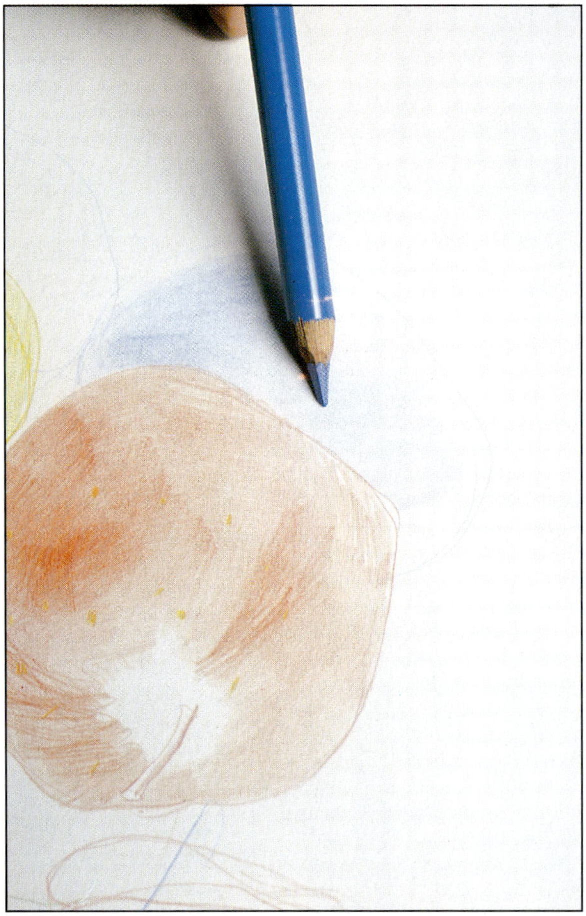

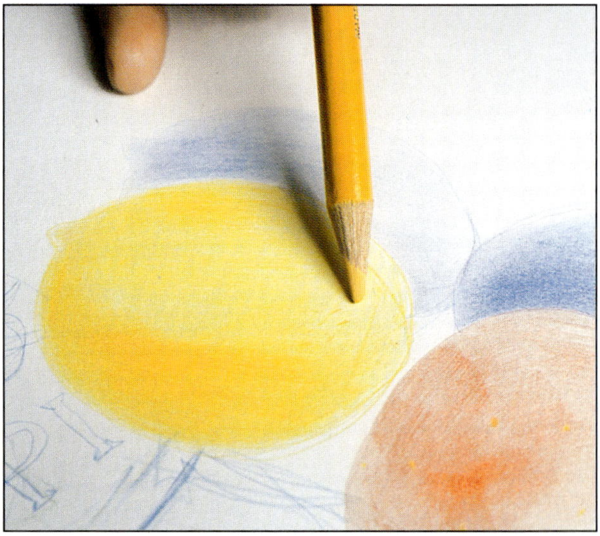

2 *Links*: Sie legte die Form des Apfels durch seine Umgebung fest, indem sie einen blauen Schatten dahinterzeichnete.

3 *Oben*: Das Gelb der Zitrone wurde weiterentwickelt, was die drei Grundfarben betont. Diese Gruppe von Formen und Farben war der Bezugspunkt, von dem aus die weiteren Entscheidungen für den Farbgebrauch getroffen werden konnten.

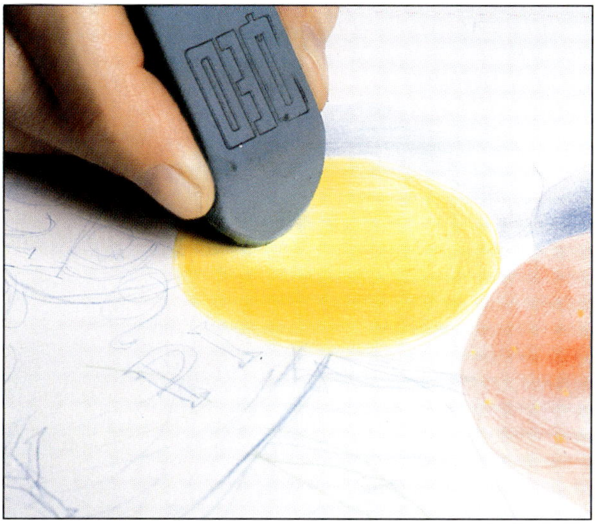

4 *Links*: Die Hauptfarben wurden mit einem weichen Radierer bearbeitet und in das Papier gerieben, um eine feine, glatte Struktur zu erzeugen. Sie steht im Kontrast zu den später aufgetragenen kräftigen Strichen, die auf die so entstandenen Flächen gezeichnet wurden.

5 *Rechts*: Die Künstlerin zeichnete grobe Linien ein, um die Parameter der Komposition und das Zusammenwirken von Tulpen, Einwickelpapier und Vordergrund festzulegen.

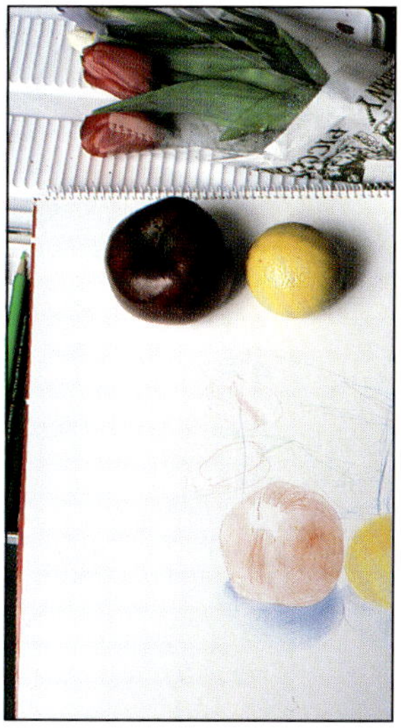

6 *Rechts*: Dicke Striche in Purpur und Rot, die mit beträchtlichem Druck gezeichnet wurden, deuten die gestreifte Textur der Apfelschale an. Diese Striche heben sich deutlich von dem glatten Hintergrund ab.

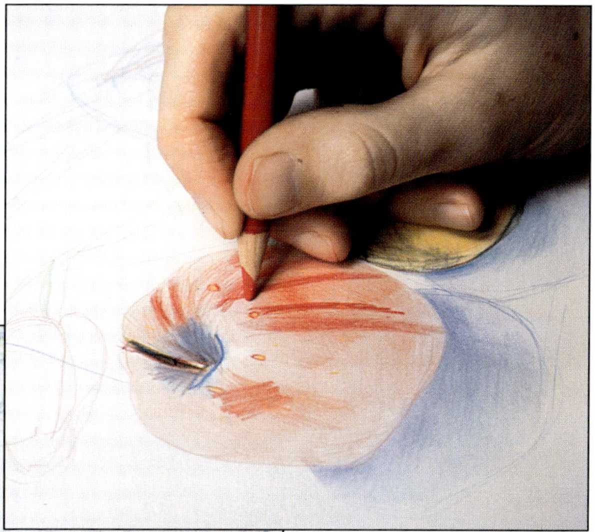

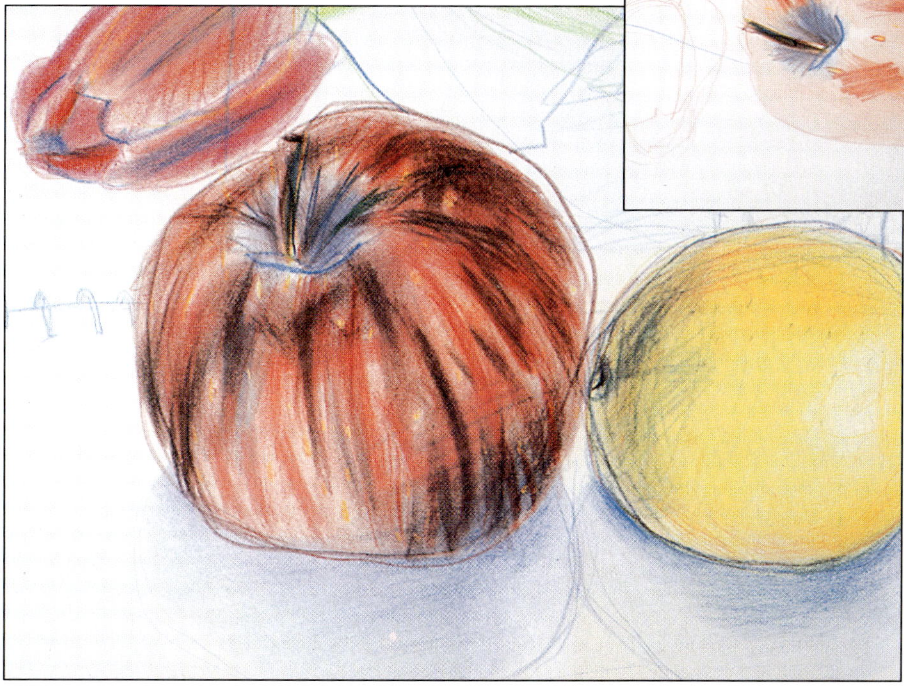

7 *Links*: Die verschiedenen Rottöne und die Linien, die für den Apfel benutzt wurden, geben ihm Form. Ein Hauch Rot wurde auch bei der Zitrone benutzt, um ihre leicht reflektierende Oberfläche darzustellen. Langsam fügen sich die roten Elemente der Komposition zusammen und verbinden das Bild zu einem Ganzen.

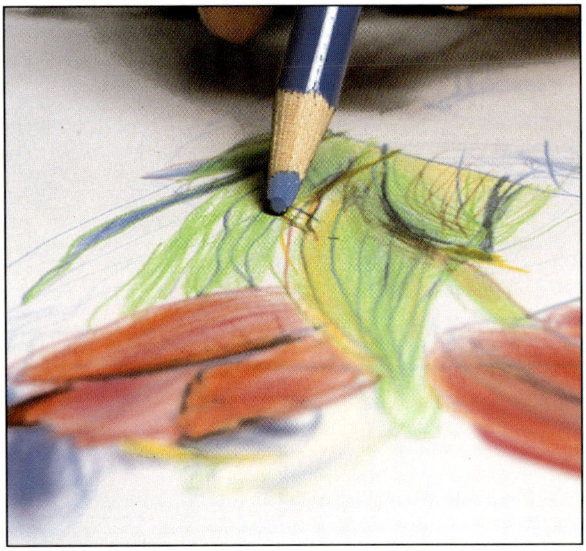

8 *Links*: Feine, blaue Linien wurden über der grünen Grundfarbe der Blätter aufgetragen, wobei die Richtung der Linien eine Bewegung andeutet, die mit ihrer Struktur und Form harmoniert.

9 *Rechts*: Das Cremeweiß auf und zwischen den dunkleren Schattierungen gibt den Glanz des Cellophanpapiers wieder.

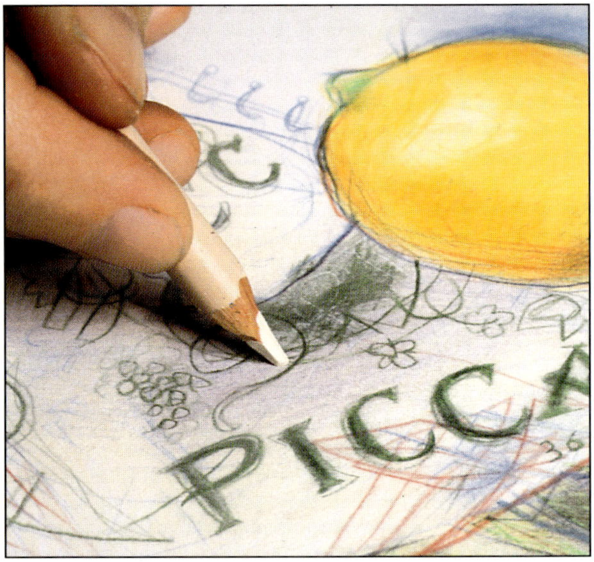

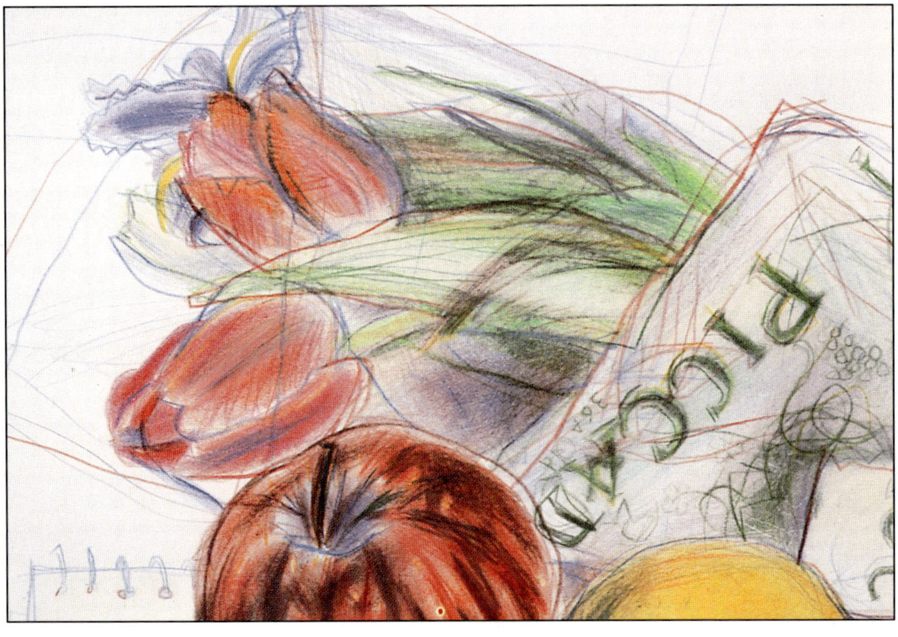

10 *Links*: Die weichen, fließenden Farben dieser Arbeit sind durch Linien, die mit ihnen verwoben sind, verankert, während sie dem Bild gleichzeitig Bewegung und Lebendigkeit verleihen. Da ist nichts Stilles in diesem Stilleben!

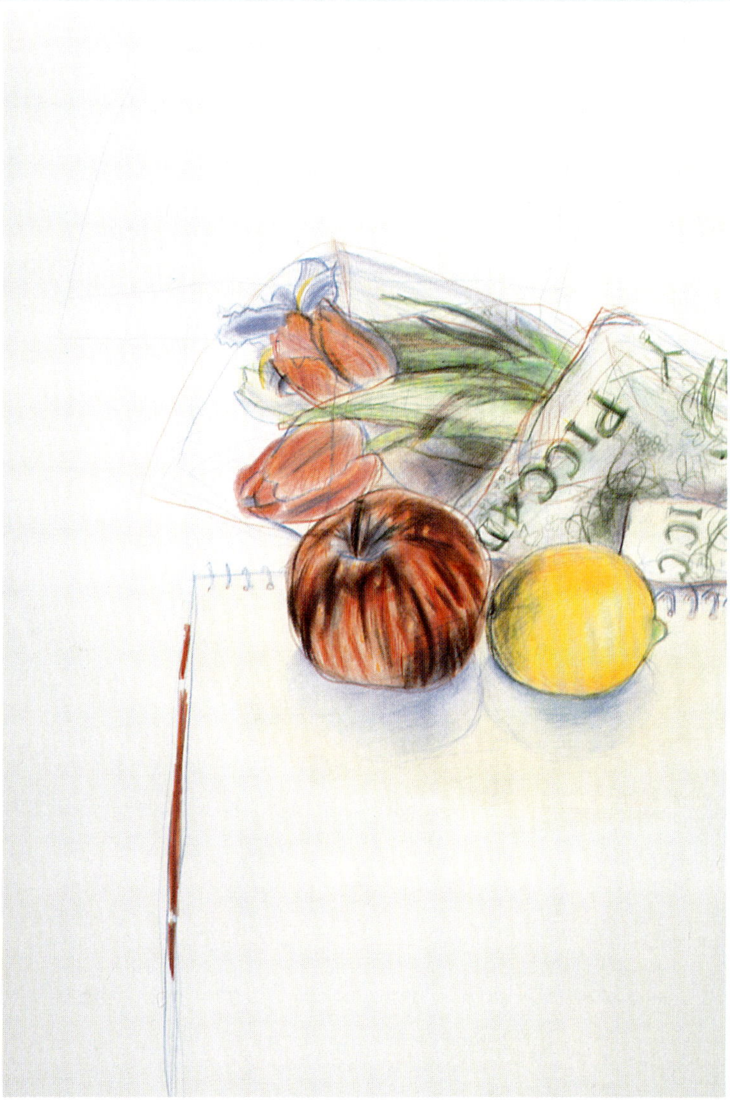

Stilleben mit Tulpen

11 Die festen Formen im Zentrum des fertigen Bildes werden durch die dünne rote Linie, die den Rand des Zeichenblocks darstellt, ausgeglichen. Sie zieht das Zentrum des dargestellten Raums optisch nach unten.

STILLEBEN MIT MUSCHELN

Die Künstlerin wollte in dieser Arbeit die abstrakten Muster dieser mit Muscheln verzierten Tasche untersuchen. Mit blassen rosa Linien legte sie die allgemeinen Leitlinien für Form und Farben fest. Sie richtete sich bei den ersten Farbflächen nach den zwei herausstechenden Farben im Stilleben und baute alle anderen Farben um diese herum auf. Durch die skizzenhaften Striche und Farbflächen, die entweder einander fast berühren oder ineinander übergehen, scheinen die helleren Farben zu schweben. Die Blautöne der Schatten gehen in dunklere Flächen über und verbinden und verwischen so Farben miteinander. Die dreidimensionalen Anteile des Stillebens wurden wie Linien behandelt – Linien, die Oberflächen, Formen oder Farben beschreiben. Sie bringen Bewegung ins Bild und schaffen Tiefe.

1 *Rechts*: Die vielen Formen, Strukturen, Farben und Muster dieser kleinen, bestickten und mit Muscheln verzierten Tasche inspirierten die Künstlerin. Sie wollte die Komplexität dieses Stillebens ergründen.

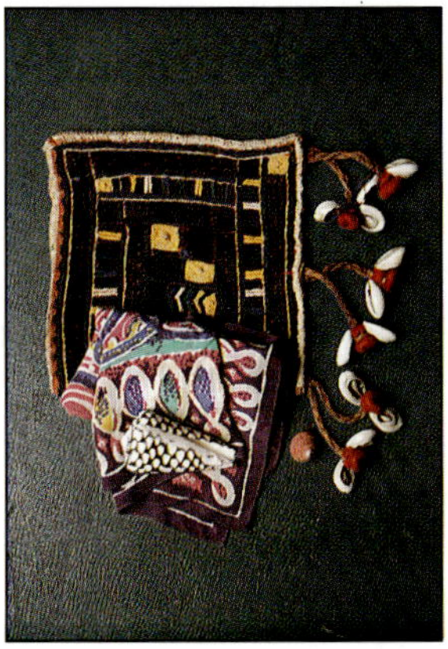

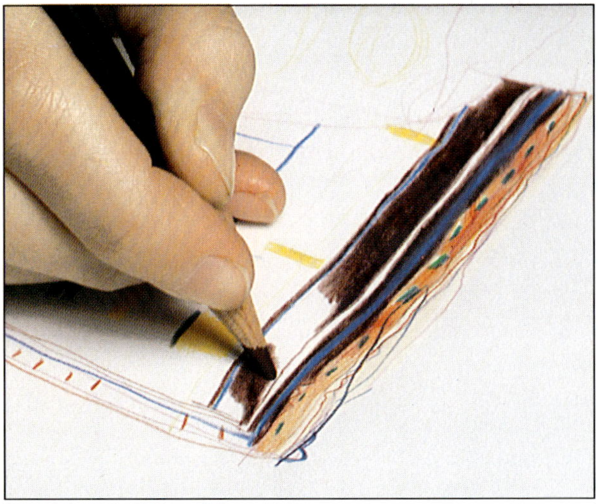

2 *Oben*: Die Künstlerin zeichnete erst blaßrosa Hilfslinien ein und fügte anschließend die Farben jedes Gegenstandes hinzu.

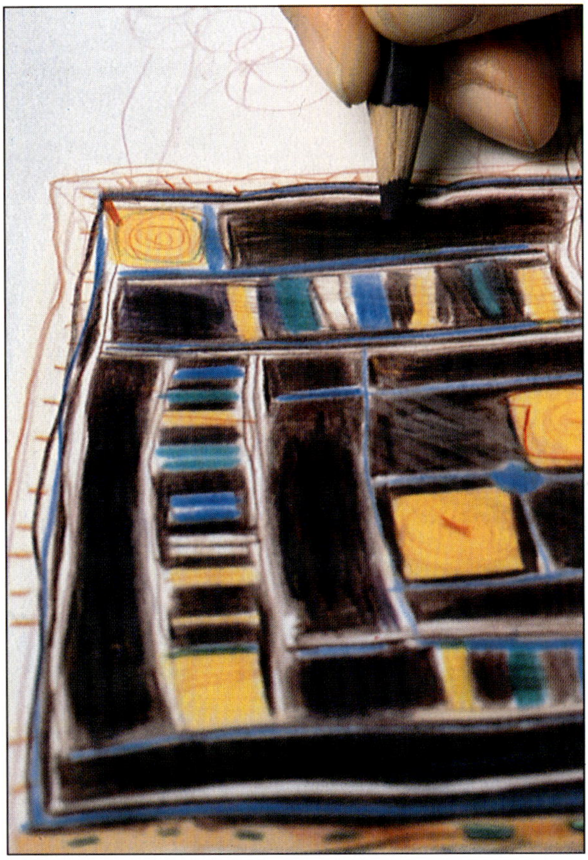

3 *Links*: Nach dem Auftragen der Grundfarbe überarbeitete die Künstlerin die Zeichnung mit satten Farben, die sie tief ins Papier hineinrieb.

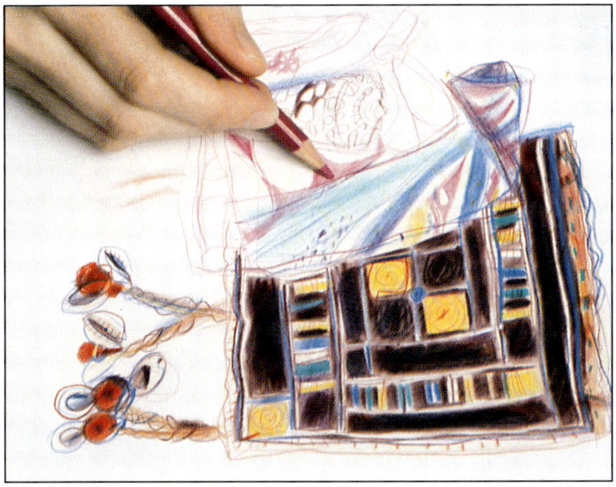

4 *Links*: Ausgehend von der Stelle, wo Tasche und Tuch zusammentreffen – ein idealer Ausgangspunkt für Farbreferenzen – arbeitete die Künstlerin sich weiter nach außen vor.

5 *Rechts*: Die Schatten und andere Elemente wurden zur Dekoration. In diesem Fall wurde Preußischblau eingesetzt, um Schatten anzudeuten – eine farbenfrohe und aufregende Interpretation der Wirklichkeit.

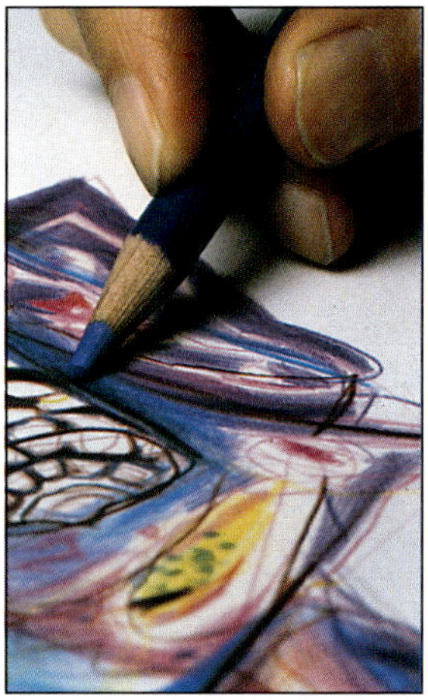

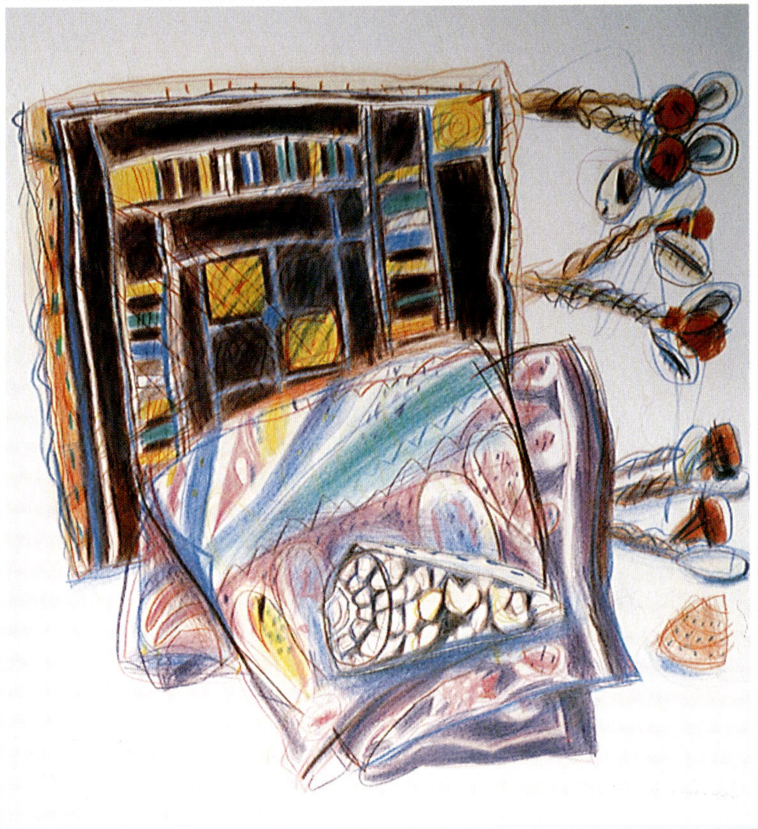

Stilleben mit Muscheln

6 Die fertige Arbeit ist ein Gewirr farbiger Flächen, die ungefähr den fließenden Umrißlinien folgen. Viele Farben wurden übereinander aufgetragen. Die Künstlerin trug zum Beispiel an einigen Stellen Rotbraun über Gelb auf, wobei sie das Gelb durchschimmern ließ. Jedes Objekt hat eine lineare und eine farbgebende Form. Das Nebeneinander von soliden, mit Strichen dargestellten Flächen und einfachen Linien erzeugt ein wunderbar frisches Gefühl freier Farben.

JAMIE

Die Oberfläche des Papiers bestimmt hier den Stil des Bildes sowie die Art, wie die Buntstifte benutzt wurden. Der Farbabstrich auf der Papieroberfläche ist sehr regelmäßig und läßt die Darstellung beinahe schemenhaft erscheinen. Die Grundierung wurde mit Pastellkreiden aufgerauht. Durchgängige Farbtöne bedecken die gesamte Fläche. Beim Aufbau des Porträts wurden die hellen Flächen optisch vorgezogen, die Schatten dagegen zurückgedrängt. So entstand ohne strukturierende Linien eine Illusion von Form. Linien sind nur in der Struktur des Haares sichtbar, ansonsten dienten sie lediglich als Medium für das Auftragen der Farben.

1 *Rechts*: Der Künstler plazierte das Modell sehr sorgfältig, um das zur Verfügung stehende Streulicht voll auszunutzen. Mit Hilfe der am unteren Rand der Skizze befindlichen Notizen legte er die Farben fest, von denen er glaubte, daß sie eine gewisse Zartheit in das Porträt bringen würden.

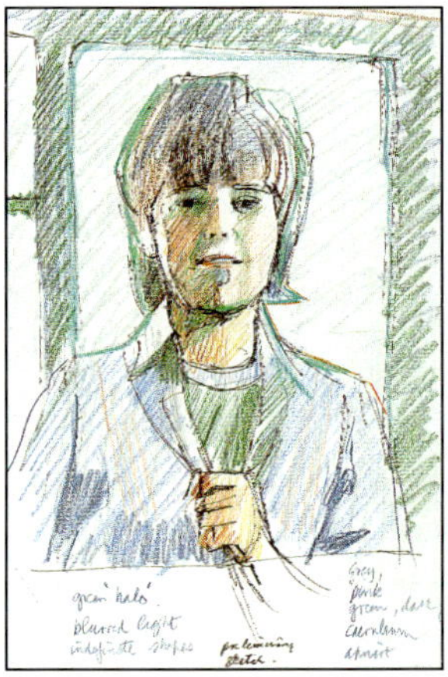

2 *Rechts*: Einige der Hauptfarben wurden mit Kreiden aufgetragen, die ideal für größere Farbflächen sind.

3 *Links*: Durch die Textur des Papiers ließen sich Farben gut mit einem weichen Knetradierer wieder abnehmen. So kann man helle Stellen betonen und Farben ineinander übergehen lassen, ohne sie zu verschmieren.

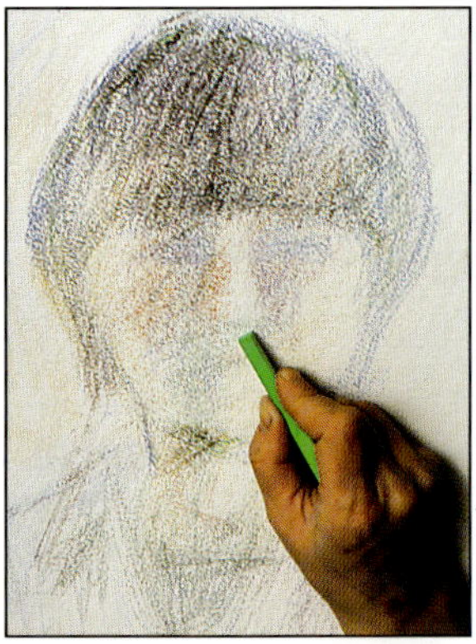

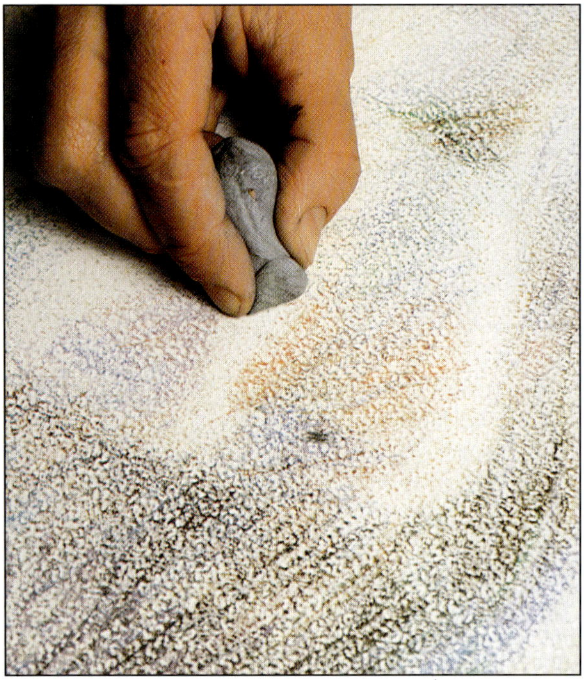

4 *Rechts*: Es kann sich als recht schwierig herausstellen, kleinere Farbflächen zu verwischen, besonders auf einer rauhen Oberfläche. Hier wurden die Farben mit der Klinge eines Universalmessers abgekratzt und in demselben Arbeitsgang miteinander vermischt, was gleichzeitig die Papieroberfläche glättete und den Eindruck eines leicht gedämpften Glanzlichtes entstehen ließ.

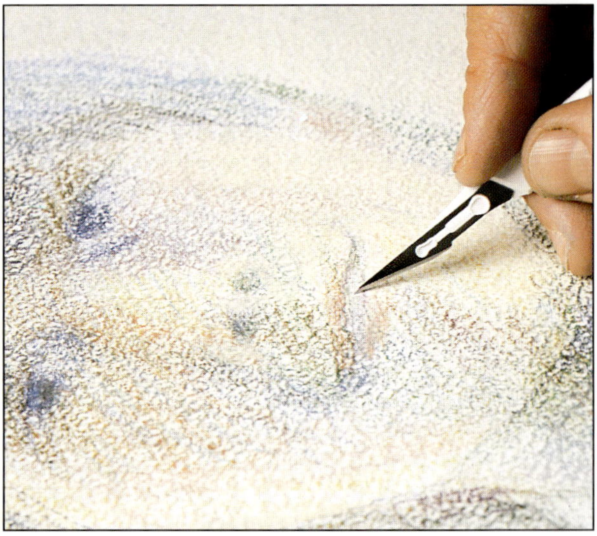

5 Die Farben wurden schichtweise mit regelmäßigen, weichen Strichen aufgetragen, was feine Mischungen durch die sich überlagernden Farbschichten entstehen ließ. Der Künstler nutzte die Papieroberfläche geschickt, um durch die gepunktete Struktur den Effekt gestreuten Lichts zu erzeugen, der die Zartheit des Bildes noch betont. Ein grüner Lichtkranz um die Figur herum formt eine beinahe lineare Silhouette und drängt sie aus dem absichtlich verschwommenen Hintergrund hinaus. Der Künstler arbeitete mit Kreiden und Kreidestiften in Grau, Rosa, Grün, Dunkelgrün, Himmelblau, Aprikot, Schwarz und Weiß.

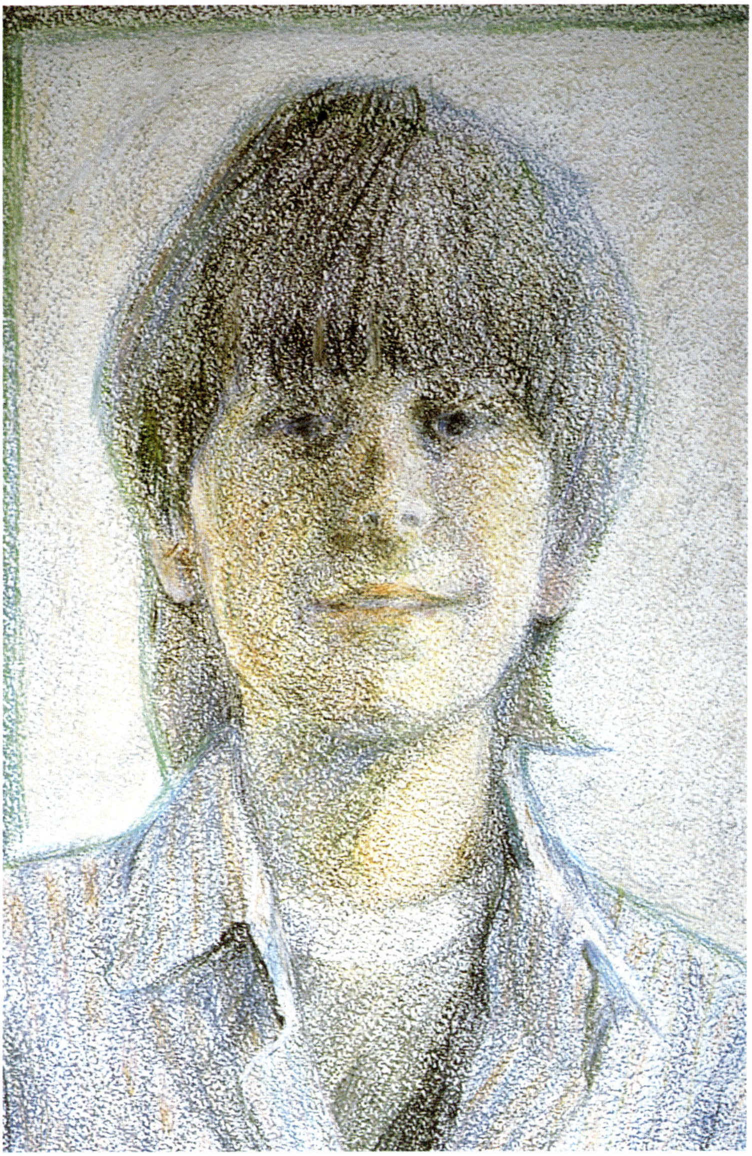

Jamie

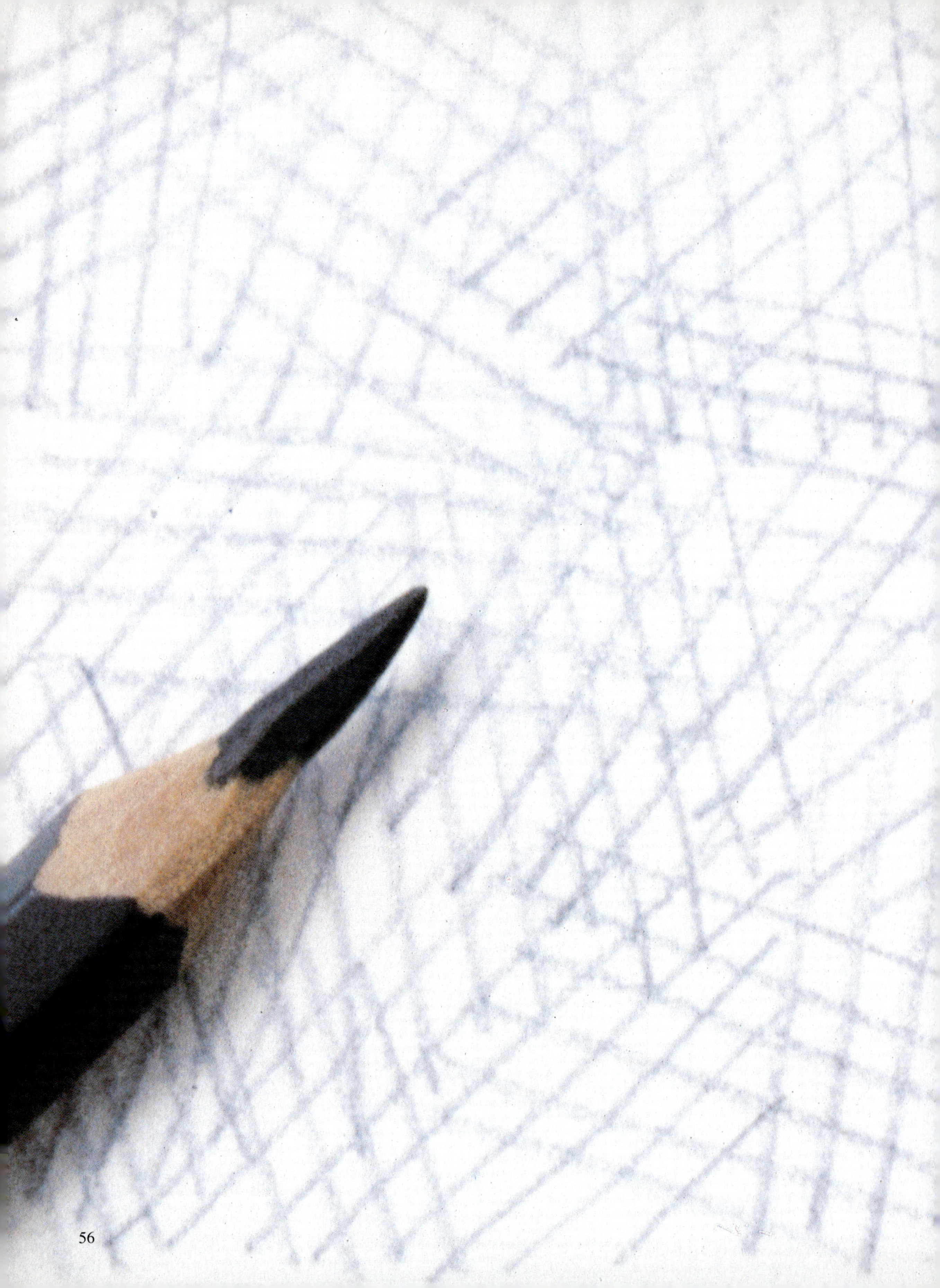

Fünftes Kapitel

Schraffuren

Flächen mit verschiedenen Schattierungen zu zeichnen ist eine Erweiterung des Zeichnens einzelner Linien. Ein Objekt wird so durch Hell-Dunkel-Bereiche sowie durch Farbe und Schatten dargestellt statt durch seine Umrisse. Es gibt zwei Methoden, um Schattierungen herzustellen: Man kann verschiedene Farbtöne übereinander auftragen oder sie in parallelen Linien nebeneinander setzen. Schraffieren ist eine Technik, bei der eine Anzahl gleich ausgerichteter Linien durch eine Anzahl anders ausgerichteter Linien überlappt wird. Kreuzen beide Linien-Gruppen einander, spricht man von Kreuzschraffur.

Schraffuren und Struktur

Mit Hilfe von einfachen und Kreuzschraffuren kann man ein riesiges Repertoire unterschiedlicher Schattierungen erreichen. Diese Techniken eignen sich auch zur Darstellung von Farben, Form und Struktur. Wenn man mit nur einer Farbe arbeitet, kann man Schattierungen nur durch Zu- oder Abnahme des weißen Anteils in einer farbigen Fläche darstellen und so abwechslungsreiche und komplexe Muster von Farbtiefe erreichen.

Probieren Sie aus, wie sich Farbigkeit darstellen läßt, indem Sie mittels Schraffuren eine einfache Skala von Grautönen zeichnen. Vergleichen Sie diese mit denen, die Sie mit durchgehenden Tönungen erreichen können. Die strukturelle Tiefe von schraffierten Flächen wird ganz offensichtlich. Wenn Sie die Abstände zwischen den einzelnen Schraffen variieren, können Sie die Dichte und die Struktur des Farbtons verändern. Verwenden Sie diese Skala von Grautönen nun bei einem dreidimensionalen Objekt, und Sie werden sehen, wieviel besser sich Farben durch Schraffuren wiedergeben lassen als durch Flächen, die mit einem flachen, abgestuften Farbton ausgefüllt sind.

Die Kreuzschraffur hat eine geradezu architektonische Qualität und eignet sich gut für strukturierte Formen, aber auch für weichere, fließendere Darstellungen, wie sie für belebte und unbelebte Objekte in Frage kommen.

Mit unterschiedlichen Schraffuren können Sie ganz verschiedene Oberflächen wiedergeben. Der Oberflächeneindruck, der entsteht, hängt davon ab, welchen Stift Sie verwenden, wie seine Spitze geformt ist, welche Papiersorte Sie wählen und wieviel Druck Sie beim Zeichnen ausüben. Spitze, harte Minen ermöglichen eine genaue, individuelle Kontrolle, die sich für kleinere Arbeiten eignet, während weichere Minen eine offenere Technik auf größeren Flächen zulassen. Probieren Sie die diversen Effekte aus, die so entstehen. Wenn Sie die Linien sich an einem bestimmten Punkt überschneiden lassen oder sie scheinbar biegen, indem Sie gekrümmte über gerade Linien zeichnen, können Sie den Eindruck einer bestimmten Oberfläche noch verstärken. Andere Strukturen erzielen Sie, wenn Sie die Zwischenräume innerhalb eines Gittermusters verringern oder ein enges, feines Gitter über ein gröberes zeichnen.

Das Auge nimmt nicht nur die Schraffuren, sondern genauso die Lücken dazwischen wahr. Wenn die Schraffuren dicht beieinander liegen, dominieren sie das Bild,

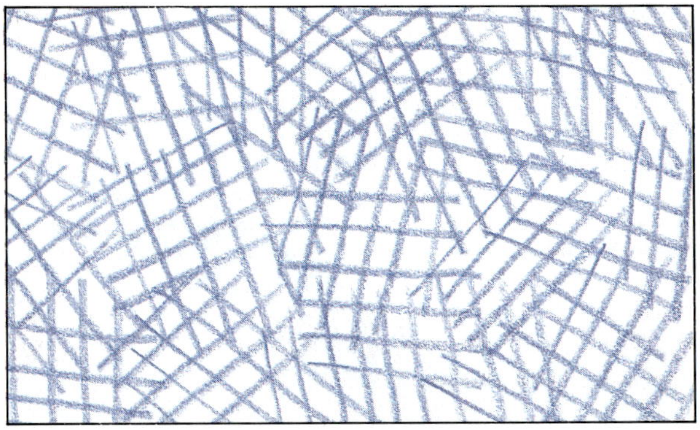

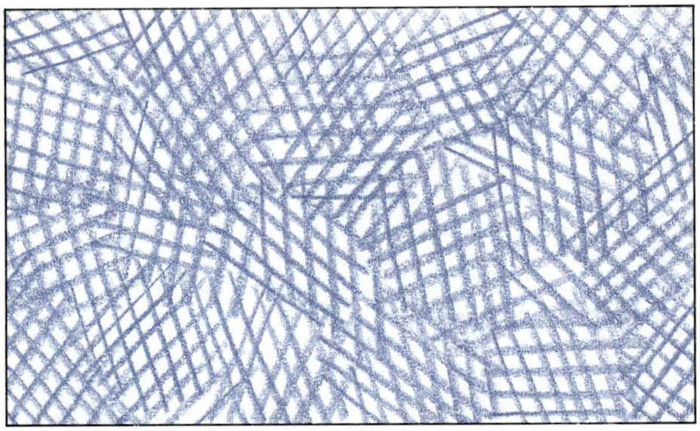

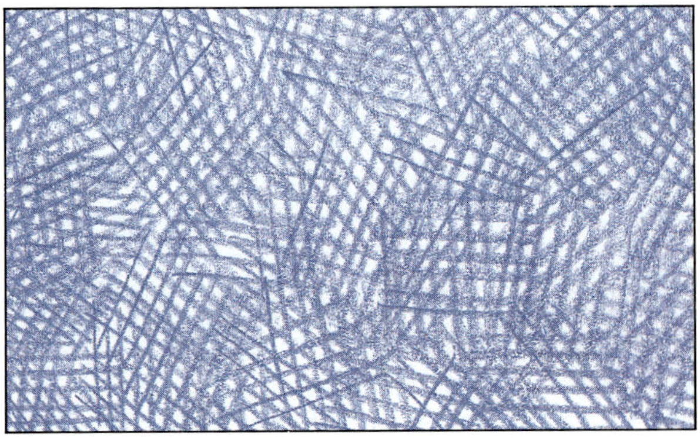

Muster in Kreuzschraffur
Wenn Sie kreuzweise schraffieren, achten Sie darauf, wie die Linien zusammen- und ins Bild passen.
Oben: Die Linien sind so weiträumig, daß die weißen Zwischenräume vorherrschen. So sind sie eher für größere Flächen geeignet.
Mitte: Das Gitter enthält soviel Schwarz wie Weiß – es läßt die Zwischenräume farbig erscheinen und ist effektiver in der Darstellung von Struktur.
Unten: Die Linien haben mehr Gewicht als die Zwischenräume, was den Eindruck von Farbigkeit verstärkt.

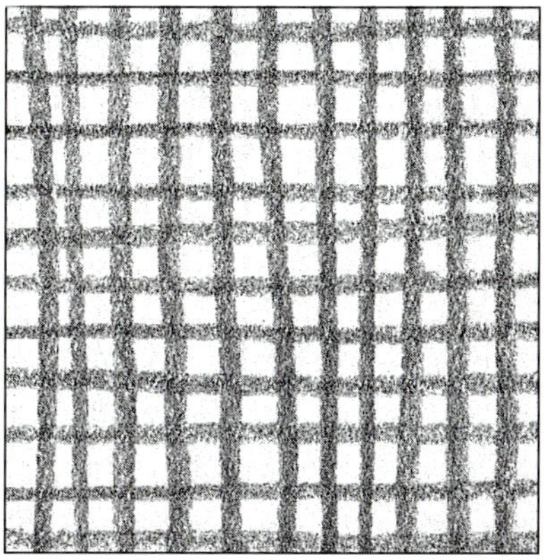

1

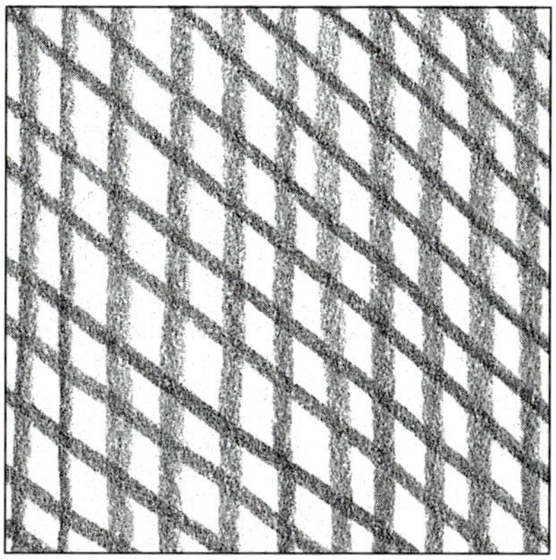

2

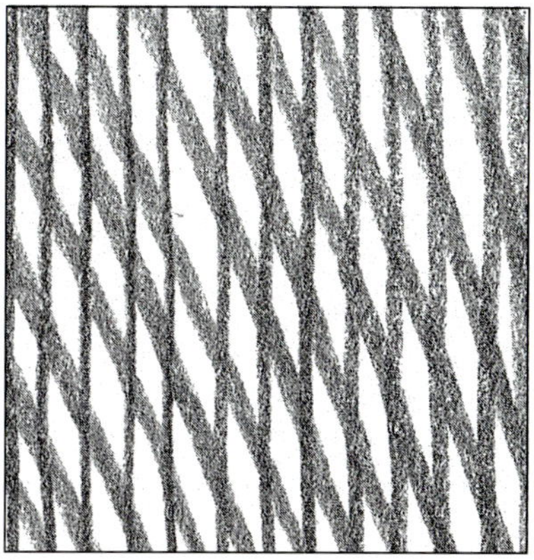

3

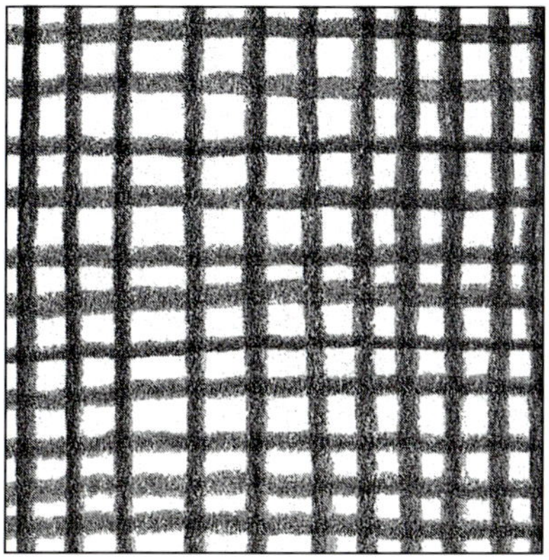

4

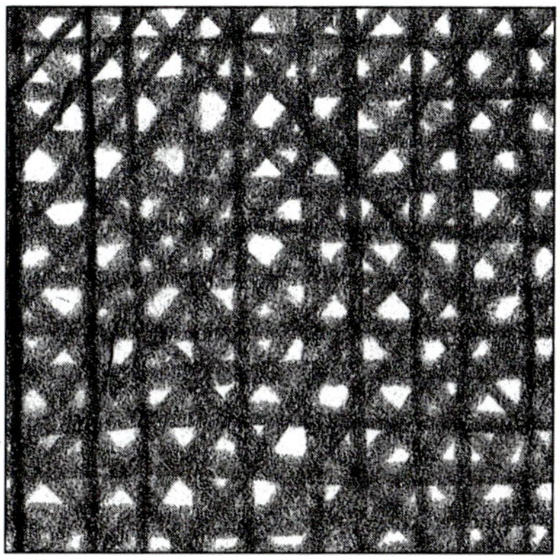

5

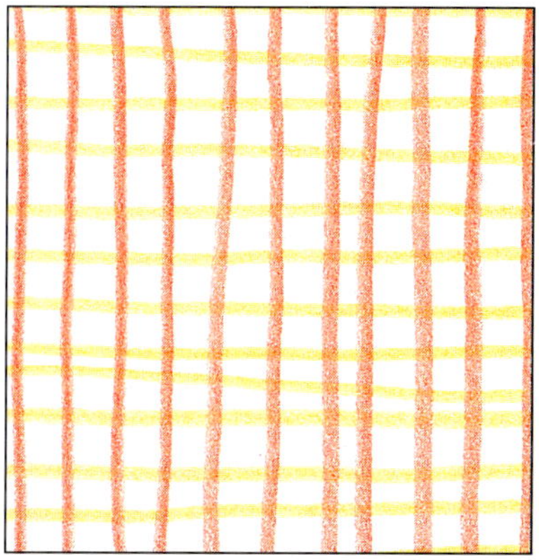

8

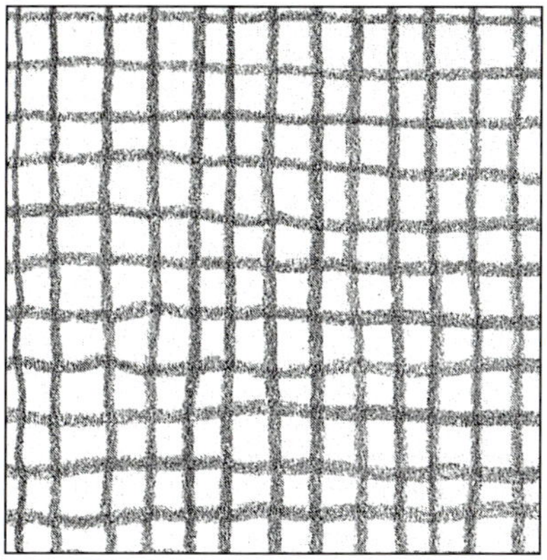

6

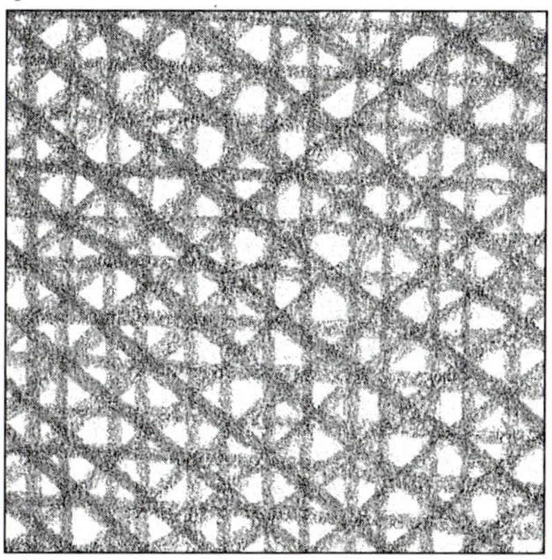

7

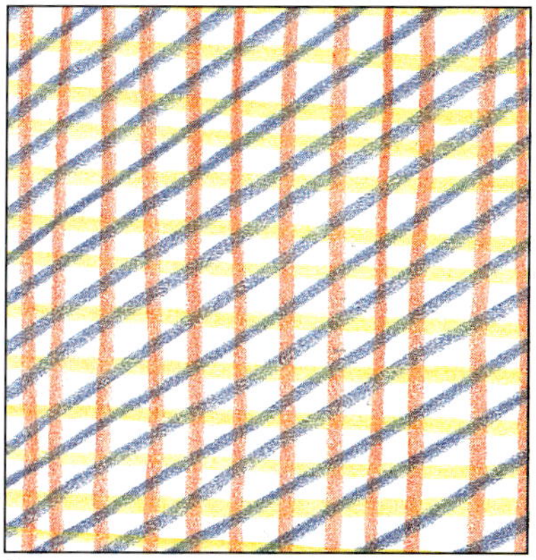

9

Die Effekte von Kreuzschraffuren

Kreuzschraffuren können auf unterschiedliche Weise hergestellt werden und diverse Effekte erzeugen.

1 Kreuzschraffur mit vertikalen und horizontalen Linien

2 Kreuzschraffur im 45-Grad-Winkel

3 Kreuzschraffur im spitzen Winkel

Die Abbildungen **4**, **5**, **6** und **7** zeigen die verschiedenen Effekte von vertikalen und horizontalen Schraffuren unterschiedlicher Dichte und den Effekt, der sich ergibt, wenn man diagonale Linien in unterschiedlicher Dichte hinzufügt.

Die Beispiele **8** und **9** demonstrieren Schraffuren, in denen die drei Grundfarben benutzt wurden. Abgesehen von der erzeugten Struktur entstehen durch die sich überschneidenden Farben neue, zum Beispiel Grün, Orange und Purpur.

und ihre ›Kante‹ erzeugt die Struktur. Haben die Schraffen mehr Abstand voneinander, beherrschen sie die Zwischenräume und stellen Umrisse dar.

Durch verschiedene Schraffuren lassen sich auch Bewegungen in eine bestimmte Richtung herstellen. Wenn Sie einen Strich dick beginnen und dann dünner werden lassen, schaffen Sie die Illusion von Bewegung in Richtung der dünner werdenden Linie oder vom Vordergrund zum Hintergrund. Innerhalb von Strukturen können Sie diesen Eindruck von Bewegung erzielen, indem Sie unterschiedlich dicht schraffieren und damit das Auge des Betrachters von hellen Punkten zu den Schatten neben einem Gegenstand lenken. Krümmungen der Linien verstärken diese Illusion des Herumschauens um ein Objekt noch.

Experimentieren Sie ein bißchen mit parallel verlaufenden Schraffen, indem Sie zunächst mit einem simplen Gittermuster beginnen. Wiederholen Sie das auf einem Stück Pauspapier und legen Sie es über das ursprüngliche Muster. Drehen Sie das Pauspapier nun schrittweise um 180 Grad, sehen Sie, wieviele unterschiedliche Effekte Sie durch einfaches Schraffieren erreichen können. Sie reichen von soliden Strukturen, mit denen Sie verschiedene Farbdichten und Oberflächenmuster darstellen können, bis hin zu einer Anzahl optischer Täuschungen. Die Täuschungen treten auf, wenn ein schräges Gittermuster über einem rechtwinkligen liegt, so daß eine Krümmung in den Linien zu sehen ist, die eigentlich gar nicht existiert. Das kann für die Darstellung von Formen sehr nützlich sein.

Experimentieren Sie auch mit gekrümmten Linien, über die Sie ein gerades Gittermuster setzen. Das Ergebnis ist entweder ein statisches oder aber ein bewegtes Muster, das durch die Farben, die Sie wählen, weiterentwickelt werden kann.

Farbigkeit durch Schraffuren

Weil das Zeichnen mit Buntstiften im wesentlichen aus Linien besteht, ist die Farbe dieser Linien wichtig. Die Farben eines Bildes können durch verschiedenfarbige Linien aufgebaut werden. Wenn eine Farbe eine andere überlagert, entsteht der Eindruck einer neuen.

Nachdem Sie ein bißchen probiert haben, werden Sie feststellen, daß die Reihenfolge, in der die Farben aufgetragen werden, ebenfalls ganz unterschiedliche Effek-

Weiter auf Seite 63 ☞

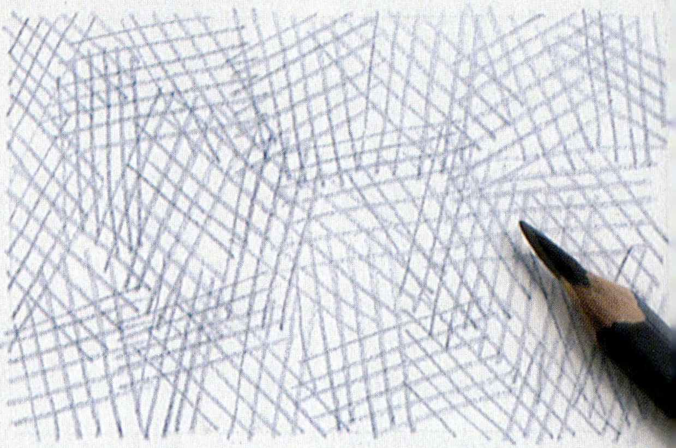

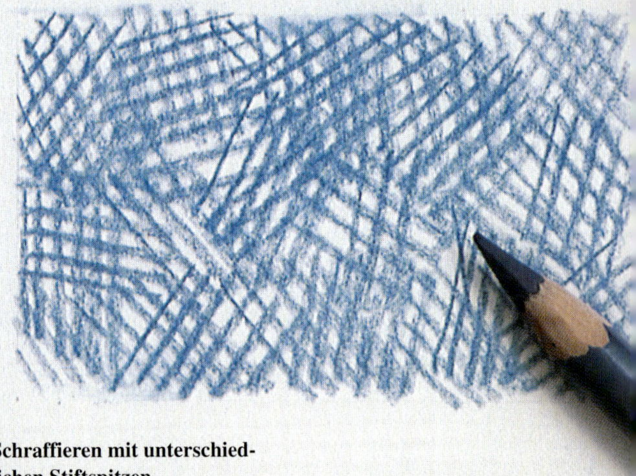

Schraffieren mit unterschiedlichen Stiftspitzen
Die beiden kreuzweise schraffierten Flächen unterscheiden sich lediglich in ihrer Dichte. Die Fläche oben erscheint erheblich heller als die untere, obwohl in beiden Beispielen der gleiche Druck ausgeübt wurde. Der Unterschied liegt in der Art, wie die Minen gespitzt wurden. Die präzise Spitze des Stiftes im Beispiel *oben* bewirkte schärfere Linien, während die Facetten der Mine im Bild *unten* eher weiche, kräftige Linien produzierten.

Kreuzschraffuren und Perspektive

Man kann Perspektive schaffen, indem man die Dichte der Linien vermindert. Das Beispiel *rechts* ist ein Ausschnitt aus der Abbildung *ganz rechts*, in der eine leichte Krümmung der Linien und verminderter Druck den Eindruck einer sich vor- und zurückwölbenden Form erzeugen. In der *Mitte* und in der dazugehörigen Detaildarstellung *unten* vermitteln die zum Hintergrund hin leichter und dünner werdenden Linien den Eindruck von Tiefe.

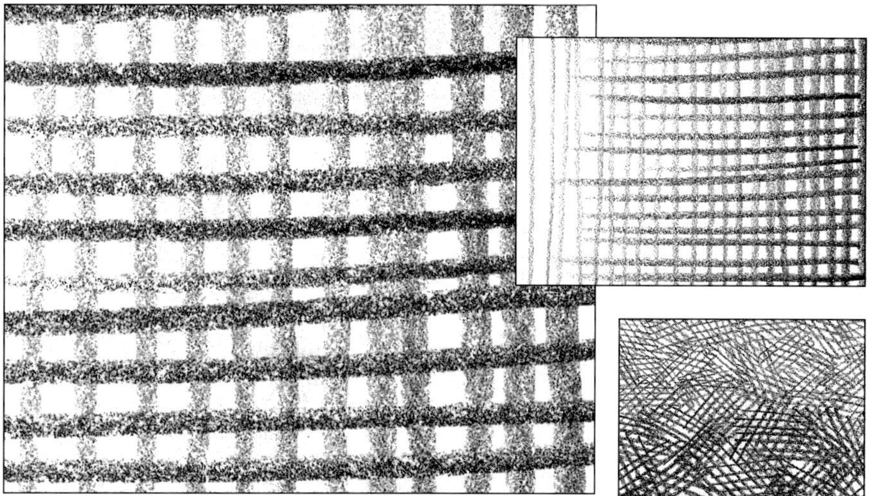

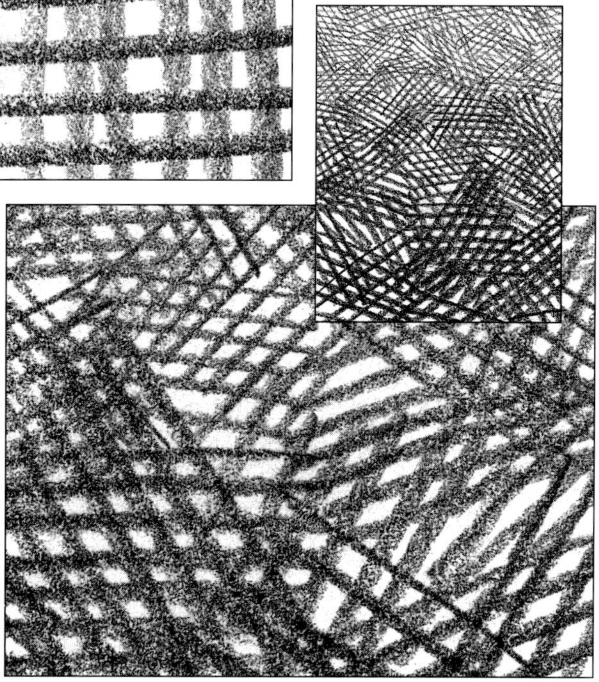

Schraffuren und Form

Die Kugel zeigt, wie man mit geraden Kreuzschraffuren Formen darstellen kann, indem man die Dichte der Linie und den Druck auf den Stift variiert.

Grauskala von kreuzweise ausgeführten Schraffuren

Die Grauskala unten zeigt die Bandbreite möglicher Farbeffekte, die durch unterschiedlichen Druck und verschiedene Dichte erreicht werden können.

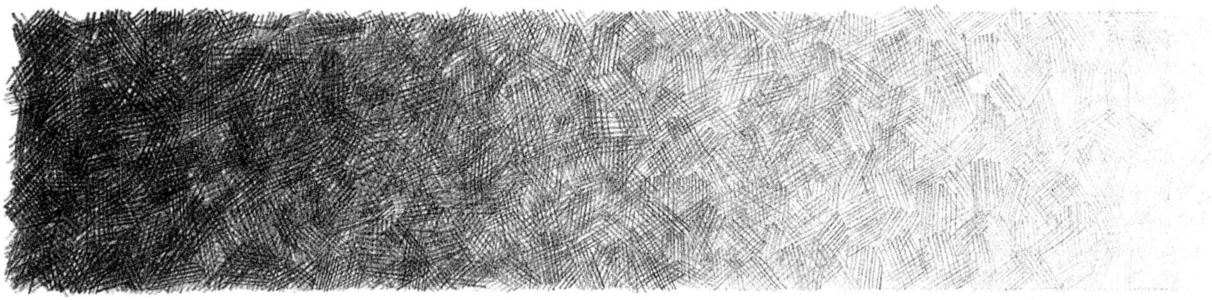

Farbeffekte durch Schraffuren
Die Komplexität der durch Schraffuren entstehenden Farbeffekte wird in den vier Detaildarstellungen deutlich. Der scheinbar rote Schatten zwischen den beiden Bananen (*links oben*) enthält eigentlich Schraffuren in Rot, Orange, Braun, Grün, Grau und Schwarz. Der vom Bananenstiel geworfene Schatten (*rechts oben*) besteht aus einer raffinierten Mischung von Orange, Rot, Gelb, Grün, Blau, Grau, Schwarz und Ocker. Die leicht reflektierenden Schalen des Apfels und der Orange sind aus sogar noch mehr Farben entstanden. Der Schatten des Apfels enthält Blau; wo er jedoch vom Schatten der Orange überlagert wird, entstehen Rot und Gelb (*links unten*). Das Grün reflektiert auf der Orangenschale (*rechts unten*), dargestellt durch grüne Linien, die mit kräftigen Rot- und Gelbtönen schraffiert sind.

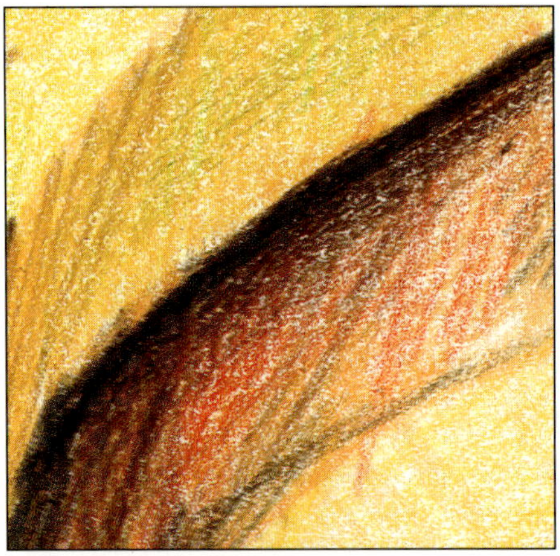

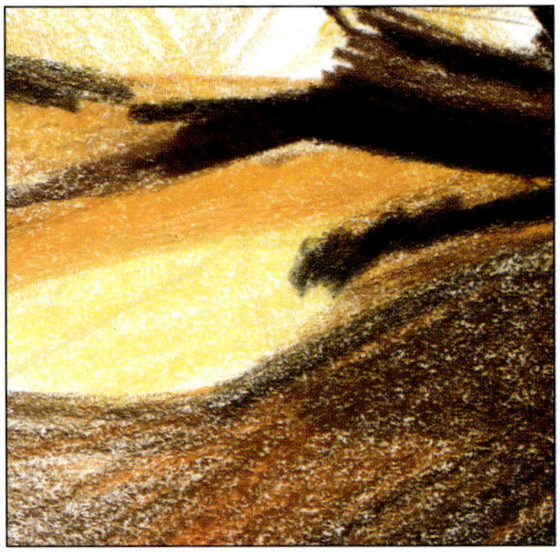

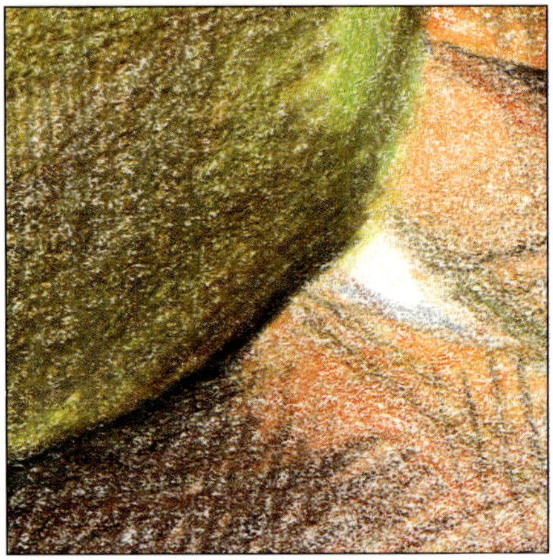

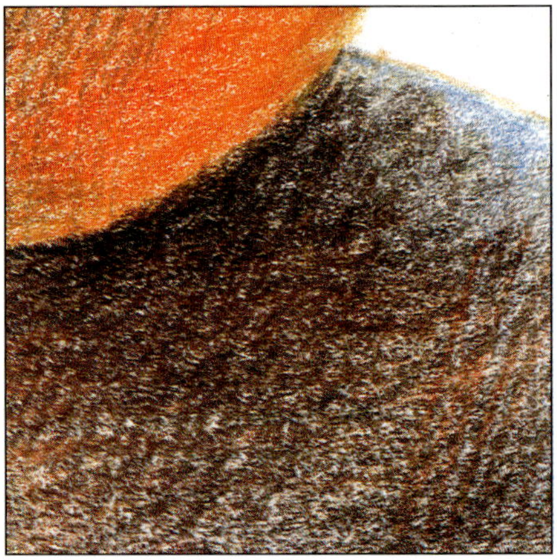

Schraffuren als Schatten
Mit Schraffuren lassen sich sehr gut Schatten darstellen, wo sich viele Farben überlagern. Schichten reiner Farben schimmern durch feine Gittermuster hindurch und ergeben ein komplexes Farbgefüge.

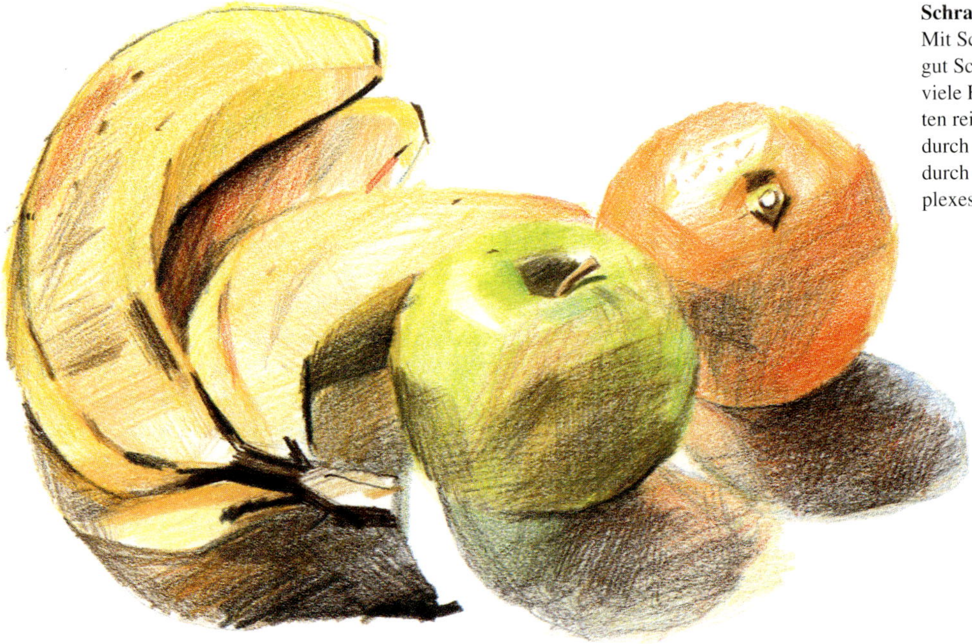

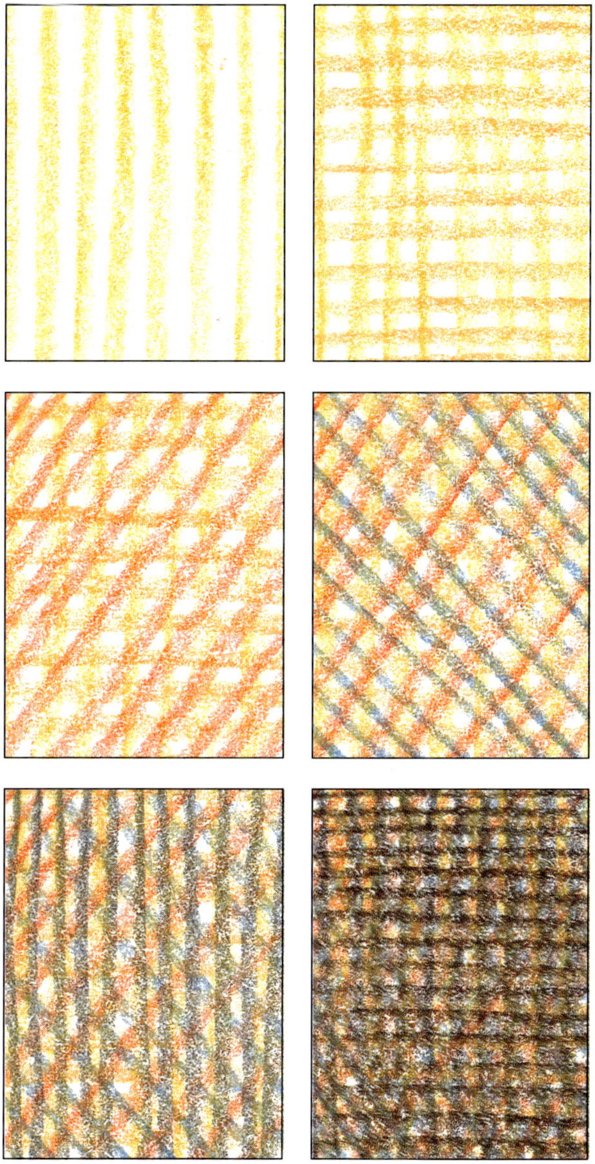

Das Aufbauen von Farbe mit Schraffuren
Oben sind einige Kreuzschraffuren abgebildet, in denen nur Gelb, Orange, Rot und Blau benutzt wurden. Es ist üblich, Farbe von ihrer blassesten Schattierung hin zu ihrer kräftigsten aufzubauen. So können Sie noch korrigieren, bevor die Farbe zu dunkel ist. Man sieht gut, wie einzelne Farben dominieren können. Hier dominiert das Rot vollständig das in Rot, Gelb und Orange gehaltene Gitter. Dann gleicht eine Schicht blauer Linien den Effekt des Rots aus, die zweite Schicht verschiebt die Farbbalance zugunsten des Blaus. Schließlich dominiert Blau, obwohl von den fünf Komponenten nur zwei wirklich blau sind.

te hervorbringt. Zeichnen Sie etwa ein gelbes Gitter über ein schwarzes, ist der Effekt ein völlig anderer, als wenn Sie die Reihenfolge umkehren. Sie können auch eine Grundierung herstellen – vielleicht mit einer dunklen Farbe – und dann verschiedene nahezu parallele Gitter unterschiedlicher Farbe in verschiedenen Richtungen auftragen, was eine dunkel getönte Struktur ergibt.

Üben Sie, die Farben, die in purpur-grau wirkenden Schattenbereichen wahrgenommen werden, darzustellen. Sie können die Schraffuren mit Gittern in variierenden Schattierungen aufbauen, die aus Linien reiner Farben bestehen – Rot, Blau, Purpur, Grau und Schwarz. Eine massiv erscheinende Farbe wird schrittweise durch die sorgfältige Kombination lockerer und dichter gezeichneter Schraffuren erreicht.

Dreidimensionale Effekte

Es ist möglich, selbst mit einfarbigen Schraffuren ein Gefühl von Dreidimensionalität zu erzeugen. Wenn dicke und dünne Schraffen sowie weiträumige und engmaschige Gitter zusätzlich mit mehreren Farben kombiniert werden, kann man unendlich viele komplizierte Tönungen herstellen. Auch die Richtung einer Schraffur kann Dreidimensionalität entstehen lassen, insbesondere wenn die Schraffuren im Vordergrund dicker sind und nach hinten hin immer schwächer werden. Bezieht man die raumschaffenden Eigenschaften von Farben zusätzlich mit ein, nimmt der dargestellte Gegenstand immer differenziertere Formen an. Verwenden Sie helle Farben für die helleren Bereiche und dunkle Schattierungen für die Schatten, damit Ihr Bild die richtige Tiefenwirkung bekommt.

SONNENUNTERGANG

Ein Sonnenuntergang am Meer erzeugt oft solch glühende Farben, daß man ihn einfach zeichnen muß. Der Künstler sah sich herausgefordert, ihn nur mit den drei Grundfarben zu zeichnen und diese dann zu ganzen Reihen neuer Farben zu kombinieren. Er nahm die Bewegung des Lichts auf, die entsteht, wenn es vom Meer reflektiert wird, und zeichnete die Spiegelung des sinkenden Himmelskörpers in die Muster auf dem Wasser ein.

1 *Links unten*: Mit breiten, schwungvollen Schraffuren, die mit Kreiden ausgeführt wurden, schuf der Künstler einen Rahmen für die Zeichnung in Blau und Gelb und ließ genügend weiße Fläche für weitere Farben frei.

2 *Unten*: Den blauen und gelben Linien grob folgend, wurden nun breite rote Schraffuren gezeichnet, die die Hintergrundfarben für das Auge des Betrachters vermischen.

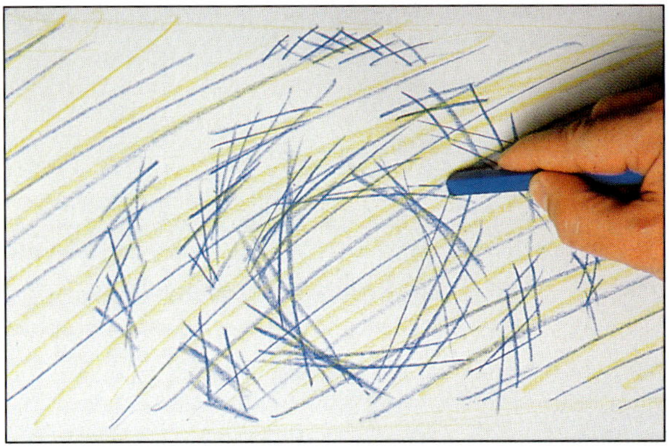

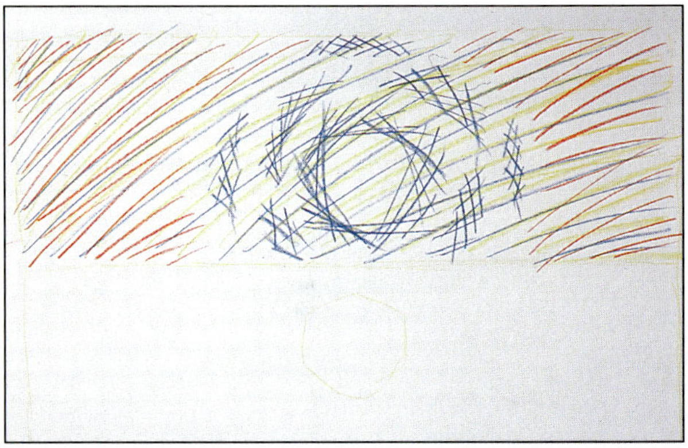

3 Nachdem die Farben des Himmels mit Schraffuren festgelegt wurden, entstand das Meer aus denselben Farben, jedoch mit Kreuzschraffuren. Weitere Linien wurden in streng eingehaltener Reihenfolge – Gelb und Blau, dann Rot – eingezeichnet. Obwohl die Linien eher zufällig hingeworfen scheinen, folgen sie einer Bewegung von oben links nach unten rechts. Die Farben im Vordergrund wirken dichter als die im Hintergrund, weil die Schraffuren dichter beieinander liegen.

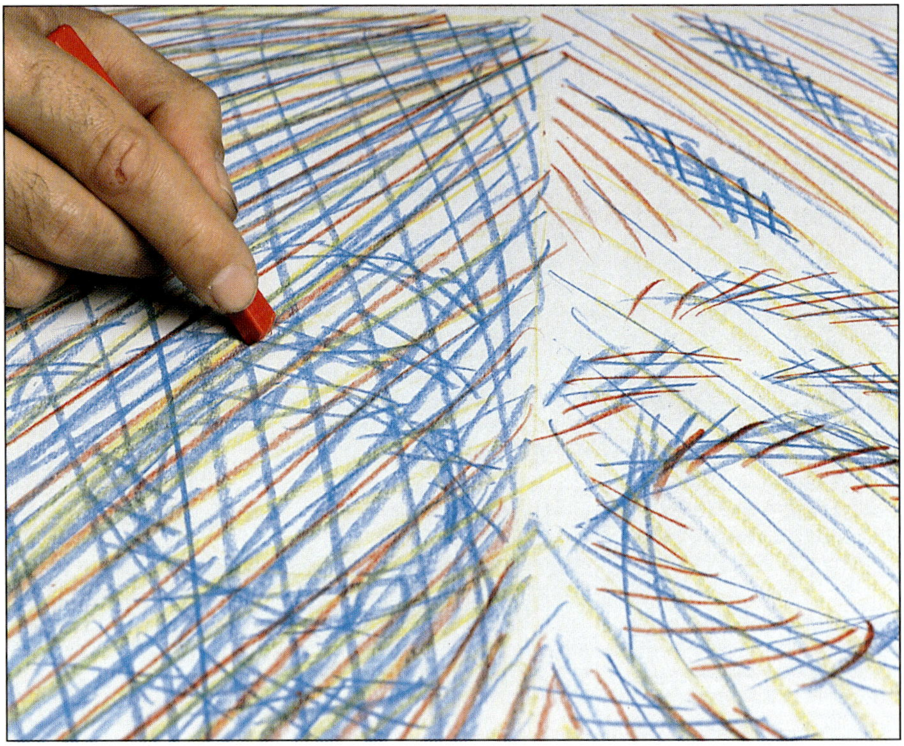

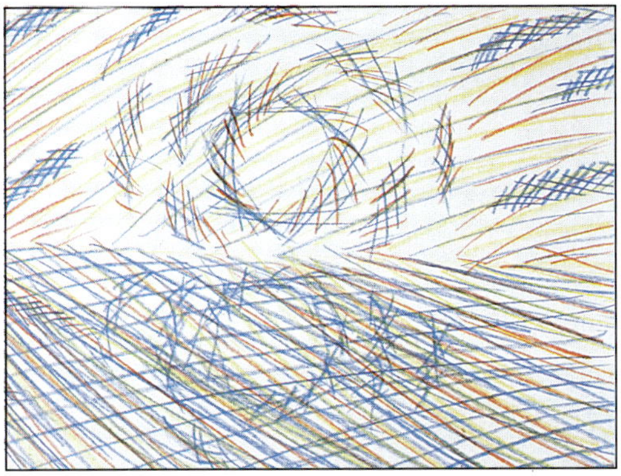

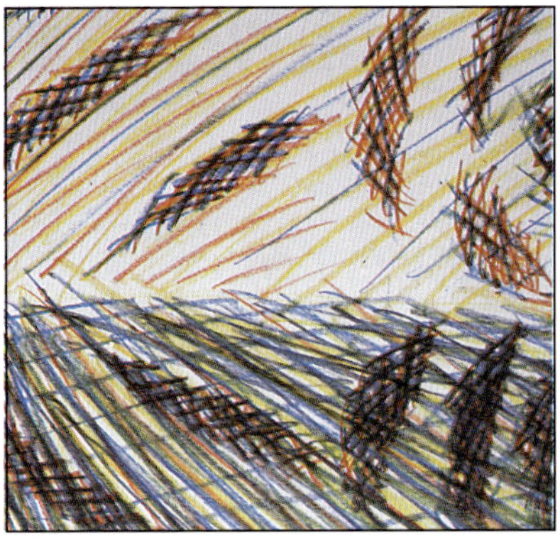

4 *Ganz links*: Die gesamte Komposition wurde in groben Zügen umrissen, so daß sich der Künstler nun auf den Aufbau der Farben konzentrieren konnte.

5 *Links*: Blau und Gelb wurden eingearbeitet, um mehr Dichte im Vordergrund zu erreichen, während die Kreuzschraffur der Sonne und ihrer Strahlen mit Rot betont wurde.

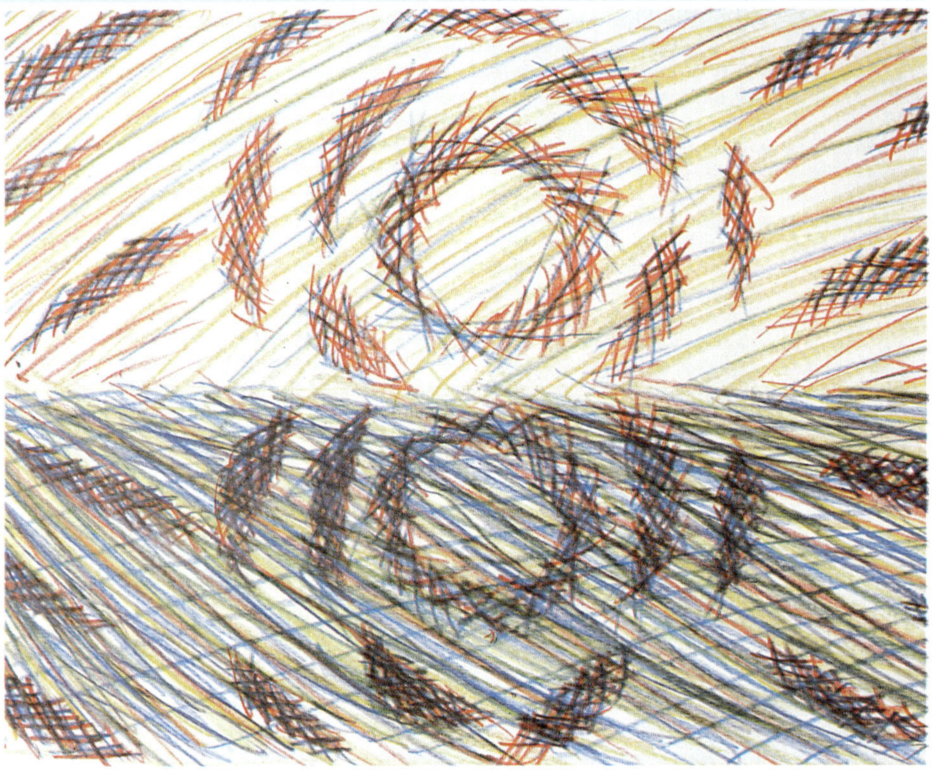

Sonnenuntergang

6 Das fertige Bild vermittelt ein Gefühl von Freiheit, das durch die lose aufgebauten linearen Gittermuster entsteht. Die Parallel- und Kreuzschraffuren lassen Farben entstehen, die gar nicht benutzt wurden, zum Beispiel Purpur und Grün. Die Schlichtheit des Bildes läßt ahnen, daß ein äußerst flüchtiger Moment zu Papier gebracht wurde. Der Künstler benutzte daher Kreiden mit dicken, breiten Strichen, so daß er sehr schnell große Flächen ausfüllen konnte.

SCHWERTLILIEN

Der Lichtstrahl, der durch das Fenster fällt, belebt die fast einfarbige Szene. Das lebhafte Purpur und Gelb der Blumen entfaltet in dem kühlen Raum eine große Leuchtkraft. Die großen, leeren Flächen scheinen sich in einer Art Schwebezustand zu befinden, besonders die Tischecke im Vordergrund. Die gesamte Komposition ist stark linear aufgebaut, und ihr wohnt eine Spannung inne, die lediglich durch die Blumen aufgehoben wird.

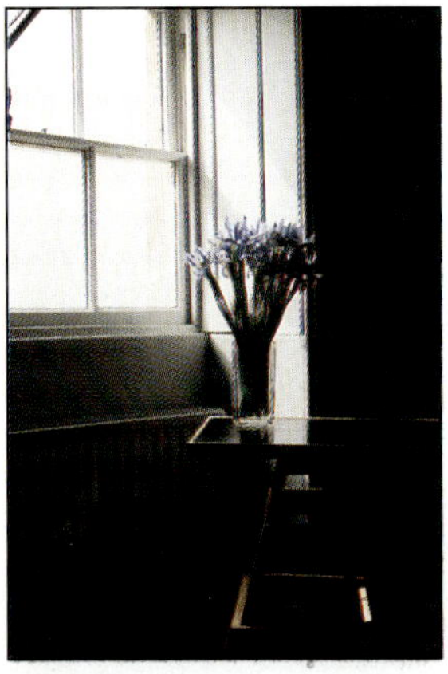

1 *Rechts*: In dieser Fotografie beleuchtet das durch das Fenster einfallende Licht einen kühlen, schattigen Innenraum – eine große Herausforderung für einen Künstler. Solche natürlichen ›Scheinwerfer‹ schaffen wundervolle Extreme in Licht und Schatten.

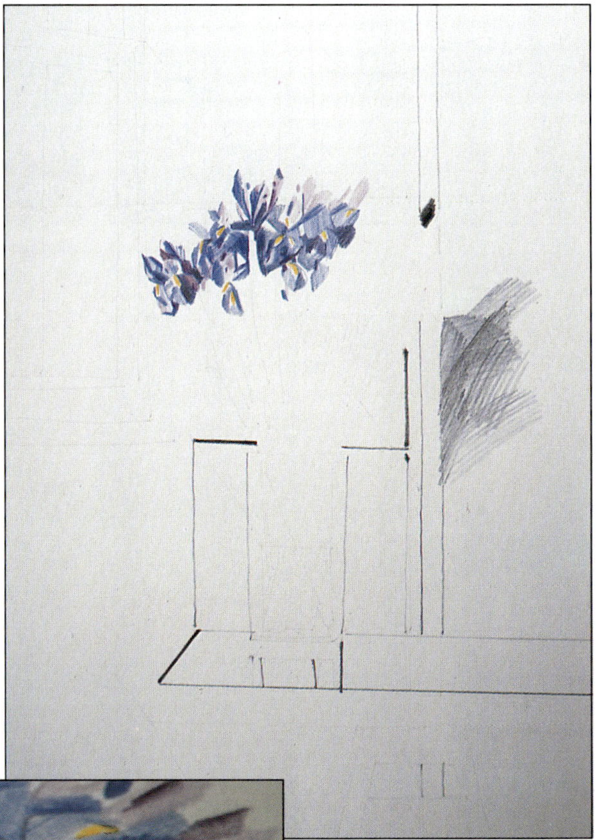

2 *Oben*: Nach der Skizze in Dunkelgrau konzentrierte sich der Künstler auf die Blüten und füllte die komplizierten Farbflächen großzügig aus. Er verwendete dafür Ultramarinblau, Dunkelviolett, Hellviolett und Preußischblau.

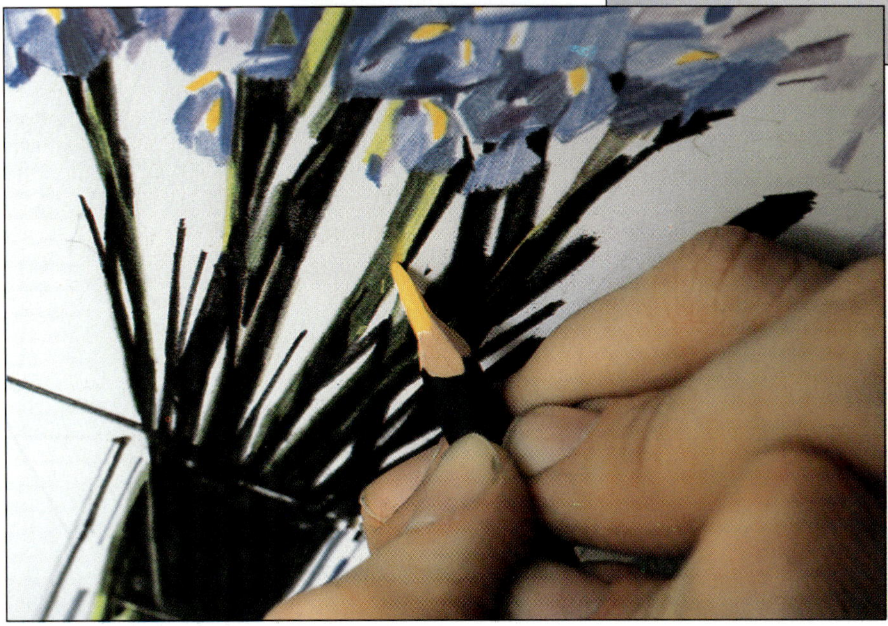

3 *Links*: Der Künstler trug die Farbe der Blumen in breiten Schraffuren auf. Er begann mit der blassesten Farbe und arbeitete sich dann zu den dunkleren Schattierungen vor. Er ließ Freiräume, um den Glanzlichtern mit Neapelgelb den letzten Schliff zu geben.

4 *Rechts*: Der im Schatten liegende einfarbige Hintergrund ist zu schlicht, als daß man ihn ganz flach in einer Farbe ausarbeiten könnte. Daher entschied der Künstler sich, ein komplexes Muster aus Schraffuren zu zeichnen, um dem Hintergrund unabhängig von der Papieroberfläche eine Struktur zu verleihen.

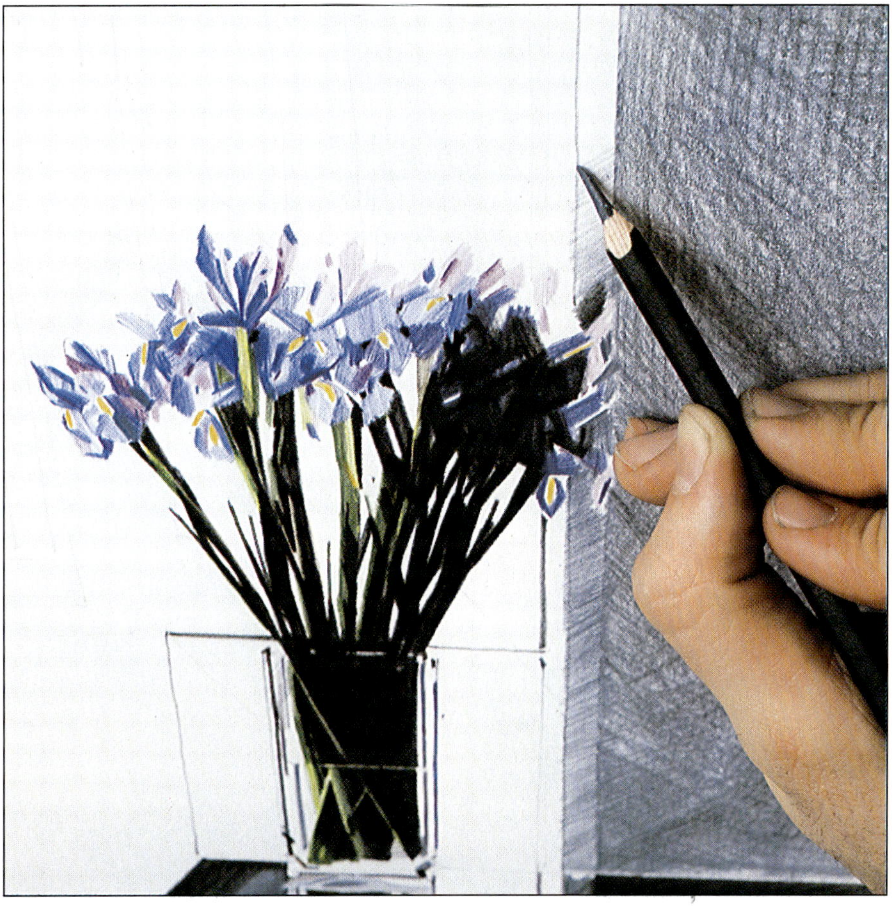

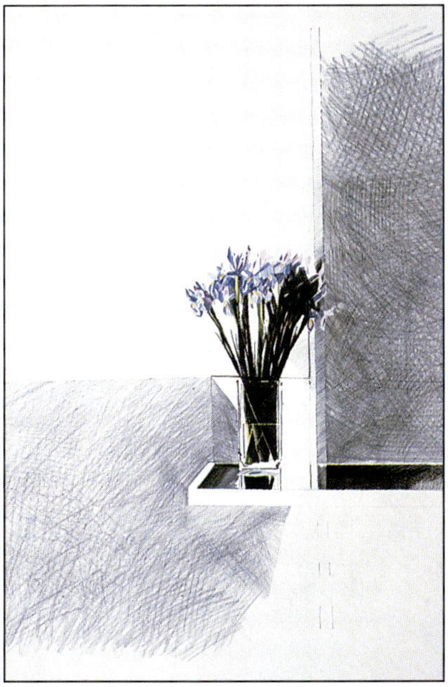

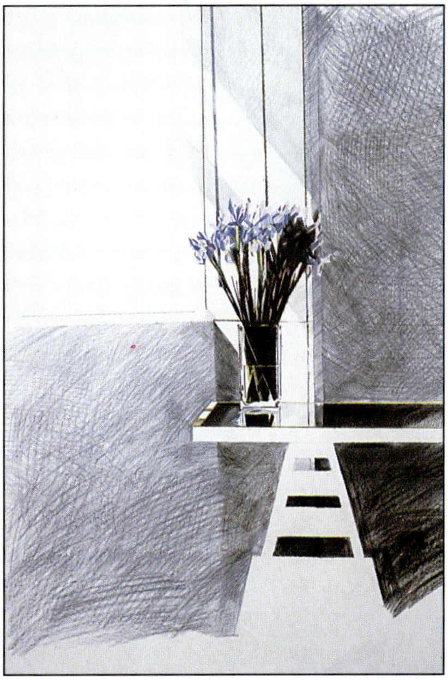

5 *Ganz links*: Der Künstler legte die großen schraffierten Flächen im Hintergrund oben rechts und links der Blumenvase zum Ausbalancieren der Komposition an. Er stellte dafür Farbflächen mit leicht diagonaler Ausprägung her.

6 *Links*: Das Gleichgewicht wird dadurch gestärkt, daß die Vase auf dem Angelpunkt des Tisches balanciert. Unterhalb der Tischoberfläche entstand eine dunkle Kreuzschraffur, die die dunklen Töne im Grün der Blumen ausgleicht. Die scharf abgegrenzte Kante des Tisches wurde mit Hilfe eines Lineals geschaffen.

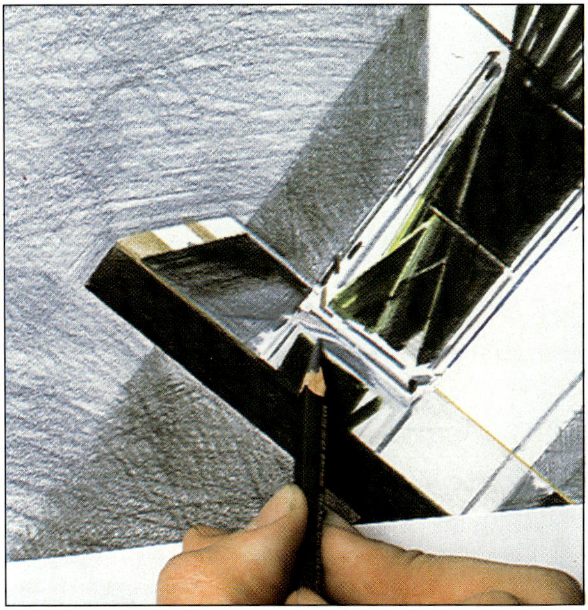

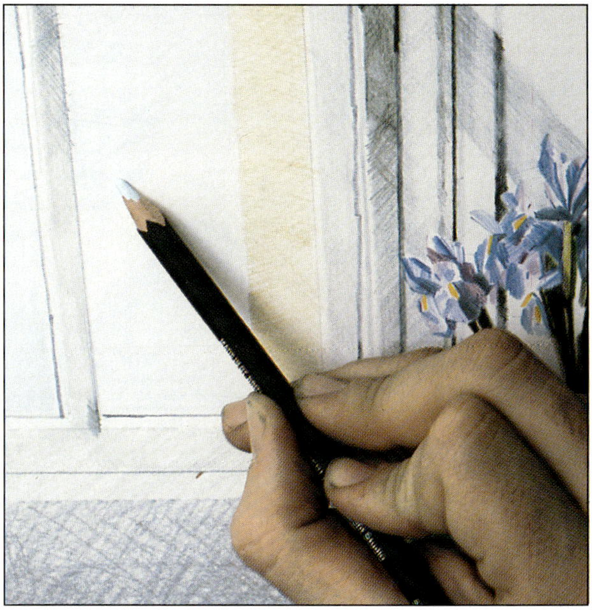

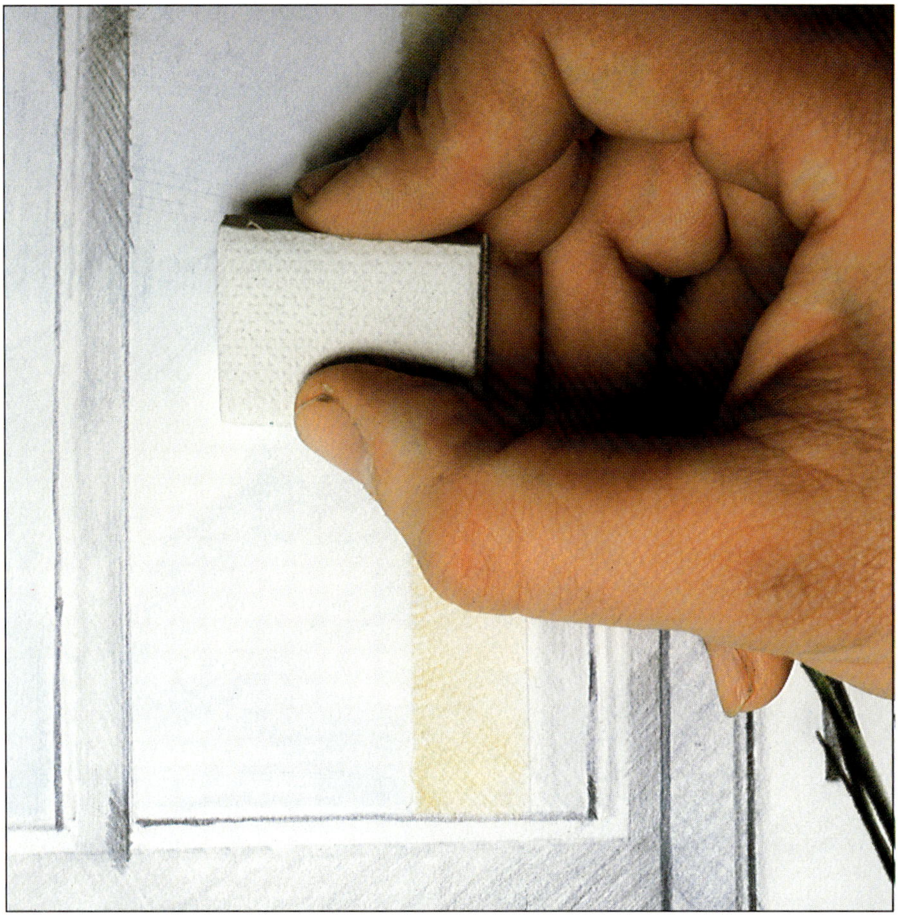

7 *Oben links*: Die komplizierten geometrischen Muster der Blumenstiele und ihrer Reflexe in der Glasvase wurden als farbige Formen dargestellt. Anders als in dem zart gezeichneten Hintergrund arbeitete der Künstler hier mit starkem Druck, um die Hauptelemente der Komposition kräftig vom Hintergrund abzuheben.

8 *Oben*: Silbergrau, Blaugrau, Siena natur und Umbra natur bilden die Schraffuren im Bereich des Fensterglases, die in einer Richtung verlaufen. Der Künstler arbeitete sehr gleichmäßig und mit leichtem Druck.

9 *Links*: Der Künstler bearbeitete das dargestellte Glas noch einmal mit einem Knetradierer, den er mit langgezogenen Bewegungen über die Oberfläche führte. So entfernte er ein wenig Farbe und verwischte die zurückbleibende. Die abgeschrägten Flächen in Weiß, die durch die Farbe hindurchscheinen, imitieren die Glasoberfläche.

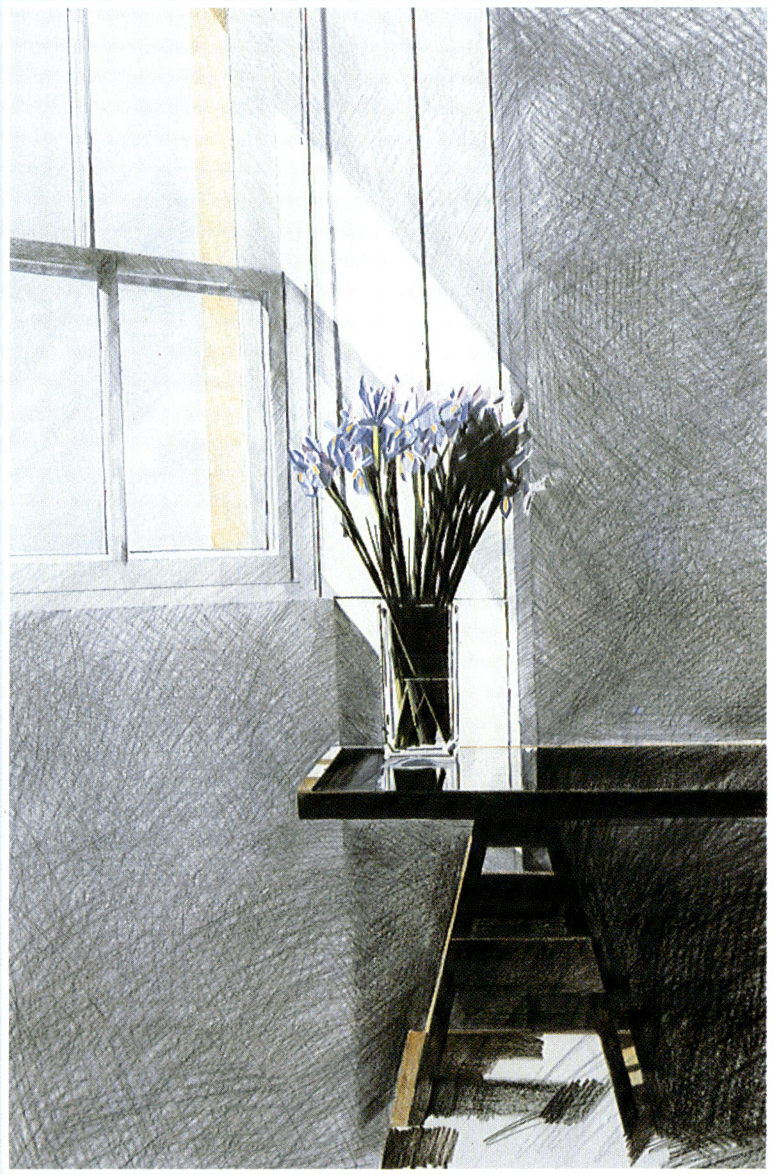

Schwertlilien

10 Der Hintergrund erhält durch die Schraffuren eine eigene Struktur und Bedeutung und vermittelt so weit mehr den Eindruck von Tiefe, als wenn er mit einem durchgehenden Farbton ausgefüllt worden wäre. Zugleich bietet er einen exzellenten Gegensatz zu den kräftiger und dichter ausgeführten Elementen der Komposition.

PFLANZUNG

Wichtiger Bestandteil dieses Bildes ist seine Struktur. Mittels Farbgittern stellte der Künstler Schattierung her, wobei die sich überlagernden Farbtöne komplexer Farbmischungen sich gegen den weißen Hintergrund wie Schatten abheben – Blau hinter Gelb, Rot hinter Grün. Die richtungsgebenden Linien schaffen sowohl statische Form in den Bäumen, die in Reihen auf einer Ebene stehen, als auch bewegliche Strukturen im Himmel, in dem Federwolken über markanten Hügelkuppen schweben.

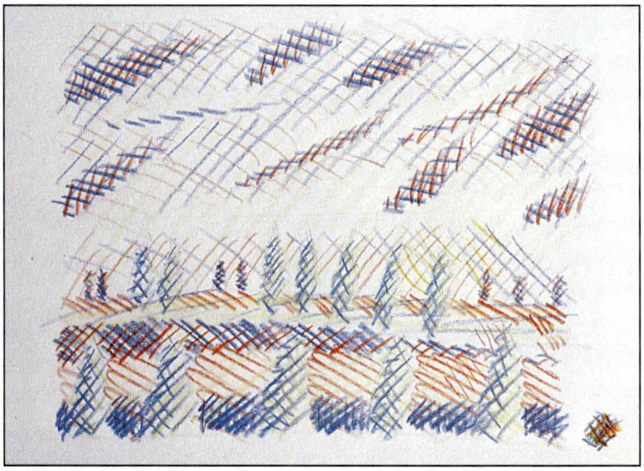

1 *Oben*: Der Künstler skizzierte eine Zypressenpflanzung und legte dabei die Farben fest, die er für die eigentliche Arbeit benutzen wollte. Die Art, wie die Farben angelegt sind, läßt bereits ahnen, wie er sie verarbeiten wird. Von hier an ist es fast eine mechanische Übung, das Bild fertigzustellen.

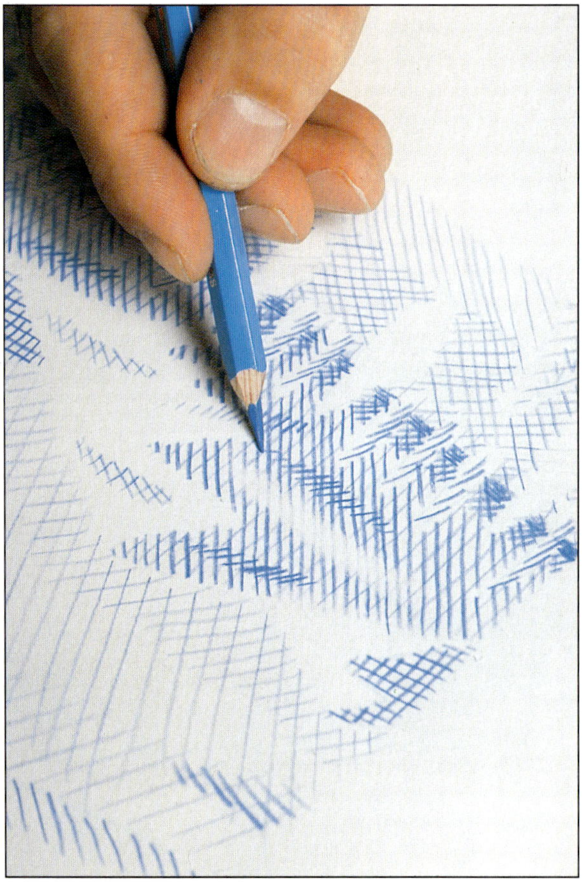

2 *Links*: Die ersten Elemente wurden als Schraffuren in Blau dargestellt. Wo sich die anderen Farben nicht mit dem Blau vermischen sollten, blieben weiße Flächen frei. Der Künstler spitzte den blauen Stift jeweils unterschiedlich an, um sowohl die kräftigen als auch die fein schraffierten Gitter anzulegen. Sie verleihen dem Bild die Tiefe.

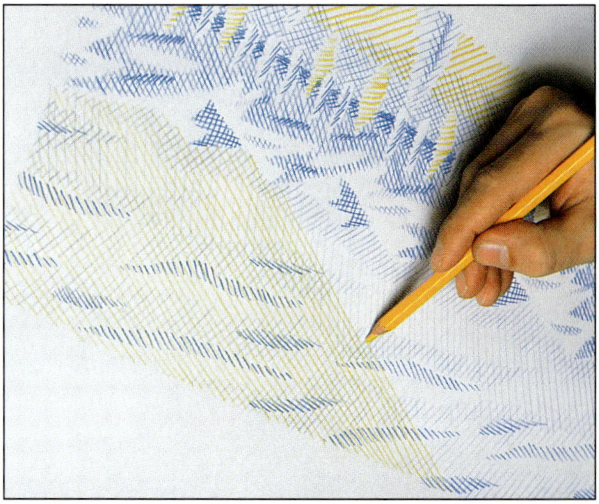

3 Die gelben Linien auf den weißen Stellen im Vordergrund geben das warme Abendlicht wieder (*rechts*). Die langen, geraden gelben Linien oben lassen den Himmel Ruhe ausstrahlen und betonen gleichzeitig seine Weite.

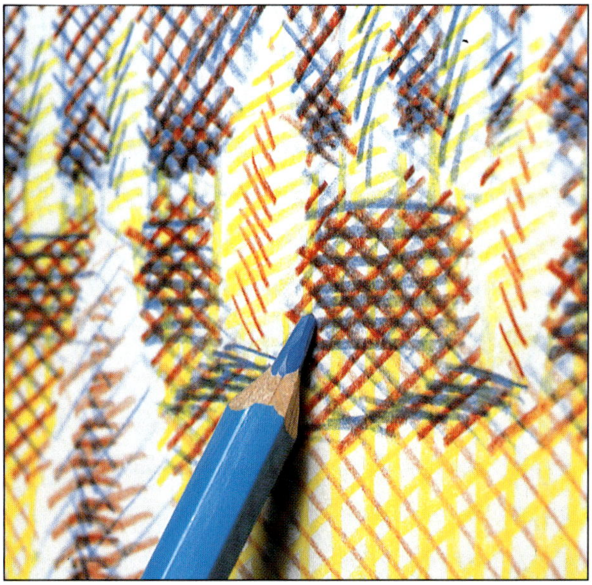

4 *Links*: Der Ausschnitt zeigt, wie die Kreuzschraffuren in unterschiedlichen Farben eine optische Mischung der Farben verursachen. Rot über Blau erzeugt Purpur, Rot über Gelb Orange und Blau über Gelb Grün. Durch die sich in unterschiedlichen Winkeln überlagernden Gitter wird eine ausgeprägte Farbtiefe erreicht. Die geraden Linien im Hintergrund stellen einen Kontrast zu den leicht gekrümmten Schraffuren in den Zypressen her, die die abgerundete Form der Bäume betonen.

5 *Unten*: In der fertigen Zeichnung ergänzen sich die vielen Linien und die wenigen Farben zu einem zusammenhängenden Ganzen. Der dichte Aufbau der Linien in mittlerer Distanz bildet eine solide Basis, von der sich die schneeweißen Hügelkuppen am Horizont und die weißen Kanten der Zypressen abheben. So entsteht ein visueller Mittelpunkt in der Komposition.

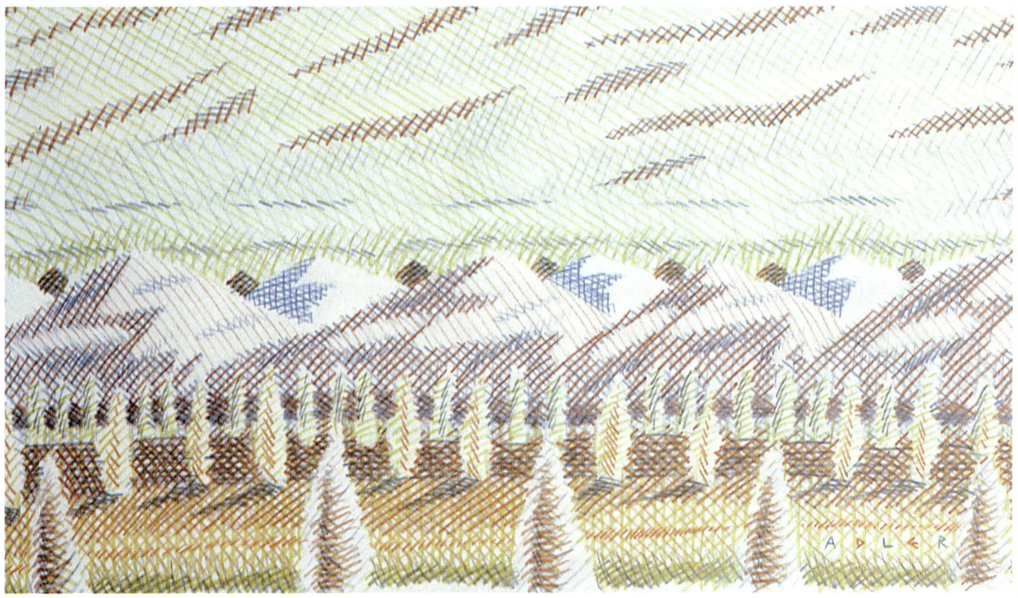

Pflanzung

DIE TÄNZERIN

Der Künstler machte zunächst einige Skizzen nach einer Fotografie der sitzenden Tänzerin, um die Komposition auszuarbeiten. In die linearen Strukturen malte er dann die Hauptfarbflächen ein. Er begann mit dem Hintergrund, der ihm als Bezugspunkt für die Farben der Figur diente. Zuerst legte er die sich überlagernden Schraffuren aus Pink und Gelb an, die er in den Farbtönen der Haut wieder aufgriff. So schuf er einen Hintergrund für die Struktur von Haar und Kleidung sowie für die gekrümmten Linien im Federfächer.

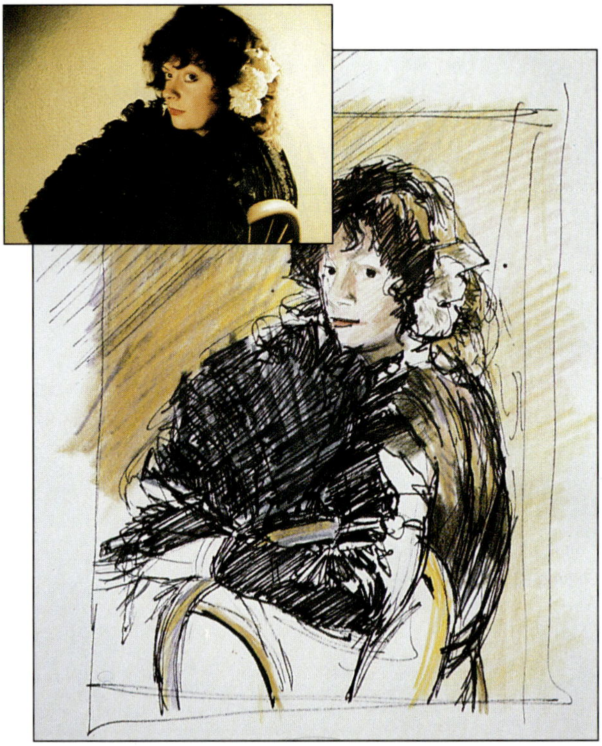

1 *Rechts*: Mit dem Foto einer Tänzerin als Vorlage arbeitete der Künstler eine grobe Farbskizze aus und testete dabei die Komposition und Farbzusammenstellung der Zeichnung.

2 *Unten*: Anschließend vergrößerte er die Skizze, indem er sie auf einem Leuchtpult nachzeichnete. Der Hintergrund wurde dann mit gekrümmten Kreuzschraffuren in rosa Krapplack und hellem Gelb ausgearbeitet. Dadurch entsteht der Eindruck eines wunderbar warmen aprikotfarbenen Leuchtens.

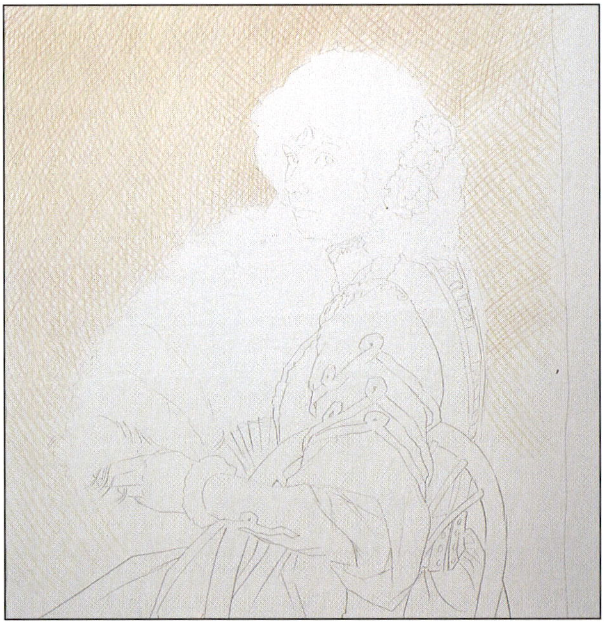

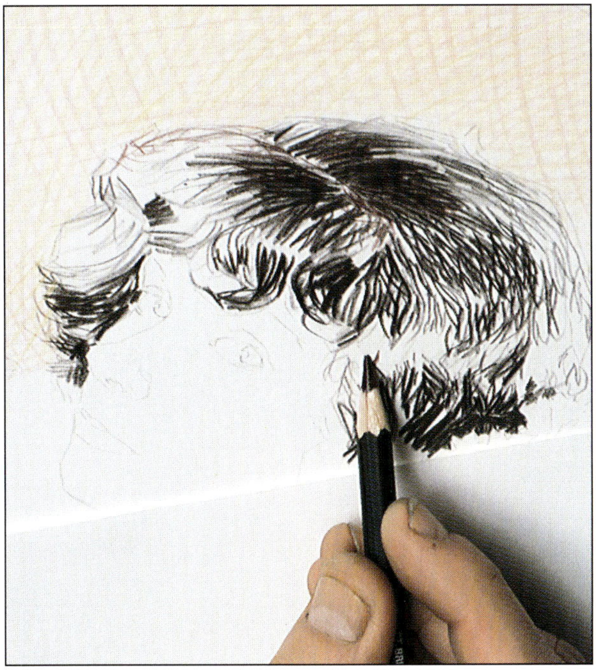

3 *Links*: Der Künstler begann die Ausarbeitung des Haares, indem er tiefes Karminrot und Schwarz kräftig auftrug. Er arbeitete dabei mit der Fließrichtung des Haares und ließ weiße Flächen, die später mit satteren und leichteren Farben ausgefüllt wurden, zunächst frei. Das Haar wurde so zu dem Bereich mit den sattesten Farben innerhalb der Komposition und konnte daher als Bezugspunkt für die weiteren Farbentscheidungen dienen. Der Künstler deckte das Zeichenpapier ab, um es nicht mit seiner Hand zu befeuchten oder die Farbpigmente zu verschmieren.

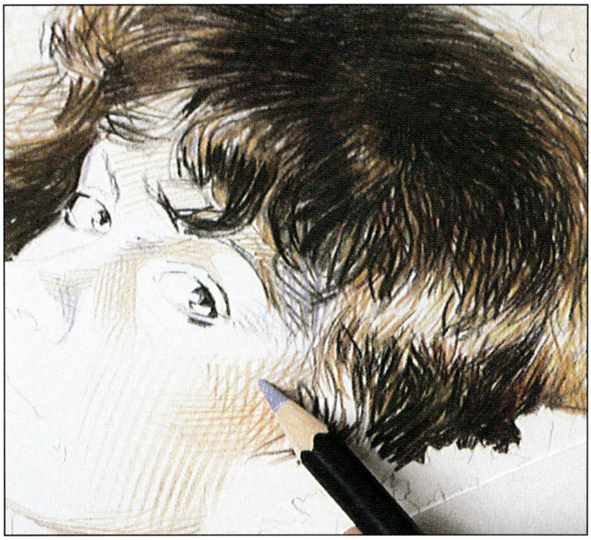

4 *Rechts*: Mit Hilfe sehr ausgeprägter Schraffuren brachte der Künstler Farbe in die Struktur des Gesichtes. Blasse Brauntöne bilden die Basis der Gittermuster, die in Schattenbereichen engmaschiger werden, wo zusätzlich Blauviolett verwendet wurde, um eine tiefere Farbe zu erreichen.

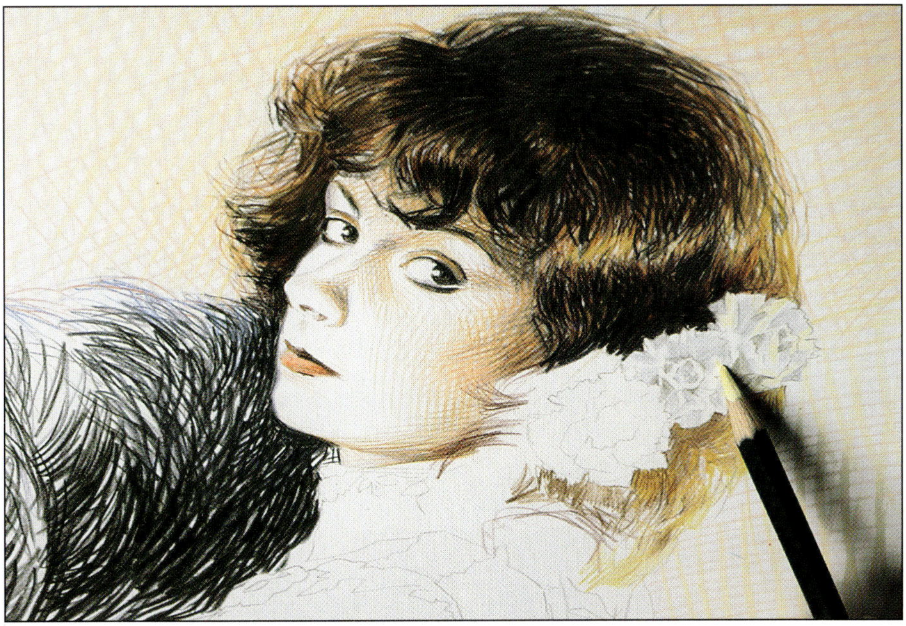

5 *Links*: Jedes Element der Komposition wurde einzeln ausgearbeitet. In dieser Abbildung sieht man, daß die Blumen im Haar der Tänzerin sehr blaß gelassen wurden. Minimale Einmischungen von Graugrün und Blaugrau deuten die Schatten zwischen den Blütenblättern an. Sanftes Gelb verleiht den Blumen warme Glanzlichter und wiederholt das entsprechende Glanzlicht im Haar.

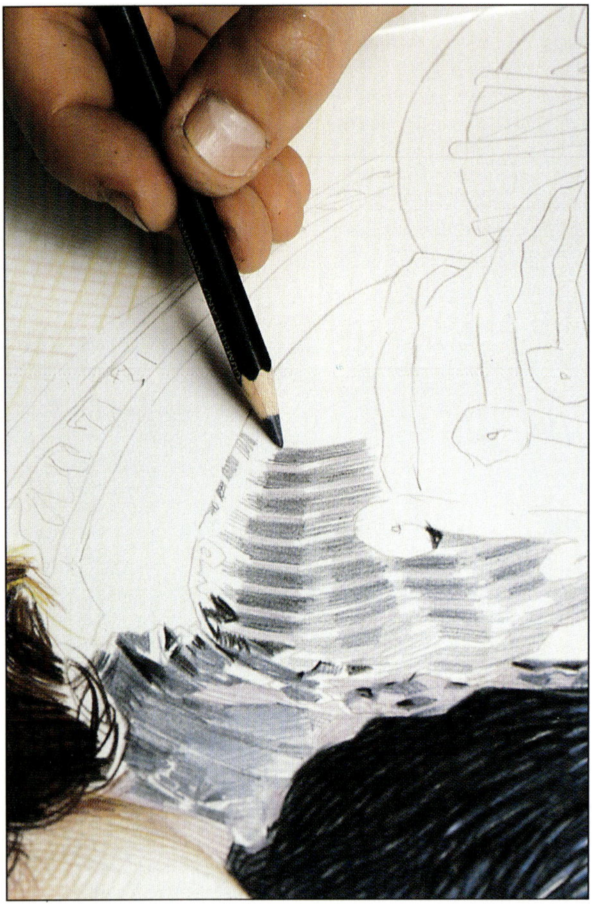

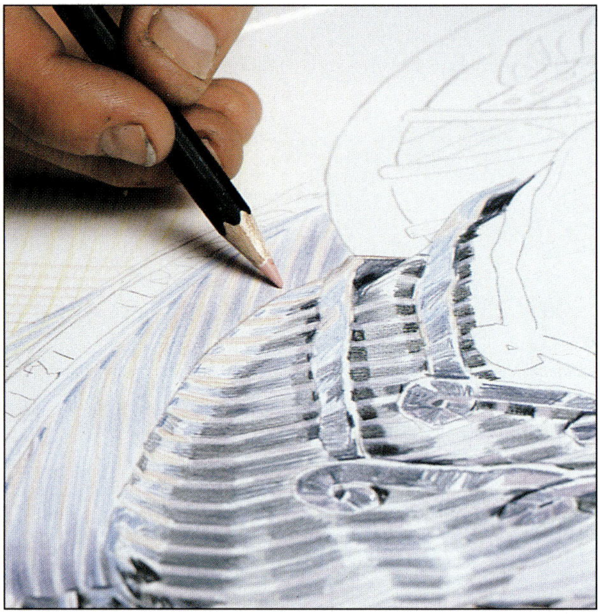

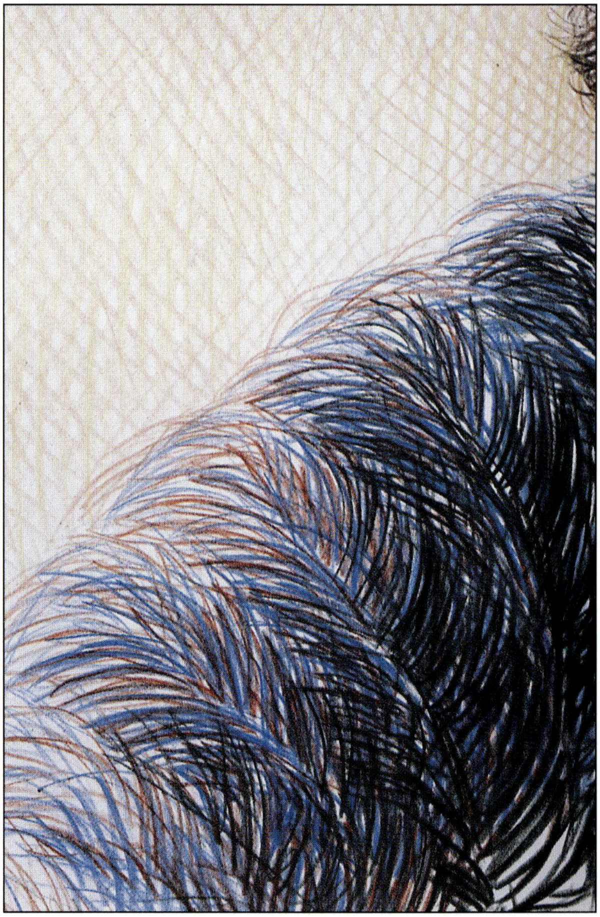

6 *Oben*: Der gestreifte Satin des Kleides besteht aus einer Serie von eng zusammenliegenden Linien in verschiedenen Schattierungen. Schatten wurden durch dichteren Farbauftrag erzeugt, wobei die Anzahl der Farbschichten wichtiger ist als der Druck auf den Stift. Die Farben wurden in strenger Reihenfolge aufgetragen, und zwar von oben nach unten, um ein Verwischen zu verhindern.

7 *Oben rechts*: Vom Hintergrund reflektierte Farben werden weiter hinten im Bereich der Kleidung mit zarten lilafarbenen Linien wieder aufgenommen. Das Farbensemble wurde in die Streifen des Kleides hineingezogen und ersetzte schrittweise die Schwarz- und Purpurnuancen.

8 *Rechts*: Mit gekrümmten Schraffuren in Blau, Rot und Schwarz stellte der Künstler den Federfächer dar. In dunkleren Bereichen werden die Schraffen dichter, und Schwarz herrscht vor, während sich Blau und Rot für die purpurfarbenen Glanzlichter am Rand des Fächers mischen.

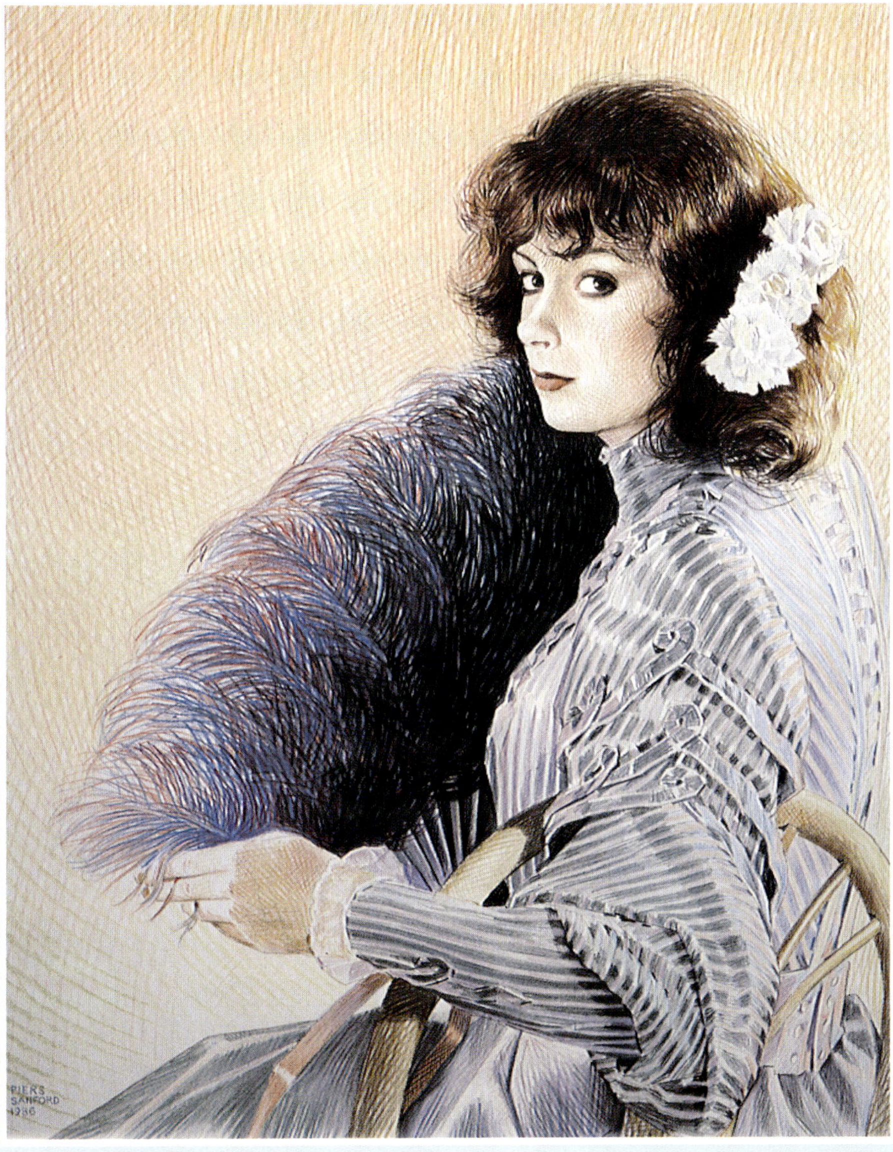

Die Tänzerin

9 Die fertige Arbeit ist ein gutes Beispiel für die Komplexität von Farben und die richtungsgebenden Qualitäten von Linien, die man durch Schraffuren erzielen kann. Die Linien sind so fein, daß sie stellenweise kaum noch als solche zu erkennen sind.

SECHSTES KAPITEL

FARBIGKEIT HERSTELLEN

Bei den meisten Maltechniken werden die gewünschten Farben vorgemischt und dann auf die Arbeitsfläche aufgetragen. Bei Buntstiften jedoch können die Farbmischungen erst auf der Zeichenfläche selbst hergestellt werden. Das setzt voraus, daß Sie sorgfältig analysieren, wie sich die Farbe eines Gegenstandes zusammensetzt. Sie müssen auf der Zeichenfläche die verschiedenen Komponenten der Sekundärfarbe, so wie Sie sie wahrnehmen, mit reinen Pigmenten nachvollziehen.

Buntstiftpigmente sind halbtransparent, das heißt, man kann eine Vielzahl von Farben durch Übermalen in verschiedener Dichte und mit unterschiedlichem Druck erzielen. Wenn Sie so Farben entwickeln, sollten Sie berücksichtigen, daß Sie mit jeder Farbe dem Bild Form, Stimmung, Leben und Größe verleihen. Sehen Sie einen Gegenstand nicht als einfarbige Komposition, der Sie Farbe geben müssen, oder als Gruppierung von Schatten oder Umrissen, die mit Farbe ausgefüllt werden müssen. Farbe ist ein wesentliches Element Ihrer Arbeit – sie darf keine nachträgliche Zugabe sein.

Stellen Sie sich die schillernden Farben eines glänzenden Fisches oder eines Vogels vor – Farben mit solcher Leuchtkraft sind nur bei wenigen anderen Lebewesen zu finden. Doch wenn wir diese Tiere tot sehen, wirken ihre Farben flach, stumpf und leblos. Farbe ist lebendig – und ein wesentlicher Bestandteil des Lebens. Das Leben kann nicht losgelöst von seinen Farben betrachtet werden.

Wenn Sie Pigmente mischen, entstehen Nuancen, Farben unterschiedlicher Intensität und Helligkeit. Es gibt eine Palette von Grundfarben, die notwendig ist, um alle anderen Farben herzustellen. Dabei handelt es sich um die additiven und subtraktiven Farben des Lichts. Weil sich Licht und Farbpigmente in ihren Mischungen nicht gleich verhalten, ist es nötig, eine Farbpalette zu entwikkeln, die visuell dieselben Effekte erzielt wie das Licht.

Besorgen Sie sich zunächst ein kleines Sortiment von Buntstiften. Die Farben in diesen Sets eröffnen Ihnen viele Möglichkeiten, und Sie werden feststellen, daß sie gut einsetzbar sind. Probieren Sie aus, welches Spektrum von Farben Sie mit dieser recht begrenzten Palette entwickeln können. Mit größeren Buntstiftsortimenten ist es natürlich viel leichter, ohne Mischung die der gewünschten Farbe am nächsten kommende Nuance zu finden. Buntstifte haben den Vorteil, daß man mit ihnen durch Überlagern, Mischen und Verwischen eine große Bandbreite reiner Farben erzeugen kann.

Sich dem Motiv nähern

Bevor Sie zu zeichnen beginnen, analysieren Sie zunächst die Farben Ihres Motivs. Betrachten Sie es als Ganzes

Weiter auf Seite 82 ☞

Farbe und Papieroberfläche
Kreuzschraffuren auf unterschiedlichen Papieroberflächen verleihen den Farben jeweils unterschiedliches Gewicht, was in den nebenstehenden Abbildungen zu sehen ist. Hier wurden dieselben Farben in gleicher Richtung auf unterschiedliche Papiersorten aufgetragen.

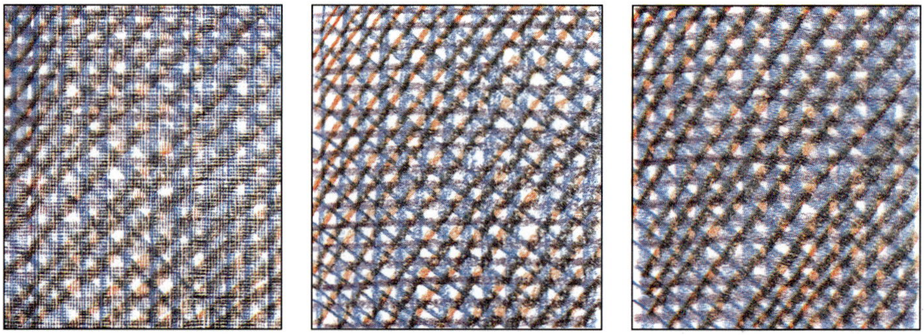

Für diese Beispiele wurden dieselben Stifte benutzt, und es wird deutlich, wie unterschiedliches Papier die Farbe der Schraffuren beeinflußt.

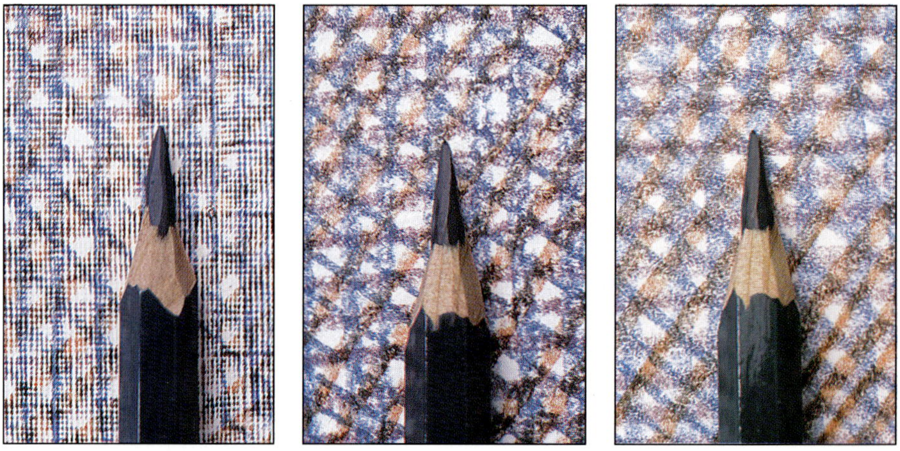

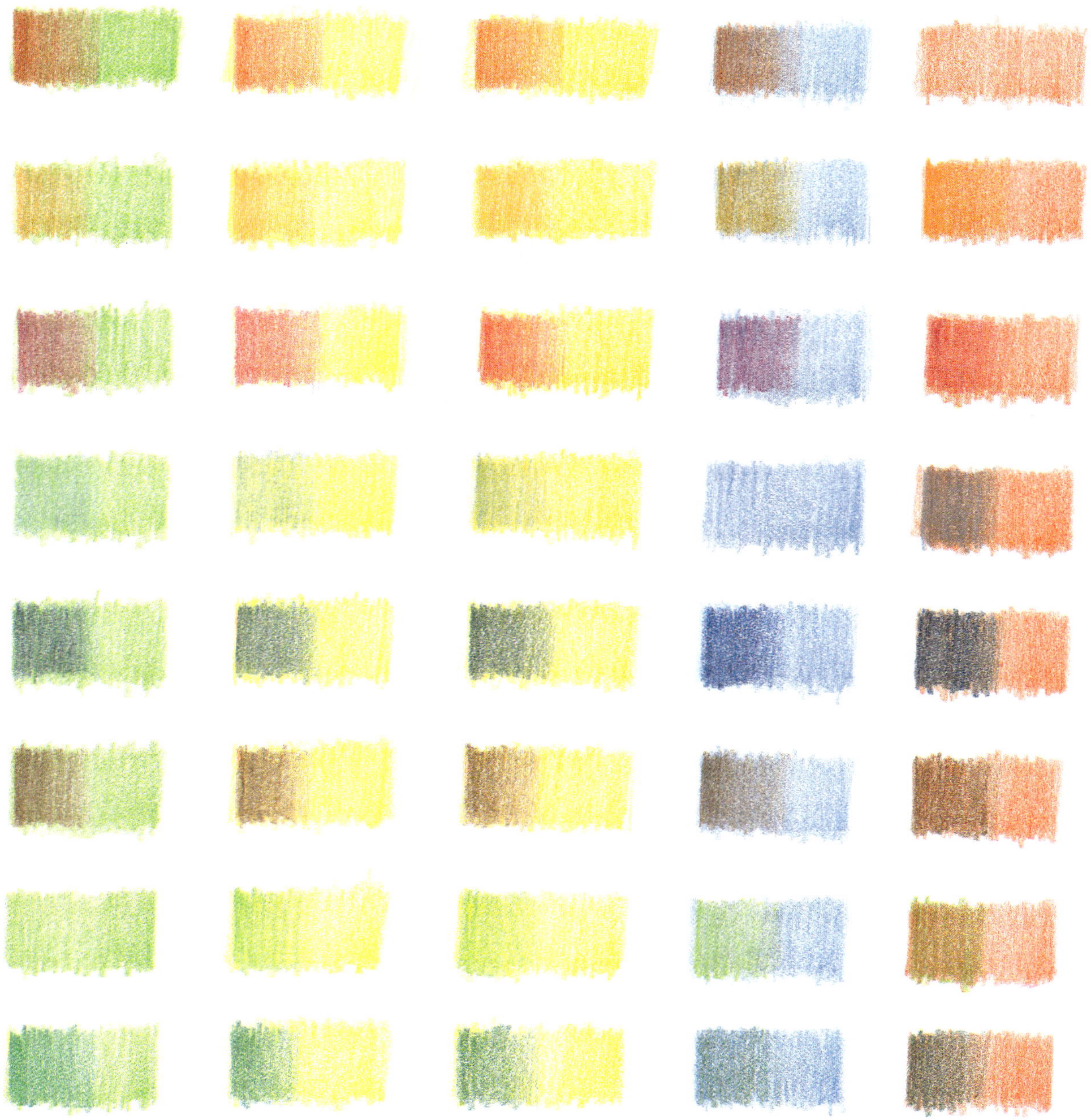

Farben überblenden

Die Farbflächen zeigen die große Bandbreite ineinander übergehender und sich überlagernder Farben, die Sie auf Papier erzeugen können. Von links nach rechts wurden Grün, Gelb, Orange, Blau und Rot aufgetragen. Dann wurden, von oben nach unten, Rot, Orange, Magenta, Hellblau, Dunkelblau, Braun, Hellgrün und Dunkelgrün hinzugefügt.

Farbabstufungen
Rechts: Hier sind zwei Reihen von Farbabstufungen zu sehen – von warmem Gelb zu Rot und von warmem Gelb zu kühlem Blau. Die linke Spalte jeder Reihe wurde durch beträchtlichen Druck auf den Stift erzeugt, die rechte Spalte mit sehr wenig Druck.

Nuancierungen schaffen
Unten: Durch kräftigen oder leichten Druck kann man mit Schwarz eine Reihe von unterschiedlichen Nuancen von Tiefschwarz bis Hellgrau erzeugen.

Nuancierungen mit drei Farben
Links: Die Mischfarben in dieser Abbildung zeigen, wie nur drei Grundfarben eine Reihe lebhafter Nuancen erzeugen können. Trotz der transparenten Qualität der Buntstiftpigmente dominieren einige Farben, was von ihrer natürlichen Intensität abhängt. Zum Beispiel wird Gelb von Rot dominiert.

Nuancierungen durch Sättigung erreichen
Mitte rechts: Wenn zwei Farben nebeneinander aufgetragen werden, kann man aufgrund ihrer Farbdichte untersuchen, ob sie sich für Übergänge und zum Mischen eignen. Wie viele Farben ausgehend von einer Grundfarbe hergestellt werden können, hängt von ihrer Sättigung, der Papieroberfläche sowie der Pigmentdichte der Mine ab.

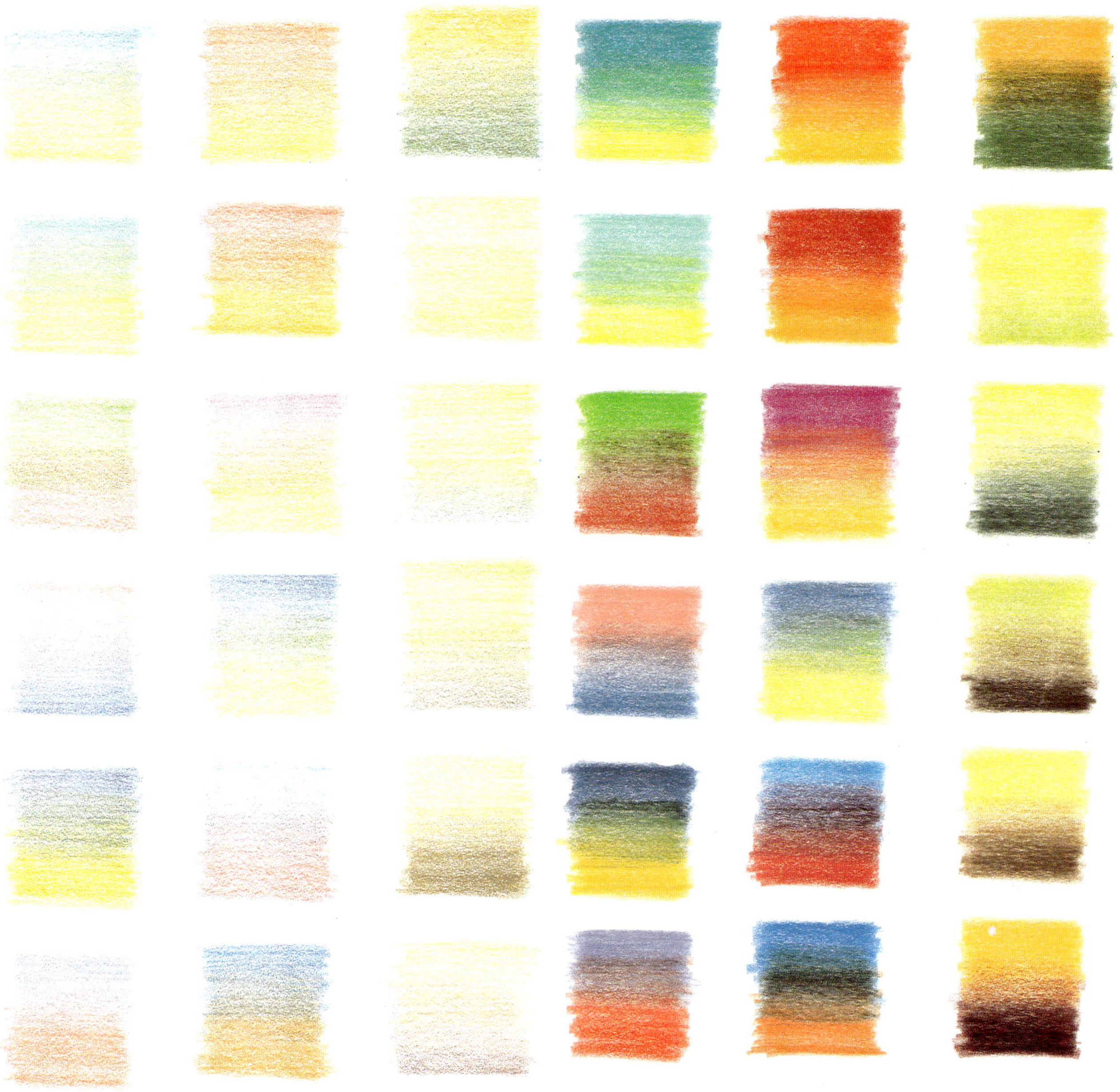

Hohe und niedrige Sättigung
Oben: Hier sind zwei verschiedene Blöcke aus Mischfarben zu sehen. Die Farbtafel links zeigt Farben mit niedrigem Sättigungsgrad, die rechte Farben mit hohem Sättigungsgrad. Diese unterschiedlichen Farbtafeln wurden mit dem gleichen Stifttyp, jedoch mit unterschiedlichem Druck erzeugt. In jeder Farbfläche wurden zwei Farben so aufgetragen, daß sie in der Mitte zusammentreffen und ineinander übergehen. Tatsächlich zeigt die Tafel über 100 Farben, die mit nur 36 Grundfarben erzeugt wurden. Eine Übung wie diese, in der die Stifte eines Sortiments in jeder erdenklichen Art durchprobiert werden, ist sinnvoll, um das Mischpotential jeder einzelnen Farbe festzustellen. Diese Aufgabe wird Ihnen einige sehr interessante Möglichkeiten zeigen, die Sie mit ein bißchen Übung automatisch richtig wählen, wenn Sie an einer Zeichnung arbeiten.

und achten Sie darauf, wie sich jede der Farben zur Gesamtheit verhält. Wählen Sie dann einen bestimmten Punkt aus und sehen Sie sich seine Farbe innerhalb und außerhalb des Kontextes genau an. Das hilft Ihnen, die Reihenfolge festzulegen, in der Sie die Farben auftragen, und zu entscheiden, wie Sie sie behandeln.

Sie sollten immer die Umgebung einer Farbe berücksichtigen. Eine Orange zum Beispiel leuchtet in einer Obstschale weniger als auf einem schwarzen Blatt Papier. Die Reflexe fallen in beiden Fällen sehr unterschiedlich aus, ebenso der Schatten, den sie wirft. Schatten verschwinden auf einem schwarzen Hintergrund, sind aber in einer Obstschale deutlich sichtbar. Orangen haben eine glänzende Schale, die die Farben der direkten Umgebung auffängt und reflektiert. Von Früchten in einer Schale gehen unterschiedliche Farben aus, während der graue Farbton des Schattens von dem schwarzen Papier aufgenommen wird. All diese Farben kombinieren sich zu dem, was wir als die Farbe einer Orange erkennen.

Durch diesen analytischen Blick entwickeln Sie einen Sinn für Farben und lernen zu verstehen, warum wir Farben so sehen, wie wir sie sehen. Mit diesem Verständnis als Grundlage können Sie mit Buntstiftfarben experimentieren und lernen, die Farben, so wie Sie sie sehen, selbst herzustellen.

Die Intensitätsskala

Reihen Sie Ihre Buntstifte vor sich auf und zeichnen Sie mit jeder Farbe einen Strich. Lassen Sie dabei jeweils einen kleinen Zwischenraum frei und üben Sie mittelmäßig starken Druck auf den Stift aus. Zeichnen Sie die Mitte der Striche mit jeweils der gleichen Farbe nach, indem Sie nun größeren Druck ausüben. Durch den Druck bleiben mehr Pigmente auf dem Papier zurück. Erzeugen Sie dann mit dem größtmöglichen Druck einen Strich mit hoher Farbsättigung. So kommen Sie dem Farbton der Mine des benutzten Stiftes so nah, wie es überhaupt möglich ist, und erreichen die größtmögliche Sättigung.

Übergangstechniken
Die Farbfelder dieser Abbildung zeigen, welche unterschiedlichen Farben entstehen, wenn eine begrenzte Menge von Pigmenten verschieden kombiniert wird. In der oberen Reihe wurden die Farben durch Kreuzschraffur gemischt. Darunter ist eine Reihe flacher Tönungen zu sehen, die durch Übermalen mit derselben Farbe entstanden. Die Flächen der unteren Reihe sind aus denselben Farben, jedoch aus kürzeren Schraffuren entstanden.

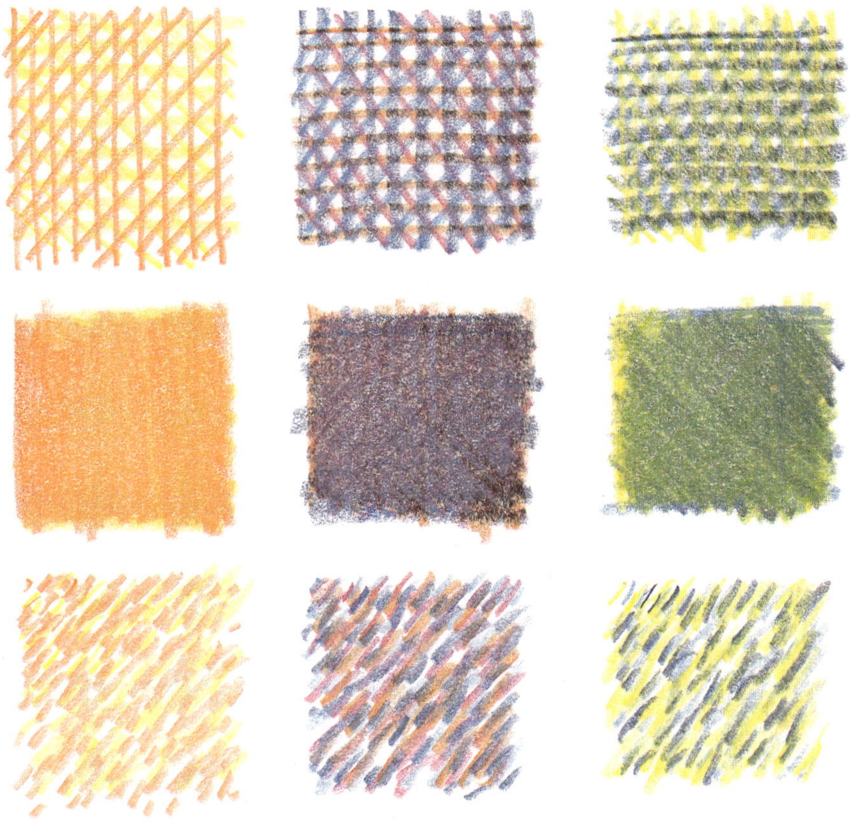

Füllen Sie anschließend die Zwischenräume zwischen den einzelnen Strichen aus. Variieren Sie den Druck stufenweise, so daß er am leichtesten ist, wo die zwei Farben zusammentreffen. Sie erhalten so eine Skala, die unterschiedliche Intensitäten darstellt, wie sie beim Zeichnen mit reinen Buntstiftfarben möglich sind. An den hellsten Punkten entsteht der Effekt von Helligkeit dadurch, daß das durchscheinende Weiß des Papiers zur Farbe zu gehören scheint. Je weniger Weiß sichtbar ist, desto stärker ist der Sättigungsgrad der Farbe. Diese Skala verläuft ähnlich wie die Grauskala, wo die Schattierungen von Tiefschwarz zu Weiß hin abnehmen.

Die Effekte, die Sie so erzielen können, sind im Prinzip mit allen Farben zu erreichen. Sie zeigen die möglichen Nuancierungen der Farben, die nur durch die Qualität der benutzten Mine und die Papierstruktur eingeschränkt werden. Auf einer relativ rauhen Oberfläche zum Beispiel werden die Farbe nur von der erhabenen Körnung des Papiers aufgenommen, während die flacheren Bereiche weiß bleiben. Die größtmögliche Farbmenge wird bei mittlerem Druck von einer ebenmäßigen Oberfläche aufgenommen.

Farbe in Schichten

Entwickeln Sie das oben beschriebene Experiment weiter, indem Sie die Ränder der nebeneinander liegenden Farben übereinandermalen. So können Sie eine Vielzahl sehr verschiedener Nuancen erzeugen. Wenn Sie die Farben Ihrer Buntstiftpalette mit unterschiedlichem Druck mischen, vergrößern Sie das Potential noch. Doch nicht nur der Druck, sondern auch die Reihenfolge, in der die Farben aufgetragen werden, beeinflussen das Ergebnis. Tragen Sie einige Farbpaare übereinander auf und kehren Sie die Reihenfolge dann um. Die Resultate sind ganz unterschiedlich und können durch verschiedenen Druck noch variiert werden.

Experimentieren Sie weiter, indem Sie weich gezeichnete Flächen in Rot über Gelb legen und umgekehrt. Ar-

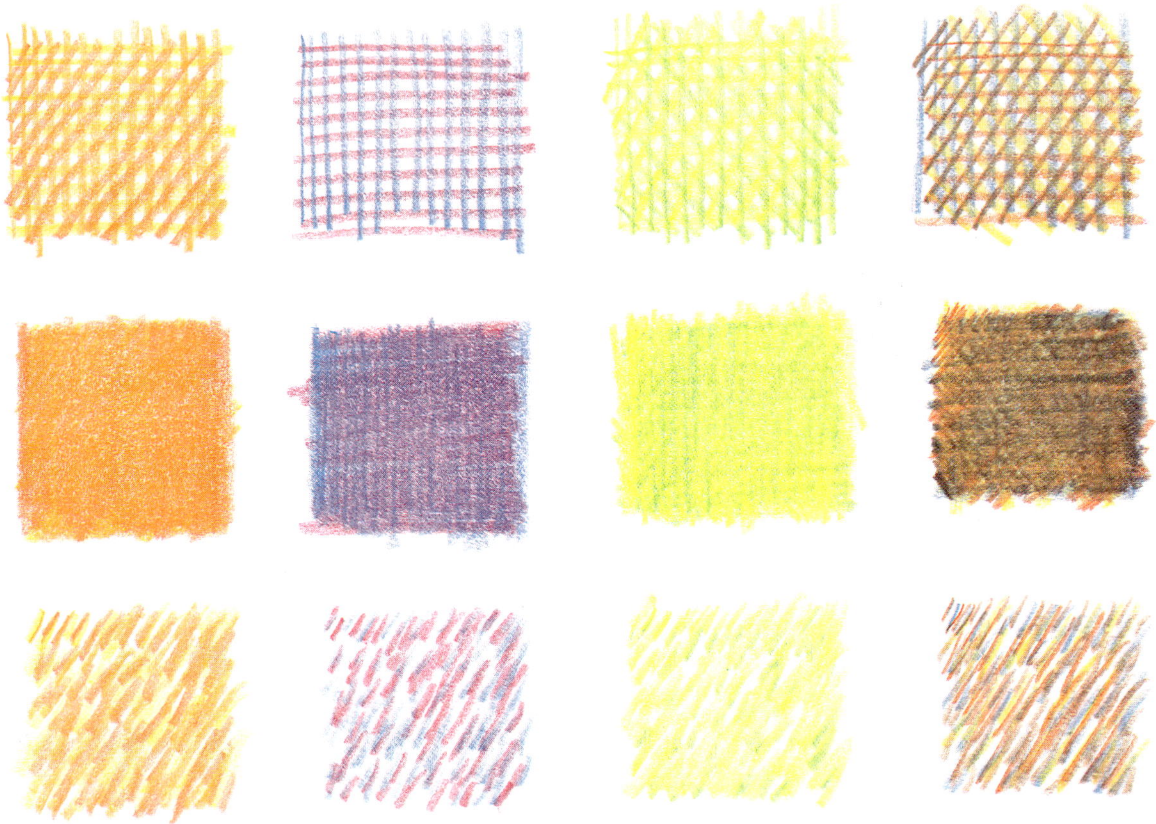

beiten Sie mit unterschiedlichem Druck und beachten Sie, wann welche Farben dominieren. Versuchen Sie dann einmal, in Form eines Gitters eine Farbe über eine andere zu legen und machen Sie das Gitter dabei immer engmaschiger. Auch hier dominiert immer eine Farbe. Durch Überlagerung von Gittern können Sie noch komplexere Farben erzielen und einem Bild Räumlichkeit verleihen, was mit reinen Farben nicht möglich ist. Reine Farben haften einfach auf der Papieroberfläche, während eine hellere oder dunklere Tönung der Farbe Tiefe verleiht und ihre Intensität verstärkt oder vermindert. Wenn Sie eine Farbe mit einer zweiten übermalen, um die ursprüngliche Farbe aufzuhellen oder abzudunkeln, nehmen Pigmentierung und Struktur der Farbfläche zu und verleihen ihr so Lebendigkeit.

Blasse Töne zu mischen ist recht einfach, doch bei größerem Druck wird es immer schwieriger, die Tönungen dunklerer Farben durch hellere zu verändern. Ein blasses Gelb kann zum Beispiel mit Blau stark verändert werden, doch Dunkelblau, über das ein blasses Gelb aufgetragen wird, verändert sich kaum. Nur mit unendlicher Geduld und viel Übung werden Sie mit der Zeit herausfinden, welche Reihenfolge Sie wählen müssen, um die gewünschten Farben zu erhalten.

Schwarz und Weiß

Minimale Farbeffekte und -veränderungen können Sie auch durch den vorsichtigen Einsatz von Schwarz und Weiß erzielen. Ein Schatten ist nicht einfach schwarz, sondern besteht aus unterschiedlichen Nuancen. Schatten ist lediglich ein Bereich, der nicht beleuchtet ist. Wir können vielleicht keine Farben in ihm erkennen, was aber nicht heißt, daß keine vorhanden sind. Alle Farben, die in einem beleuchteten Bereich vorkommen, sind auch im Schatten vorhanden.

Der spätimpressionistische Maler Georges Seurat (1859–1891) erfand die Technik des Pointillismus und zeigte damit, daß ein scheinbar grauer Bereich in Wirklichkeit aus einer Mischung sehr vieler reiner Farben besteht. Er baute Farben gekonnt aus einem komplexen Muster reiner Pigmente auf. Aus einer gewissen Entfernung nimmt man diese als nur eine Farbe wahr. So läßt sich jede Farbe aufhellen oder abdunkeln, ohne Schwarz und Weiß zu benutzen, und man erhält gleichzeitig einen Farbenreichtum, der mit reinen Pigmenten nicht zu erreichen ist.

Wenn Sie Farben mit Schwarz oder Weiß übermalen, macht das Weiß die jeweilige Farbe kreidig, während Schwarz sie abdunkelt und in gewissem Ausmaß in Stimmung und Intensität ›abtötet‹. Schwarz und Weiß versehen die Zeichenoberfläche mit einer Art Überzug, wenn sie auf der gesamten Fläche aufgetragen werden, und wirken dann als Modifikationsmittel. Weiß kann Farben ergänzen, während Farben, die mit Schwarz überlagert werden, dumpf und flach wirken, wenn das Schwarz zu stark ist.

Die Struktur von Farbe

Sie können neue Farben herstellen, indem Sie Farben übermalen, sie dicht nebeneinander auftragen oder sie als Muster zufällig verteilter Punkte zeichnen. Doch überlegen Sie sich, welche Struktur Sie schaffen wollen. Flache Farbtönungen suggerieren eine glatte Oberfläche, die gleichzeitig statisch ist. Wenn Sie jedoch Farben durch Linien erzeugen, vermitteln die Linien zusätzlich den Eindruck von Bewegung. Farben, die durch nebeneinander oder übereinander verlaufende Linien aufgebaut sind, geben der Darstellung zusätzlich Form, Richtung und Struktur. Punkte erreichen wahrscheinlich die größtmögliche Komplexität, sind jedoch sehr mühselig aufzumalen. Selbst wenn Sie den Stift sehr schnell bewegen können, benötigen Sie auch für kleine Flächen viel Zeit. Diese Technik ist aber sehr gut kontrollierbar und ideal für kleinere Arbeiten. Bei großen Bildern besteht jedoch die Gefahr, daß Farbe und Struktur sich eher verlieren, statt sich zu verstärken.

Mischen

Sie können Ihre Farbpalette durch Wasser, Verlaufs- oder Lösungsmittel erweitern, die speziell für diesen Zweck hergestellt werden. Alle Lösungsmittel lösen das in der Farbe enthaltene Bindemittel und sorgen dafür, daß winzige Farbpartikel auf der Papieroberfläche treiben. Das ermöglicht äußerst feine Mischungen.

Wenn Sie die verschiedenen Techniken mit vorgefertigten Farben ausprobiert haben, sollten Sie mit noch mehr Farben arbeiten. Farben, die Sie selbst kreieren, sind immer interessanter und reizvoller als gekaufte. Seurat malte seine Gemälde, die einen enormen Farbenreichtum aufweisen, mit einer Palette von nur elf Grundfarben. Heutzutage bieten Farbhersteller eine geradezu riesige Auswahl mit mehr als 70 Farben an.

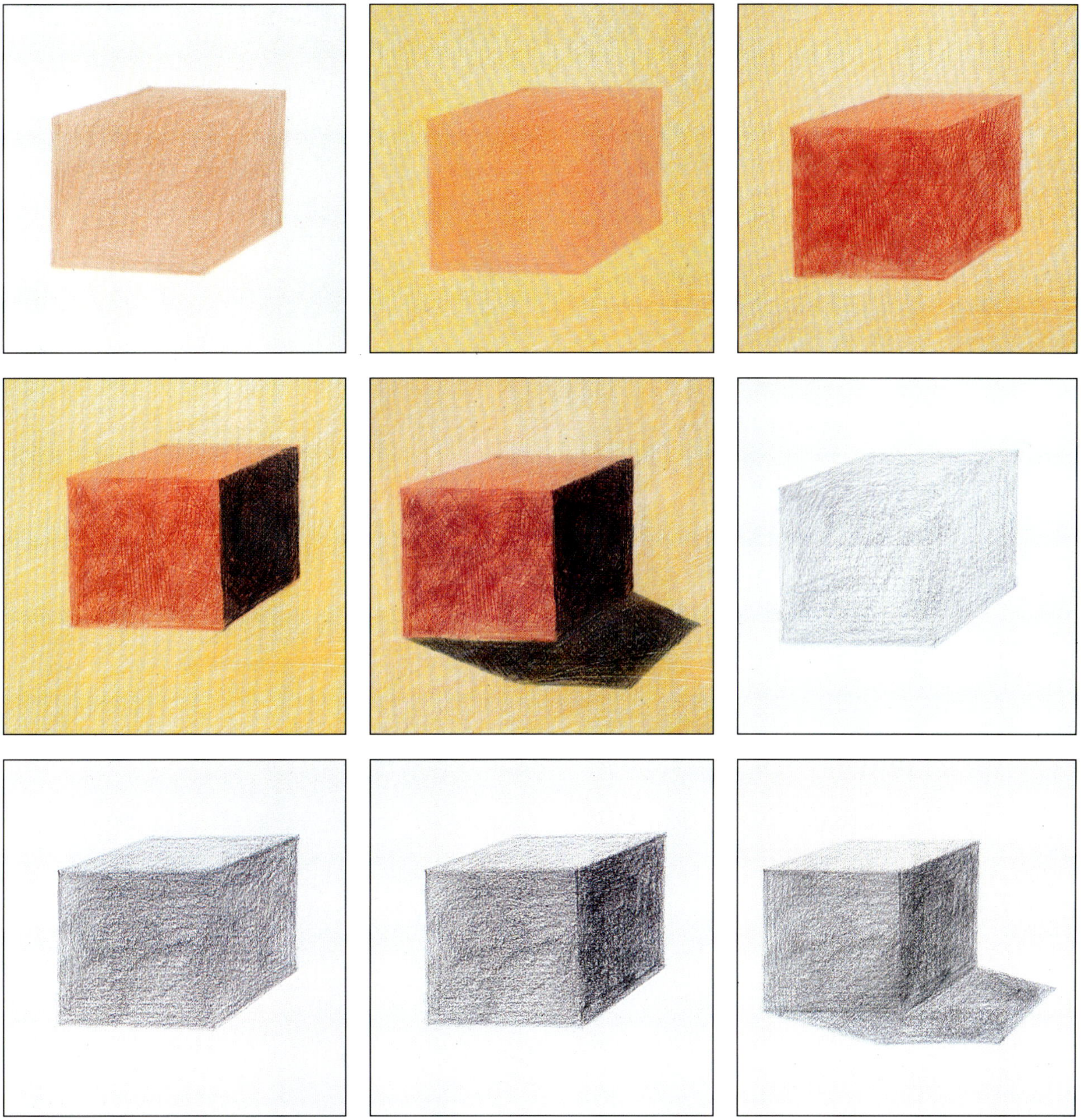

Farbe und Beleuchtung

Ein flach geformter Gegenstand wird auf weißem Hintergrund gezeichnet. Er erhält seine Gestalt lediglich aufgrund von Assoziationen mit vertrauten Gegenständen. Dieselbe Form sehen Sie im nächsten Bild vor farbigem Hintergrund. Ein Teil wird anschließend mit einem dunkleren Rot getönt – der Gegenstand hat nun zwei verschiedene Farbbereiche, aber noch keine deutliche Form. Eine dritte Farbe suggeriert, daß der Gegenstand drei Seiten hat. Der Schatten verstärkt den Eindruck einer dreidimensionalen Form. Auch in einer einfarbigen Zeichnung kann auf diese Weise Form dargestellt werden.

BADENDE

Diese Komposition fängt einen flüchtigen Moment ein – Badende stehen bewegungslos da und sehen dem Glitzern der Sonne auf den Wellen zu. Das Bild wirkt kühl und vermittelt trotzdem den Eindruck von Hitze, der durch den Kontrast zwischen dem weißen Leuchten des Wassers und den tiefen kühlen Schatten der Körper entsteht.

Der Künstler entwickelte die Farben schrittweise. Er malte zunächst die Figuren und dann den Hintergrund direkt um sie herum. Auf dieser Grundlage überarbeitete er die Farben, so daß sie den Eindruck von Tiefe vermitteln, setzte Glanzlichter und balancierte die Nuancen aus, um eine umfassendere Harmonie herzustellen.

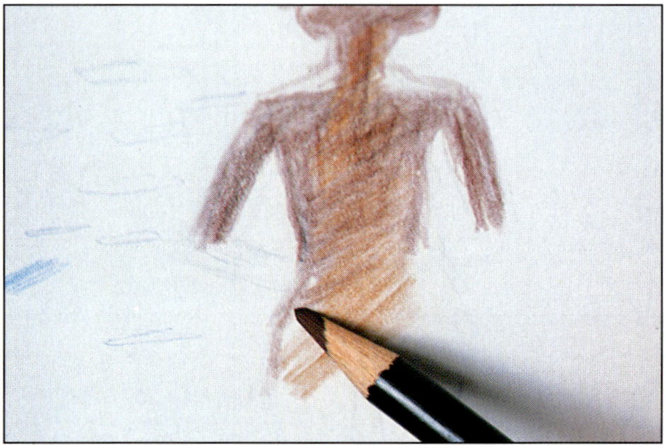

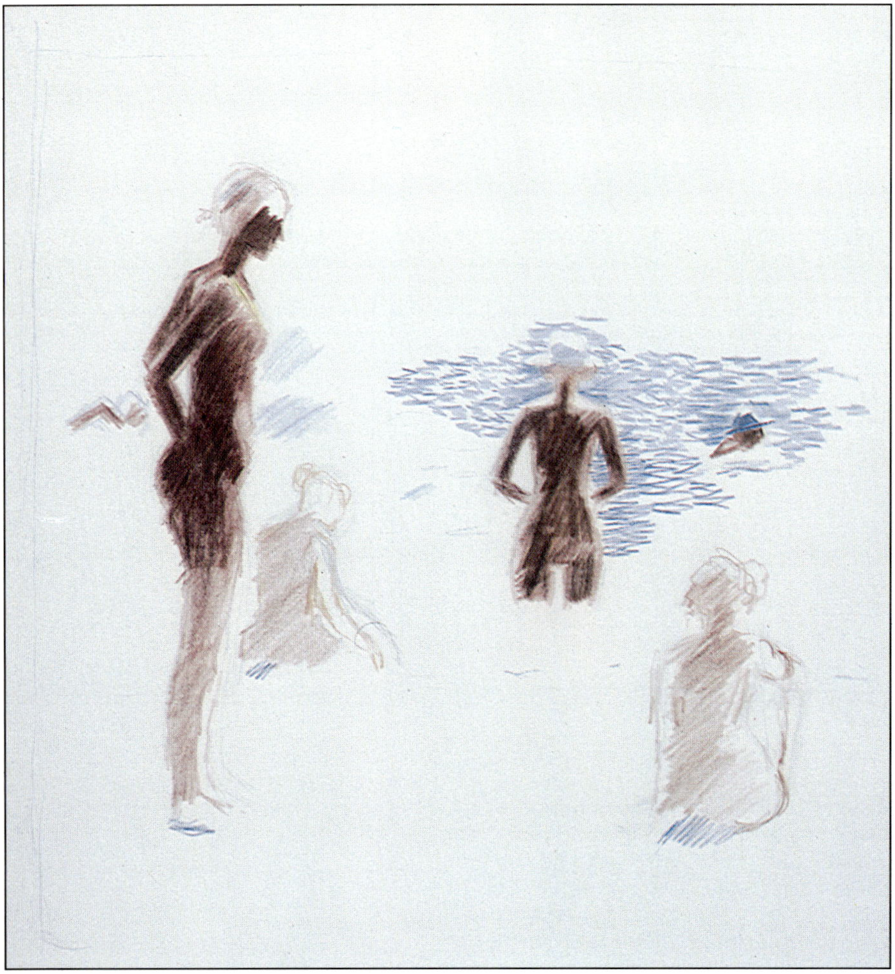

1 *Oben*: Für dieses Bild fertigte der Künstler zunächst einige Vorskizzen an, besonders um die Farbzusammenstellung für die dunklen Hauttöne auszuprobieren, für die tiefe, satte Farben erwünscht waren.

2 *Links*: Nachdem einmal die zentrale Figur eingezeichnet war, fügte er einen Badenden nach dem anderen hinzu, um ihre Interaktion und die Endgestaltung der Komposition festzulegen. Danach arbeitete er am Hintergrund. Er baute die Farben Schicht für Schicht auf, wobei die zuerst gezeichnete Figur als Bezugspunkt diente. Das Meer besteht aus Flächen mit kurzen Schraffuren, die die Einzelelemente miteinander verbinden. Der Kontrast zwischen dem Meergrün und dem Ultramarinblau des Wassers sowie dem komplementären Rot der Figuren verstärkt den Eindruck intensiven Sonnenlichts.

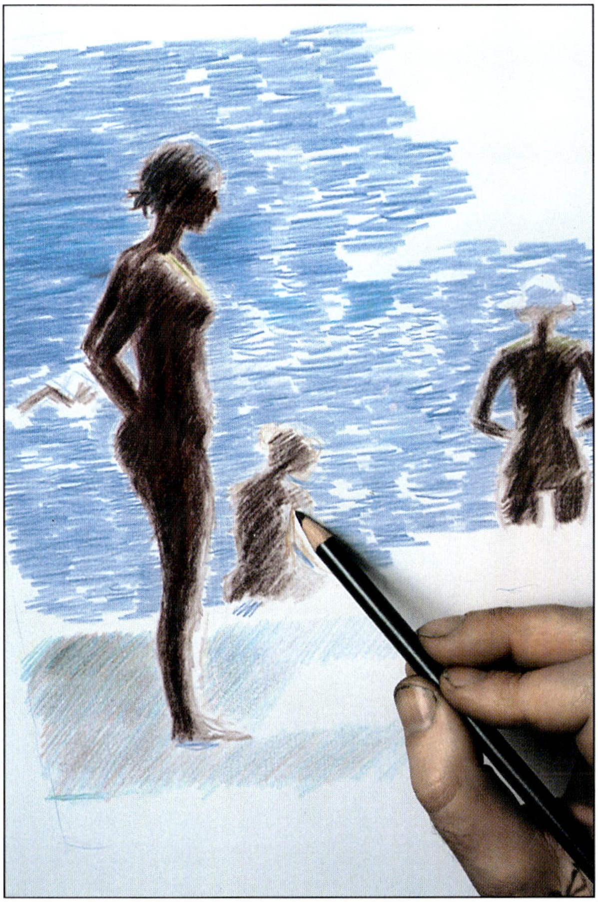

3 *Links*: Während der Künstler schrittweise die Rot-, Braun- und Gelbtöne der sonnengebräunten Körper entwickelte, ließ er um diese herum Kränze weißer Flächen frei, die den Eindruck tiefer Schatten entstehen lassen. Für die Brust des Mädchens und die rechte Schulter der im Meer stehenden Figur verwendete er Maigrün und Gelb. Diese warmen, leuchtenden Farben gleichen das kühle Blau des Meeres aus.

4 *Unten*: Dunkle Nuancen von Karmesin gebrannt und Karmesin hell in den Figuren bilden einen Kontrast zum lebhaft leuchtenden Meer. Durch diese dunklen Farben treten die Figuren mehr aus dem Hintergrund nach vorne.

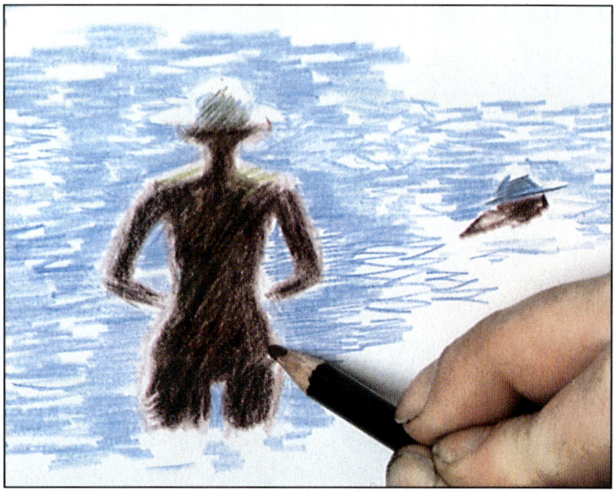

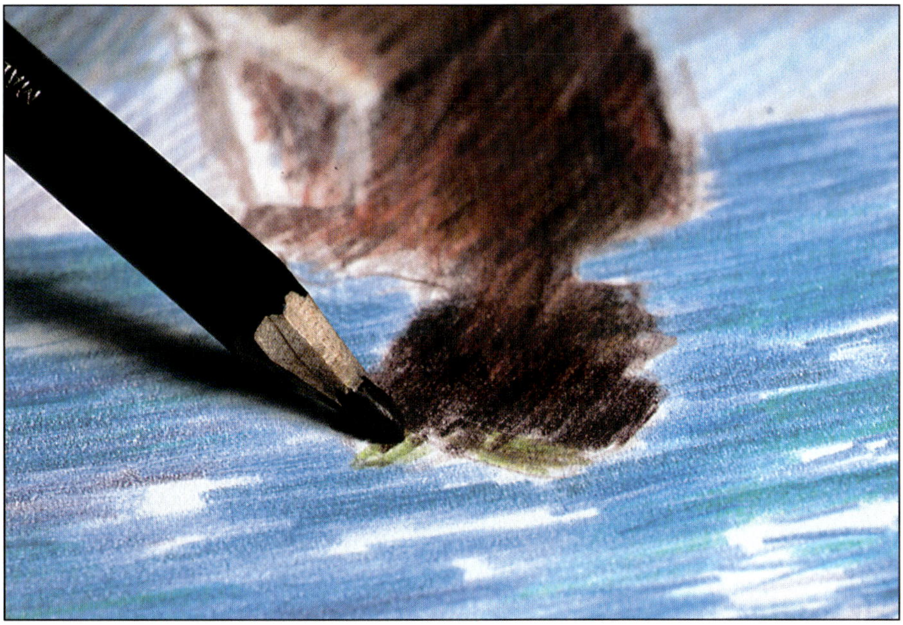

5 *Links*: Karmesin gebrannt wurde auch bei den Figuren im Vordergrund zugefügt. Dieser warme Farbton wird noch durch das danebenliegende helle Maigrün im Haar des Mädchens akzentuiert.

6 *Links*: Im nächsten Schritt verlieh der Künstler dem Sandhügel im Vordergrund Farbe. Nachdem er mit Ultramarinblau eine grobe Basis für den Schatten hergestellt sowie mit Blaßgrün und Braunocker die hervorstehenden und von Licht beschienenen Teile definiert hatte, entwickelte er die Farbe durch Hinzufügen von Violett und Chromoxidgrün feurig weiter.

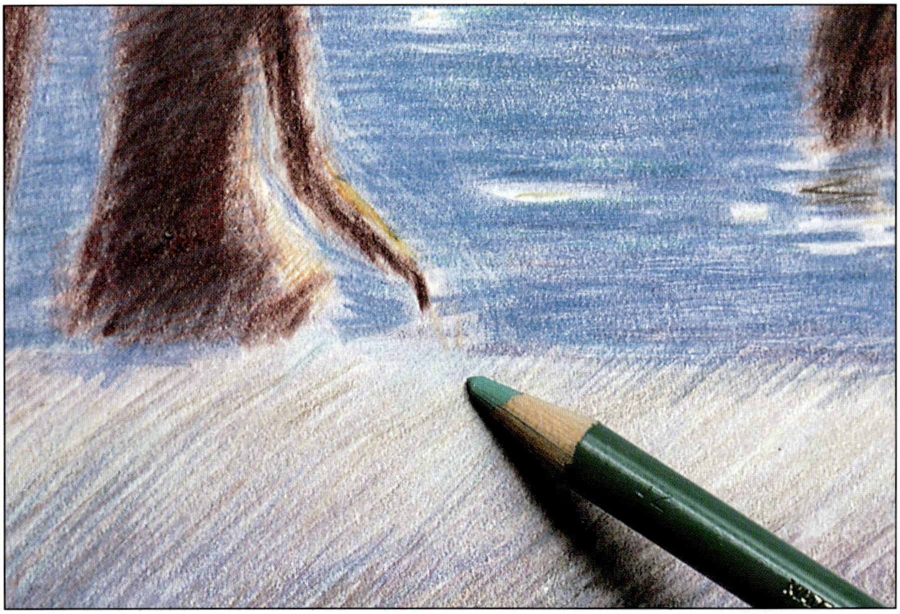

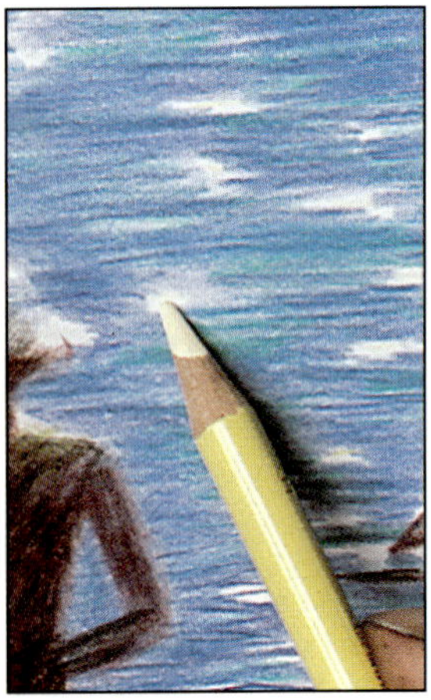

7 *Links*: Die Zickzackmuster des Meeres, auf denen weiße Glanzlichter liegen, wurden zart mit Zitronengelb überarbeitet, um den Grünton des Wassers zu intensivieren (Gelb über Blau aufgetragen ergibt Grün).

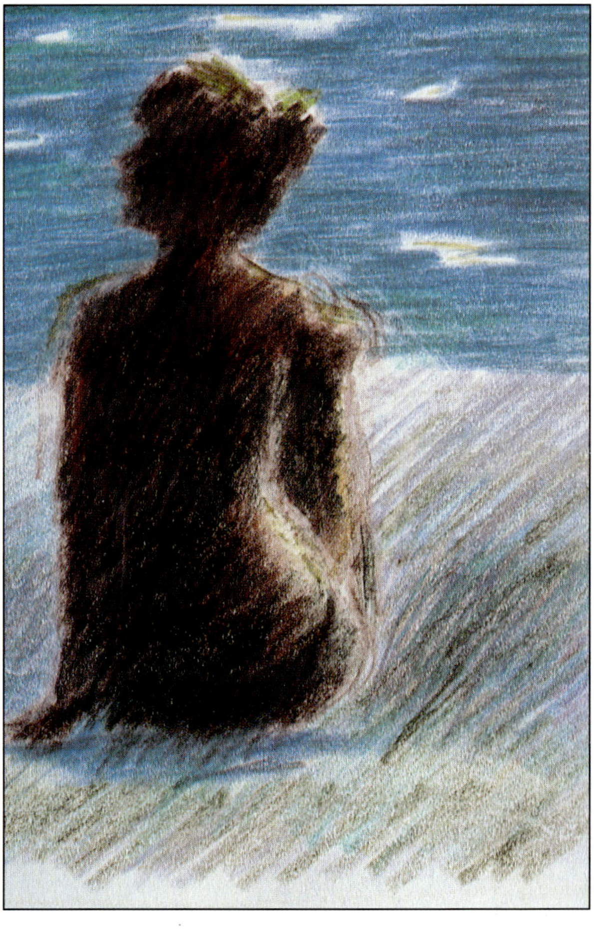

8 *Rechts*: Durch dichte Farben erhält die im Sand sitzende Figur mehr Gewicht. Dies stellt einen Kontrast zur eher losen Ausführung des Sandes dar.

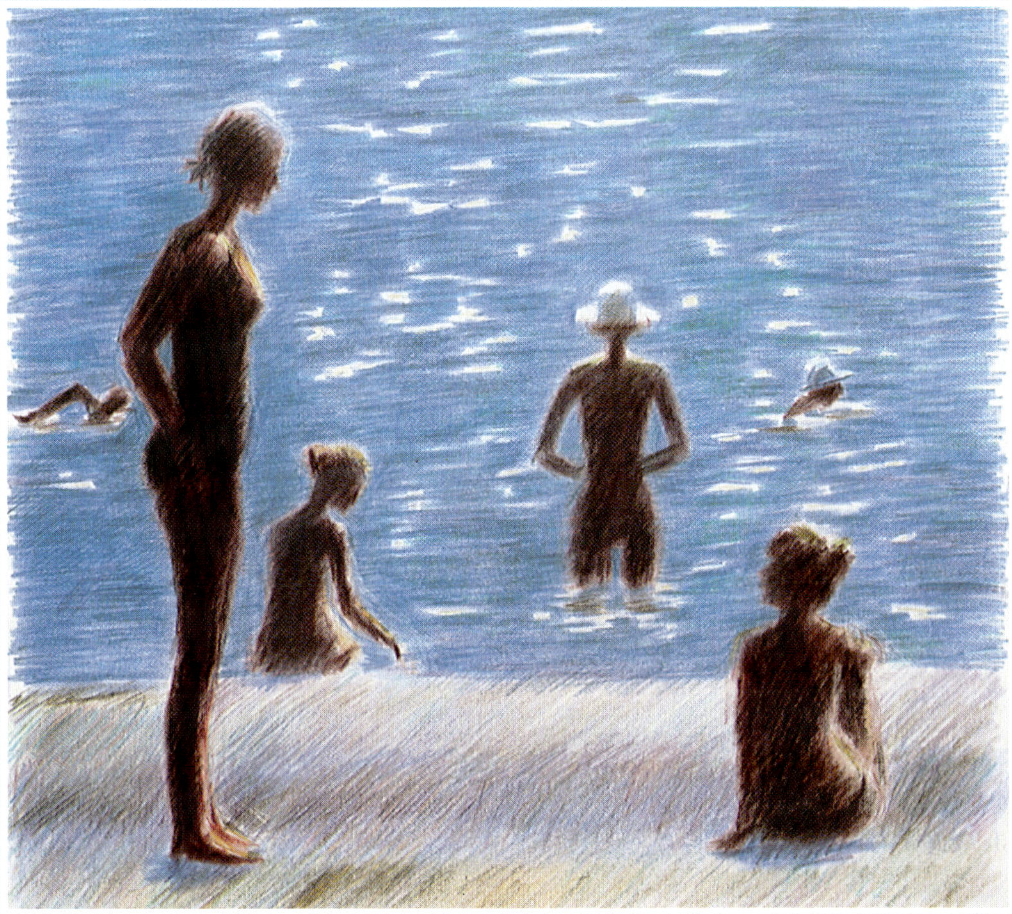

Badende

9 Die starken Farbkontraste in dieser Arbeit zeigen, wie ausdrucksstark ein Bild sein kann, ohne daß – auf den ersten Blick – viele Farben verwendet wurden. Der kontrollierte Einsatz der Farben verstärkt den Eindruck tiefen, ruhigen Wassers, selbst da, wo der Schwimmer scheinbar geräuschlos vorbeikrault, als ob er in einer bestimmten Pose gefangen wäre. Wärme und Kühle sowie die unterschiedliche Helligkeit der Farben wecken Empfindungen und verleihen dem Bild Tiefe.

ESPADRILLES

Der Künstler nahm die Formen, die durch die intensive Beleuchtung der Espadrilles entstehen, als negative und positive Farbbereiche wahr – als Konturen im Gegensatz zu dreidimensionalen Objekten. Er wählte die Schatten als Ausgangspunkt, formte die negativen, dunklen Bereiche mit Linien und massiv wirkenden Farben und ließ dabei die Schuhe frei, um sie später mit leuchtenden Farben auszufüllen. Am stärksten sind die Kontraste dort, wo die Streifen der roten Schuhe im Sonnenlicht liegen. Nachdem der Künstler die Grundstrukturen des Fensterrahmens in Hellgrau festgelegt hatte, bearbeitete er die Pigmente mit einem Radierer. Mit gleichmäßigen Bewegungen in eine Richtung rieb er sie in die Oberfläche des Papiers ein.

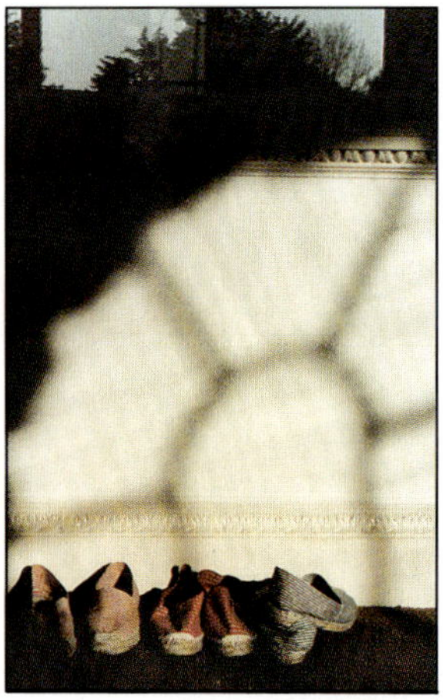

1 *Links*: An einer Wand aufgereihte Espadrilles werden zu einer interessanten Komposition, wenn sie im intensiven Licht des gegenüberliegenden Fensters stehen und schmale Schatten werfen.

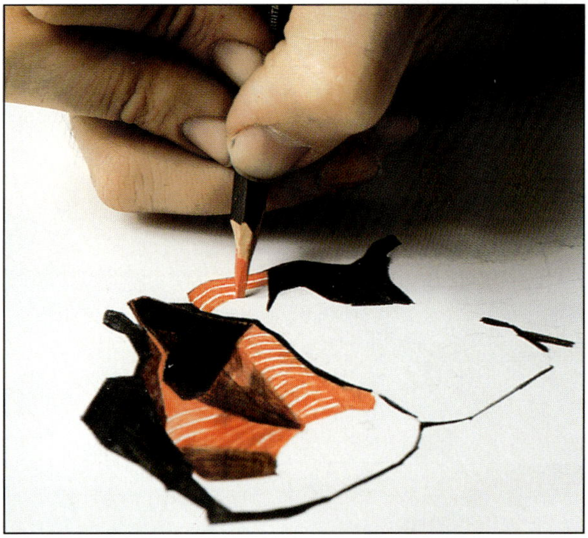

2 *Rechts*: Nachdem der Künstler die Umrisse der Komposition mit zarten Bleistiftstrichen vorgezeichnet hatte, füllte er die Schattenbereiche sehr entschieden mit kräftigen schwarzen Formen aus. Als Kontrast dazu malte er die hellen und dunklen Bereiche der gestreiften Espadrilles mit verschieden stark gesättigten Rottönen.

3 *Unten links*: Die sisalgeflochtenen Sohlen wurden in zwei Ockertönen gemalt, in denen sich dort, wo das Segeltuch der Schuhe durch das Flechtmuster schimmert, kleine rote Punkte befinden. Die Streifen wurden nicht mit einem harten Weiß, sondern mit einem hellen Rotton eingearbeitet.

4 *Unten*: Der flache Vordergrund wurde mit nur einem mittleren Grauton wiedergegeben. Der Künstler hob diesen sonst möglicherweise etwas monoton wirkenden Bereich mit Schraffuren, die eine Struktur schaffen, hervor.

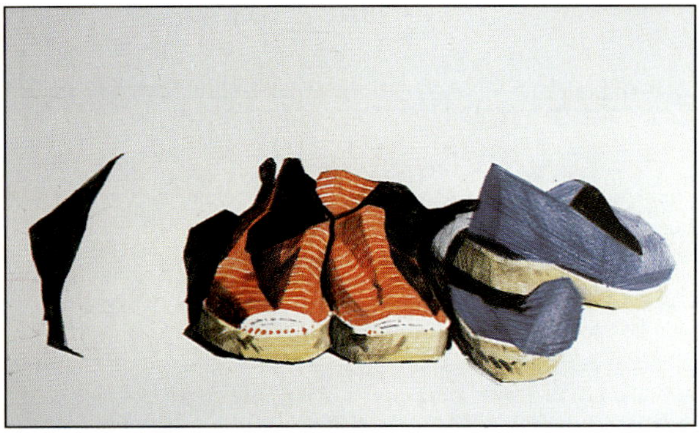

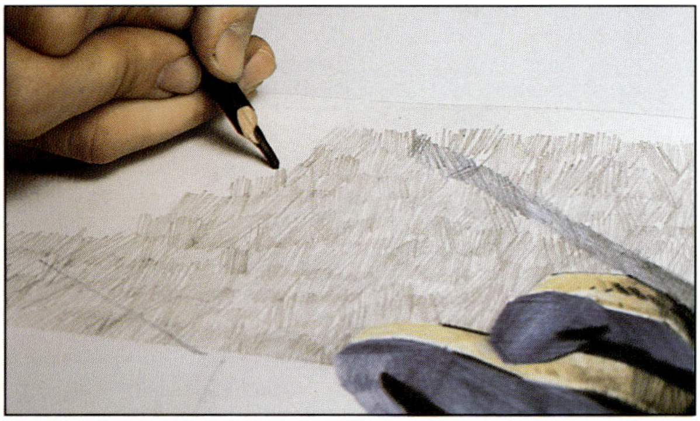

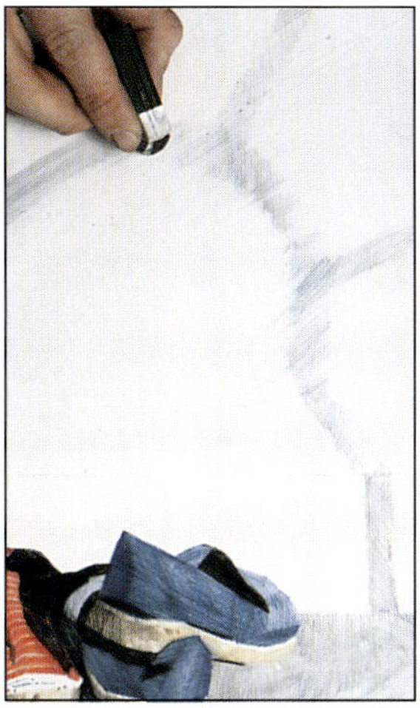

5 *Oben*: Der Schatten des Fensterrahmens wurde mit Bronze, Preußischblau und Ebenholzschwarz gezeichnet. Der Künstler überarbeitete ihn anschließend mit einem Radierer, um die Farbpigmente in das Papier zu reiben und entlang der Umrisse zu verteilen, so daß der Eindruck von Sonnenlicht entsteht, das durch eine Glasscheibe fällt.

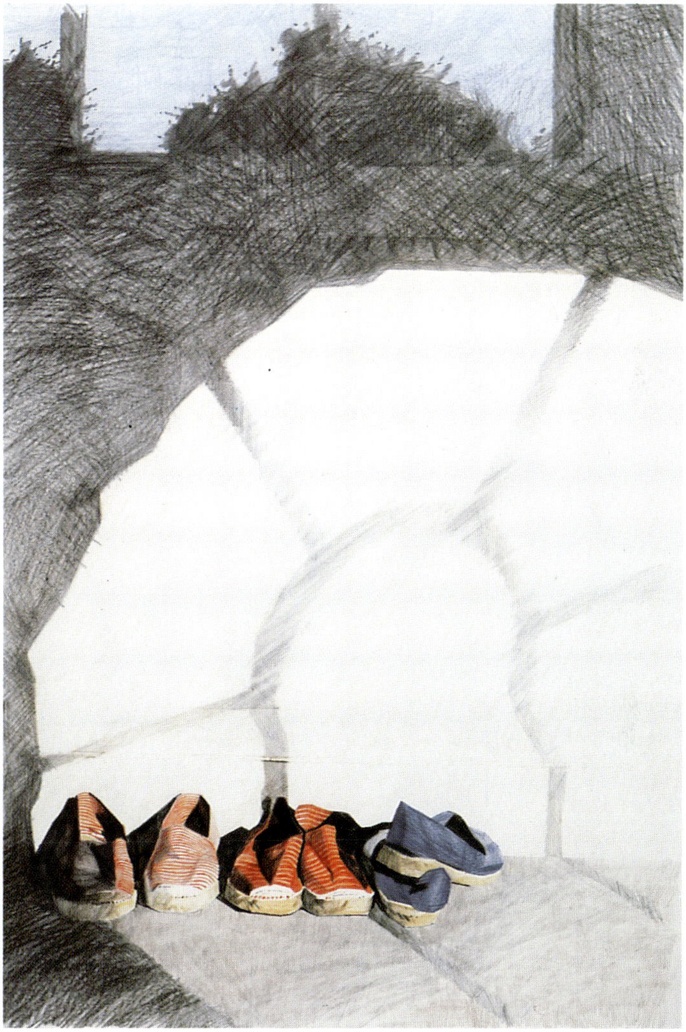

Espadrilles

6 Die fertige Arbeit ist eine sorgfältige Komposition mit fast flacher Monotonie, die durch Struktur und leuchtende Farben aufgehoben wird. Die leuchtenden, zerknautschten Espadrilles bilden ein Gegengewicht zu der dramatischen, großflächigen Darstellung von Raum, Schatten und Fensterrahmen.

TRICIA

Der Künstler porträtierte hier eine gute Freundin, weil sie während der Sitzungen entspannter sein konnte als eine völlig Fremde. Auf ein sehr exaktes Netz von Hilfslinien zeichnete er den Hintergrund in Flaschengrün, um einen ausgewogenen Farbaufbau zu erreichen. Das Grün des Hintergrunds war gleichzeitig Ausgangspunkt für die Bestimmung der dunklen Farbbereiche. Der Künstler kolorierte den Pullover teilweise, um einen Anhaltspunkt für die Hautnuancen zu haben, die in feinen Schichten unter einem Vergrößerungsglas aufgetragen wurden. Der Maler arbeitete beinahe so, als trüge er Make-up auf – von den hellen Tönen zu den dunkleren und von den blassen zu den leuchtenden.

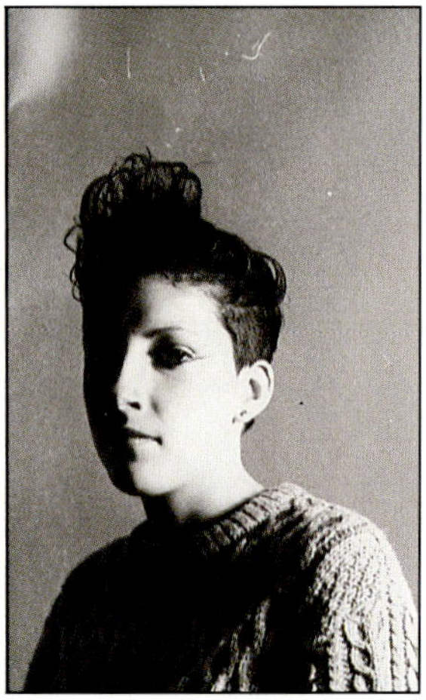

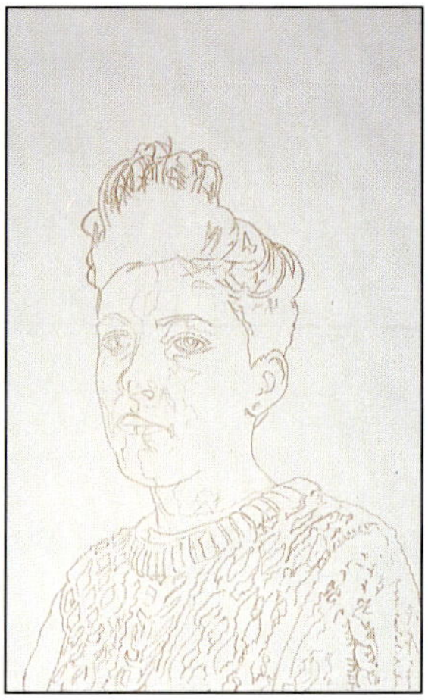

1 *Oben*: Als Vorlage verwendete der Künstler eine Schwarzweißfotografie, die mit starkem Seitenlicht aufgenommen wurde. *Oben rechts*: Mit Hilfe eines Leuchtpultes zeichnete er die Linien des Bildes mit einem braunen Stift nach, um sie als Hilfslinien für sein Porträt zu benutzen.

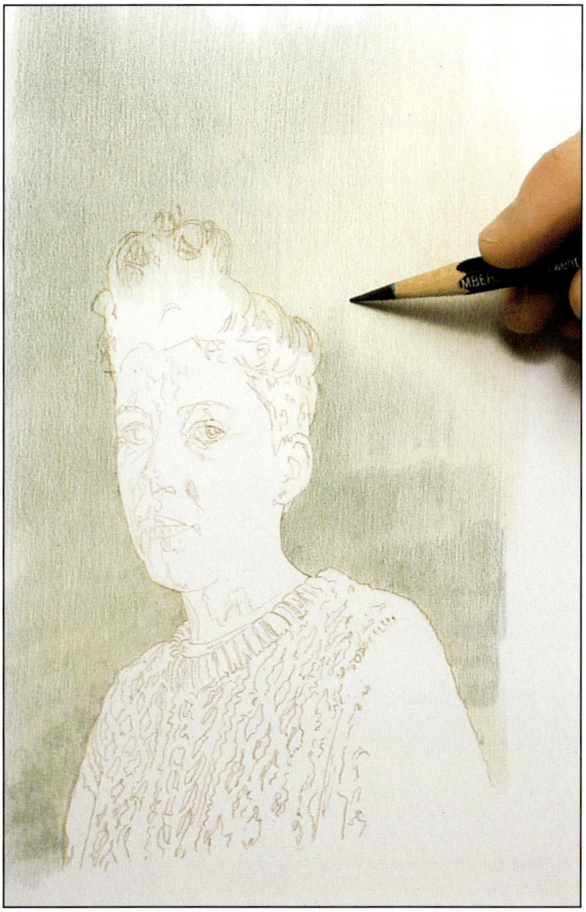

2 *Links*: Mit feinen, regelmäßigen und aufwärts gerichteten Strichen in Olivgrün füllte er den Hintergrund aus, wobei er darauf achtete, daß der Stift immer gleichmäßig angespitzt blieb. Er verwendete einen elektrischen Spitzer.

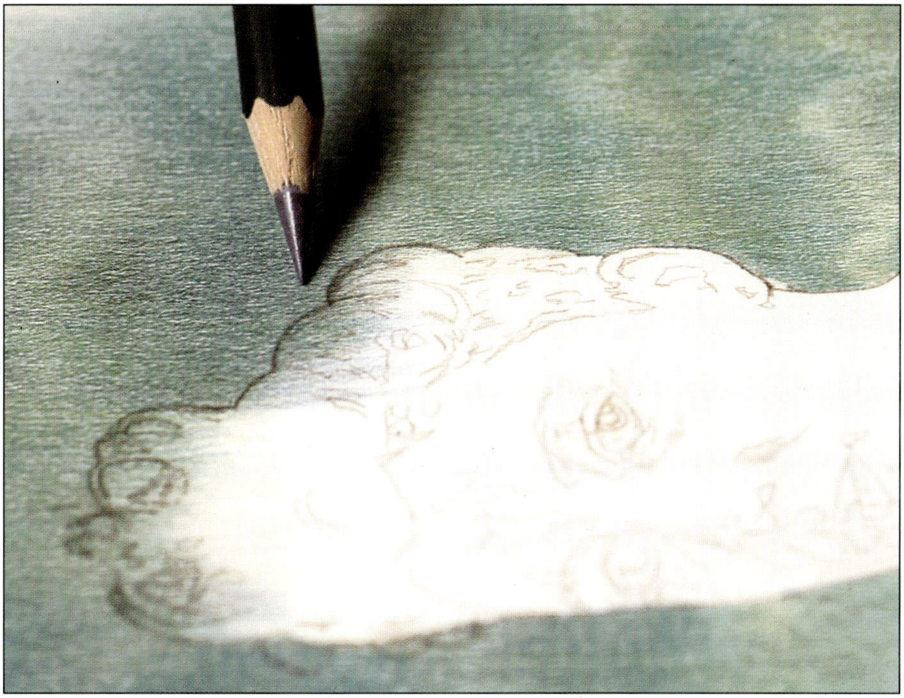

3 Über das Olivgrün trug der Künstler dann sorgfältig Schichten in Flaschengrün auf, anschließend dunkles Türkis, Preußischblau und Delfterblau. Schmale Linien in Olivgrün wurden belassen, so daß eine komplexe, satte Farbe mit eigener Struktur entstand.

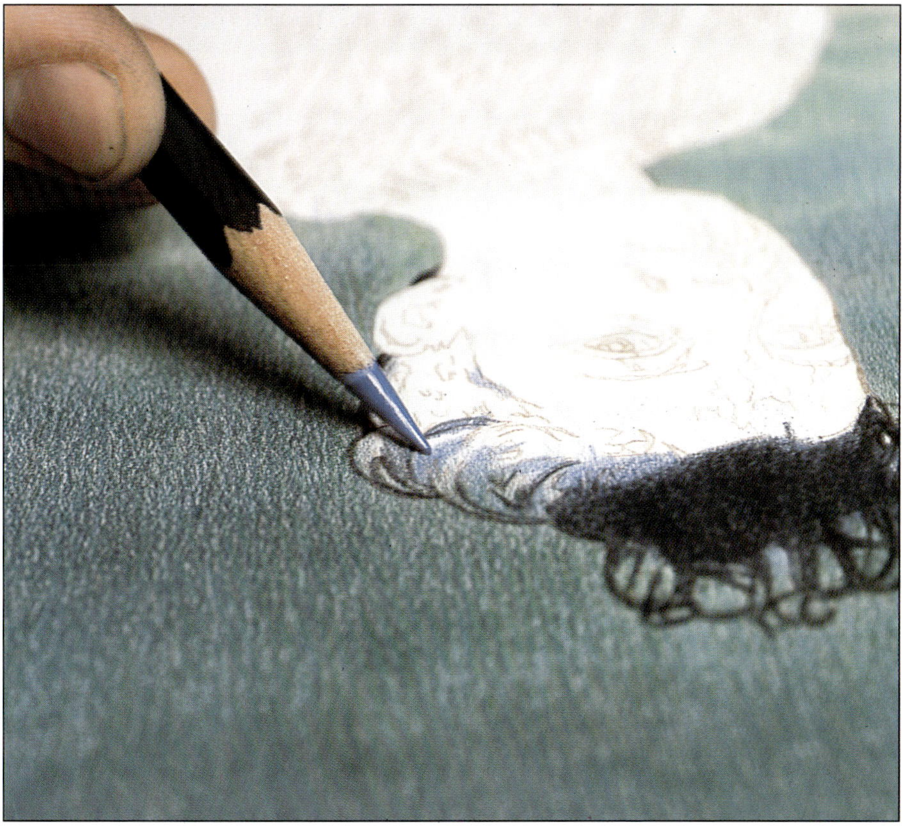

4 Nachdem die Farbe des Hintergrundes endgültig feststand, begann der Künstler mit dem Kopf, wobei er systematisch von oben nach unten vorging. Auf ultramarinem und indigofarbenem Grund arbeitete er die Farbe der Haare aus. Diese Blautöne verleihen den später schwarzen Schichten Glanz und Tiefe, die sie sonst nicht hätten.

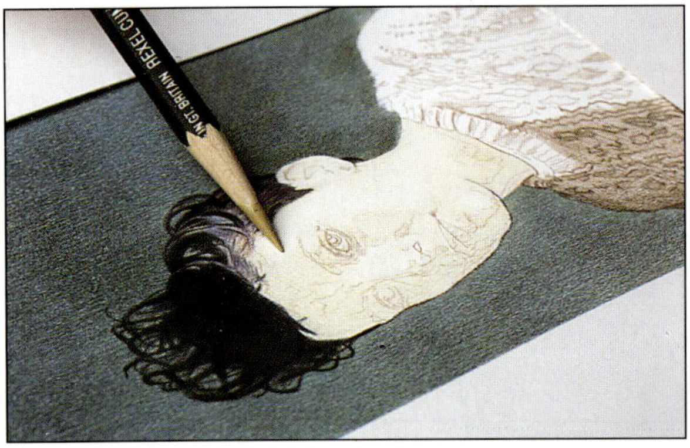

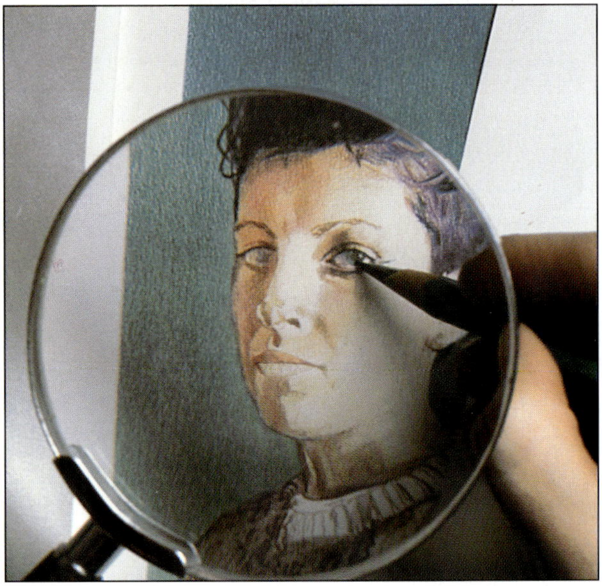

5 *Oben*: Ein blasser Hautton in Siena natur war die Grundierung für die Haut, hellere Zonen blieben blaß, während die Bereiche im Schatten mit zunehmendem Druck dunkler gezeichnet wurden.

6 *Rechts*: Für die Schattenbereiche wurden ein tieferes Braun und Pink verwendet. Der Künstler baute zunächst die dunkleren Farben auf und entschied auf ihrer Grundlage, wie hell die nicht im Schatten liegenden Bereiche bleiben sollten.

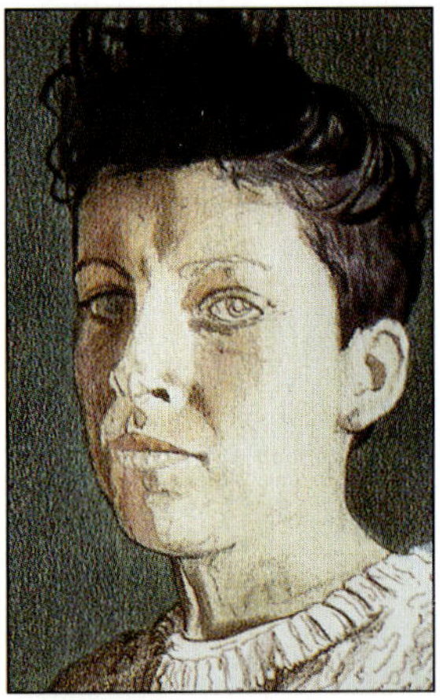

7 *Oben*: Der Künstler deckte bestimmte Bereiche ab, um das Zusammenspiel der Farben besser sehen zu können, und korrigierte dann bestimmte Bereiche des Gesichtes, wobei er ein Vergrößerungsglas zu Hilfe nahm. Mit dem Vergrößerungsglas konnte er genauer arbeiten, besonders bei Details wie den Wimpern, Augen und dem Rand der Ohren. Die Farben wurden in winzigen Schritten aufgebaut, und so entstand eine glatte, matte Oberfläche.

8 *Rechts*: Anschließend schabte er mit der Spitze eines Füllfederhalters dicke Pigmente von der Haarfarbe weg, um so Glanzlichter zu erzeugen. Beachten Sie, wie gut der blaugrüne Hintergrund durchscheint und der Haarfarbe nicht nur eine angenehme Tiefe gibt, sondern auch das Motiv mit dem Hintergrund verbindet.

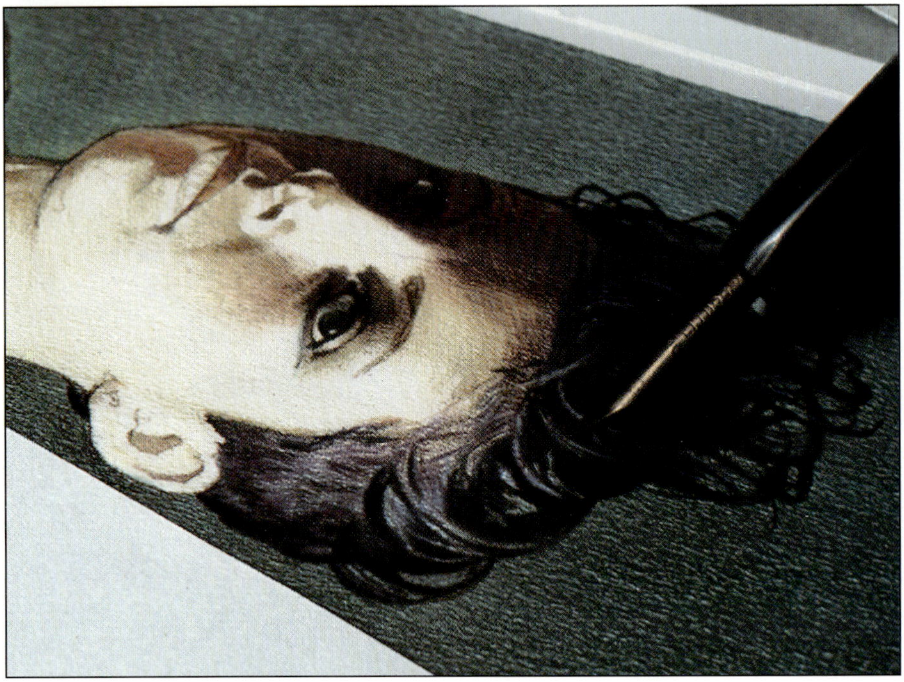

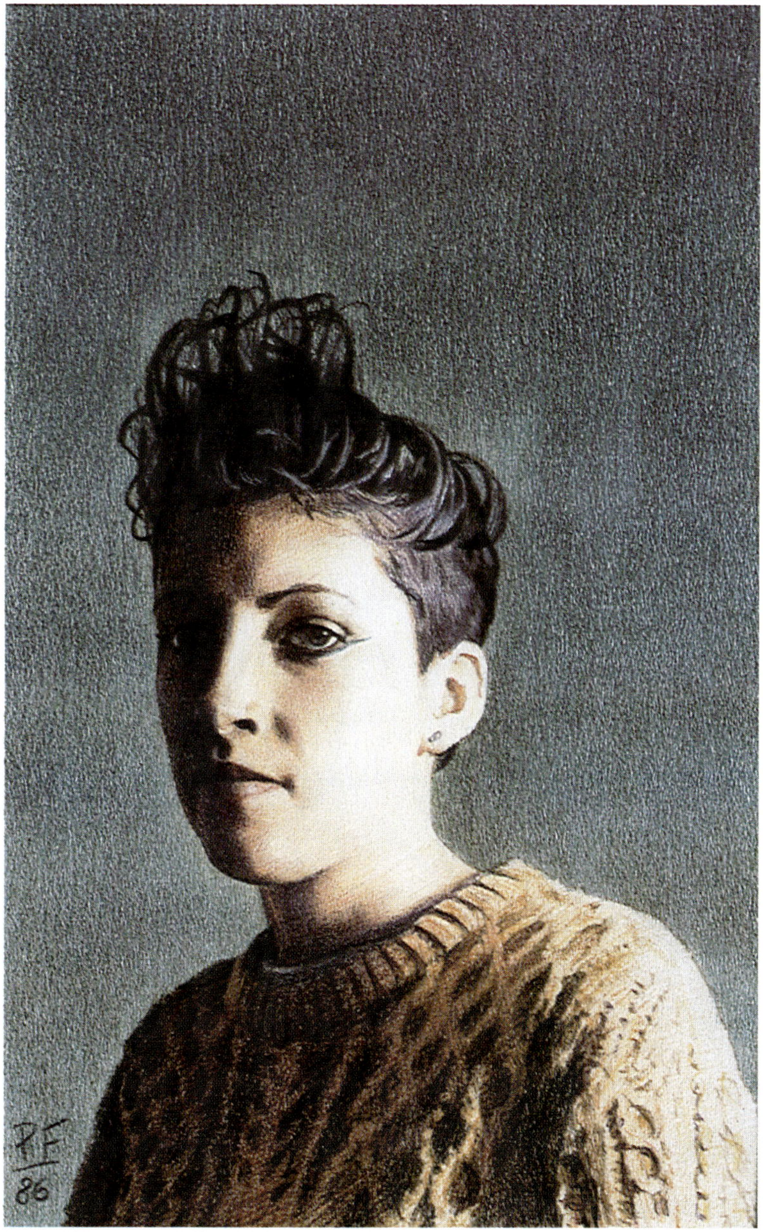

Tricia

9 Die fertige Arbeit wirkt fast wie eine Fotografie. Die Farbwerte des Schwarzweißabzugs blieben erhalten, doch die farbige Version bietet viele Interpretationsbereiche, die in der Fotografie völlig verlorengehen. Der Hintergrund bezieht geschickt die Papierstruktur ein, während die feineren Strukturen der Figur gleichmäßig ausgearbeitet sind. Der Aufbau der Farbschichten bringt Feinheiten zum Vorschein, die eine Kamera nie entdecken würde.

DIE GÄRTEN DER ALHAMBRA

Die Künstlerin wurde durch die terrakottafarbenen Dachziegel und den reflektierenden blassen Stuck der verputzten Wände in dem schönen Garten inspiriert. Sie wählte ein rosafarbenes Papier als Echo für die Schattierungen. Der farbige Grund ändert nicht nur die Effekte der aufgetragenen Farben, da er durch die halbtransparenten Farbpigmente hindurchschimmert, sondern vereinheitlicht die gesamte Zeichnung, indem er die Elemente miteinander verbindet und rosafarbenes Licht die Zeichnung durchfluten läßt. Die weißen Glanzlichter sind separat angelegt und gehen in die Blaugrautöne der verputzten Wände über. Die Künstlerin konkretisierte das rosafarbene Licht, indem sie Gebäude und Blattwerk separat behandelte.

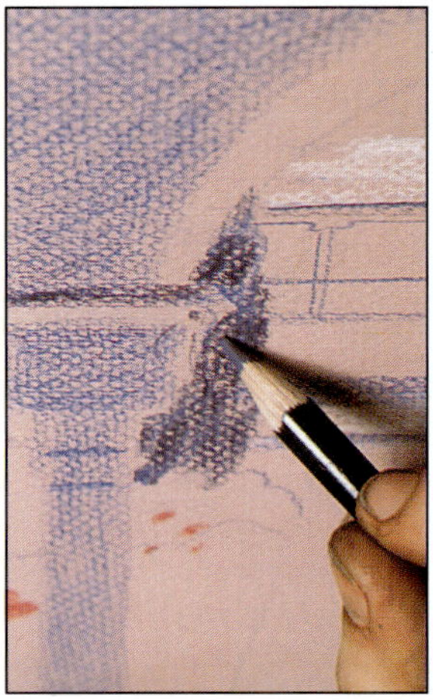

1 *Links*: Auf rosafarbenem Papier legte die Künstlerin zunächst die groben Formen und Bereiche als Leitfaden für Komposition und Farben fest. Die Farben bilden später einen fast monotonen Hintergrund zur Helligkeit des sonnendurchfluteten Gartens.

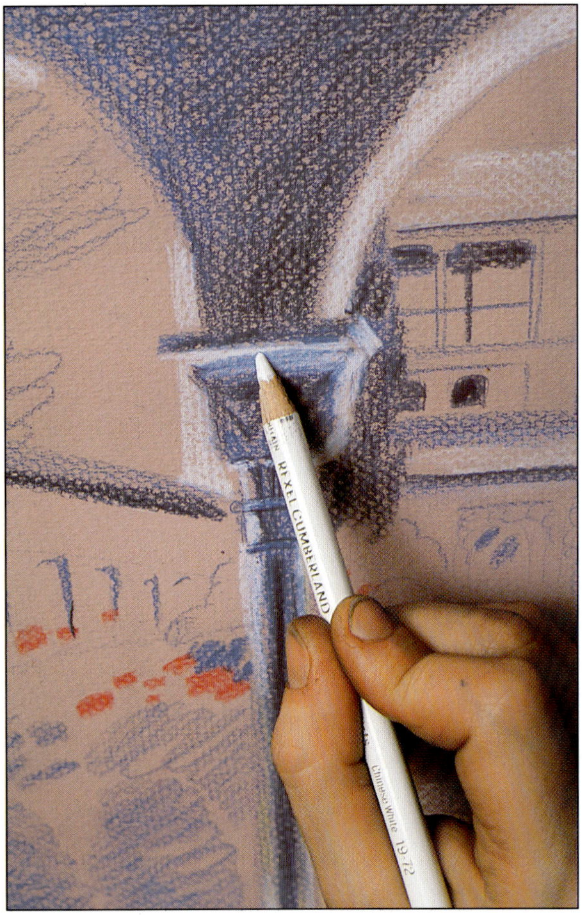

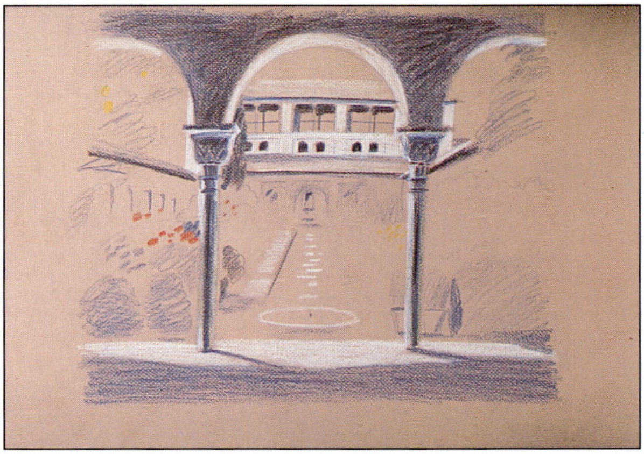

2 *Links*: Die Glanzlichter wurden mit Weiß überarbeitet, das einen kräftigen Kontrast zu den tiefblauen Schatten erzeugt und die Brillanz des Sonnenlichtes noch unterstreicht. Wo das Weiß mit dem Blau verschmilzt, entstehen zarte Farbabstufungen.

3 *Oben*: Ein Rahmen von Licht und Schatten entstand, in dem die Blickpunkte und die Grundperspektiven skizziert wurden. Die einfachen Formen und Farben betonen die Positiv-Negativ-Kontraste des Bildes.

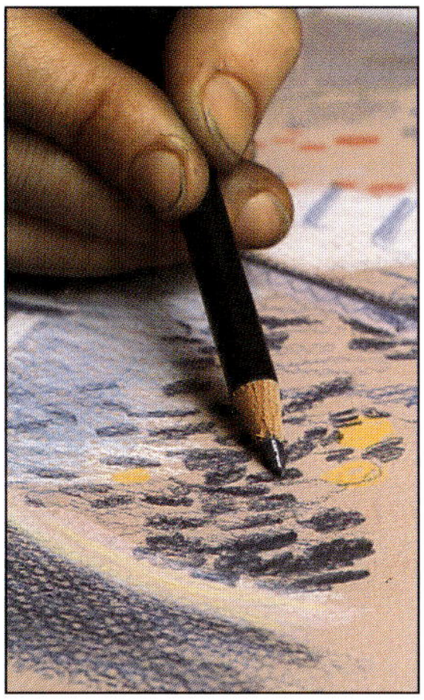

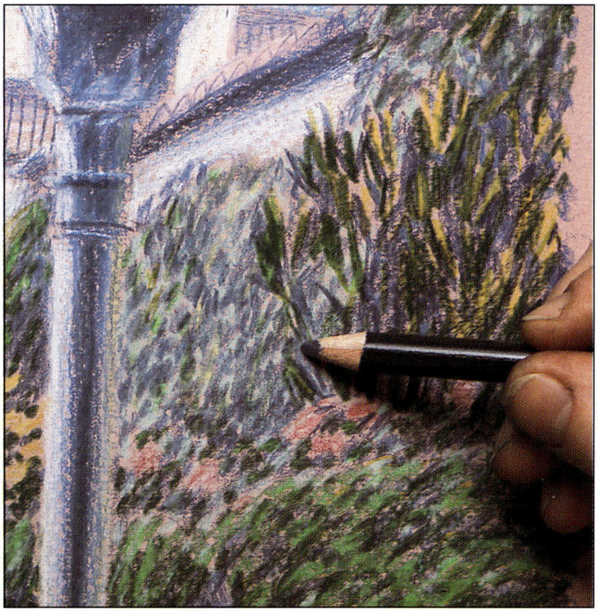

4 *Ganz links*: Die Blattformen wurden grob mit Blau und Gelb angelegt, um später mit verschiedenen Grüntönen vermischt zu werden. Das Blau verleiht dem Grün eine dunklere Schattierung, und das Gelb erweckt den Eindruck von sonnenbeschienenen Blättern und belebt das Blattwerk damit.

5 *Links*: Nachdem sie das farbige Blattwerk gezeichnet hatte, überarbeitete die Künstlerin die Schatten mit dunklen Farbnuancen, um den Blättern und Blumen Tiefe und Form zu geben.

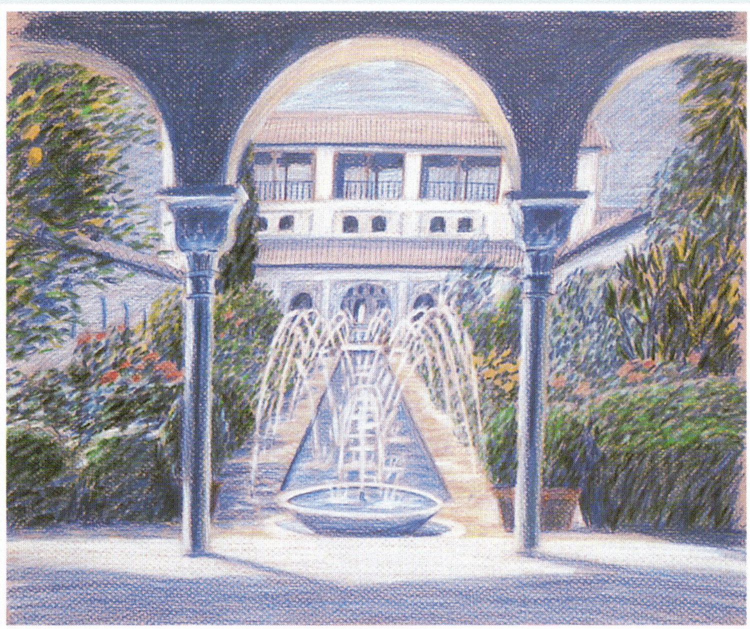

Die Gärten der Alhambra

6 Die fertige Zeichnung kombiniert erfolgreich zurückhaltende Farben mit den überzeichneten Effekten des Lichts. Das Rosa des Papiers unterstützt die Tönung sowohl der Terrakottaziegeln als auch der gefleckten Schatten auf dem Weg im Vordergrund und kontrastiert mit dem Bleicheffekt des harten Lichtes. Nachdem einmal entschieden war, wie die Glanzlichter und Schatten des Bildes behandelt werden sollten, entwickelte sich die Arbeit als eine Serie von Mustern aus dunklen und hellen Bereichen und stellt sich als recht systematisch in ihrer Methodik dar.

DER JAHRMARKT

Die Beschaffenheit des aufblasbaren Jahrmarktclowns und die Strukturen in der Fotovorlage legen ein stilisierendes Vorgehen nahe, das weich, aber exakt in der Beschreibung ist. Die Künstlerin schuf zunächst einen Entwurf, den sie Linie für Linie auf die Zeichenfläche übertrug. Da sie der Vorlage folgen wollte, war es nicht nötig, die Farben in weichen, aufeinander bezogenen Schichten aufzubauen. Sie wurden langsam von oben nach unten aufgetragen. Die Künstlerin legte zuerst die Hauptfarbbereiche an und hielt die Farben der Figuren absichtlich weicher als die des Hintergrunds, um bei den Textilien Kontraste zu erzielen und später Glanzlichter zu setzen.

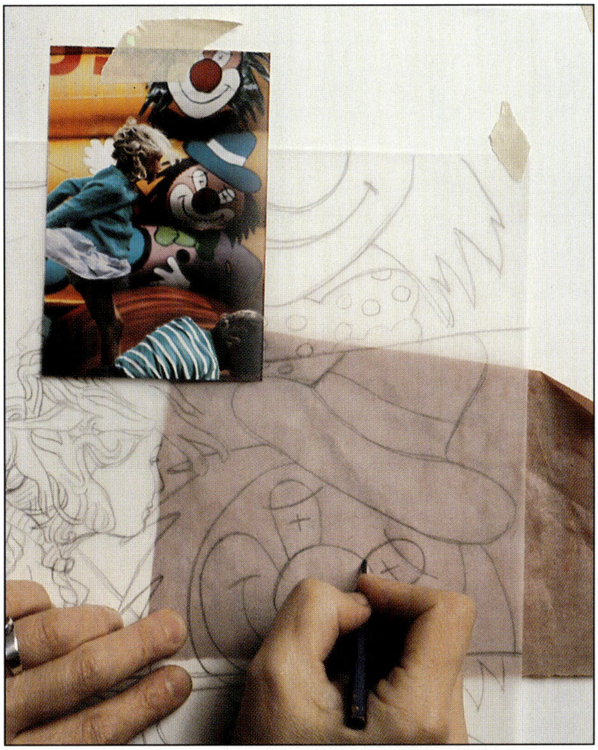

1 *Rechts*: Das gelungene Nebeneinander der hellen Grundfarben in diesem Foto eines Jahrmarktes schien der Künstlerin ein interessantes Motiv. Sie benutzte das Foto als Vorlage für ihre Zeichnung, die sie zunächst auf Kupferdruckpapier zeichnete. Dann pauste sie sie mit einem Schabekarton auf ihre Zeichenfläche durch.

2 *Unten links*: Die Künstlerin trug am Rand der Zeichnung vorsichtig Schichten von Aquarellfarben in Punkten auf, um diese als Bezugspunkt für die Farbzusammenstellung zu benutzen. Dann glättete sie die Pigmente mit einem feuchten, aufgerollten Küchenpapier – ein improvisierter Papierwischer.

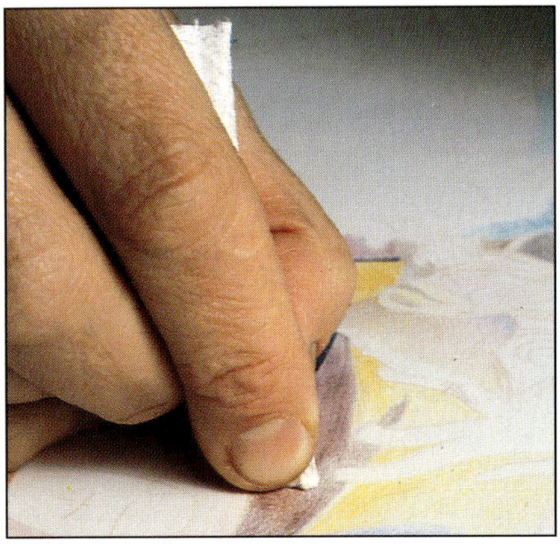

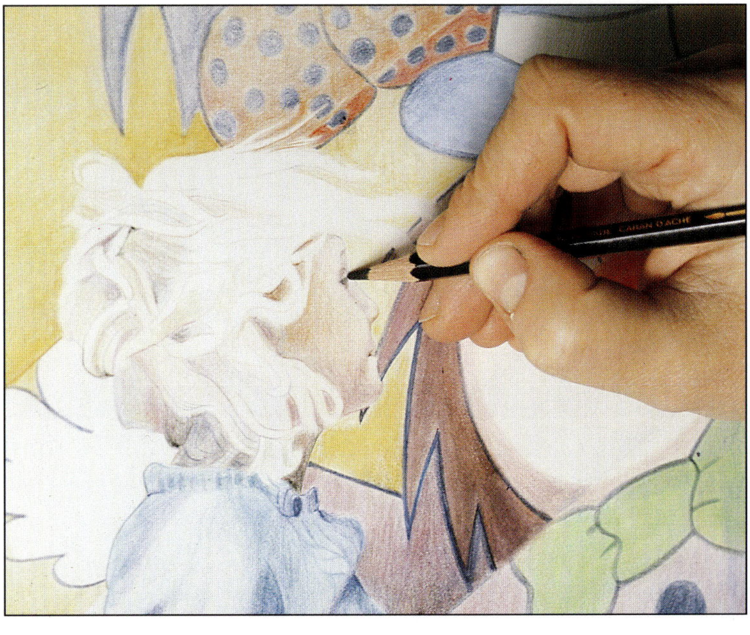

3 *Rechts*: Dann wurden in allen Bereichen der Zeichnung kontrolliert Farbflächen aufgetragen, wobei zuerst der Hintergrund fast ganz ausgearbeitet wurde, ehe die Figur den letzten Schliff erhielt.

4 *Rechts*: Die Glanzlichter auf der Strickjacke des Mädchens schuf die Künstlerin, indem sie die Farbschichten sehr dünn auftrug und dabei viel durchschimmerndes Weiß frei ließ. Dann rieb sie mit einem Knetradierer die Farbe schrittweise in die Papieroberfläche ein, um einen zarten Farbton zu erzeugen.

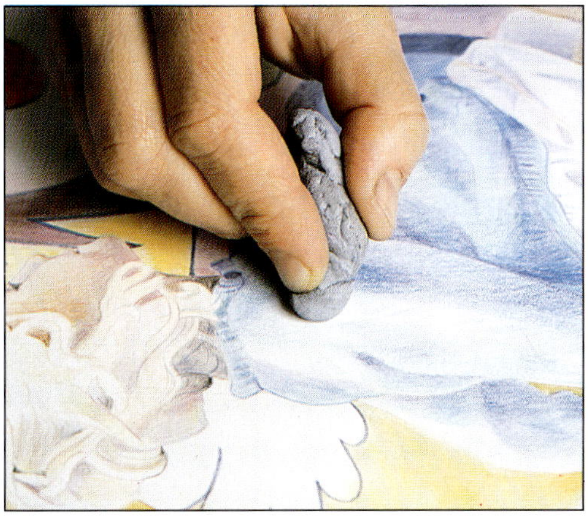

5 *Ganz rechts*: Die Künstlerin entschied sich, vom oberen Rand des Bildes nach unten zu arbeiten, teils um die Farben genauer kontrollieren zu können, teils weil das Bild sehr groß ist. Es wurde durch Befestigung auf einem Zeichenbrett stabilisiert. Dadurch, daß die Künstlerin von oben nach unten arbeitete, konnte sie kräftige Farbschichten auftragen, ohne Gefahr zu laufen, diese möglicherweise zu verschmieren.

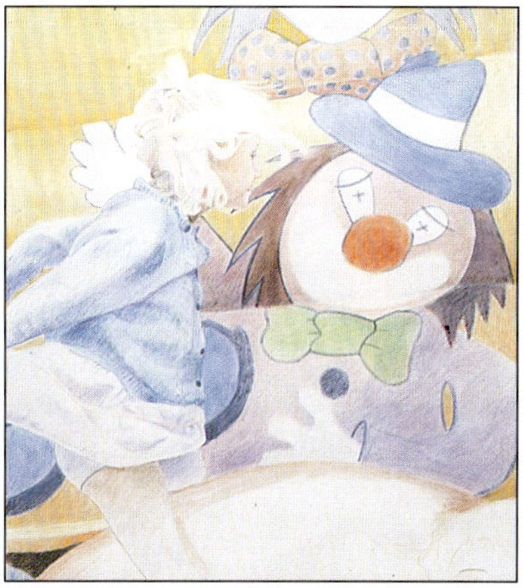

6 Die Farbpalette der fotografierten Vorlage ist begrenzt, und die Künstlerin ahmte dies nach, obwohl sie mit einer weit helleren und zarteren Farbskala arbeitete. Diese Entscheidung diktierte ihr einen Stil, der dem Eindruck der Leichtigkeit der aufblasbaren Spielzeuge und der hüpfenden Kinder gerecht wurde. Die Kombination gelöster und trockener Farbpigmente erzeugte einen interessanten Abwechslungsreichtum in Struktur und Farbdichte.

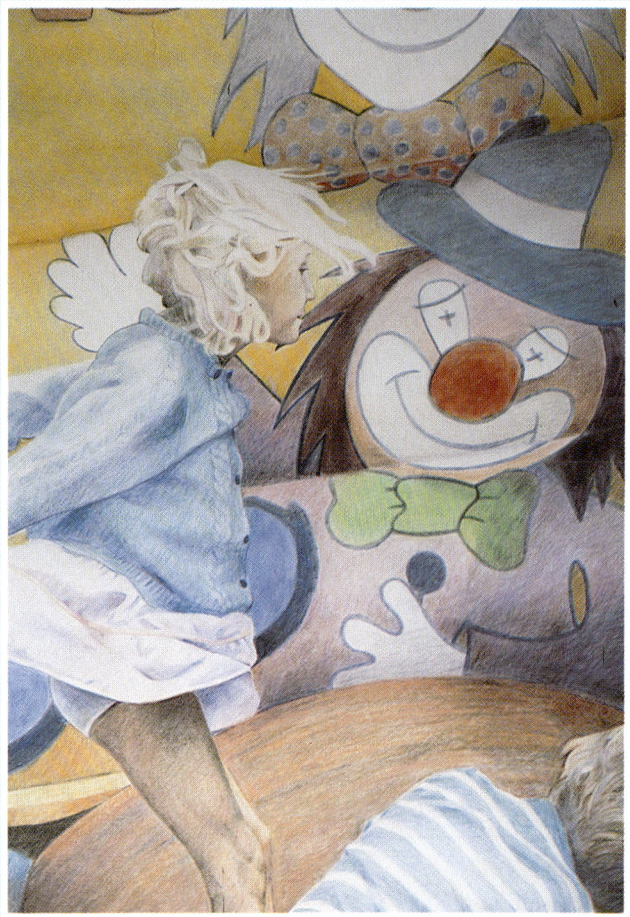

Der Jahrmarkt

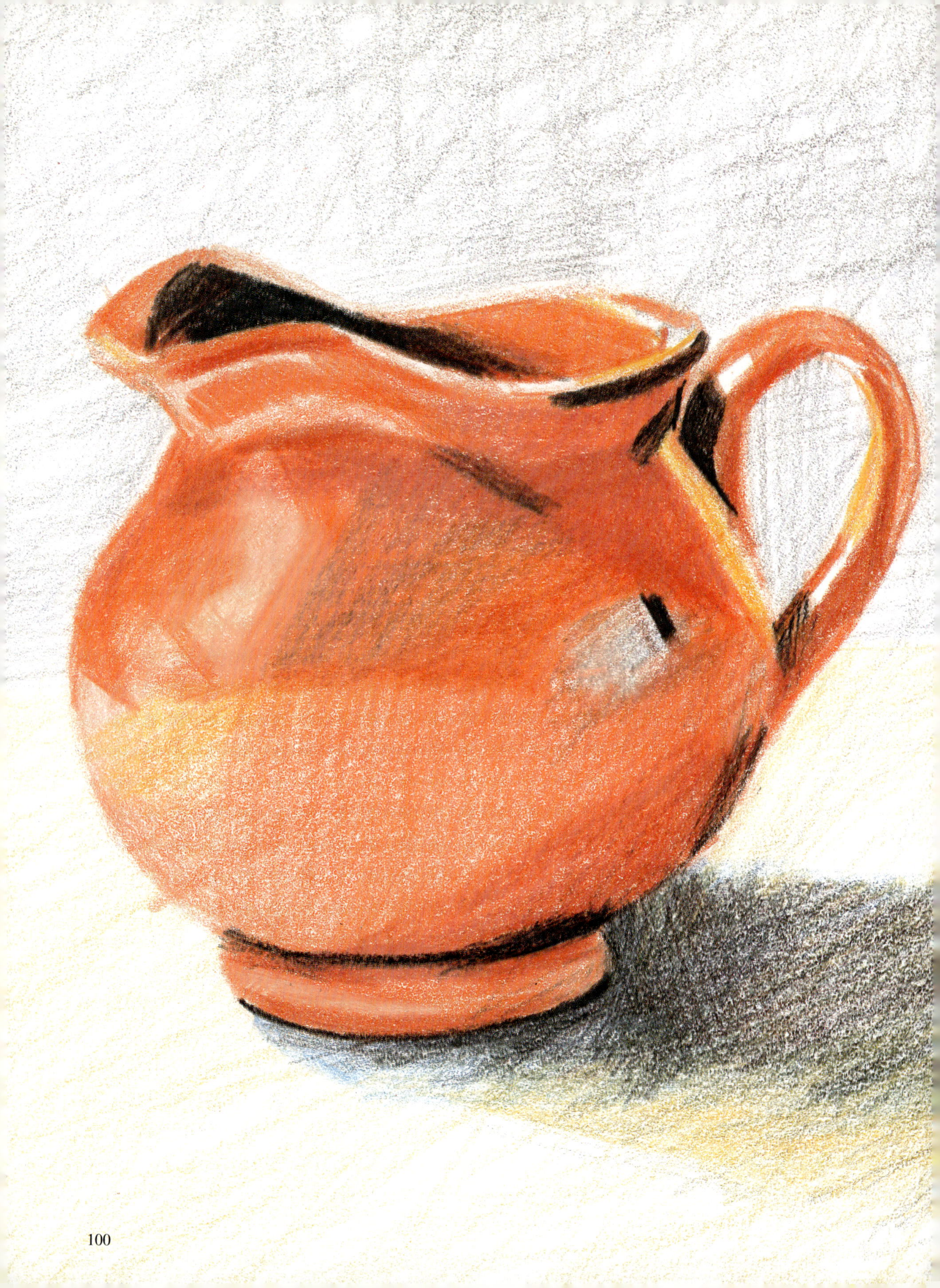

Siebtes Kapitel

Farbe und Form

Farbe gibt Objekten Form, und zwar mittels Glanzlichtern und Schatten. Sie kann auch dazu verwendet werden, Objekte nach vorne oder hinten treten zu lassen und damit einen Eindruck von Räumlichkeit und Ausdehnung auf der Papieroberfläche zu vermitteln.

Zudem wecken Farben Assoziationen, sie suggerieren Größe, bestimmte Formen, ja selbst Geschmack und Geruch. Zitronengelb zum Beispiel läßt sofort an die entsprechende Frucht denken, was die Farbe in unserer Vorstellung ihre eigene Form annehmen läßt. Solche Assoziationen kann man nutzen, um Farben und Formen eine bestimmte Bedeutung zu geben.

Die Struktur von Farben

Die Farbe, in der Sie ein Objekt sehen, ist keine flache Tönung, sondern eine Kombination verschiedener nebeneinanderliegender und zusammenwirkender Farben. Sehen Sie sich einen beliebigen Gegenstand genau an – zum Beispiel eine weiße Kaffeetasse. Wenn Sie die verschiedenen Teile aus der Nähe betrachten, werden Sie nicht nur Weiß und Grau erkennen, sondern Gelb-, Blau- und auch Rosatöne. Ein Gegenstand von eintöniger Farbe läßt weniger Formen erkennen als einer, dessen Schattierungen betont wurden. Letztlich bedeutet dies, daß wir Farbe benötigen, um Formen wirklich erkennen zu können.

Jede Form, die Sie sehen, ist auch eine Form von Farbe – sie ist nicht einfach ein farbig ausgemalter Umriß. Einen realistisch aussehenden Gegenstand kann man mit Farben darstellen, ohne seine Umrisse nachzuzeichnen.

Licht und Form

Farbflächen selbst schaffen keine Formen, aber der Einfall des Lichts läßt die Illusion von Form entstehen oder ihre Gestalt klarer hervortreten. Ein einzelner Lichtstrahl vermag eine Form zu beschreiben, da er übertriebene Licht- und Schatteneffekte hervorbringt, wo eine breitere Lichtquelle Farben und damit auch die jeweilige Form eher verschwimmen läßt.

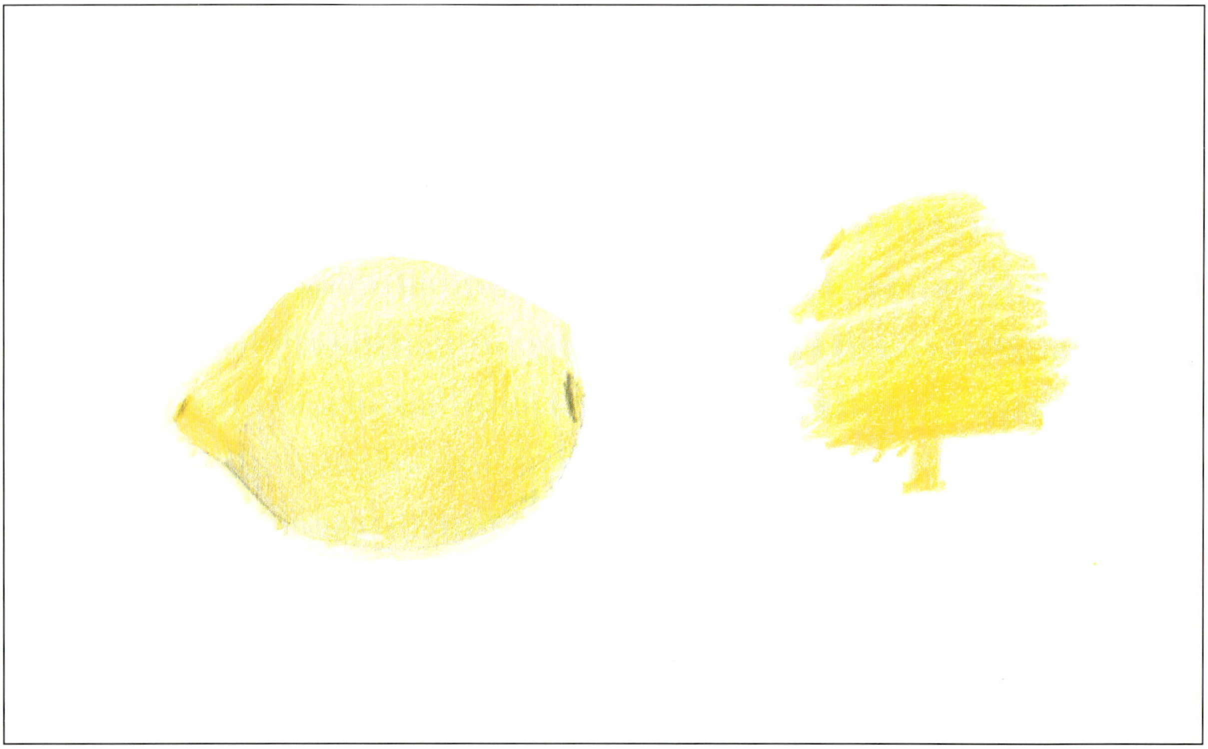

Farb-Form-Beziehungen
Aufgrund kulturbedingter Prägungen assoziieren wir bestimmte Objekte mit bestimmten Farben und haben Schwierigkeiten, uns diese in anderen Farben vorzustellen. Das trifft ebenso auf Formen zu. Wenn Sie an eine Zitrone denken, so assoziieren Sie damit – abgesehen vom Geschmack – die Vorstellung von Gelb und eine ovale Form. Wenn Sie sich jedoch eine Eiche vorstellen, werden Sie damit wohl kaum Zitronengelb assoziieren. Wenn Sie also eine Eiche zitronengelb zeichnen, verändern Sie den Kontext – Sie können damit zum Beispiel betonen, daß es Herbst ist.

Glanzlichter können weiß erscheinen, aber in Wirklichkeit enthalten sie genauso viele Farben wie weniger ausgeleuchtete Bereiche. Bei näherer Betrachtung stellen Sie fest, daß die beleuchtete Fläche die Farbe ihrer Umgebung oder die des auf sie projizierten Lichts annimmt. Je weiter Bereiche von der Lichtquelle abgewandt sind, desto mehr Schattenzonen entstehen. Sogar die Objekte, die uns grau erscheinen, enthalten Schattierungen der Farben, die sie umgeben.

Sie können die grundlegenden Gesetzmäßigkeiten von Licht und Dunkel benutzen, um starke Effekte von Dreidimensionalität zu erzeugen, indem Sie Farben nach vorn ziehen, wo Bereiche hell erleuchtet sind, und sie zurückweichen lassen, wo das Licht weniger intensiv ist. Blassere Farben wirken im Vordergrund schärfer als im Hintergrund, wo sie so gedämpft sind, daß sie verlorenzugehen drohen. Leuchtende Farben springen vor und dunklere weichen zurück, weil – einfach ausgedrückt – leuchtend ›beleuchtet‹ bedeutet und Vordergrund suggeriert. Dunkel dagegen bedeutet ›schlecht beleuchtet‹ und suggeriert Hintergrund. Sie können natürliche Farben deshalb überzeichnen und so einen stärkeren Eindruck von Form schaffen, als wenn Sie die Farben des visuellen Eindrucks streng nachzuahmen versuchen.

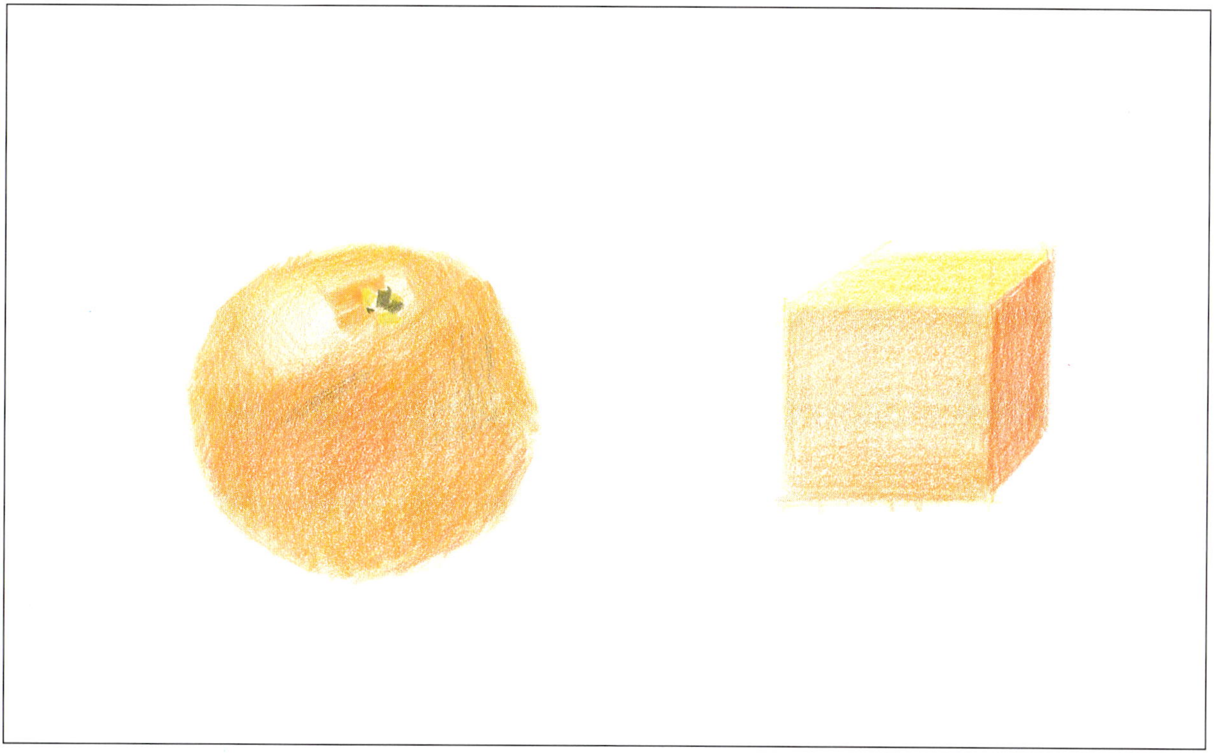

Farb-Form-Beziehungen
Diese Farb-Form-Beziehungen treffen im Beispiel *oben* genauso zu wie im Beispiel der Zitrone und der zitronengelb kolorierten Eiche. Orange ruft das Bild der Frucht hervor, ihre Form und ihren Geschmack; es weckt nicht die Vorstellung eines Würfels. Man kann natürlich argumentieren, daß man einem Würfel Frische und vielleicht sogar Geschmack verleihen könne, indem man ihn orange zeichnet. Dieses Konzept wird in der Werbung und bei Verpackungen oft benutzt.

Farbe in Licht und Schatten
Farbe ist sowohl in beleuchteten Bereichen als auch im Schatten sichtbar.
Unten: Der Krug zeigt die Aspekte von Farbe in Licht und Schatten.

Rechts: Die dunklen Farben deuten Bereiche an, die in der Zeichnung räumlich zurücktreten, die helleren Farben die, die Licht reflektieren oder weiter im Vordergrund liegen.

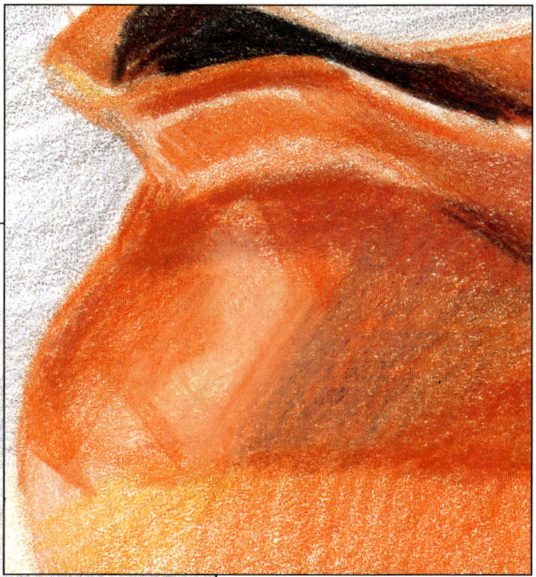

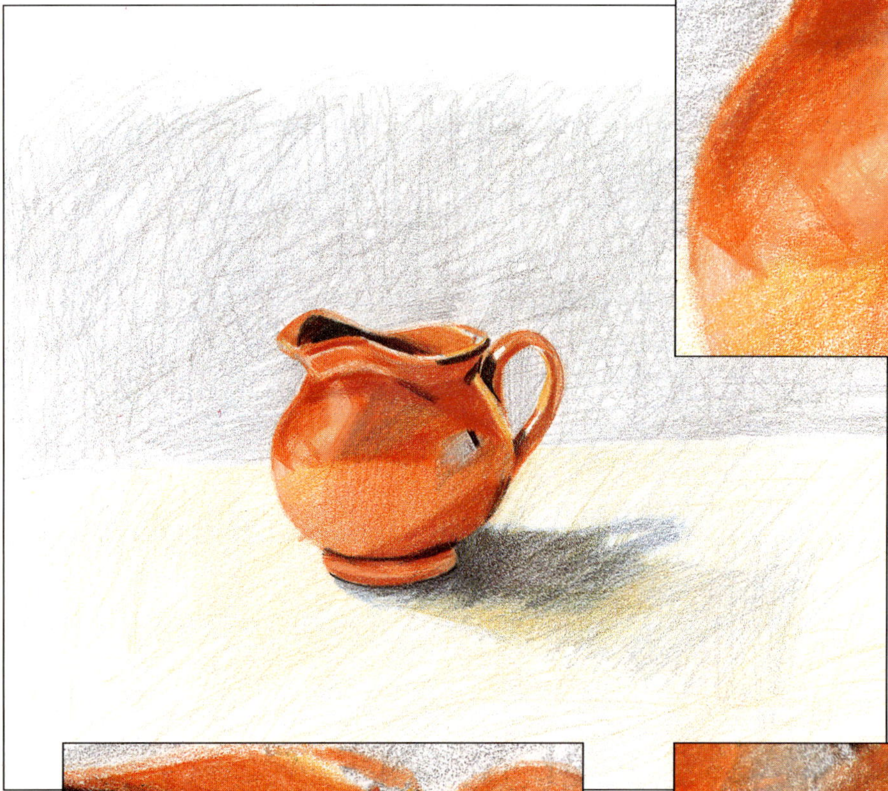

Unten links: Die Glanzlichter des Henkels reichen von Schwarz bis Weiß und von Orange bis Tiefrot. Diese Farben sind Nuancen, die das Auge wahrnimmt, obwohl wir wissen, daß der Krug nur eine Farbe hat.
Unten rechts: Der Schatten des Krugs erscheint vielfarbig, obwohl dort wenig Licht ist.

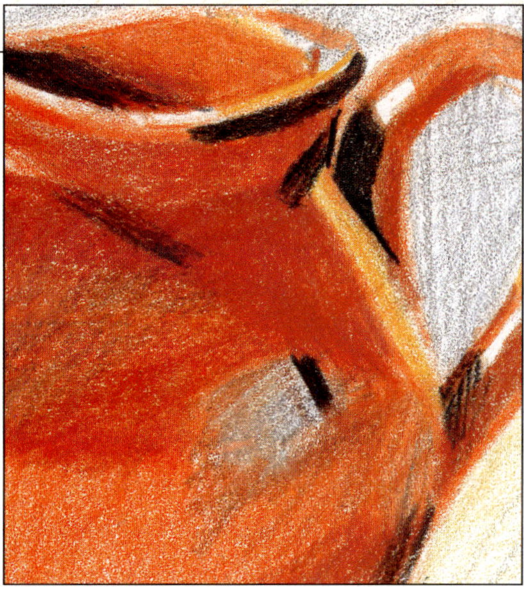

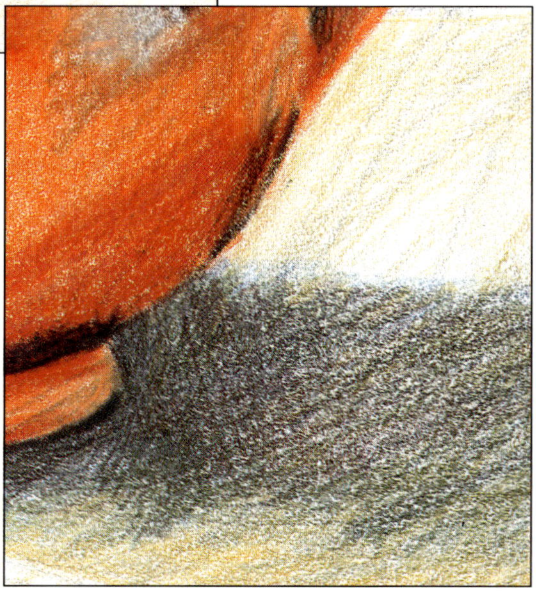

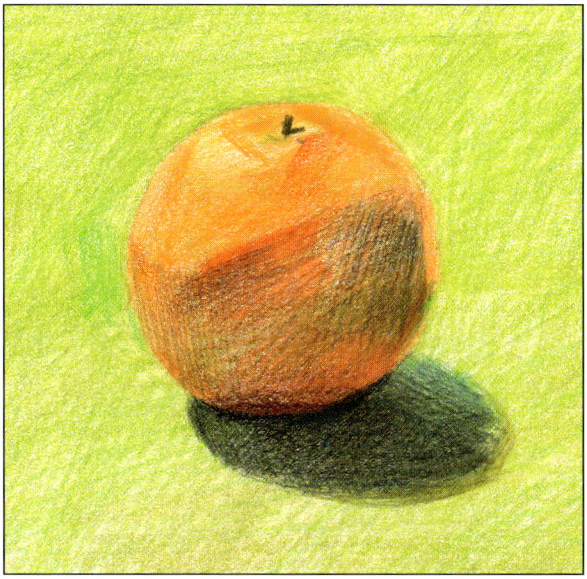

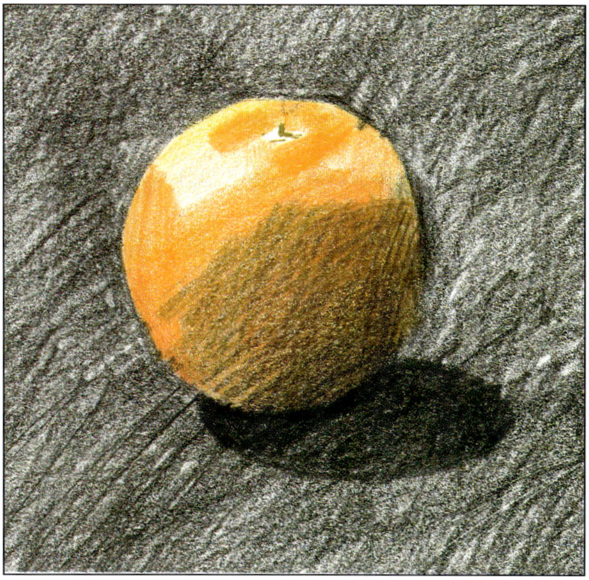

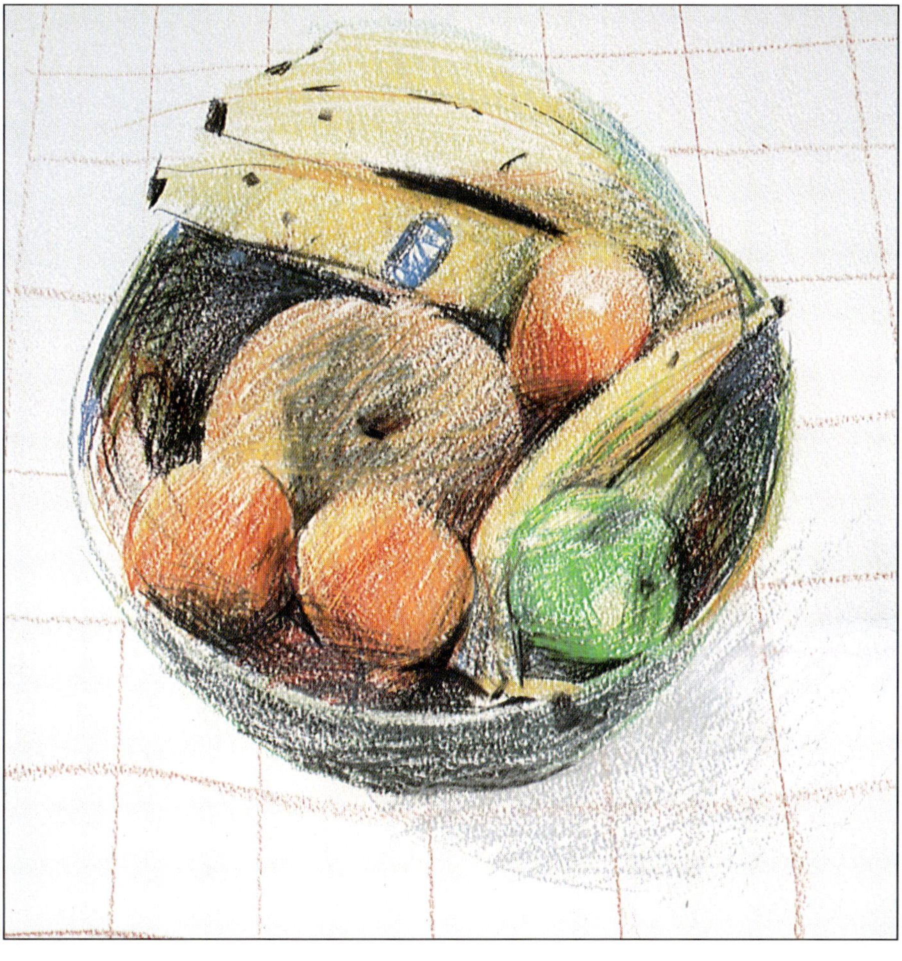

Nebeneinanderliegende Farben
Oben: Das Gelbgrün fungiert als Hintergrund für das Orange der Frucht, die aus ihm hervorzutreten scheint, während Schwarz als Hintergrundfarbe den Glanz der Farbe dämpft.

Reflektierte Farben
Links: Orangen in der Obstschale nehmen die Farben auf, die von den sie umgebenden Früchten und der Schale reflektiert werden. Beachten Sie, daß der Künstler für die Schattenbereiche der Orangen auch Tiefrot benutzte. Obwohl es sich dabei nicht um eine realistische Interpretation handelt – Orangen weisen diese Farbe eigentlich nicht auf –, demonstriert dies anschaulich die Idee des Farbkontextes.

HAFENANSICHT

Durch den graduellen Aufbau von Farbschichten schuf der Künstler ein Bild, das eher auf der sorgfältigen Beobachtung der Farben und ihrer Muster beruht als auf der von Objekten und ihren Farben. Mit dem Blick über die Boote hinaus legte er den Hintergrund an, dann malte er das Innere der Boote und schließlich die Glanzlichter. Die farbigen Formen suggerieren im fertigen Bild Formen durch Farben. Frei von allen Linien kolorierte der Künstler mit der den Farben innewohnenden Struktur Leben.

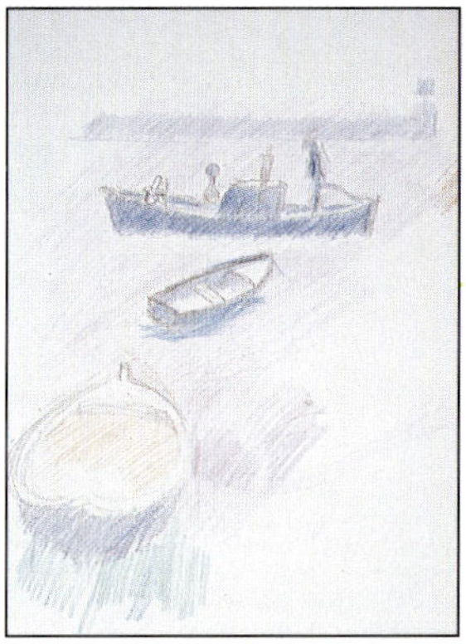

1 *Rechts*: Der Künstler sah diese Hafenszene als Farbflächen und Formen. In seiner Skizze arbeitete er zunächst das Gerüst der Komposition mit Linien in Französischgrau aus und notierte dann kurz die Farbbeziehungen und ihre Formen.

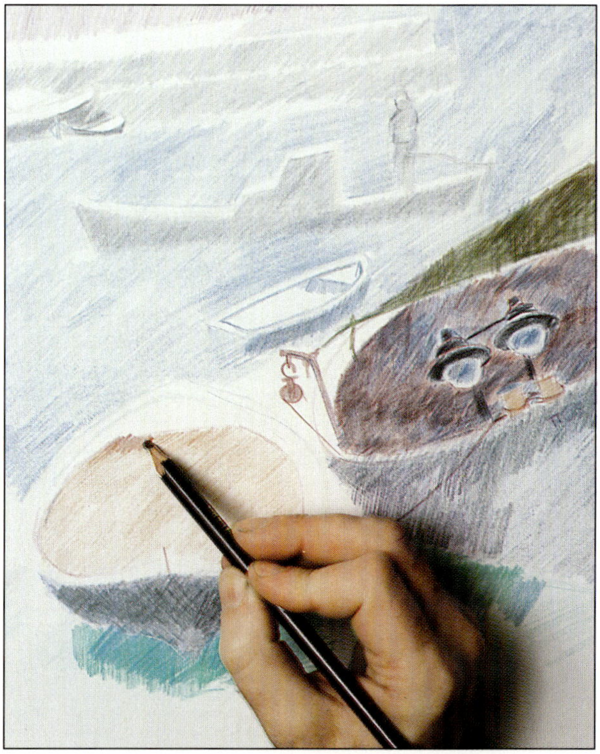

2 *Rechts außen*: Der Künstler arbeitete die Formen der Boote und die sie umgebende Landschaft mit Hilfe von stark richtungsgebenden Linien als Bereiche mit flachen Farbtönungen aus. Jede Farbe wurde zu der benachbarten in Beziehung gesetzt und als Basis für den Aufbau weiterer Farbschichten benutzt. Das Rosa der Klippen im Hintergrund wiederholt das Purpurrosa des Bootes rechts im Bild.

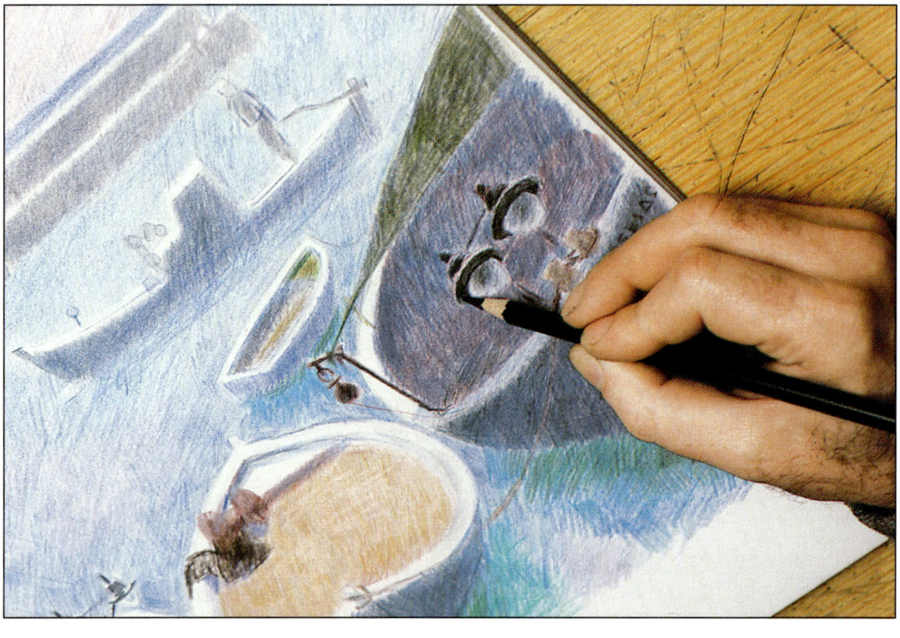

3 *Rechts*: Systematisch von vorne nach hinten arbeitend, schälte der Künstler langsam die Details heraus. Dabei legte er die Farbgrenzen fest. Die Lampen des Bootes zeichnete er als Blickpunkt schwarz ein – eines der wenigen scharf umrissenen Details in der allgemein eher weichen Farbgebung.

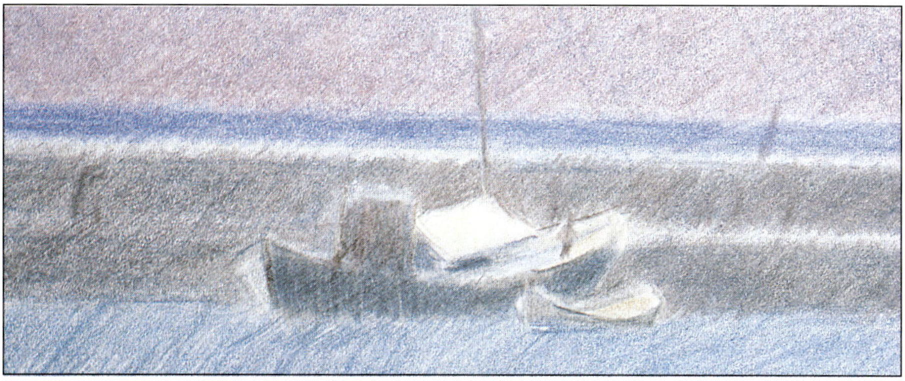

4 Hintergrund und Horizont wurden absichtlich sehr weich und verschwommen gehalten, um den Eindruck von Entfernung zu schaffen – schärfer umrissene Details hätten sie zu sehr nach vorne gezogen. Farben und Formen verschwimmen sehr realistisch im Dunst.

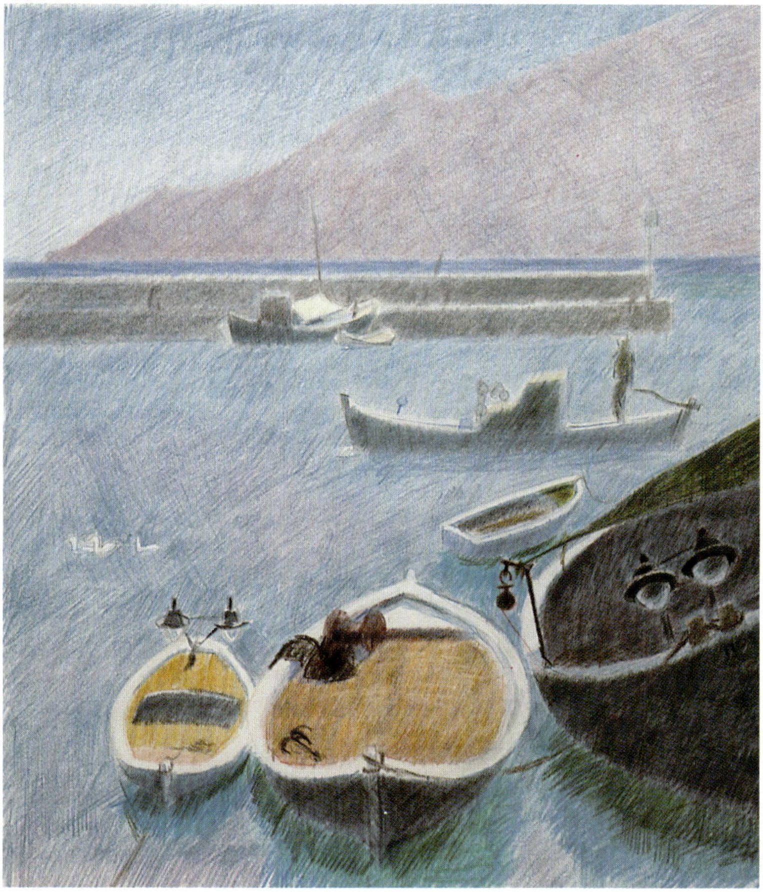

Hafenansicht

5 Der Künstler setzte seine Farbkenntnisse sehr geschickt ein und skizzierte Muster, wobei er die Negativ-Positiv-Kontraste der Formen nutzte. Er ließ zum Beispiel die Ränder der Boote weiß, um mit den gebogenen Umrissen ein Gegengewicht zum Inneren der Boote zu schaffen, die ihrerseits flach und ohne Schatten oder Farbtiefe dargestellt wurden.

DER EIFFELTURM

Der Künstler fertigte eine sehr kühle und kontrollierte Studie dieses berühmten Wahrzeichens an. Trotz der nebelhaft-monotonen Effekte weist sie einen außerordentlichen Farbenreichtum auf. Abgestufte Nuancen ziehen das Auge vom Vordergrund bis unter die gedrungenen Bögen des hoch aufragenden Eiffelturms. Die Spitze liegt außerhalb des Bildes und ist für den Betrachter nur erschließbar. Auch die Farben sind nur angedeutet, Schwarz gegenüber Weiß, Positiv gegenüber Negativ.

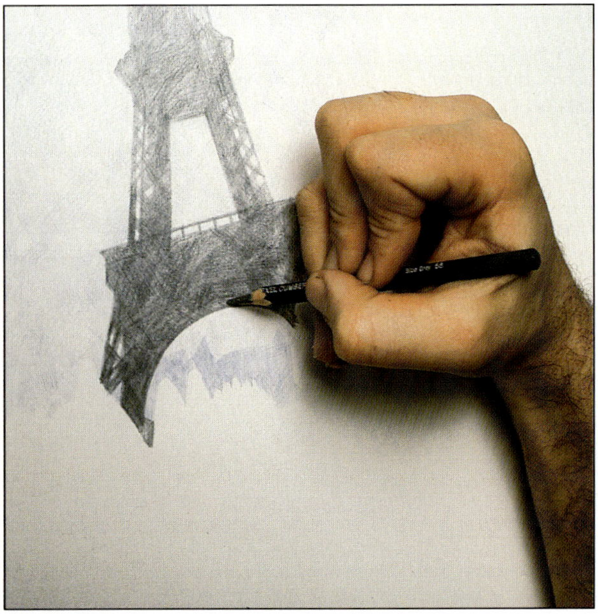

1 *Rechts*: Mit einer losen Schraffur in Himmelblau arbeitete der Künstler zunächst den Himmel aus. Dann konzentrierte er sich auf die zentralen Teile und entschied sich, vom Blickpunkt aus nach außen zu arbeiten. Die dunkelgraue Silhouette des Turms hebt sich scharf von dem blasseren Himmel ab.

2 *Unten*: Die dominante Perspektive wurde durch die Formen zu beiden Seiten der Straße entwikkelt. Sie lenken das Auge zum Turm hin. Hier ist gut zu sehen, daß hellere Farben wie Blau und Lila zurückweichen, während dunkle in den Vordergrund treten und so die perspektivische Sicht noch verstärken.

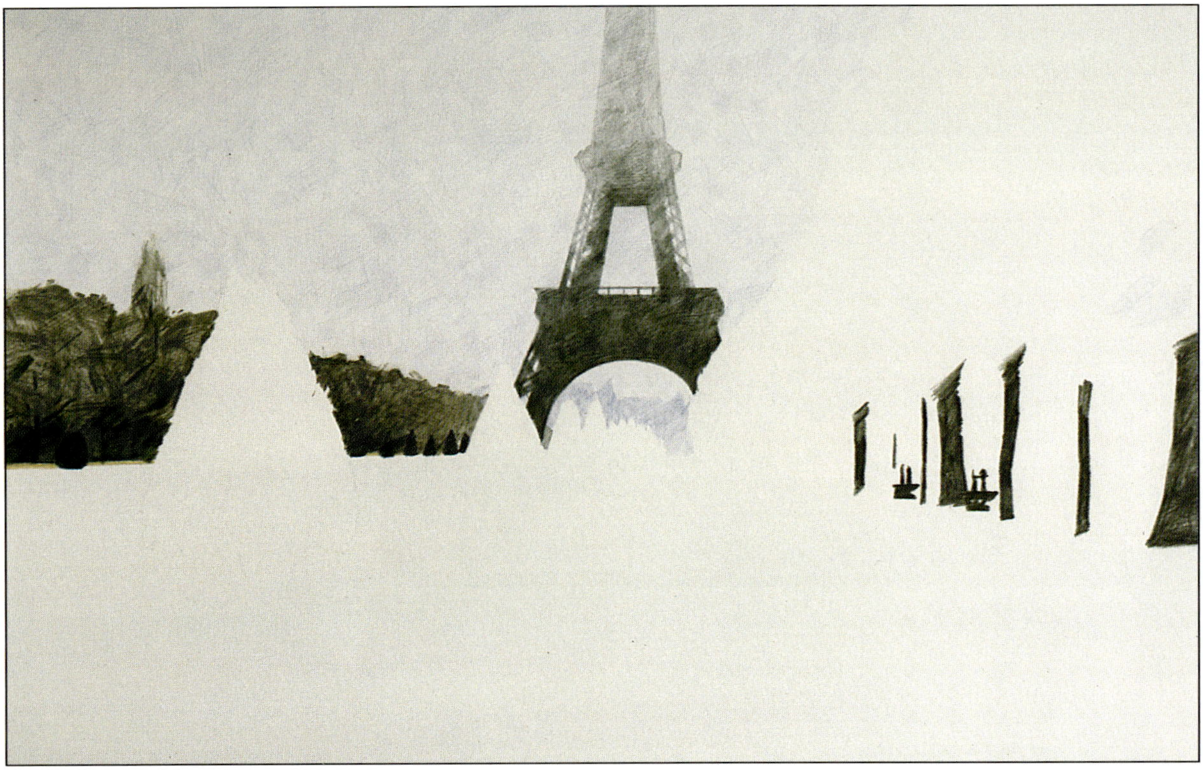

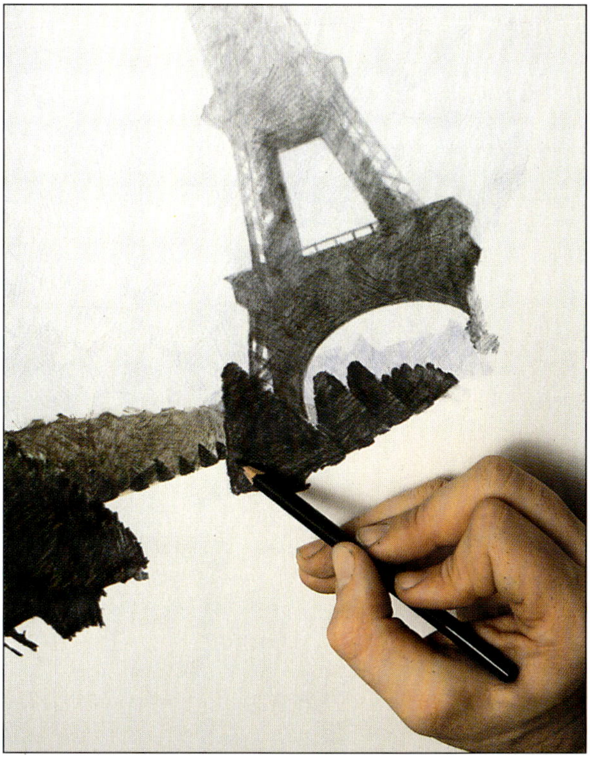

3 *Links*: Die stilisierten Büsche unterhalb des Turms stellen eine Balance her, indem sie die Form des Turms wiederholen. Sie sind dunkel und kompakt ausgearbeitet und mit starkem Druck auf den Stift von Indigo bis Saftgrün gezeichnet. Stolz aufgerichtet stehen sie vor dem helleren Hintergrund und führen das Auge von den sich auftürmenden Schatten zum festen Grund.

4 *Unten*: Mit der Kante eines Lineals stellte der Künstler den getrimmten Grasstreifen am Straßenrand mit mechanischer Präzision dar. Es kann hilfreich sein, vorübergehend einen zu kolorierenden Bereich mit geraden Kanten zu markieren und dann die Striche frei einzuzeichnen, ohne sich Sorgen machen zu müssen, über die Grenzen hinaus zu geraten. Der hier benutzte Stift wurde so angespitzt, daß ein großer Teil der Mine herausragt, was dem Künstler ermöglichte, schnell ausgeführte, breite Striche zu setzen und zügig relativ große Flächen auszufüllen.

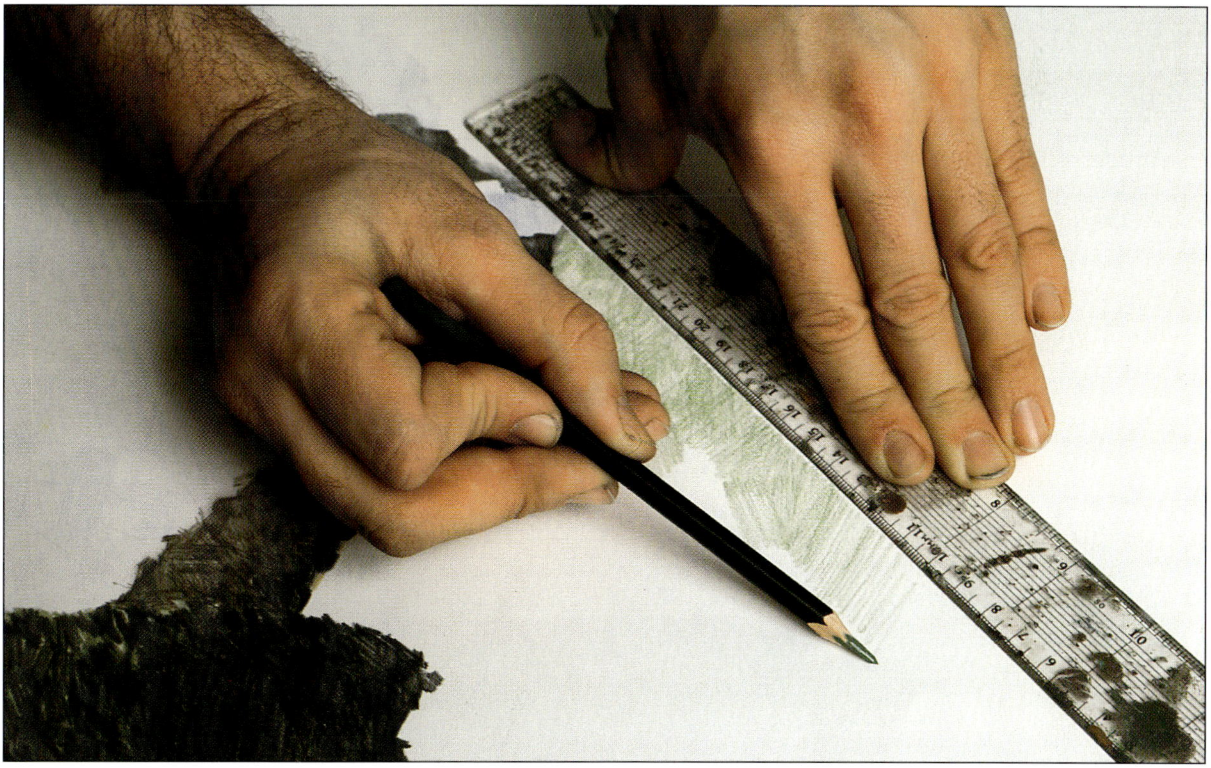

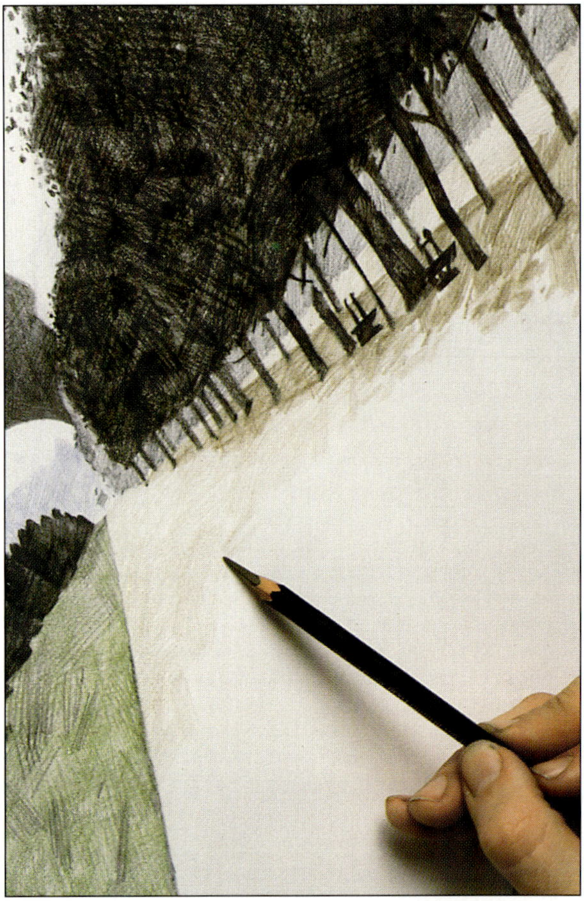

5 *Links:* Die präzise gezeichneten Licht- und Schattenbereiche erzeugen Formen mit Positiv-Negativ-Kontrasten. Der Künstler trug die Farbe mit kleinen, feinen Strichen auf, die das Papier durchschimmern lassen. Die sehr blassen Farbabstufungen erzeugte er eher durch variablen Druck als durch Farbmischungen.

6 *Unten*: Um die Striche auf dem mittelkörnigen Papier weicher erscheinen zu lassen, verwendete der Künstler einen Kunststoffradierer, um dort, wo das Licht so hell ist, daß schon eine Andeutung von Farbe genügt, eine matte, feine Nuancierung zu erzielen. Nachdem die Zeichnung zur Hälfte fertig war, sprühte er etwas Fixativ auf, um zu verhindern, daß die Farben verwischen.

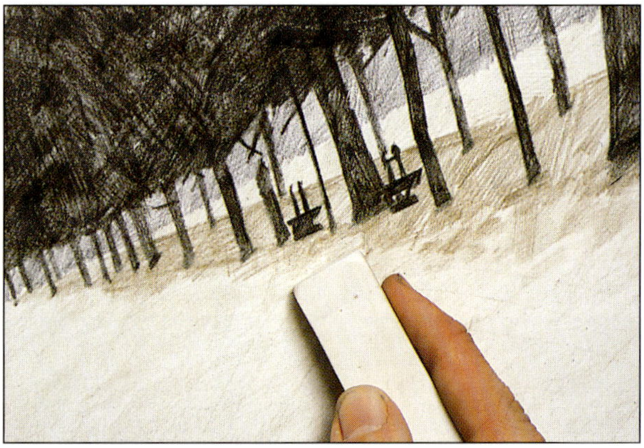

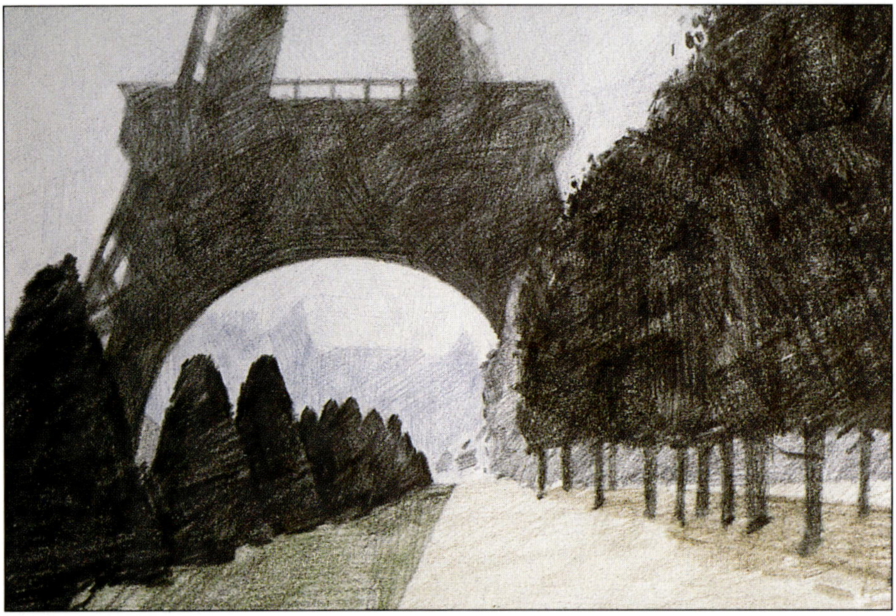

7 *Links*: Die Farben sind hier deutlich als Bereiche mit Form erkennbar. Ihre Struktur entstand durch den Druck beim Auftragen und durch die Richtung der Striche. Winzige Veränderungen im Fluß der Linien sind am Fuße des Turmes sowie bei den Bäumen und Büschen erkennbar.

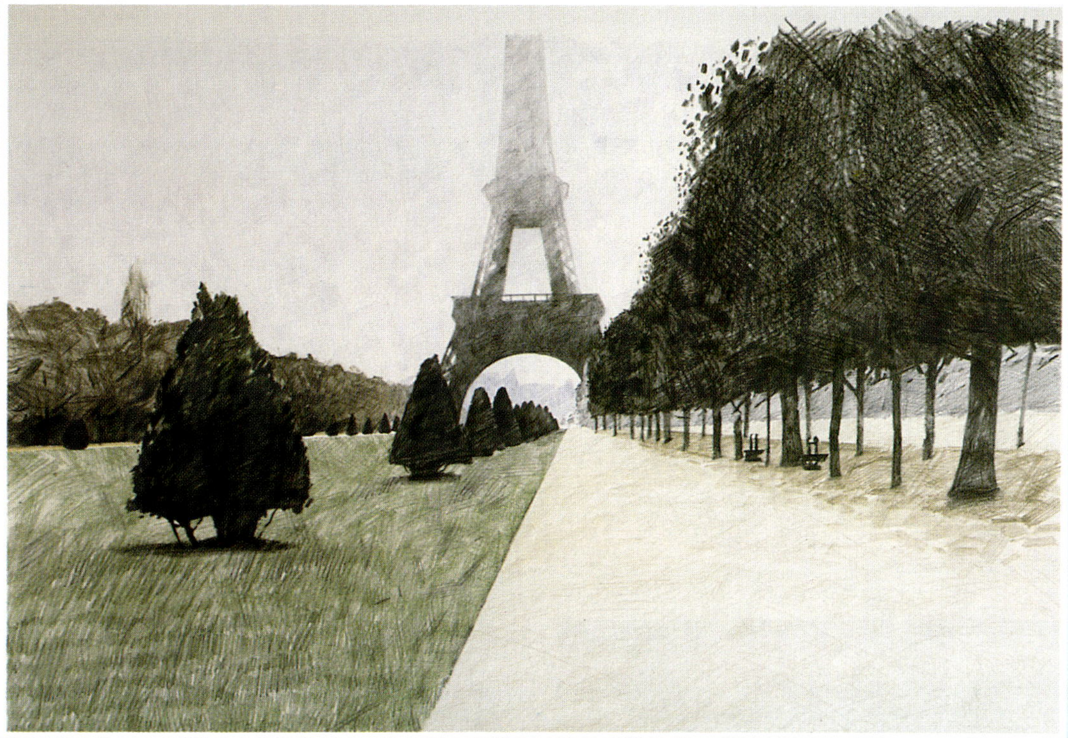

Der Eiffelturm

8 Die geometrische Ordnung des fertigen Bildes ist gut zu erkennen. Die dunklen Bereiche der Bäume rechts spiegeln den Bereich des Grases links. In ähnlicher Weise nimmt der beleuchtete Bereich unter den Bäumen zur Rechten die im Mittelteil gezeichneten Bäume links wieder auf. Die Dreiecke der Zypressen imitieren die dreieckige Form des Eiffelturms. Alle Linien laufen am rechten Fuß des Turmbogens zusammen. Geschickt eingesetzter Druck beim Auftragen der Farben macht die Nuancen noch abwechslungsreicher und gleicht so die scheinbare Einfarbigkeit der Zeichnung aus.

STILLEBEN ODER ZAUBEREI?

Diese Künstlerin ist Amateurzauberin, daher wählte sie dieses Motiv. Sie entwickelte ein Liniengerüst und trug dann die Farben in einer bestimmten Reihenfolge auf. Der Zylinder ist als negative Form dargestellt – von innen nach außen –, und auf ähnliche Weise heben sich Hut und Handschuhe von dem Farbenmeer ab. Sogar der Blickwinkel paßt zu dieser Darstellungsweise. Ein dreidimensionales Objekt wird von einem flachen Hintergrund geradezu nach vorne katapultiert. Die Tiefe ist eine Illusion – wie ein Zaubertrick!

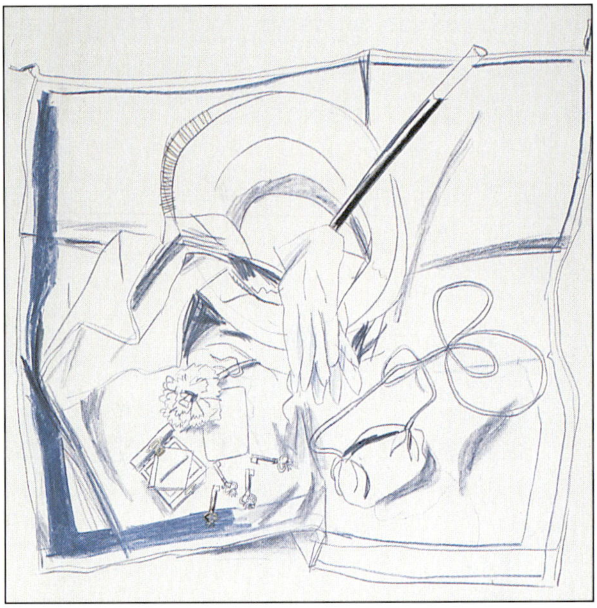

1 *Rechts*: Mit einer Farbe, die sich in allen Hauptelementen der Zeichnung wiederfindet, zeichnete die Künstlerin mit kräftigen Linien zunächst – als Gerüst – die Umrisse ein, die sie später mit Farbe füllte.

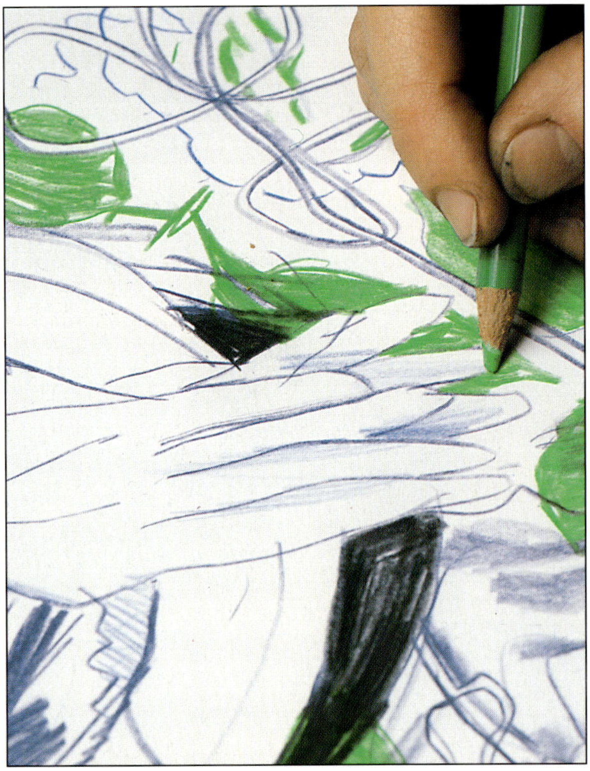

2 *Unten*: Dann fügte sie einen grünen Bereich ein. In besonders dunklen Partien benutzte sie auch Schwarz, um einen Ausgleich zum weißen Blickpunkt der Zeichnung – den weißen Handschuhen des Zauberers – zu schaffen.

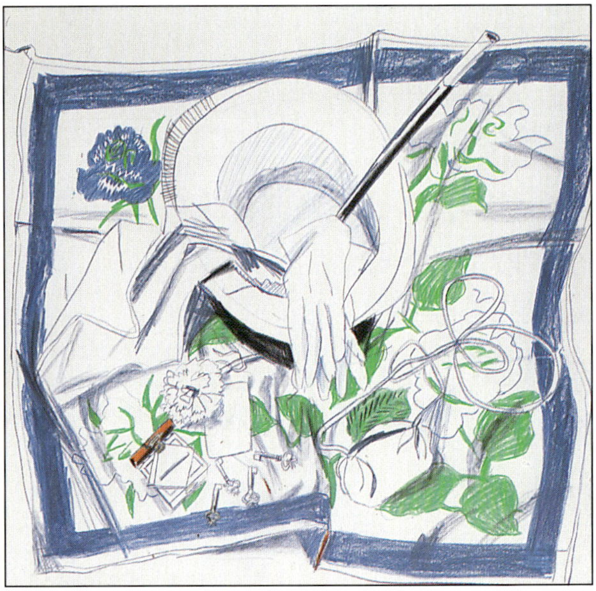

3 *Oben*: Zwei kleine rote Flächen – die Spitze des Zauberstabs und die Falte des Schals – wurden eingezeichnet und später weiterentwickelt.

4 *Rechts*: Die Künstlerin trug das Rot um die farbigen Formen herum auf und unterstrich so die zugehörige Komplementärfarbe Grün. Die dicken, kräftigen Striche verleihen der Farbe eine Dichte, die die Muster und dekorativen Elemente des Bildes betont.

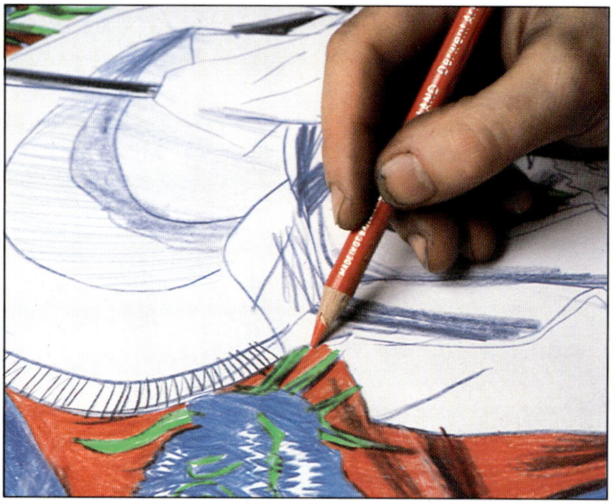

5 *Unten*: Erst, wenn alle Elemente an ihrem Platz sind, geben die Farben dem fertiggestellten Stillleben Form. Obwohl Schatten eingezeichnet wurden, ist die Struktur des Bildes noch recht flach. Der Grad der Tiefe, die in einem Bild zu sehen ist, hängt stark von den Fähigkeiten des Künstlers ab, Farbe und Form zu abstrahieren und Raum zu schaffen.

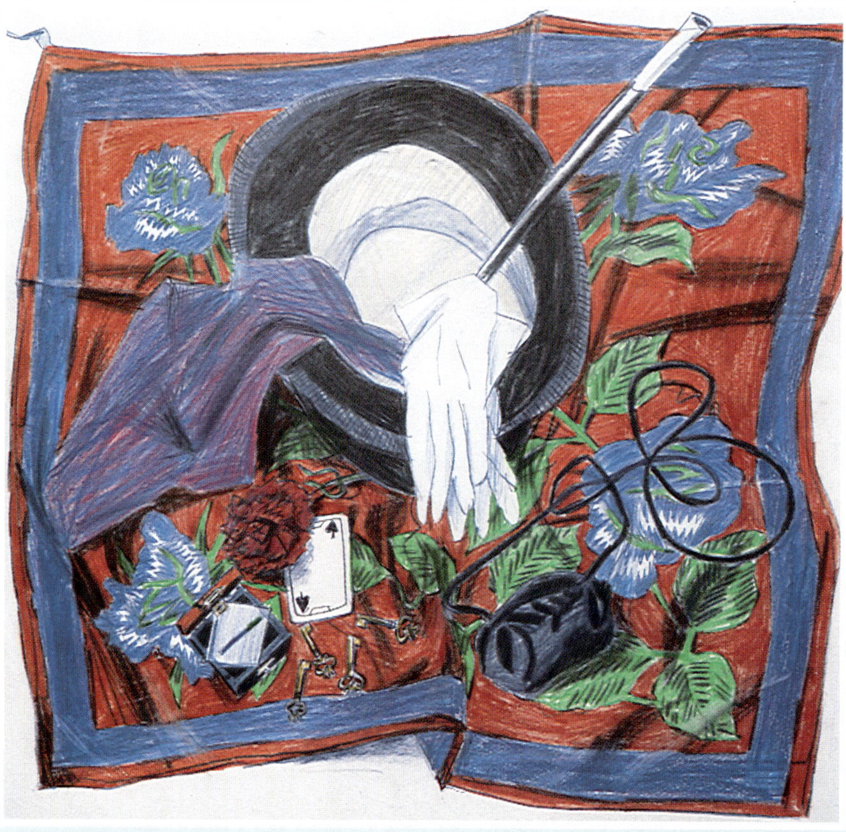

Stilleben oder Zauberei?

JUNGEN AM STRAND

Ein Farbfoto diente dem Künstler als Vorlage, und er entschloß sich, die Szene in etwas freundlicheren Farbtönen zu zeichnen – in sehr blassen, ausgebleichten Farben, die an strahlendes Sonnenlicht an einem heißen Tag am Meer erinnern. Die Kamera kann nicht wiedergeben, was wirklich zu sehen war, und erst der Künstler gab dem ›abgeflachten‹ Bild Leben und Gefühl zurück. Mit Pauspapier zog er schnell genaue Hilfslinien und fügte einige farbige Flächen als Bezugspunkte hinzu. Anschließend trug er mit sehr zarten Strichen blasse Farben auf, besonders innerhalb der Figuren und um diese herum. Er ließ große Flächen von Glanzlichtern frei und stufte die Töne in den schattigen Bereichen sehr fein ab.

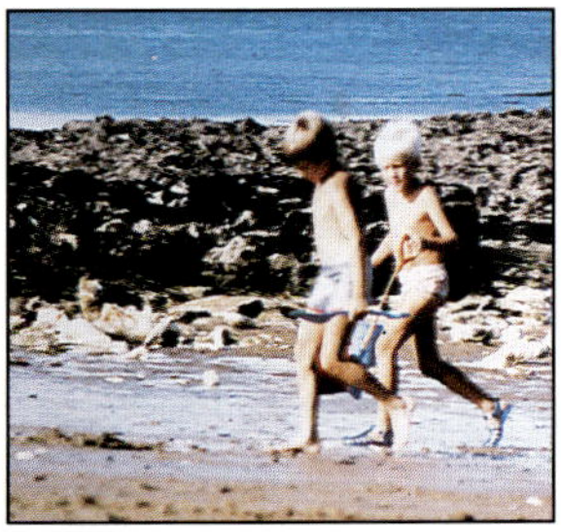

1 *Oben*: Die überdeutlichen Glanzlichter auf diesem Schnappschuß betonen die Helligkeit des Tages und liefern bestimmte Vorgaben für die Zeichnung.

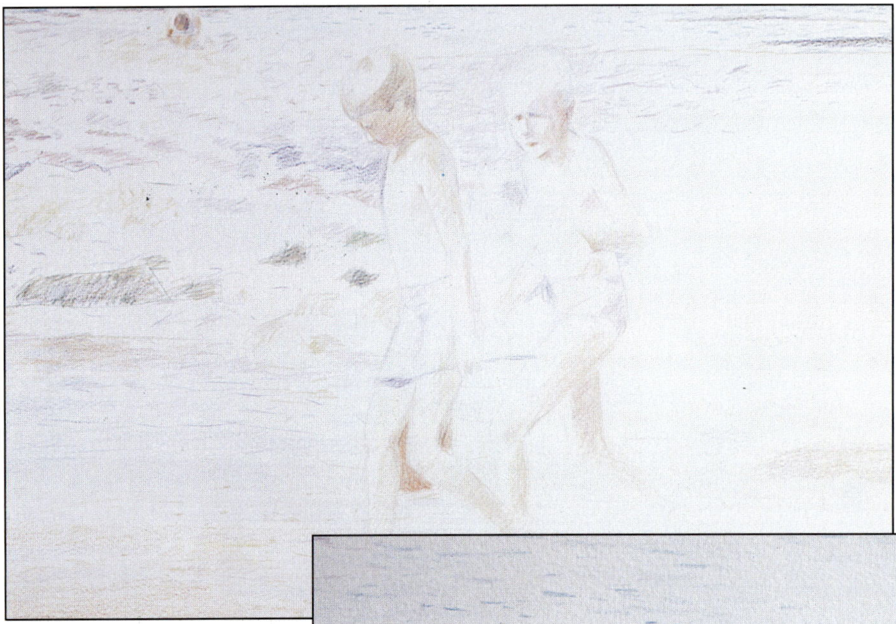

2 *Oben*: Der Künstler zeichnete zuerst die Umrisse der Figuren ein und fügte mit Linien und Farben die groben Farbbereiche hinzu.

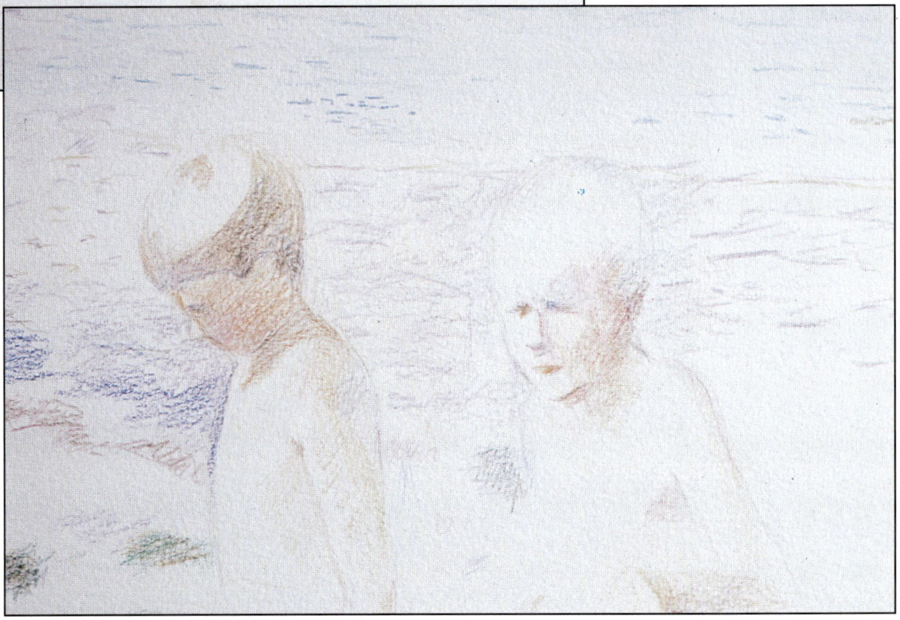

3 Da alle Farben eher blaß gehalten werden sollten, war es wichtig, wenig Druck auf den Stift auszuüben, so daß die Pigmente auf der Oberfläche des Papiers hafteten – mit mehr Druck wären die Farben zu intensiv geworden.

4 Die fertige Zeichnung läßt deutlich erkennen, mit wie wenig unterschiedlichen Nuancen ein farbiges Bild geschaffen werden kann. Das Geheimnis liegt im behutsamen Umgang mit den Stiften. Bei den Hauttönen ist die Pigmentverteilung im Gegensatz zum Hintergrund sehr gleichmäßig. Für die Felsen und den Seetang setzte der Künstler ausdrucksstärkere Striche und Linien ein. Auf den ersten Blick läßt diese sonnengebleichte Szene den Farbenreichtum, den sie tatsächlich enthält, nicht erkennen.

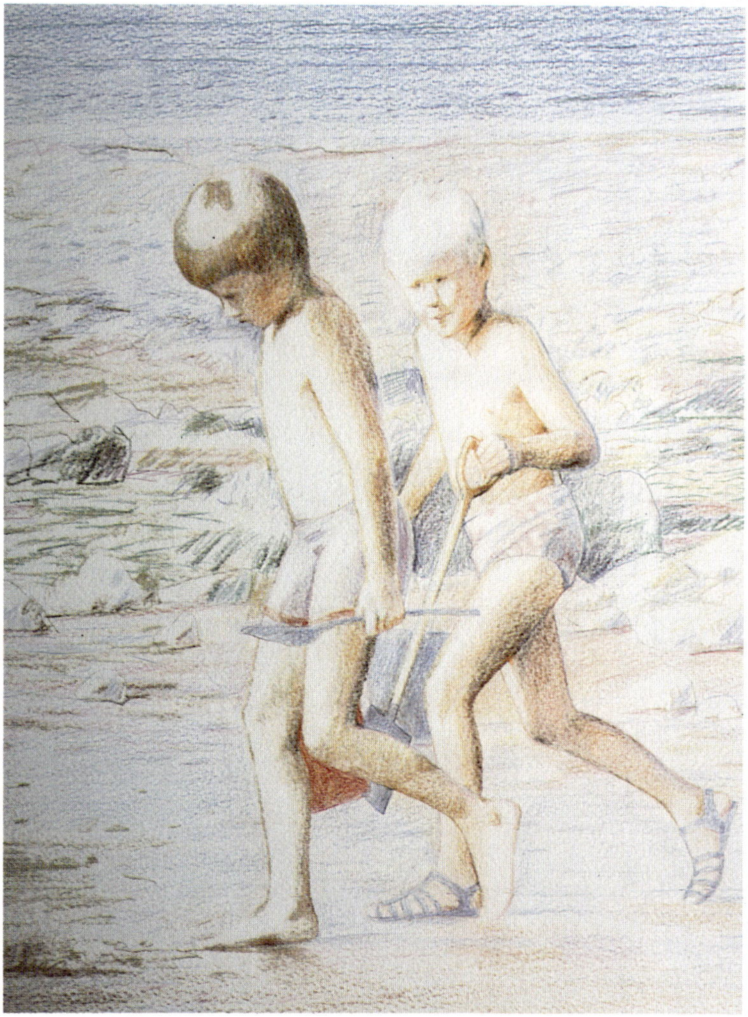

Jungen am Strand

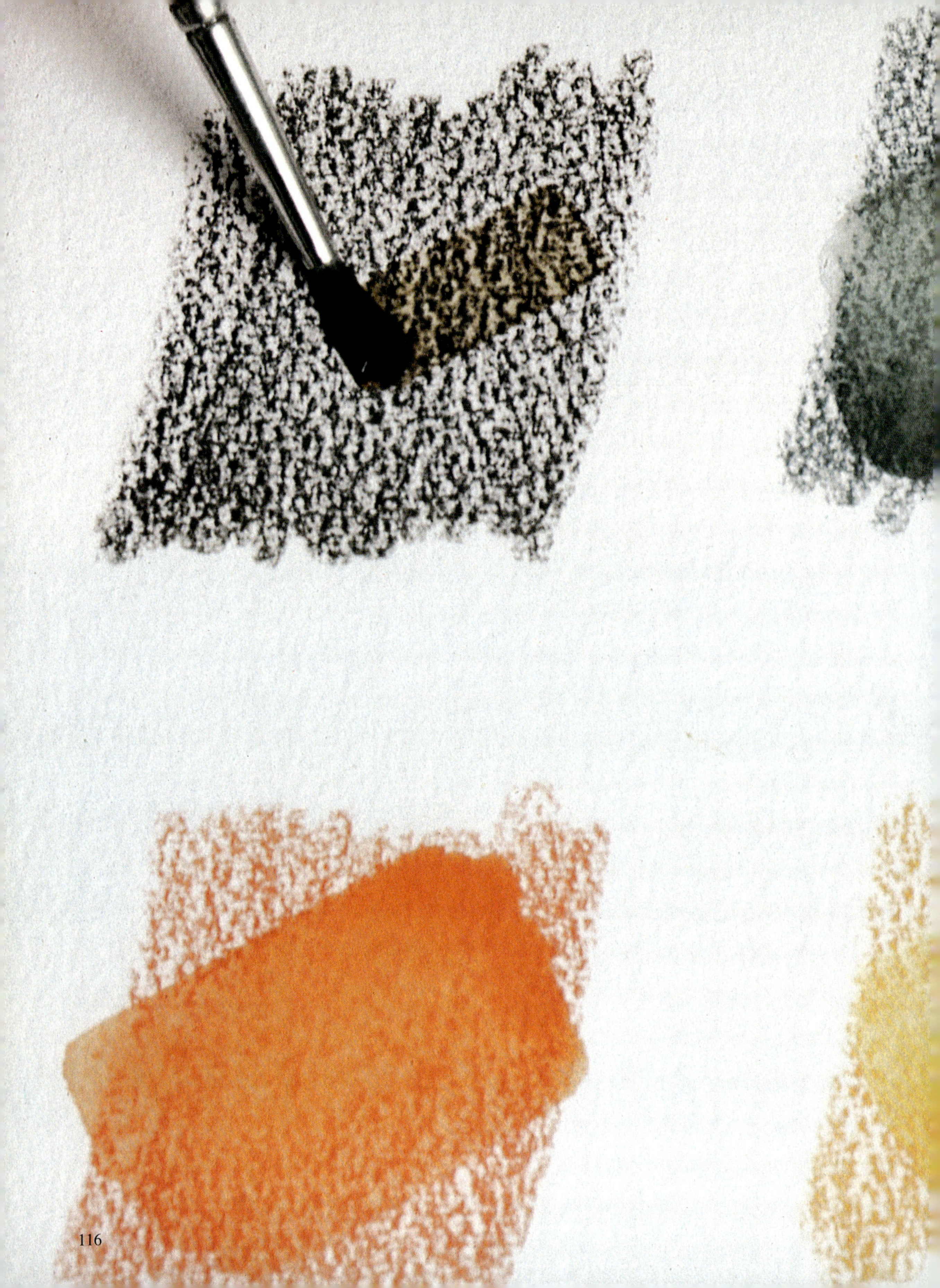

Achtes Kapitel

Wasserlösliche Buntstifte

Alle Buntstiftfarben sind zumindest bis zu einem gewissen Grad wasserlöslich. Vielleicht haben Sie schon einmal einen Buntstift befeuchtet, um eine schön leuchtende und gleichmäßige Farbe zu erhalten. Einige Buntstifte jedoch sind speziell mit löslichen Pigmenten hergestellt und als ›wasservermalbar‹ im Handel erhältlich. Wenn Sie allerdings andere flüssige Lösungsmittel – von Spukke bis hin zu Terpentin – ausprobieren, lösen sich auch bei den meisten anderen Minen die Pigmente bis zu einem gewissen Grad. ›Knackt‹ man die Bindung zwischen den Pigmenten, kann man eine Art Aquarellfarbe herstellen, die Farbe des Stiftes intensivieren oder die Körnung, die Sie mit den meisten Buntstiftfarben erhalten, verstärken oder verfeinern.

Passende Materialien

Bevor Sie mit löslichen Farben zu malen beginnen, sollten Sie entscheiden, welches Papier Sie benutzen wollen. Es gibt zwei Möglichkeiten: Entweder nehmen Sie ein festes Aquarellpapier, das sich im feuchten Zustand nicht wellt, oder ein mittelrauhes Zeichenpapier, das Sie auf eine feste Zeichenunterlage aufziehen. Aquarellpapier ist in verschiedenen Größen als Zeichenblock erhältlich. Ein Block ist vorteilhaft, da er leicht zu transportieren ist, so daß Sie schnell und kleinformatig etwas ausarbeiten können. Bei trockenen Farben bestimmt die Oberflächenstruktur des Papiers den Eindruck der fertigen Zeichnung, da es die Pigmente nur mit der Körnung aufnimmt. Doch bedenken Sie, daß sich beim Arbeiten mit wasservermalbaren Farben die Papierstruktur nachteilig auswirken kann. Eine zu grobe Papierstruktur verhindert möglicherweise das Verlaufen der in Wasser gelösten Pigmente. Aquarellpapier hat außerdem den Vorteil, daß Sie es guten Gewissens wegwerfen können, wenn etwas schiefgegangen ist, während auf eine Unterlage aufgezogenes Papier einen kompletten Tag an Vorbereitung kostet.

Terpentin

Eine Alternative zu Wasser als Lösungsmittel ist Terpentin. Terpentin ist für viele Buntstifte ein hervorragendes Lösungsmittel, egal, ob sie wasservermalbar sind oder nicht. Diese ölige Flüssigkeit bietet Ihnen viele Effekte, die Sie mit Wasser nicht erzielen können. In Wasser gelöst, zerfallen die Pigmente beinahe puderfein, während sie in Terpentin schwimmen, ohne sich wirklich aufzulösen. Außerdem trocknet Terpentin sehr schnell und breitet sich auf dem Papier nicht so stark aus wie Wasser. Vielleicht möchten Sie bei einer in Trockenmaltechnik angelegten Zeichnung nur in bestimmten Bereichen die Farben verdünnen. Dann ist Terpentin ideal, da es leicht zu kontrollieren ist und sehr schnell trocknet, ohne daß das Papier aufweicht und sich wellt.

Alternativ kann man auch die Spitze eines Papierwischers in Terpentin tauchen, um trockene Farben zu verwischen. Man erhält auf diese Weise weichere und gedämpftere Farbeffekte – entweder unabhängig voneinander oder als Mischung. Terpentin und Wasser vermischen sich nicht: Wollen Sie also beide Techniken miteinander kombinieren, ist es sinnvoll, zuerst mit Terpentin zu arbeiten und dann mit Wasser.

Pinsel

Die Pinsel, die Sie zusammen mit wasservermalbaren Buntstiften verwenden, beeinflussen Ihren Stil und Ihre Arbeitsmethode. Je nach Pinsel können sich die Qualität der Lösung, das Verlaufen der Farben und die daraus resultierenden Nuancen beträchtlich verändern. Ein steifer, harter Pinsel aus Schweineborsten reibt die Pigmente fast in die Papierfläche hinein und erzeugt sehr markante Striche. Ein Pinsel aus Marderhaar verbreitet das Wasser ganz zart auf der Oberfläche. Pinsel aus Kunststoffhaaren eignen sich besonders für Alkohollösungen und lassen sich besser kontrollieren als die traditionellen Schweineborstenpinsel.

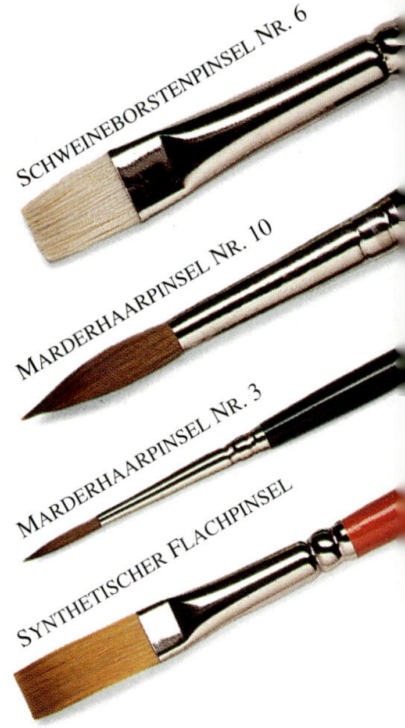

Farblose Mischstifte

Viele farbige Markersortimente enthalten inzwischen farblose Mischstifte. Diese lassen sich überraschend gut auch für Buntstifte verwenden und eignen sich hervorragend dazu, Mischfarben herzustellen, besonders auf kleinen Flächen. Viele Marker haben starke Faserspitzen, die so, wie sie sind, benutzt werden können. Sonst kann man sie auch mit einer Schere oder einem Skalpell in die Form einer Federspitze schneiden, mit der man eine Anzahl unterschiedlich feiner oder dicker Striche zeichnen kann. Marker besitzen gegenüber Wasser oder Terpentin einen entscheidenden Vorteil: Sie sind leicht transportierbar, trocknen fast sofort, und man benötigt kein spezielles Papier für sie. Vorsicht ist allerdings bei Hadernpapiersorten geboten, denn diese nehmen die in den Stiften enthaltenen Chemikalien auf und lassen die Farben ausbluten, was ausgefranste Linien zur Folge hat.

Mischstifte haben den Nachteil, daß die Spitze beim Vermischen von Farben Pigmente aufnimmt, so daß Sie stets darauf achten müssen, die Spitze sauberzuhalten, indem Sie sie entweder mit einem Lappen oder auf Schmierpapier abwischen. Es empfiehlt sich, mehrere Mischstifte parat zu haben und jeden für bestimmte Farben zu benutzen. Im großen und ganzen lösen diese Stifte Pigmente sehr gründlich und bieten mit ihren festen Spitzen Manipulationsmöglichkeiten, die Sie mit kei-

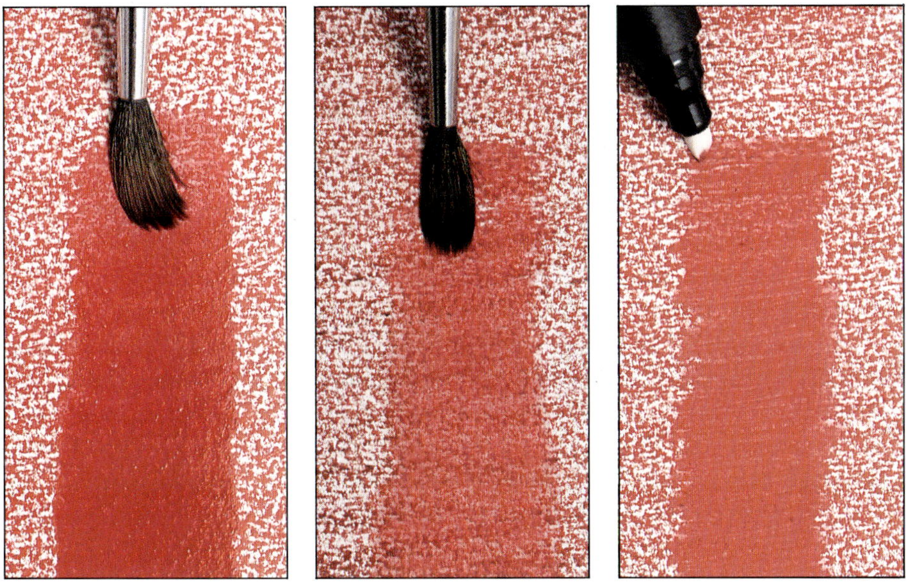

Lösungsmittel
Alle Buntstiftpigmente sind bis zu einem gewissen Grad löslich. Je nach Mine eignen sich unterschiedliche Lösungsmittel: Wasser löst wasserlösliche Pigmente sehr gut und erzeugt eine Lösung, die ohne Flecken trocknet. Terpentin kann für wischfeste Minen verwendet werden, löst jedoch das Bindemittel in der Mine auf und läßt die verbleibenden Pigmentteilchen verklumpen. Acetonhaltige, farblose Marker können für alle Buntstiftpigmente benutzt werden. Sie trocknen sofort, hinterlassen jedoch manchmal einen ›Markereffekt‹.

nem Pinsel haben. Man kann mit ihnen genauer arbeiten als mit Aquarellfarben, wobei ihnen aber bei aller Attraktivität die fließende Qualität von flüssigen Farben fehlt.

Mit nassen Farben experimentieren

Beginnen Sie damit, einige Farben mit maßvollem Druck nebeneinander auf mittelgekörntes Papier aufzutragen. Wiederholen Sie dies mit so großem Druck, daß die Stiftspitze regelrecht in das Papier hineingedrückt wird. Gehen Sie dann mit einem nassen Pinsel über die Ränder der Farbstreifen. Wo die Pigmente weniger dicht sind, zum Beispiel bei den blasseren Farben, breiten sich die Farben mehr aus als bei den dunkleren Tönen und dort, wo mit großem Druck gearbeitet wurde.

Nach diesem Versuch mit reinen Farben können Sie nun einige Streifen reiner und gemischter Farben nebeneinander auftragen. Lassen Sie dabei Farbabstufungen entstehen. Gehen Sie mit einem nassen Pinsel über die Stellen, wo die Streifen aufeinandertreffen. Es ergeben sich ganz subtile Farbveränderungen. Abhängig von der Intensität der Farben haben manche Nuancen mehr Tiefe als andere. Das ist einer der Gründe, weshalb bei wasservermalbaren Farben zunächst die blasseren aufgetragen werden und dann erst die dunkleren. Aus demselben Grund ist es schwierig, beim Arbeiten mit halbtransparenten Farben eine Farbe mit einer anderen zu übermalen.

Das Malen mit Wasser

Nachdem Sie Ihre Materialien ausgewählt haben, analysieren Sie Ihr Motiv, um festzulegen, mit welchem Typ Farben Sie arbeiten möchten. Dabei müssen Sie ganz ähnliche Überlegungen anstellen wie ein Künstler, der mit Aquarellfarben arbeitet. Versuchen Sie, Ihr Bild nicht als eine gezeichnete ›Struktur‹ zu sehen, sondern als fließende Nuancen und Farben.

Haben Sie sich für eine bestimmte Farbpalette entschieden, ist es wichtig festzulegen, in welcher Reihenfolge Sie die Farben auftragen wollen. Gelöste Farben sind nicht ›fest‹ wie trockene Pigmente, sondern halbtransparent wie Aquarellfarben, so daß man sehr feine Farbstrukturen durch das Überlagern der Töne erzielen kann. Wenn Sie die Farben von Hell nach Dunkel aufbauen, tragen Sie zunächst eine Farbe auf, lassen Sie sie trocknen und legen Sie dann eine andere Farbe darüber. So entstehen schrittweise Dichte und Tiefe in den farbigen Bereichen.

Generell ist es sinnvoll, wie beim Malen mit Aquarellfarben zuerst die blasseren Farben anzulegen und die dunkelsten Bereiche bis zuletzt auszusparen. Der Unterschied beim Zeichnen mit Buntstiften ist der, daß Sie die Farbe mit dem Stift auftragen und dann erst mit Wasser mischen. Das bedeutet, daß die Farben zunächst doch ›ordentlich‹ aufgetragen werden müssen, auch wenn sie am Ende weicher und fließender werden. Wenn Sie mit einem Pinsel malen, kann man die Pigmente leicht weich auftragen, ohne sie zu tief in die Körnung des Papiers einzuarbeiten. Doch je mehr Pigmente Sie auftragen, desto mehr breiten sie sich aus und desto größer ist auch die Bandbreite zwischen intensiven, gesättigten Farben und sehr wäßrigen Farben, die Sie erzielen können.

Es ist ratsam, ein Glas mit Wasser bereitzustellen, um die Pinsel zu säubern. Sie benötigen außerdem einen nassen Lappen, in den Sie die Stiftspitze zum Anfeuchten hineindrücken können. Mit einer nassen Buntstiftspitze können Sie leicht große Flächen mit reinen Farben ausfüllen. Das ist leichter, als trockene Pigmente zu verteilen, die außerdem weniger konzentriert sind. Mit Wasser können Sie schnelle Resultate erzielen, aber bedenken Sie, daß jede Bewegung reiflich überlegt sein will. Wasser trocknet recht schnell, und Sie müssen den gesamten Vorgang unter Kontrolle halten.

Nasse und trockene Stifte

Es kann sehr effektvoll sein, bei einer Zeichnung in Wasser gelöste und trockene Pigmente miteinander zu kombinieren. Wenn Sie die trockene Farbe über einer Grundierung auftragen, lassen Sie das Papier zuvor ausreichend trocknen, denn sonst wird nicht nur der Stift angefeuchtet, und die Linien werden wie mit Tinte gemalt aussehen, sondern möglicherweise reißt das Papier sogar. Bedenken Sie auch, daß das Wasser schnell verläuft und dann vielleicht zu viele Farben mischt.

Experimentieren Sie mit der Kombination von trockenen und in Wasser gelösten Pigmenten, indem Sie mehrfarbig getönte Bereiche und Schraffuren mit einer kom-

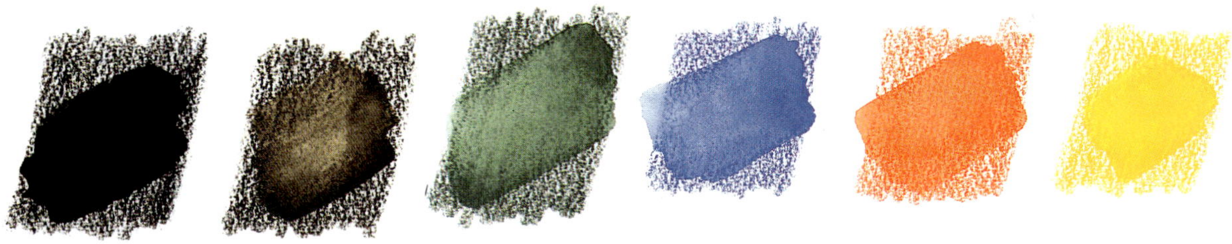

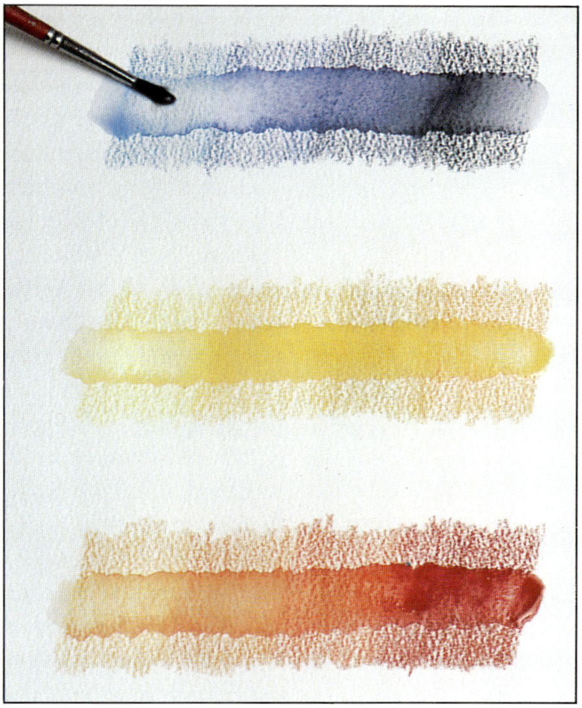

Der Effekt von Wasser auf Farbe
Oben: Diese Farbflächen zeigen eine Grundpalette wäßriger Farben. Blasse Farben verändern sich nicht so deutlich wie dunkle.
Rechts: Die verwischten Farbstreifen machen deutlich, wie gelöste Farben ihre Tönung verändern. Die Nuancen werden lebendiger und die Sättigung wird raffinierter.

Wasserlösliche auf trockenen Farbpigmenten
Man kann komplexe Kombinationen von Mustern und Farben herstellen, indem man wasservermalbare Farben unter oder auf wischfeste Farben aufträgt.
Oben rechts: Ein wasservermalbares Ocker wurde über ein mit wischfesten Stiften aufgetragenes blaues und rotes Gitter gelegt, um einen neuen Effekt zu erzielen.

Mehrere Farben mit Wasser mischen
Unten rechts: Zarte Farben stellt man her, indem man zahlreiche trockene Pigmente überlagert, die dann in einer Lösung vermischt werden.
Ganz rechts: Zwölf nebeneinanderliegende Farben wurden mit Hilfe von Wasser miteinander vermischt, um eine Palette neuer Farben zu bilden.

plementären Farbe überziehen. Dieses Nebeneinander erzeugt Strukuren und erweitert die Möglichkeiten, dreidimensionale Effekte zu erzielen. Probieren Sie das zuerst an kleinen Skizzen aus, indem Sie ein einfaches Motiv zunächst mit trockenen, festen Pigmenten zeichnen und dann den Hintergrund mit wasservermalbaren Stiften überziehen – die Resultate sind oft beeindrukkend.

Der Vorteil dieser Technik ist das Mischen von Farben, was sich jedoch auch als problematisch erweisen kann, besonders bei Glanzlichtern. Markieren Sie die ›weißen‹ Glanzlichter entweder sehr säuberlich und sparen Sie sie dann in der weiteren Ausarbeitung aus, oder verdecken Sie sie mit Maskierflüssigkeit. Sie können eine weiße Fläche auch mit Bleistift sehr stark höhen und dann vielleicht mit Papierwischern weiterbearbeiten. Dies hat bis zu einem gewissen Grad den Effekt einer Wachsbeize, die am Rand später mit wenigen, vorsichtigen Pinselstrichen wieder aufgeweicht werden kann.

Papiertücher eignen sich, um Wasser auf der Arbeit aufzusaugen oder überschüssige Farbe vom Pinsel zu entfernen. Auch ein großer Pinsel aus Marderhaar kann diese Funktion erfüllen und bietet zudem die Möglichkeit, Pigmente auf einer großen Fläche zu verteilen. Für kleinere Flächen oder Details sollten Sie einen feineren, härteren Pinsel hinzunehmen.

Schließlich sei noch erwähnt, daß Sie sowohl mit trockenen als auch mit nassen Farben Effekte erzielen können, indem Sie die Farben nach dem Auftragen mit einem angefeuchteten weißen Stift höhen.

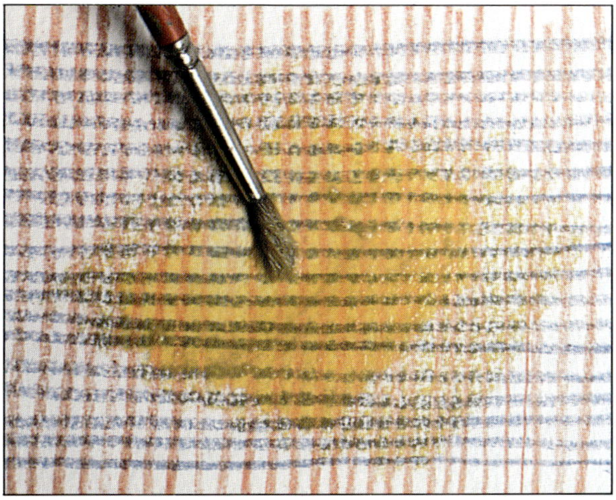

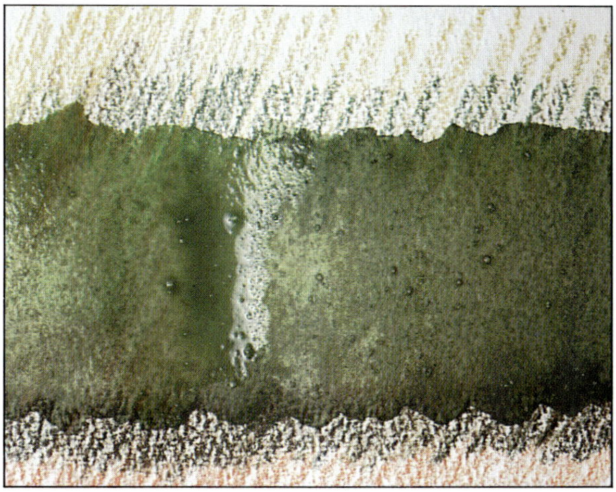

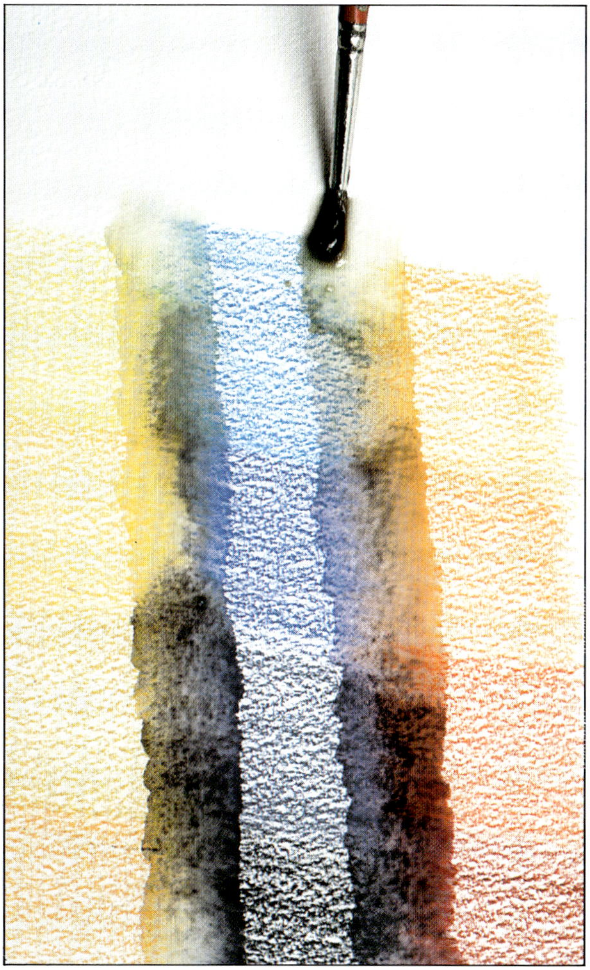

Wasservermalbare und trockene Pigmente
Buntstiftpigmente sind in trockenem Zustand etwas durchscheinend. In verdünntem Zustand verändert sich die Farbe gänzlich: Trägt man sie in Lösung auf eine größere Fläche auf, nimmt ihre Konzentration ab und läßt den weißen Untergrund durchscheinen. Die verschiedenen Nuancen gelöster Pigmente unterscheiden sich stark von denen trockener Pigmente. Die Farbflächen *rechts* vergleichen einige in Wasser gelöste Farbpigmente mit trockenen.

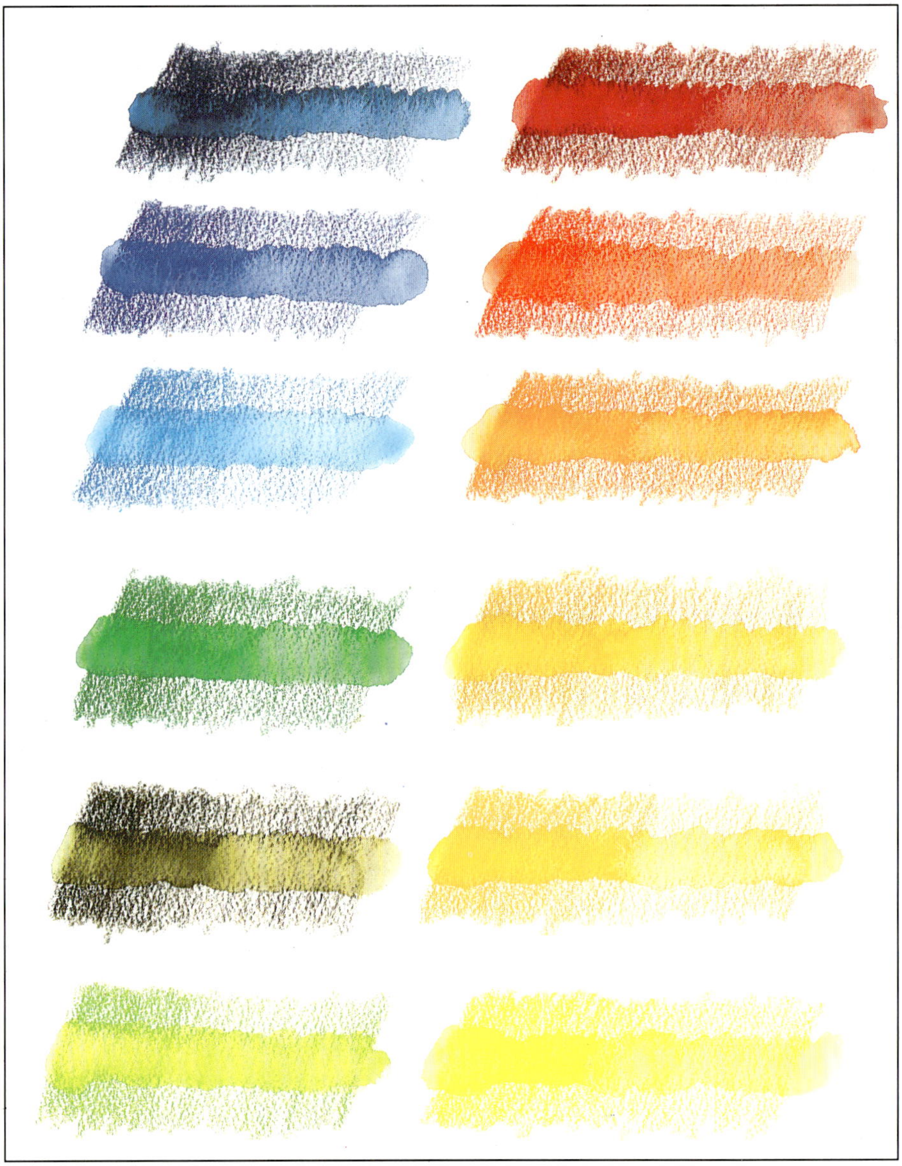

Unten links: Tragen Sie einen einfarbigen Streifen mit trockenen Pigmenten in abgestufter Tönung auf (durch Schichten, nicht durch Druck). Nehmen Sie gekörntes Papier und streichen Sie mit der Seite Ihres Stiftes darüber.
Unten rechts: Gehen Sie dann mit einem nassen Pinsel durch die Mitte dieses Farbstreifens. Das Papier verliert seine Struktur und ist nicht länger durch die Farbe hindurch zu sehen, was eine Veränderung der Farbe zur Folge hat.

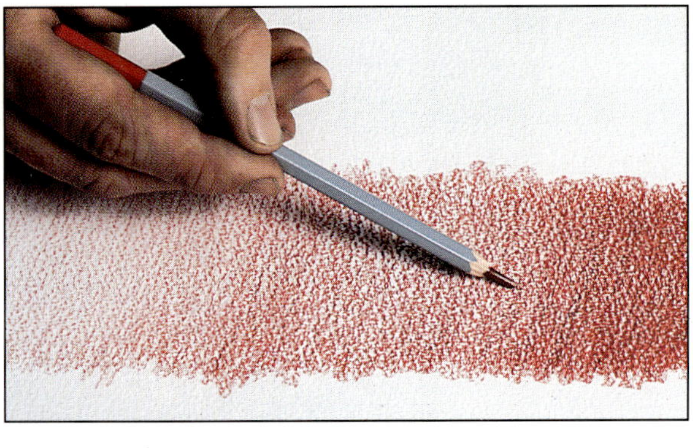

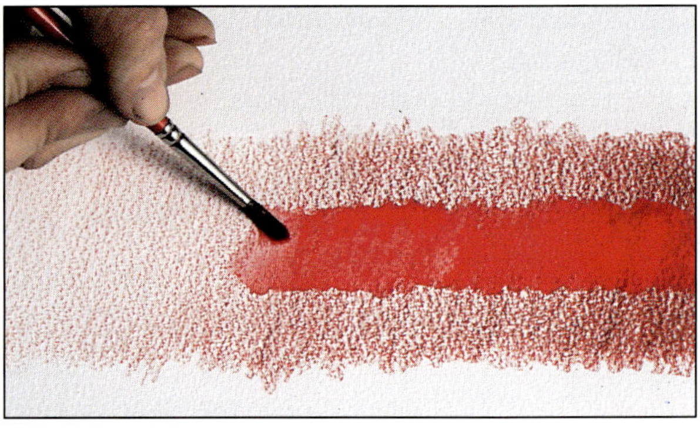

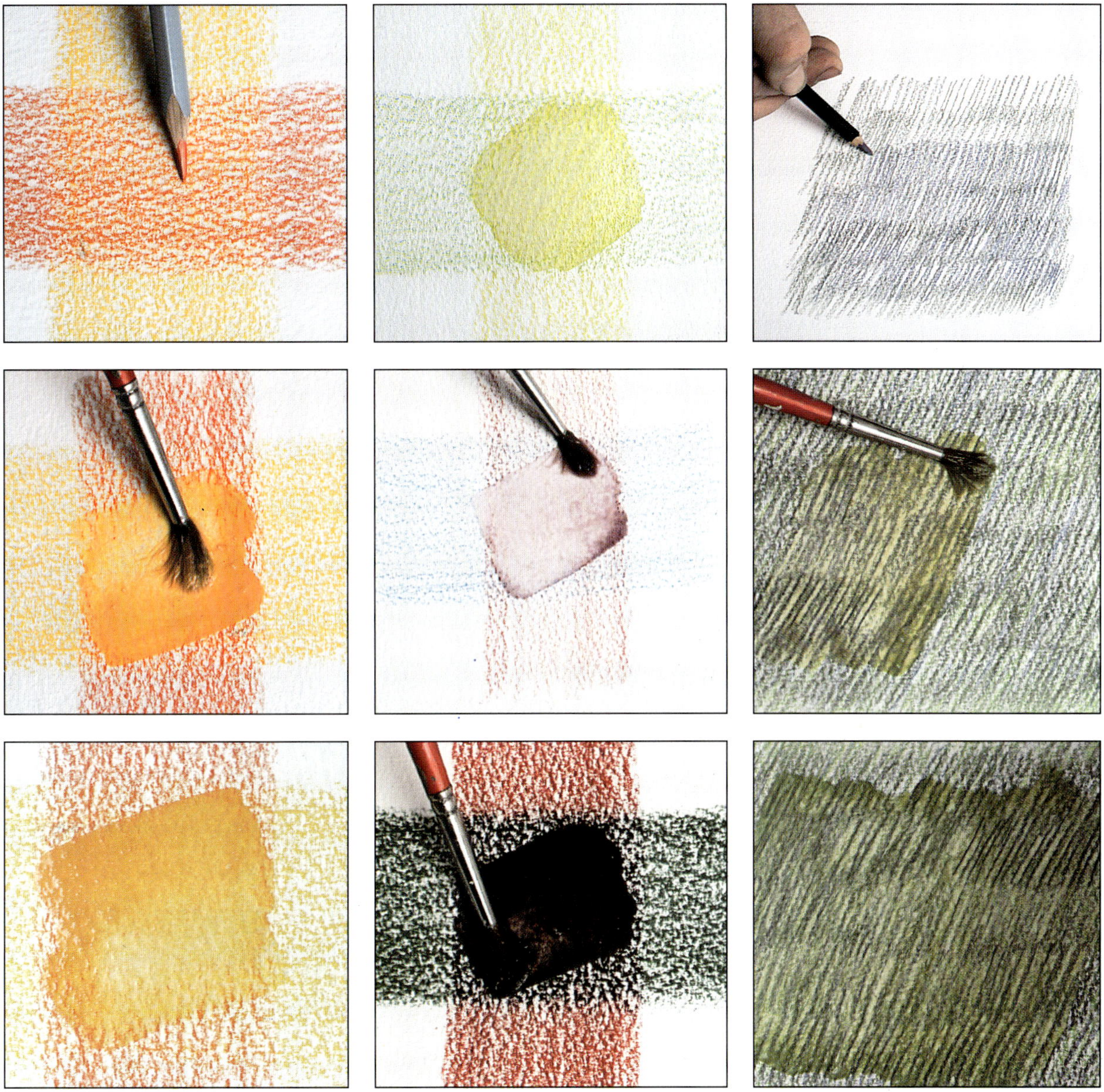

Trockene und nasse Farbpigmente
Testen Sie trockene und nasse Aquarellstifte, um das Potential verschiedener Pigmente in Lösung festzustellen. *Oben*: Zwei Farben wurden übereinander aufgetragen und dann mit einem in Wasser getränkten Pinsel vermischt *(Mitte)*. *Unten*: Das Resultat ist eine neue Farbe mit ganz anderen Schattierungen und Effekten als bei trockenen Pigmenten.

Oben: In der gelben und der grünen Fläche dominiert Gelb, nachdem die Farben verwässert wurden.
Mitte: Auf ähnliche Weise dominiert in dem blauen und roten Feld Rot.
Unten: Im roten und grünen Feld vermischen sich die Farben zu Schwarz.

Durch die Kombination von wischfesten und wasservermalbaren Stiften kann man sehr ausgeprägte Strukturen erzeugen.
Oben: Über wasservermalbares Saftgrün wurden Olivgrün und Indigo aufgetragen.
Mitte: Dann wurde Wasser auf die Oberfläche aufgebracht, das das Saftgrün löste und eine wäßrige Schicht über den dunkleren Farben bildete.
Unten: Das Resultat ist eine neue Farbebene innerhalb der Struktur.

RANUNKEL

Das Farbenspiel auf den Blüten eines Ranunkelstraußes inspirierte den Künstler, ihre Farbe und Struktur zu untersuchen. Ausgehend von einer Blüte entwickelte er die Komposition beinahe kreisförmig, wobei jede Farbe zur vorhergehenden in Beziehung steht. Er arbeitete mit gesättigten und weniger gesättigten Farbflächen und ließ dabei das Papier stellenweise durchschimmern. Das Weiß nahm später die gelösten Pigmente auf, als die umliegenden Farbflächen mit Wasser bearbeitet wurden. Jedes Element wurde bis zum Auftrag der grauen Hintergrundfarbe gesondert behandelt. Dann ›wässerte‹ der Künstler den Hintergrund und schuf so einen weichen Aquarelleffekt. Einige Bereiche überarbeitete er mit dem Pinsel, um mehr Intensität und Struktur zu schaffen. Die vermischten Pigmente verleihen den Blütenblättern Glanz und Tiefe.

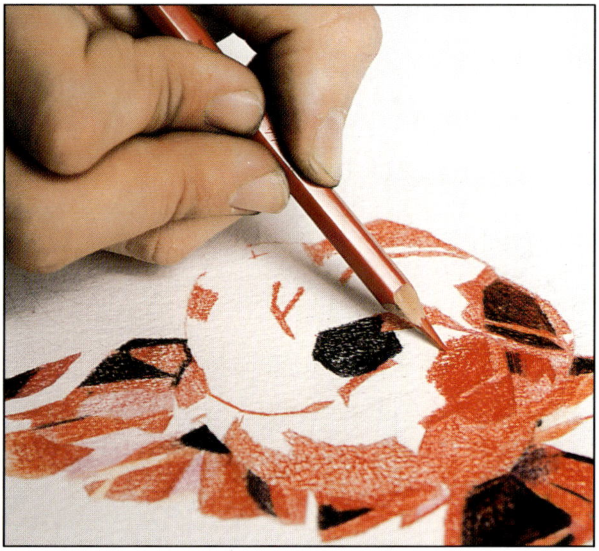

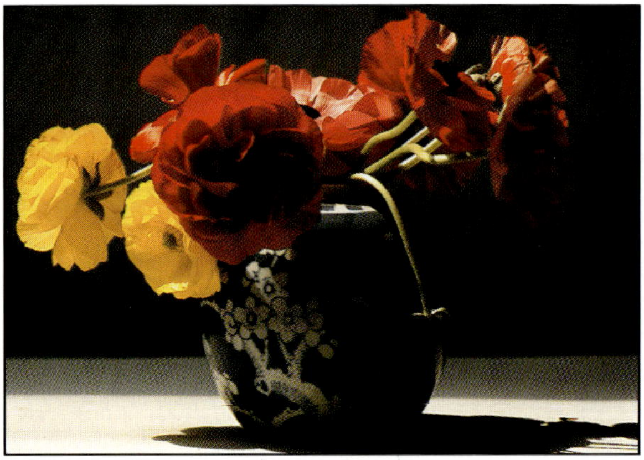

1 *Links*: Die leuchtenden Farben der weit aufgeblühten Blumen in der Vase inspirierten den Künstler, sie in einer Zeichnung festzuhalten.

2 *Oben*: Nachdem der Künstler das Stillleben mit einem HB-Bleistift vorskizziert hatte, benutzte er dunkelkarminrote, schwarze und hellgeraniumrote Aquarellstifte, mit denen er die Farben in kleinstrichigen Schraffuren auftrug. So entstanden kräftige Schattierungen.

3 *Rechts*: Für die dunklen Tönungen der gelben und roten Blüten verwendete der Künstler Schwarz, das in den roten Blütenblättern mit dunklem Karminrot übermalt wurde. Er trug die Farben absichtlich dick auf, damit die Oberflächenstruktur erhalten blieb, als er später Wasser zufügte.

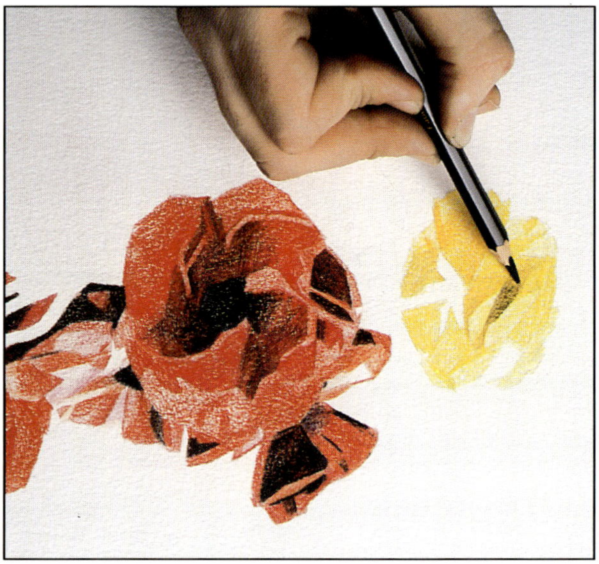

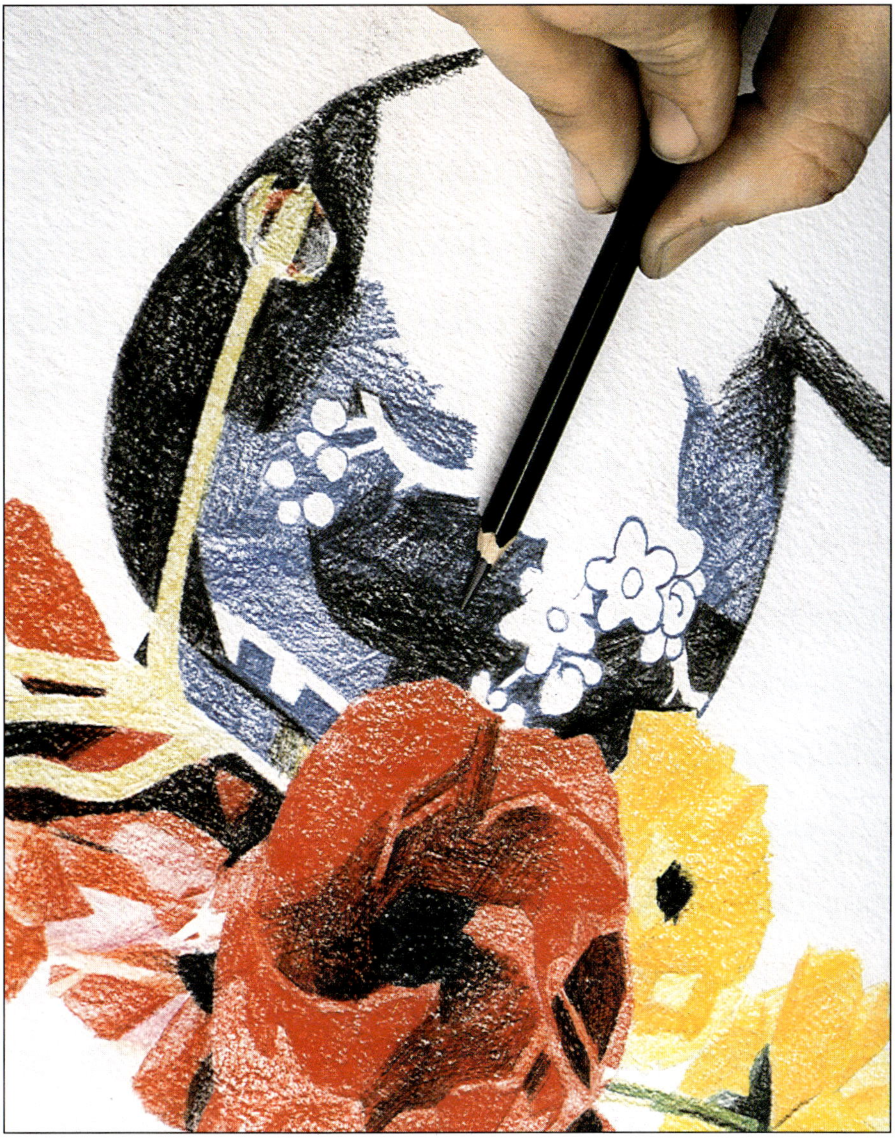

4 *Links*: Auch für die dunklen Schatten der Vase verwendete der Künstler Schwarz, trug die Striche jedoch nicht so dicht wie bei den Blumen auf. Die Bleistiftlinien verschwinden, wenn den Farben Wasser hinzugefügt wird.

5 *Unten links*: Lose hingeworfene Striche in Schwarz gaben der flachen Oberfläche des Hintergrundes Struktur.

6 *Unten rechts*: Die Zeichnung zeigt deutlich die Struktur, die durch die Bleistiftlinien entstand, ebenso die unterschiedliche Dichte der Farben, die der Künstler benutzte. Er beschloß, es nicht dabei zu belassen, sondern den Farben Wasser hinzuzufügen.

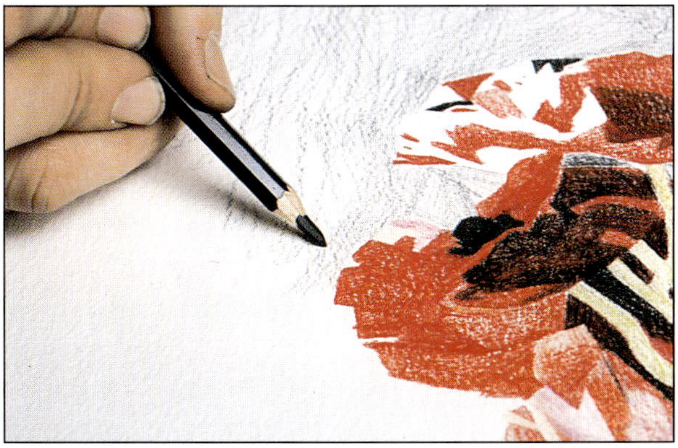

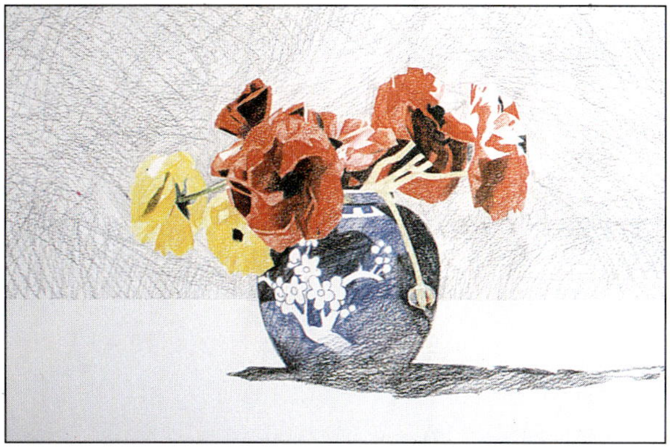

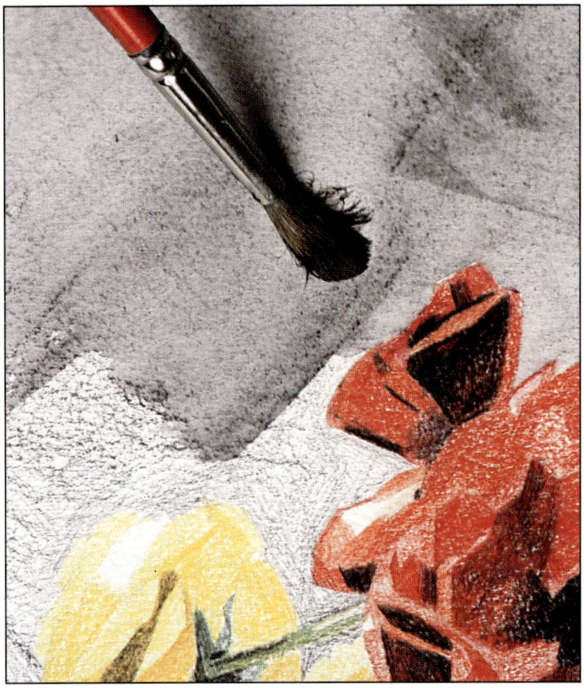

7 *Links*: Mit einem nassen Marderhaarpinsel wurden die Bleistiftmarkierungen im Hintergrund verwischt und eine feinere Struktur erzeugt.

8 *Unten*: Auch bei einigen Blütenblättern wurde mit Wasser gearbeitet, was die Farbe verfeinerte und den attraktiven Effekt eines Überzugs erzeugte.

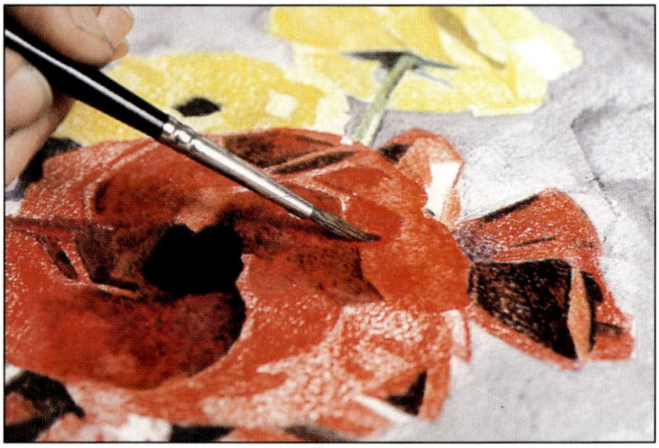

9 *Rechts*: Auch die Vase wurde mit einem nassen Pinsel überzogen, der die Aquarellfarben der schattigen Bereiche bis auf die weißen Blumen auf der Vase ausdehnte und sie ebenfalls zu einem Schattenbereich machte.

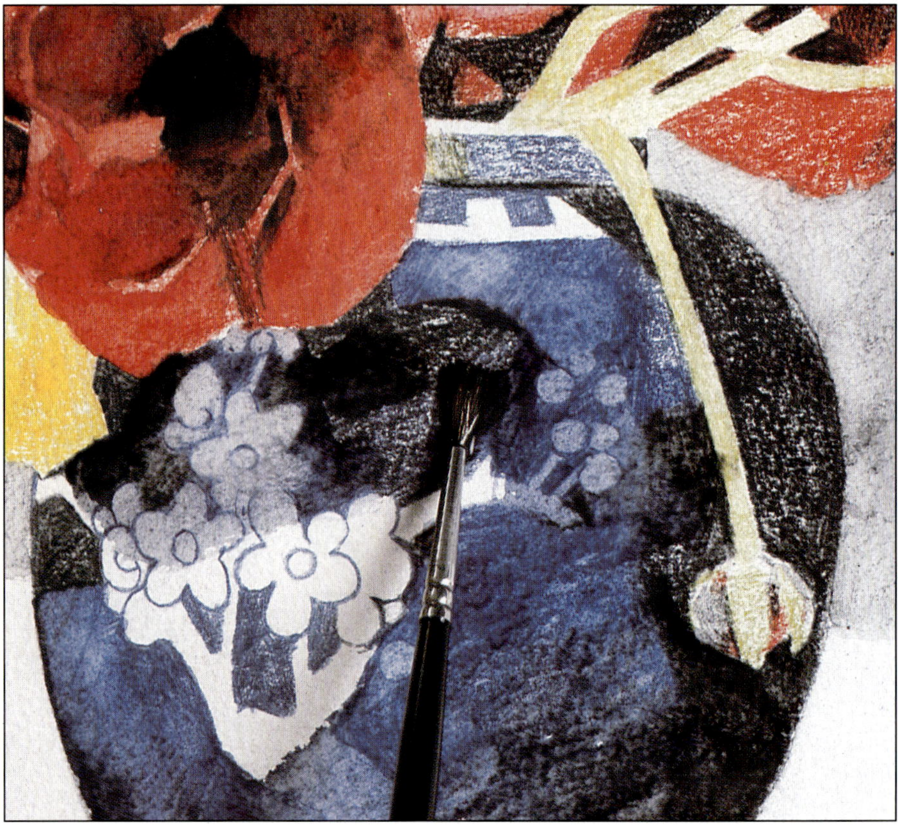

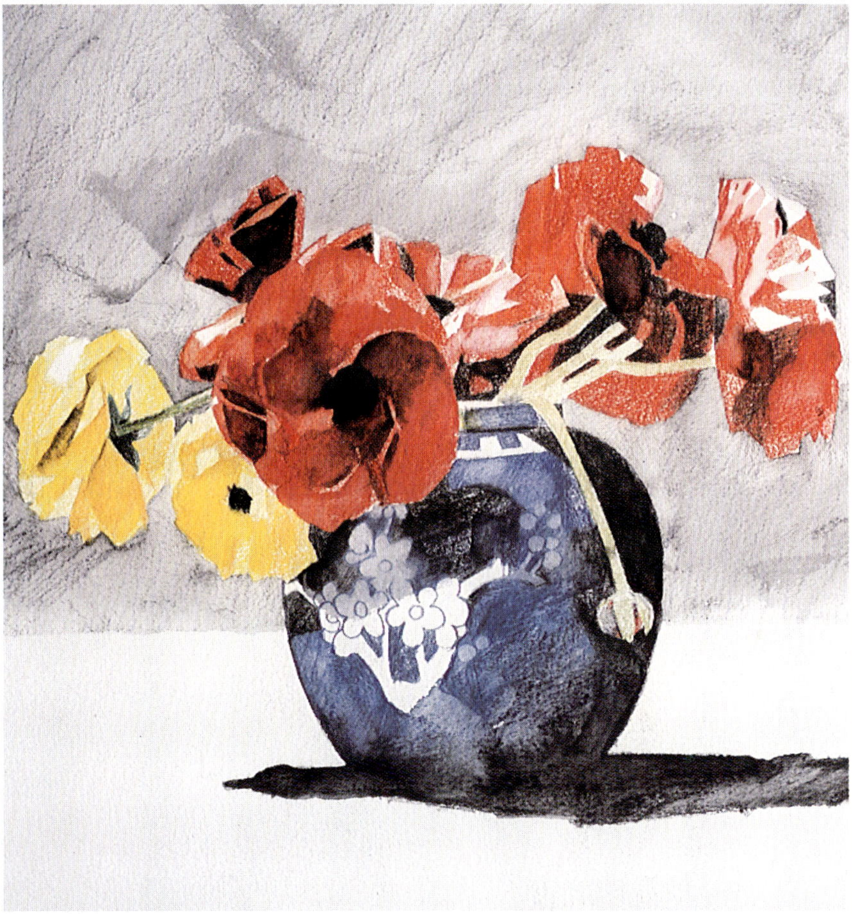

Ranunkel

10 Im fertigen Bild wirkt die Farbe der Blumen durch den leicht dunkleren Hintergrund, der durch das Vermischen von Grautönen entstand, kräftiger. Der Künstler verwendete nicht für alle farbigen Bereiche Aquarellfarben, so daß Struktur und Oberflächenbehandlung ausgewogen sind. Er arbeitete mit Stiften von Caran d'Ache und Faber-Castell auf gedehntem Bockingfordpapier.

DIE SPIEGELUNG

Das Streulicht und das Spiegelbild des nackten Körpers regten den Künstler zu einer luftigen Darstellung der Szene an. Anhand von Hilfslinien skizzierte er die farbigen Bereiche ein. Wie mit einem Pinsel führte er langgezogene, schwingende Bewegungen aus, um fließende Linien zu schaffen. Die Farben bauen sich als linear abgestufte Schattierungen auf, die betonte Glanzlichter und Schatten darstellen. Der Künstler ließ viel weißes Papier durchscheinen. Kleine Flächen überarbeitete er mit einem wassergetränkten Marderhaarpinsel, um ihnen letzten Schliff zu geben. So wurden die Linien unsichtbar, und er schuf tiefe Farbpools, die die Tiefe der Schatten intensivieren.

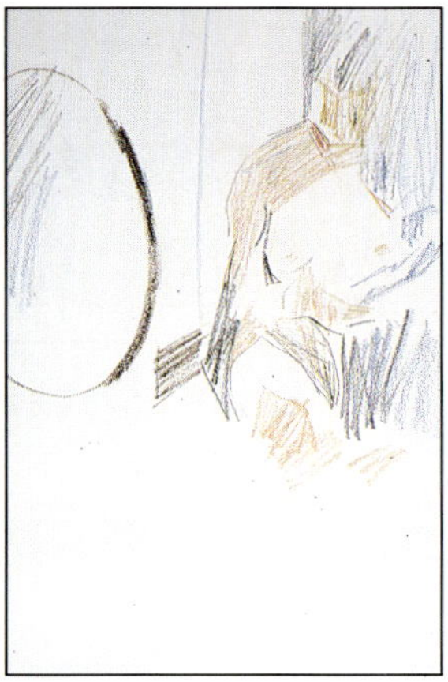

1 *Links*: Mit einfachen, breiten Strichen legte der Künstler die Hauptfarben der Komposition fest. Er sah die Figur als Facetten von Licht und Farbe und beschloß, sie mit Farbflächen, die durch das glatte Oval des Spiegels und den Tisch ausbalanciert wurden, darzustellen.

2 *Rechts*: Die Pigmente wurden zunächst dünn aufgetragen, da sie die Vorstufe für weitere Farbe waren und den Einsatz von Wasser – zum Verdünnen der Farben – vorbereiteten.

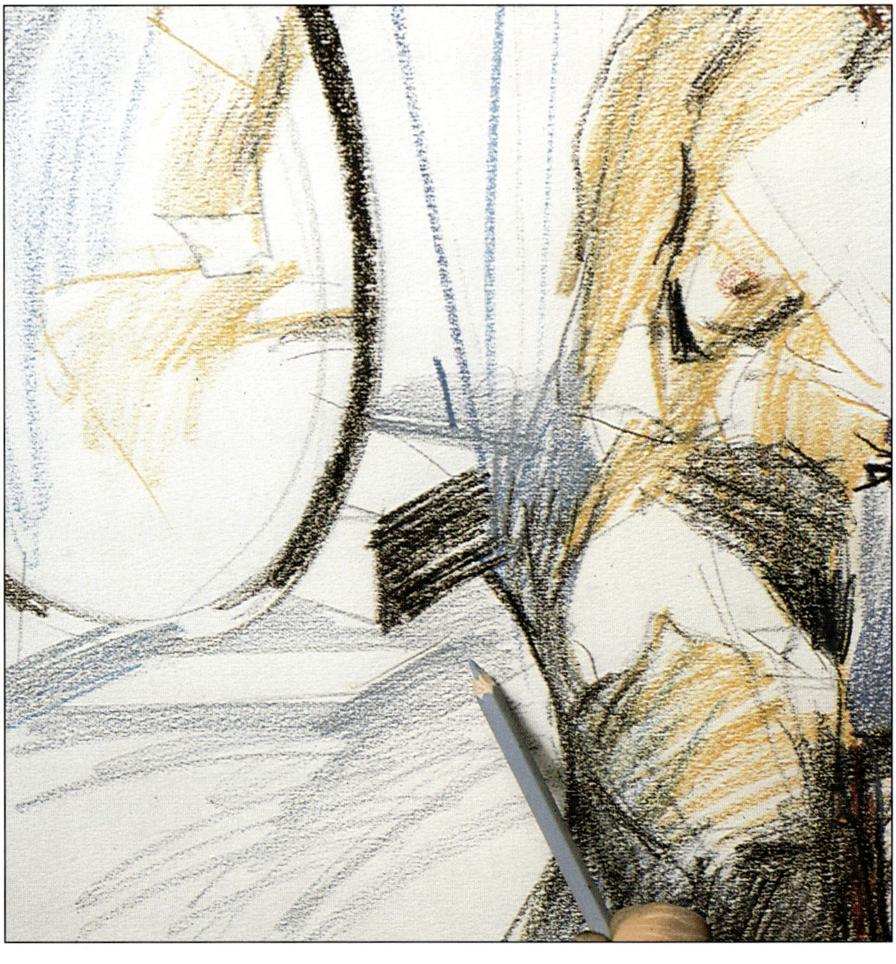

3 *Unten*: Die Farben der Komposition wurden rechts kräftig aufgetragen, während die blasse, reflektierende Fläche des Spiegels und der Tisch frei blieben.

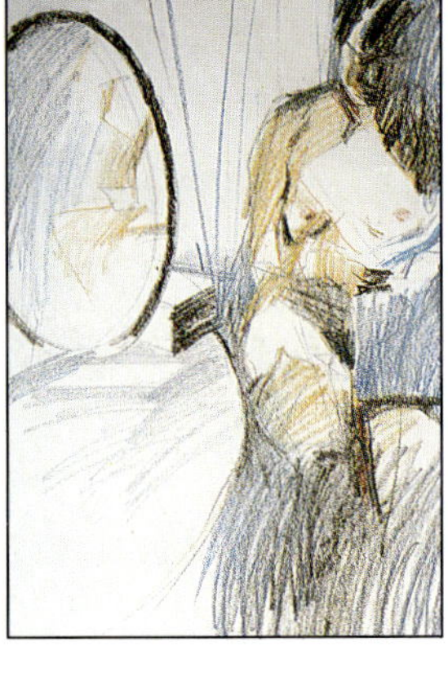

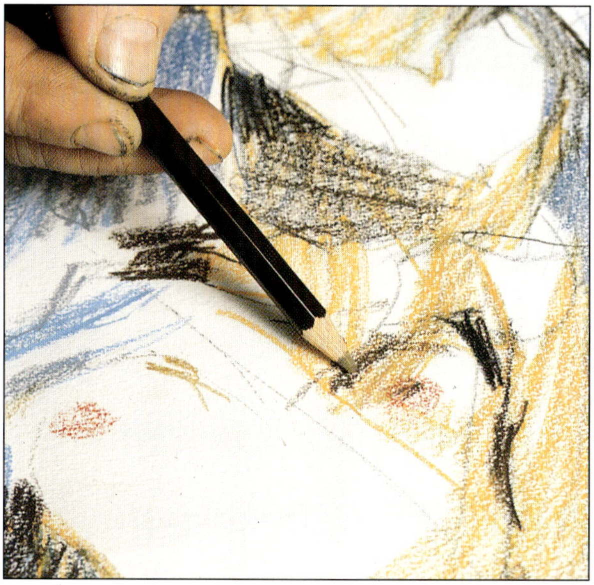

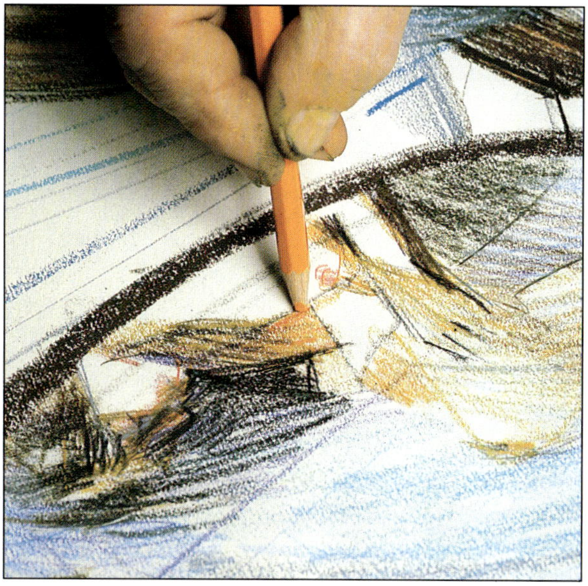

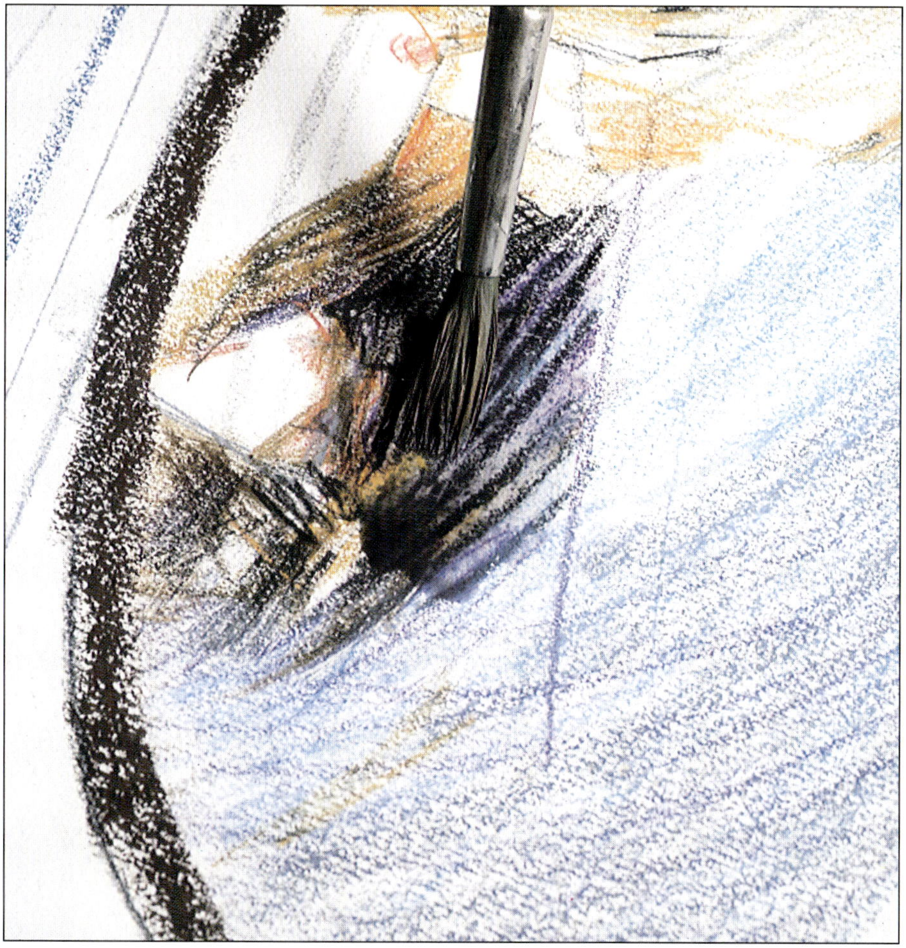

4 *Oben links*: Mit breiten Strichen, bei denen der Künstler den Stift von oben faßte und mit den Seiten der Stiftspitze über das Papier strich, legte er mehrere Farbschichten übereinander, die sich in den Schattenbereichen mischen.

5 *Oben rechts*: Mit größerem Druck arbeitete der Künstler im Bereich des Spiegels die Farben exakt in die bereits vorhandenen Pigmente ein, was diese betont und dunkler erscheinen läßt.

6 *Links*: Mit einem feuchten Marderhaarpinsel löste der Künstler die Pigmente auf der Oberfläche des Spiegels und verteilte sie über eine größere Fläche. Durch Vermischen und Verdünnen erreichte er ein wäßriges, reflektierendes Bild.

7 *Rechts*: Relativ kleine Farbablagerungen kann man verdünnen, um sie über größere Flächen zu verteilen. Auf dieser Abbildung breitete der Künstler eine kleine Bleistiftlinie mit einem Pinselstrich über einen vergleichsweise großen Schattenbereich aus. Er achtete darauf, nur die Farben zu berühren, die er wirklich vermischen wollte.

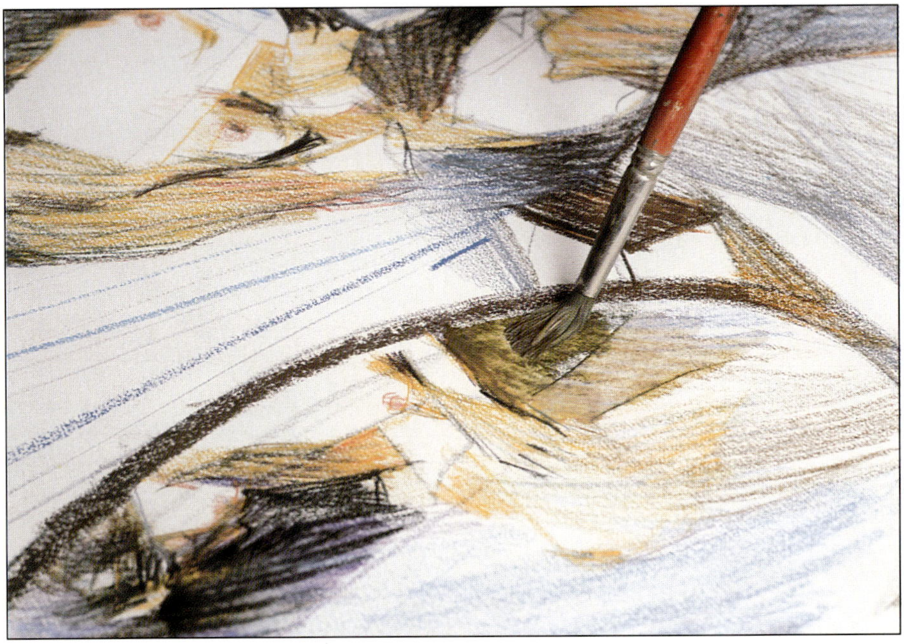

8 *Unten links*: Mit der Seite des Pinsels breitete der Künstler ein paar der blauen Linien über eine große Fläche aus und vermischte sie vorsichtig mit Schwarz und Umbra, um einen grauen Schatten zu erreichen.

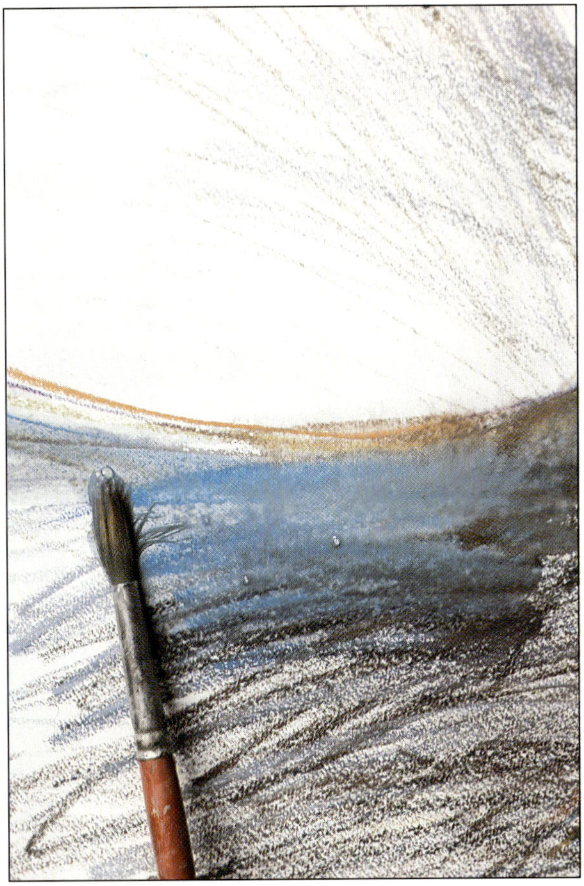

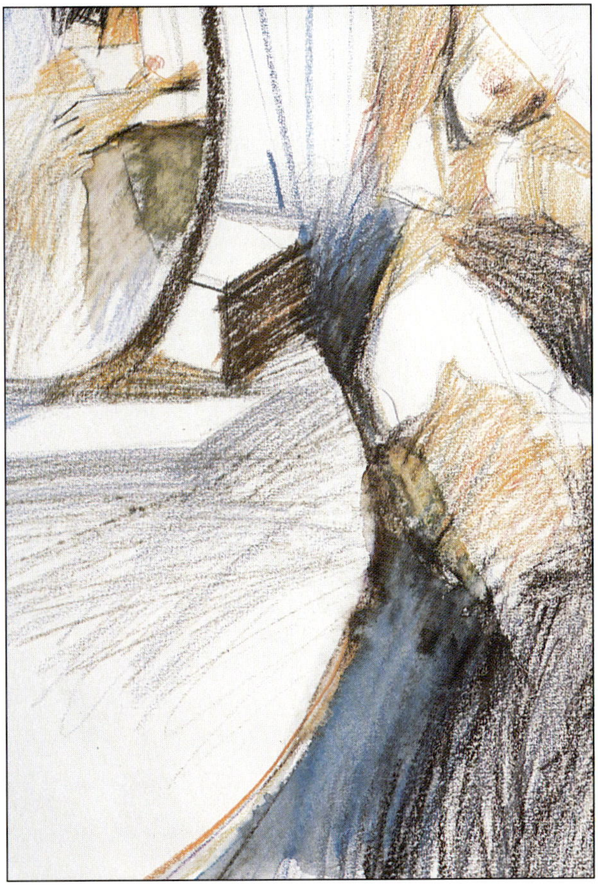

9 *Links*: Die verwässerten Pigmente verhalten sich genau wie Aquarellfarben, sind jedoch in ihrer Substanz körniger und hinterlassen angesammelte Pigmente mit einem scharf abgegrenzten Rand.

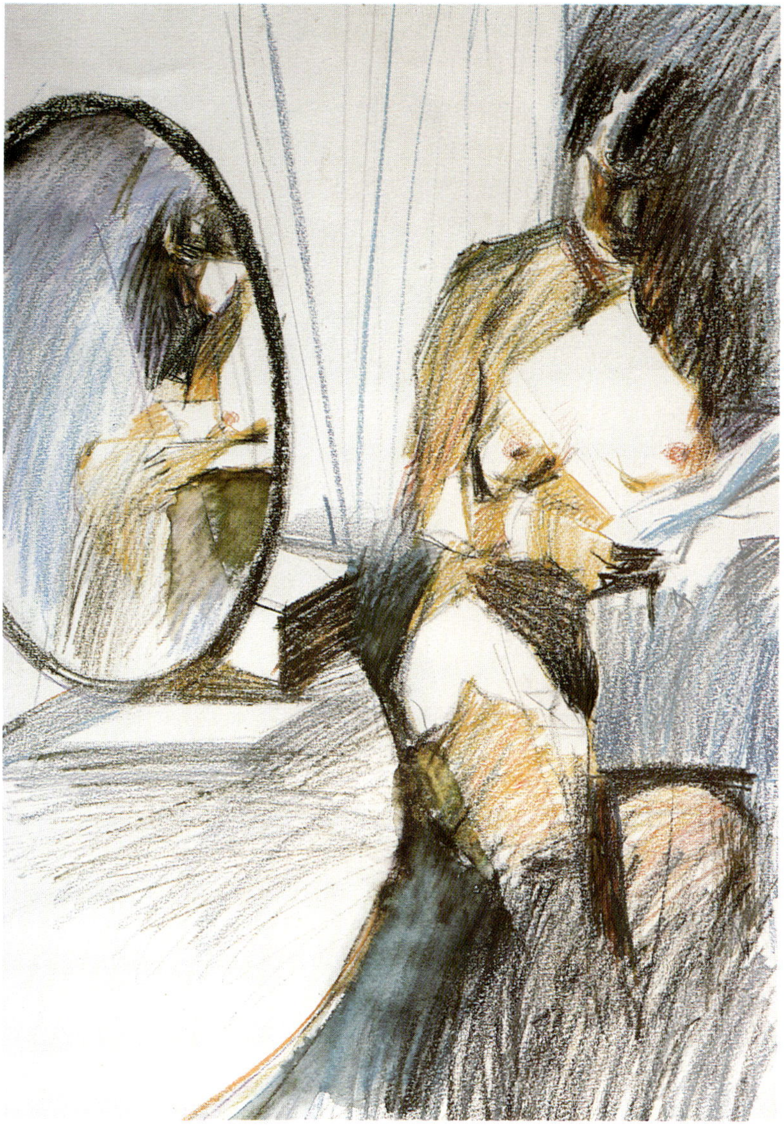

Die Spiegelung

10 Die wäßrige Qualität dieser skizzenhaften Zeichnung wurde durch den sparsamen Einsatz von Wasser erzielt. Das ist eine weitere Technik des Farbenmischens und schafft bei den lose ausgeführten Linien eine solidere Struktur.

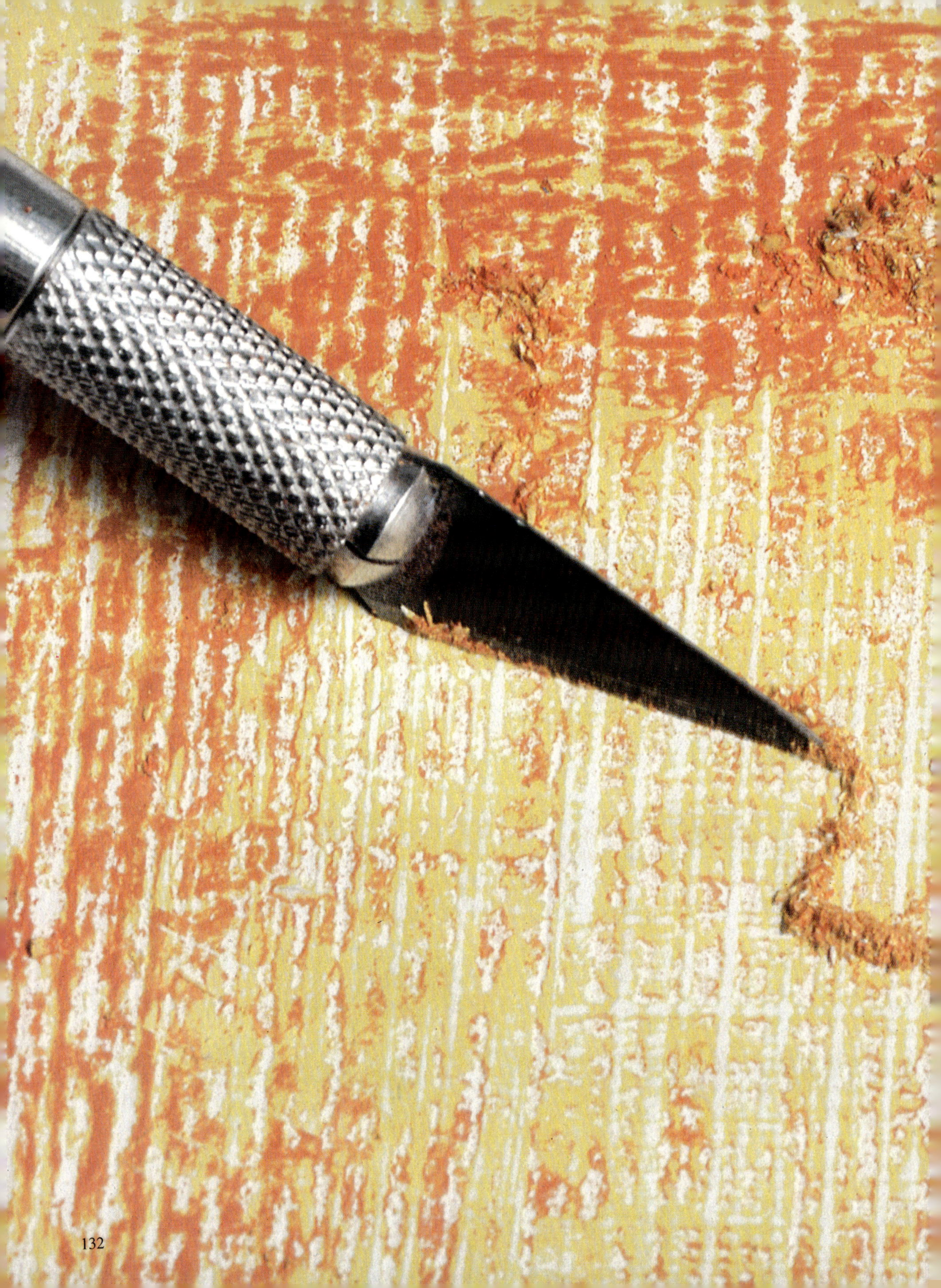

NEUNTES KAPITEL

SGRAFFITO

Der Begriff Sgraffito stammt aus dem 18. Jahrhundert und beschreibt eine künstlerische Technik, die seit den frühesten Zeichnungen existiert. Dabei werden Linien in eine Oberfläche eingeritzt oder eingekratzt. Oft werden mehrere Schichten von Farben abgetragen, um darunterliegende Schichten freizulegen, ein Verfahren, das schon die Alten Römer kannten. Sie brachten farbigen Putz auf die Wände ihrer Villen auf und ritzten dann Linien hinein, um die darunterliegenden Farbschichten sichtbar zu machen. Viele wundervolle Beispiele dieser ›Radierungen‹ sind noch heute in den Ruinen von Rom und Pompeji zu sehen. Die Technik wird auch häufig in der Keramikindustrie angewandt, wo zur Dekoration von Töpferwaren Muster in farbige Engoben und Glasuren eingeschnitten werden. In Buntstiftzeichnungen können Sie mit eingeritzten Linien faszinierende Resultate erzielen.

Beim Zeichnen gibt es verschiedene Möglichkeiten, Oberflächenstrukturen zu schaffen. Wie bei Wischtechniken ist es möglich, die Oberfläche und selbst die Farbe einer Zeichnung zu verändern, indem die Oberfläche ganz oder teilweise überarbeitet wird. Dies hat eher dekorativen Reiz, als daß es direkt für die Komposition relevant wäre. Die Struktur eines Bildes stellt eine zusätzliche Dimension dar, die so wichtig ist wie die Struktur des benutzten Papiers, die Struktur der Buntstiftminen und die dargestellte Struktur. Elemente des Sgraffito können sowohl im Anfangsstadium einer Zeichnung als auch abschließend eingearbeitet werden.

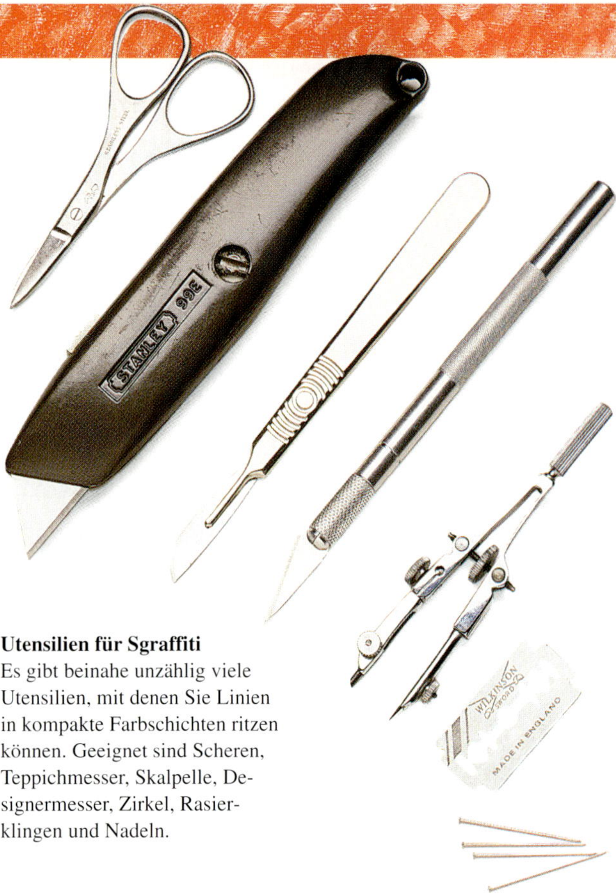

Utensilien für Sgraffiti
Es gibt beinahe unzählig viele Utensilien, mit denen Sie Linien in kompakte Farbschichten ritzen können. Geeignet sind Scheren, Teppichmesser, Skalpelle, Designermesser, Zirkel, Rasierklingen und Nadeln.

Die Auswahl des Papiers

Es ist wichtig, Linien sorgfältig zu planen, denn wenn die Oberfläche einmal abgekratzt wurde, ist es schwierig, eventuelle Fehler mit nachträglich aufgetragenen Farbschichten wieder auszugleichen. Außerdem sollten Sie genau wissen, welchen Effekt Sie erzielen wollen, da das Papier eventuell nötigen Schneidearbeiten standhalten muß. Eine sehr weiche oder stark strukturierte Oberfläche eignet sich nicht für Sgraffito und reißt vielleicht unter dem Druck. Beim Entfernen von Farbschichten mit einer Rasierklinge etwa kann dünnes Papier knittern. Probieren Sie also eine Anzahl starker Materialien wie Karton oder kaltgepreßte Papiersorten aus. Jedes Papier mit einer kartonähnlichen Oberfläche ist brauchbar. Denken Sie daran, daß Sie Farben zunächst sehr dick auftragen müssen, um sie anschließend entfernen zu können – das kann aber dazu führen, daß das Papier sich wellt.

Ein Grund mit einer Oberfläche, die wieder entfernt werden kann, eignet sich am besten für diese Technik. Sie können alternativ einige Kartons mit Acrylgessogrundierung vorbereiten. Gessogrundierung und Grundierweiß finden Sie in Geschäften für Künstlerbedarf. Man kann sie sehr schnell mit einem breiten Pinsel auf Karton auftragen, und sie sind eine gute Grundlage für Buntstifte. Man kann einige interessante Effekte erreichen, während die Oberfläche aushärtet. Das geschieht innerhalb von Minuten, und Sie haben sofort eine Struktur. Probieren Sie auch aus, Papier in einem Behälter mit Gips einzuweichen (wie Sie es beim Dehnen tun würden) und lassen Sie es über Nacht trocknen, nachdem Sie die Ecken auf einer Pappe fixiert haben. Diese Behandlung erzeugt eine glatte, imprägnierte Gipsoberfläche, mit der man sehr vorsichtig umgehen sollte.

Werkzeuge und Spuren, die sie hinterlassen

Tragen Sie mit einer Anzahl von Mischfarben große Mengen von Buntstiftpigmenten auf unterschiedlich grobe und glatte Oberflächen auf und experimentieren Sie mit Farbschichten, indem Sie die hellen Töne zuerst auftragen und mit einer dunklen oberen Schicht aufhören, dann kehren Sie den Vorgang um. Entfernen Sie dann die Pigmente mit unterschiedlich scharfen Werkzeugen, ohne in die Zeichenunterlage zu schneiden. Das ist leichter gesagt als getan, und es wird Sie einige Geduld kosten, bis Sie die Papieroberfläche nicht mehr beschädigen. Die Art des Instruments, mit dem Sie die Linien einkratzen, und wie und in welchem Winkel Sie es ansetzen, bestimmen den Stil der erzeugten Elemente.

Sie können praktisch jedes Metallobjekt verwenden, angefangen bei Stecknadeln über Rasierklingen, Skalpelle bis hin zu Teppichmessern. Ein einziges Instrument genügt, um eine Vielzahl verschiedener Markierungen zu erzielen. Die meisten Klingen haben scharfe Spit-

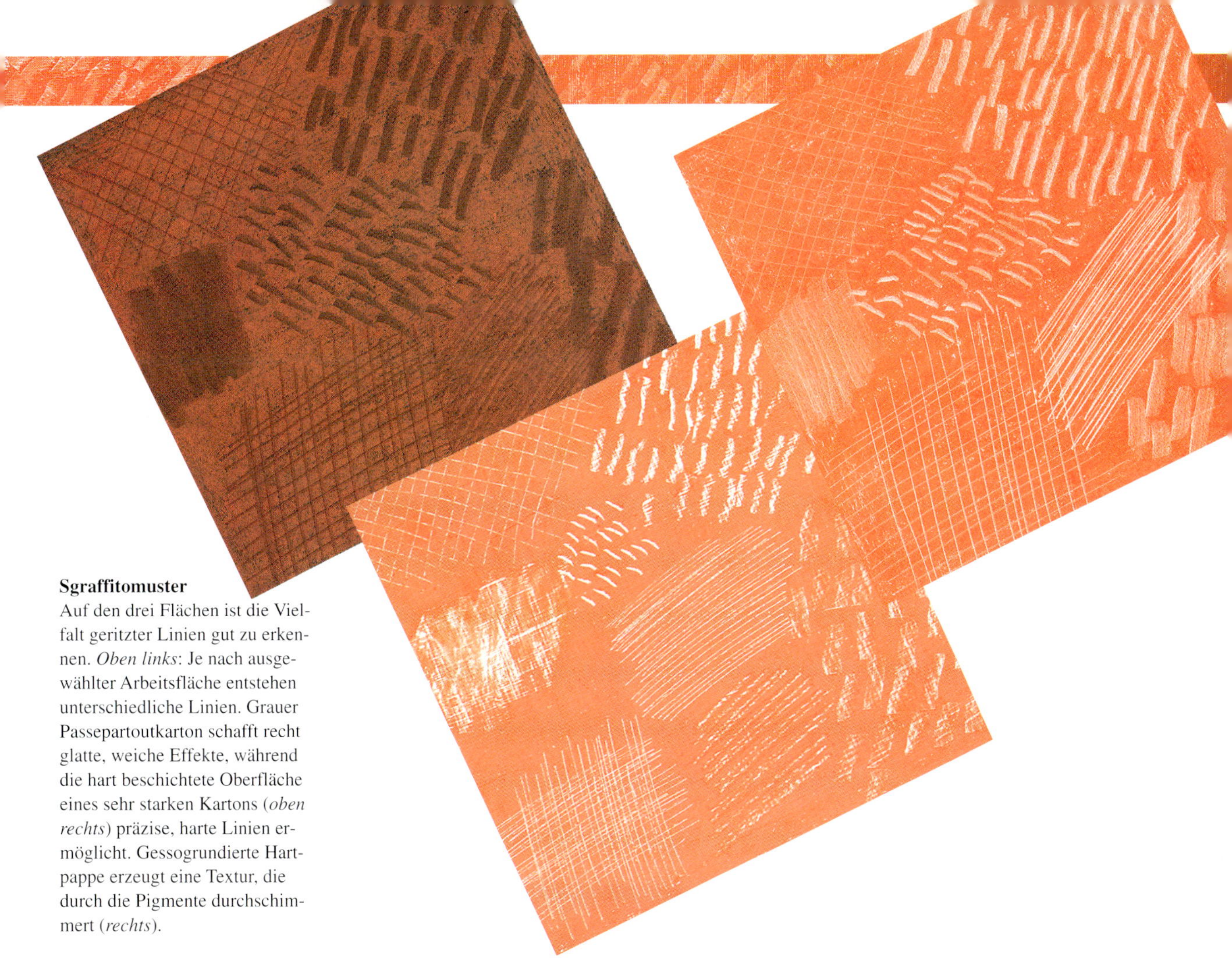

Sgraffitomuster
Auf den drei Flächen ist die Vielfalt geritzter Linien gut zu erkennen. *Oben links*: Je nach ausgewählter Arbeitsfläche entstehen unterschiedliche Linien. Grauer Passepartoutkarton schafft recht glatte, weiche Effekte, während die hart beschichtete Oberfläche eines sehr starken Kartons (*oben rechts*) präzise, harte Linien ermöglicht. Gessogrundierte Hartpappe erzeugt eine Textur, die durch die Pigmente durchschimmert (*rechts*).

zen und lange, flache Klingen. Das ermöglicht Ihnen, eine Vielzahl von Effekten zu erreichen.

Ritzt man in eine dunkle Farbschicht, um eine darunterliegende hellere freizulegen, ist die Wirkung ähnlich wie bei einer Radierung. Man kann so sehr feine farbige Linien erzeugen, was mit keiner anderen Methode möglich ist. Oberflächenmuster – von nadelfeinen Stichen bis zu sanft abgestuften Kratzern – und -strukturen können entwickelt werden, um einer sonst flachen Farbe eine weitere Dimension hinzuzufügen. Versuchen Sie, mit einem langen Skalpell zu arbeiten (das sich sehr leicht biegt) und kleine, spitze Einschnitte zu machen. Nehmen Sie dann eine Messerklinge oder eine Rasierklinge, um sanft über die Farbfläche zu streifen und schrittweise feinen Farbstaub zu entfernen. Durch das Entfernen konzentrierter Pigmente erhalten Sie sehr feine, blasse Nuancen – die Klinge entfernt nicht nur überschüssige Pigmentpartikel, sondern vermischt und verfeinert auch die verbleibende Farbe.

Man kann vermischte Farben verfeinern, indem man die Pigmente mit dem Messer noch weiter mischt und regelrecht in die Papieroberfläche einreibt. Sie müssen jedoch beachten, daß die Papieroberfläche so dauerhaft Pigmente aufnimmt. Ritzen Sie später wieder bis auf die Papieroberfläche, ist sie nicht mehr weiß, sondern fleckig. Trotzdem können Sie auch auf diese Weise ein recht effektives ›Weiß‹ erzielen – kein reines Weiß, sondern leicht getöntes, das dezent mit dem Ton, aus dem es herausgeschnitten wurde, verschmilzt.

Mit Sgraffito läßt sich hervorragend Tiefe schaffen, sei es für die Oberflächenstruktur im ganzen oder auch nur für bestimmte Bildbereiche. Denken Sie daran, daß der Erfolg davon abhängt, ›umgekehrt zu denken‹, das heißt, Farbschichten in der Reihenfolge aufzutragen, in der sie entfernt werden.

Papieroberfläche und Farbdichte

Rechts: Die Oberfläche des Papiers und die Dichte und Stärke der Farbschichten bestimmen die Wirkung einer Sgraffitozeichnung. Die Art der Linien – seien es kurze, ›gestochene‹ Striche, Schraffuren oder lange, feine Schnitte – wird größtenteils von diesen Faktoren bestimmt.

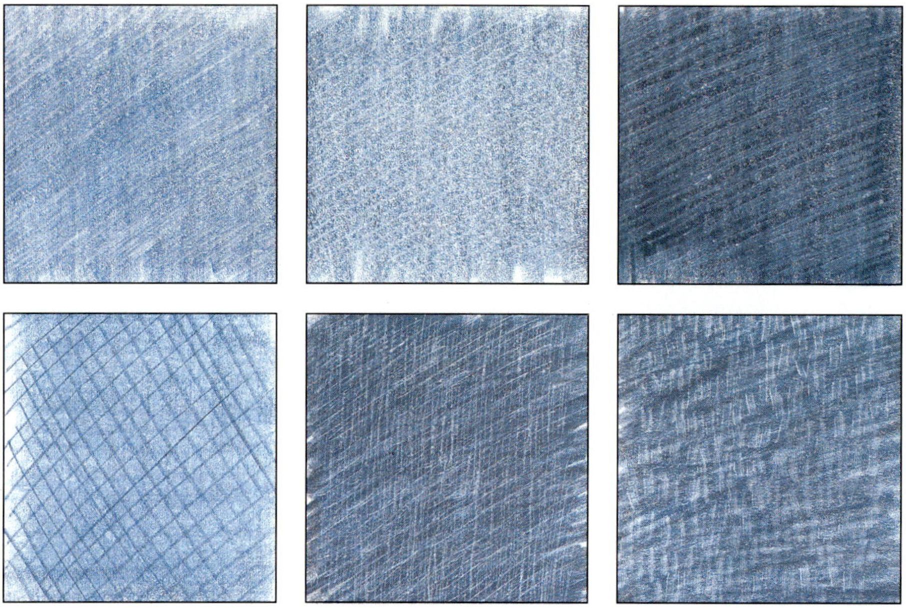

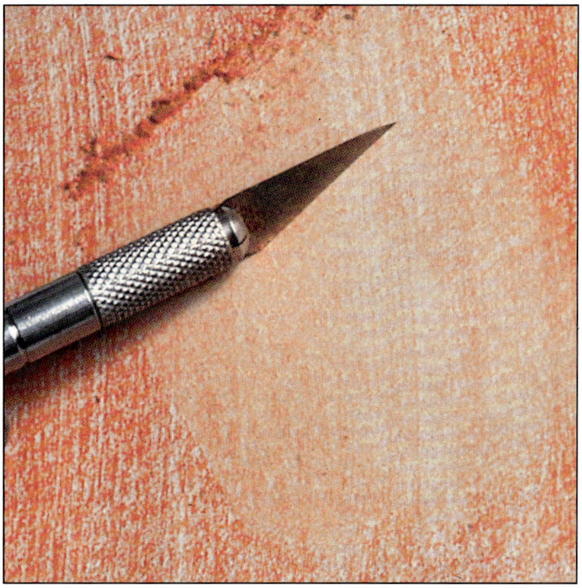

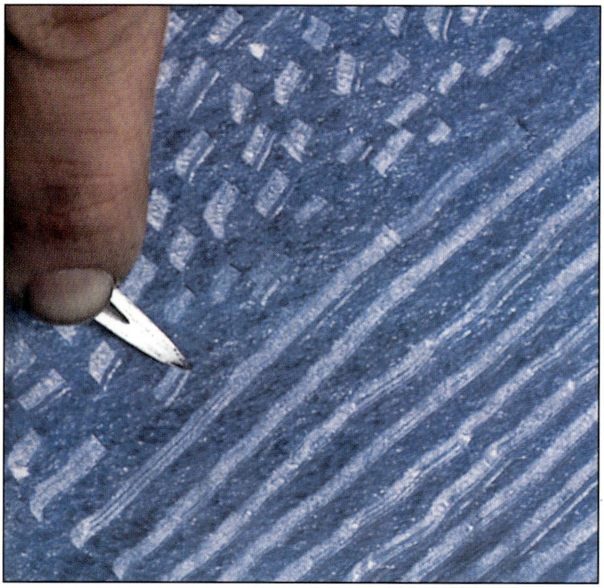

Unterschiedliche Sgraffiti

Der Künstler arbeitete mit einem Designermesser, das er in flachem Winkel und mit geringem, aber gleichmäßigem Druck ansetzte. Die Klinge entfernte die rote Farbe, verdichtete sie gleichzeitig und rieb sie in die Papieroberfläche ein. Die Oberfläche wurde durch diese Aktion abgeflacht und ganz glatt.

Hier benutzte der Künstler die Schneide eines kleinen Cutters in verschiedenen Winkeln und mit unterschiedlichen Bewegungen, um verschiedene Muster zu erzeugen. Gepunktete Flächen entstehen, wenn die Farbe mit der flachen Seite der Klinge mit kurzen, zufällig angeordneten Strichen eingeritzt wird. Wird die Klinge in langen Strichen über die Farbe gezogen, bilden sich ausgeprägte Riefelungen.

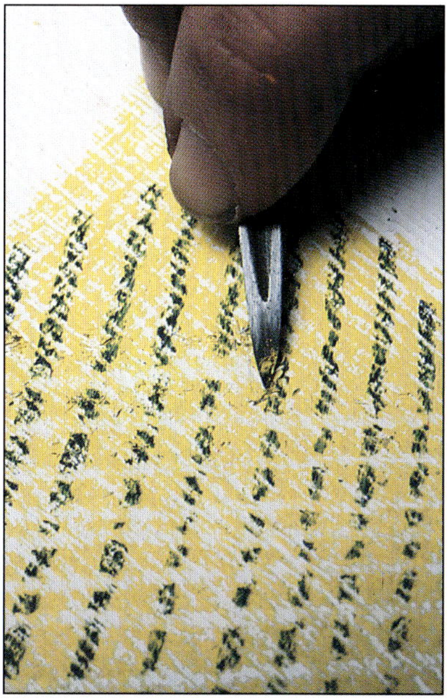

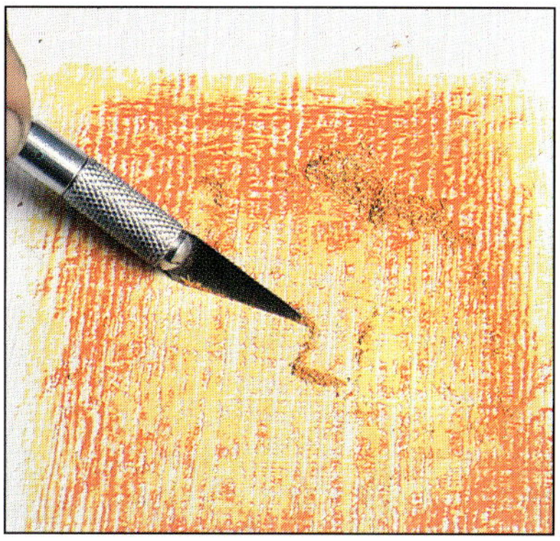

Farbe und Sgraffito
Links: Die Farben wurden auf einen mit Gesso grundierten Karton eingeritzt, um in diesem Schachbrettmuster eine dritte Farbe zu schaffen. *Oben:* Rote Pigmente auf gelben wurden entfernt, um Gelborange zu erzeugen.

Sgraffitoeffekte
Mittlere Reihe – Links: Die feine Schraffur in einer Richtung löste die vertikale Struktur des getrockneten Gessos auf. *Mitte:* Kurze, schnelle Striche mit der flachen Messerklinge ergänzten die rauhe Oberflächenstruktur. *Rechts:* Feine Kreuzschraffuren erwecken den Eindruck zunehmender Krümmung dort, wo die Vierecke des Gitters größer sind, und abnehmender Krümmung, wo sie kleiner werden. *Untere Reihe – Links:* Die oberste Farbschicht wurde sorgfältig entfernt, so daß die Fläche darunter durchscheint und sich optisch vom Hintergrund abhebt. *Mitte:* Struktur kann verstärkt werden, wenn Schraffuren in einer Richtung über einer anderen Farbe ausgeführt werden und dann wieder in einer anderen Richtung darüberschraffiert wird. *Rechts:* Zwei Farben wurden diagonal in kurzen Strichen auf farbigem Grund aufgetragen, die Ritzungen vertikal dazu ausgeführt.

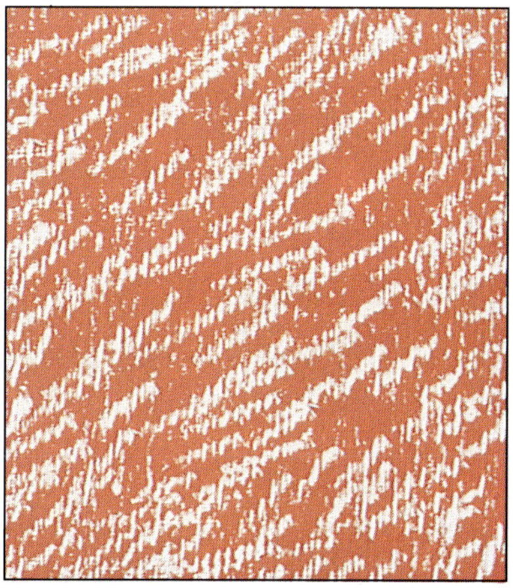

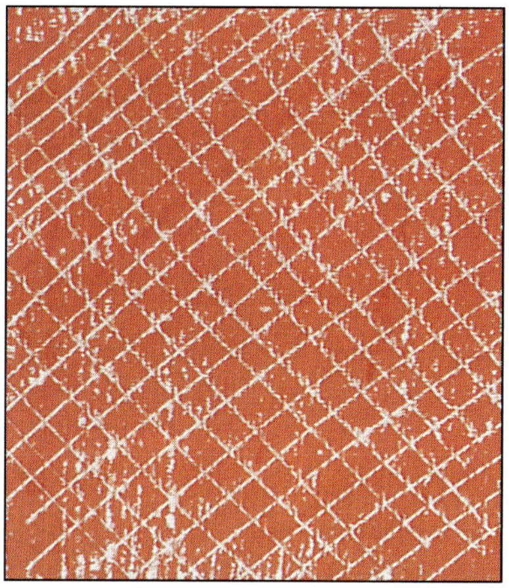

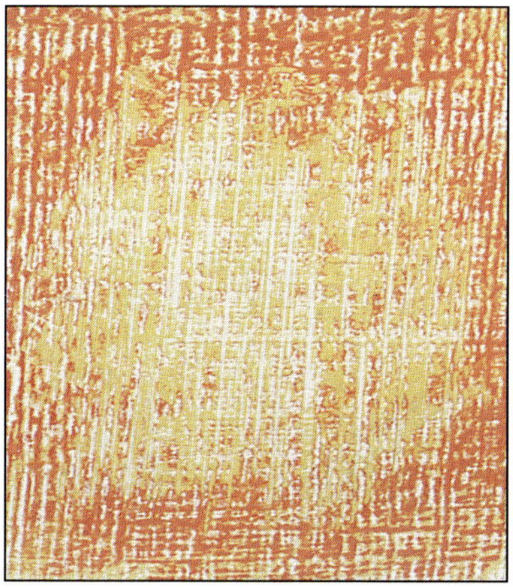

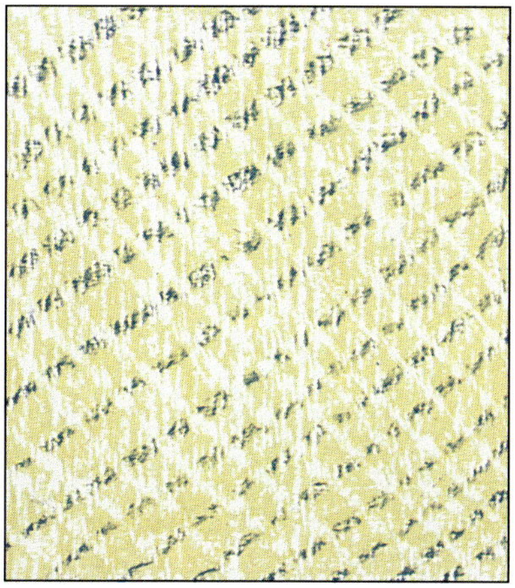

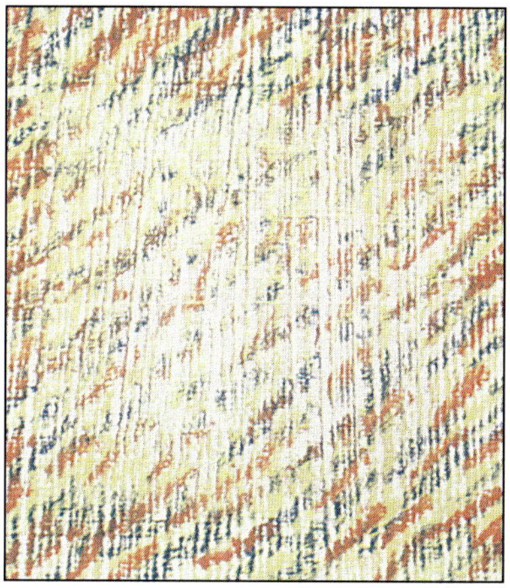

DIE PALME

Wie die Blätter einer Palme erwächst in dieser Komposition eine Farbe aus der anderen. Nachdem der Künstler eine Grundstruktur in Weiß skizziert hatte, baute er unterschiedliche Farben schichtweise auf, um sie dann harmonisch zu entwickeln. Dicke Schichten wurden mit einem Designermesser weggekratzt, um ein Muster zu schaffen, das an die Adern von Palmblättern erinnert. Das Ritzen durch alle Schichten vermittelt einen Eindruck von Tiefe. Einige Farben entstanden durch Entfernen und Hinzufügen anderer Pigmente.

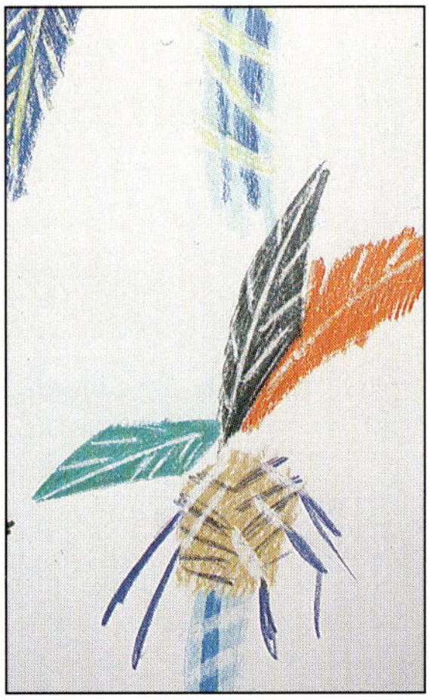

1 *Links*: Ein Muster unterschiedlicher Farben wurde zunächst in einer Vorskizze ausprobiert, um festzustellen, welche sich am besten für die Sgraffitotechnik eignen.

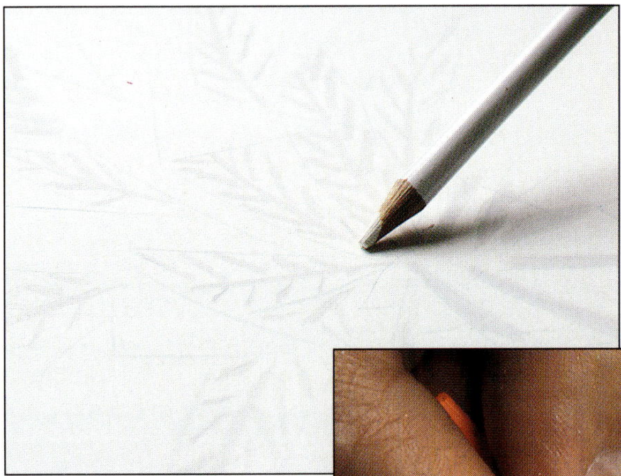

2 *Links*: Die Umrisse der Blätter wurden mit dünnen, blauen Linien eingezeichnet. Die Adern jedes Blattes wurden dann kräftig mit einem weißen Stift gehöht.

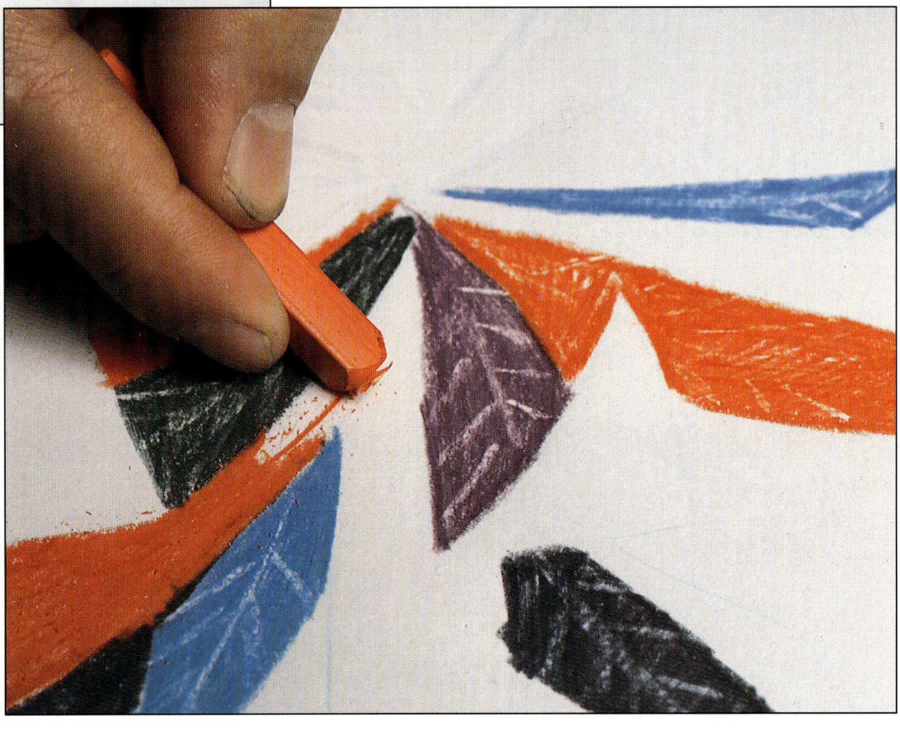

3 *Rechts*: Mit dicken Farbschichten aus Kreide wurden die Formen der Blätter mit kräftigen Grund- und Sekundärfarben eingezeichnet. Die Kreide überdeckte die mit Weiß gehöhten Bereiche, während die Blätter gerade noch sichtbar blieben. Die Kreide ist so breit, daß man große Flächen schnell mit ein paar einfachen, breiten Strichen ausfüllen kann.

4 Kreiden haben einige Vorteile, doch Buntstifte sind kontrollierter einsetzbar. Hier wendete der Künstler beides an, um mit den Buntstiften Ränder klarer zu umreißen und glattere Oberflächen zu schaffen. Er wählte helle Farben aus – Blau-, Rosa- und Gelbtöne – um einen Kontrast zu den dominanten, massiveren Farben herzustellen und dem Bild Tiefenwirkung zu geben.

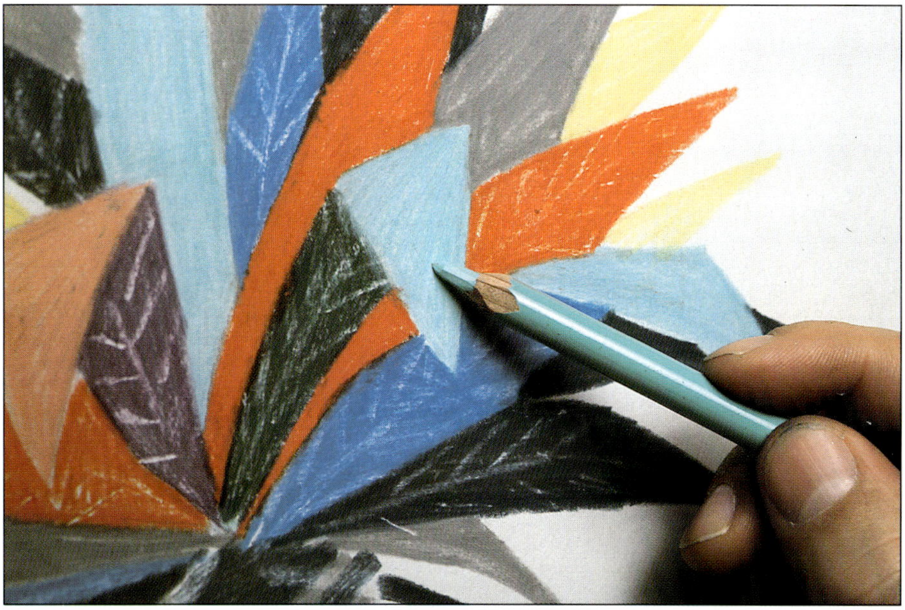

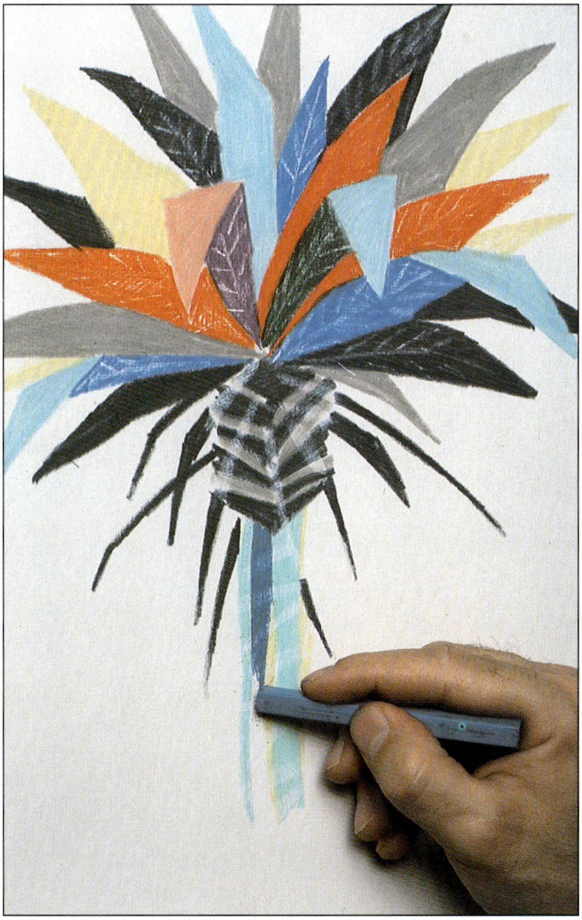

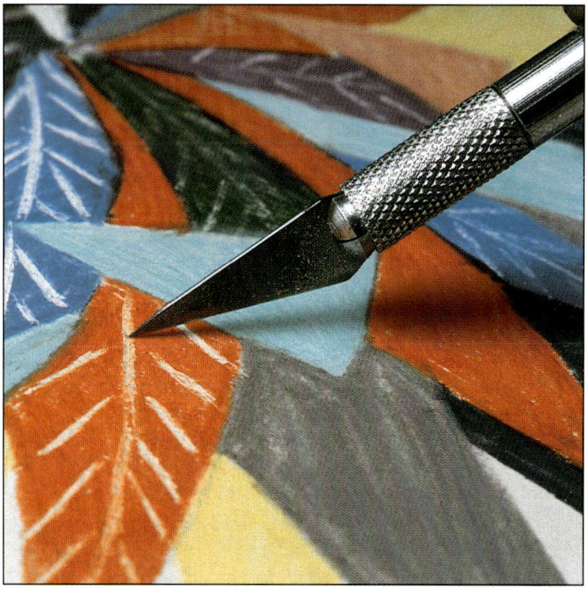

5 *Links:* Die Farben der Blätter wurden harmonisch über die Mitte der Komposition verteilt, doch ihre Dichte und ihr Gewicht, die sie in der Komposition einnehmen, machte das Bild im oberen Bereich zu schwer. Der Künstler beschloß, zum Ausgleich den Stamm hinzuzufügen.

6 *Rechts:* Mit einem Designermesser wurden die Farbschichten eingeritzt, um die weißen Linien darunter freizulegen. Diese Linien ermöglichten es dem Künstler, die Farbe einzuritzen, ohne die Papieroberfläche zu beschädigen.

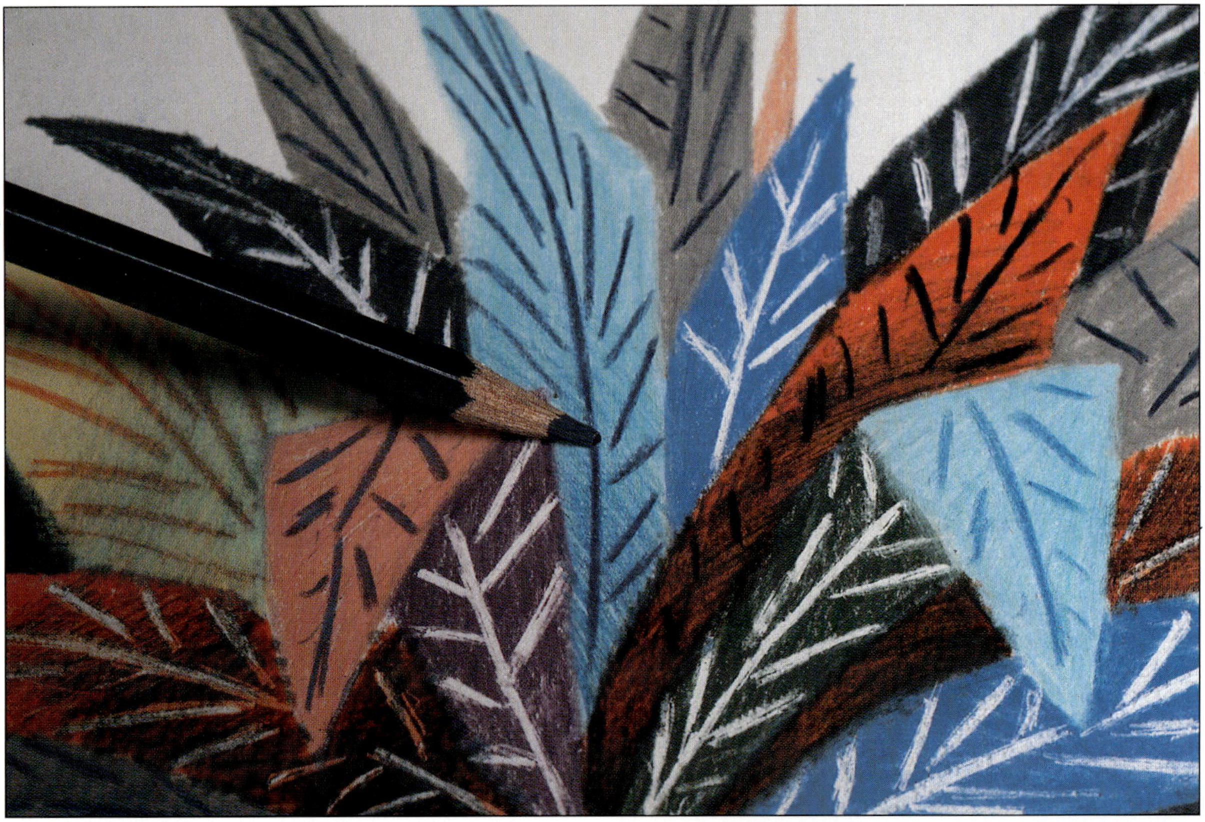

7 *Oben*: Der Künstler trug auf die eingeritzten Flächen der Blätter eine Farbschicht auf, was sie sehr dekorativ macht. In Blau entstanden die Schatten in den tieferliegenden Teilen der Blätter, um den räumlichen Eindruck zu verstärken.

8 *Rechts*: Die verbliebenen weißen Adern wurden mit Gelb überarbeitet, was die Blätter wärmer aussehen läßt. In einigen Fällen wurden auf die abgeschabten Bereiche weitere Farbschichten aufgetragen. Eine lebhafte Farbmischung entstand, die optisch miteinander verschmilzt. Streifen von Weiß blieben ungefärbt, um Glanzlichter anzudeuten.

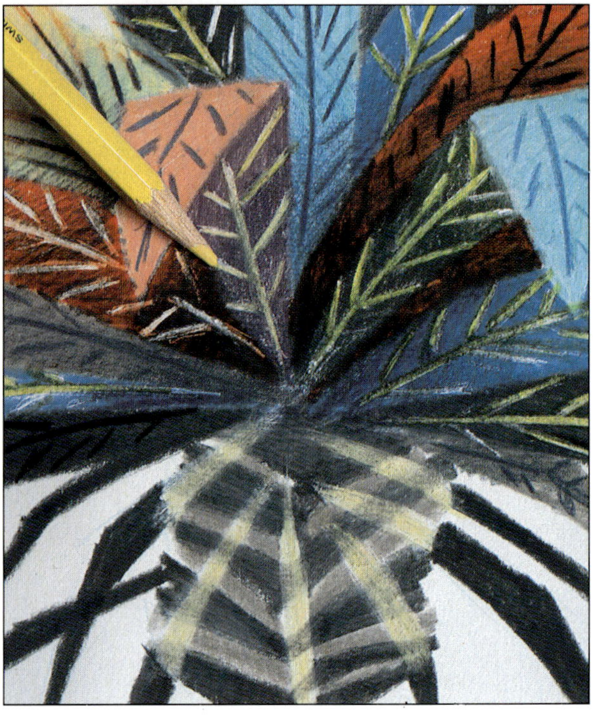

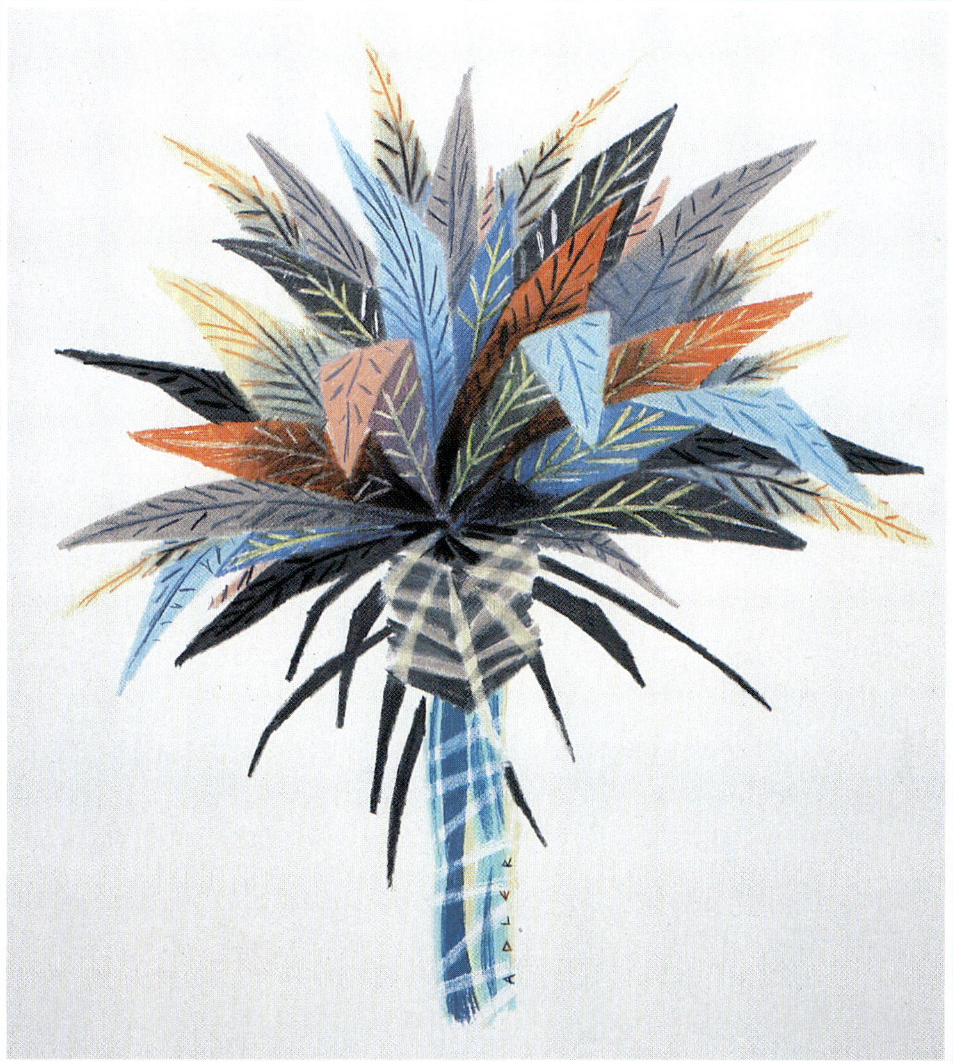

Die Palme

9 Die fertige Arbeit ist eine sehr stilisierte Annäherung an Form und Muster. Die Äderung der Blätter in Dunkelblau, Hellblau, Gelb, Orange und Weiß schafft eine abstrakte Realität. Wo Stamm und Blätter in kreuz und quer gezeichneten hellen Mustern zusammentreffen, die durch das Entfernen von Farbe entstanden, wird deutlich, wie effektiv Sgraffito eingesetzt werden kann, um Farben Tiefe zu verleihen.

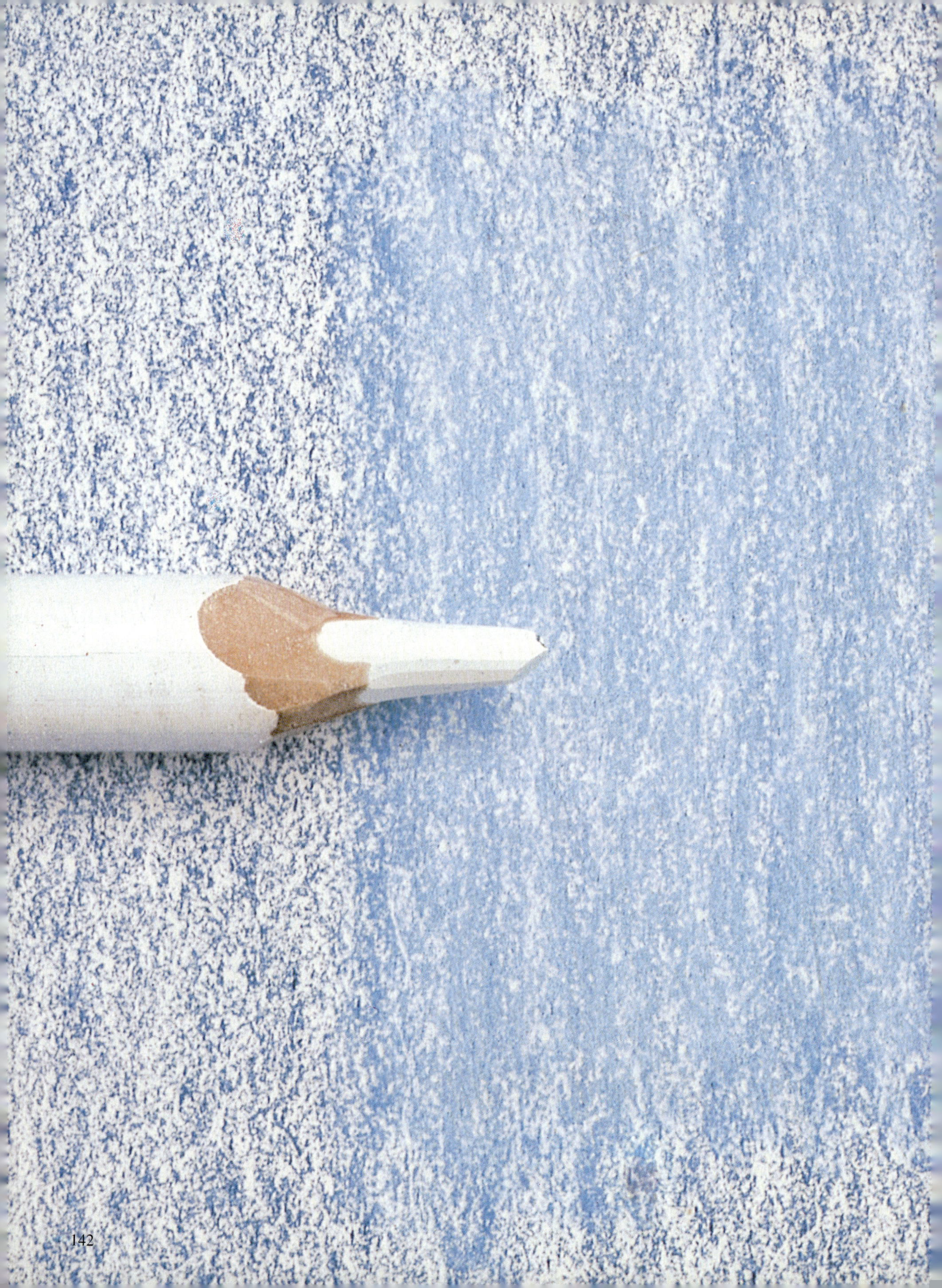

ZEHNTES KAPITEL

AUFHELLEN

Das Aufhellen oder Höhen ist eine Technik der Oberflächenbehandlung, die eingesetzt wird, um einer Arbeit zusätzliche Farbigkeit und den Effekt eines Firnis zu geben. Mit Druck werden dabei Farben gemischt, und die einfachste Form ist das gleichmäßige Reiben mit einem Papierwischer, bis die Farben gleichsam miteinander vermahlen sind. Die Technik basiert darauf, daß die Pigmentteilchen, die auf dem Papier abgelagert sind, zu feinem Staub reduziert werden, der tiefer in die Papieroberfläche eingearbeitet werden kann. Das Ergebnis ist eine glatte, beinahe glänzende Oberfläche. Sie wird oft für Details eingesetzt, die durch diesen Schimmer den letzten Schliff bekommen, oder zur Darstellung von reflektierendem Material wie Metall oder Keramik.

Das Aufhellen bei Buntstiften funktioniert am besten mit einem weißen oder blaßgrauen Stift. Wenn man damit die Farbflächen kräftig übermalt, verändern sich die ursprünglichen Farbtöne. Gleichzeitig lassen sich mit dieser Methode in exakt abgegrenzten Bereichen äußerst präzise Mischungen erzeugen, aber auch Glanzlichteffekte erzielen, indem man einen Bereich mit matter Oberfläche mit Aufhellungen umrandet.

Experimentieren Sie mit unterschiedlichen Flächen aus reinen und gemischten Farben, um das Aufhellen mit einem Papierwischer oder einem weißen oder grauen Stift auszuprobieren. Einen ähnlichen Effekt kann man erzielen, wenn man eine mit einem sehr weichen Buntstift angelegte Fläche mit einem Radierer bearbeitet, doch die Farbe verschmiert dann leicht. Außerdem haben Radierer den Nachteil, daß sie schnell mit überschüssigen Pigmenten verschmiert sind. Diese sollten wieder abgewischt werden, da er sonst nur beschränkt einsetzbar ist.

Aufhellen ist besonders bei abgestuften Nuancen interessant oder wenn Sie – zum Beispiel bei Lichtreflexen – weiße Flächen mit Farbe umranden wollen. Sehen Sie sich glänzende Gegenstände einmal an und beachten Sie dabei besonders die Glanzlichter. Arbeiten Sie beim Zeichnen von diesem Punkt aus nach außen und fügen Sie Farbe und Form hinzu. Nachdem Sie die Grundfarben angelegt haben, überarbeiten Sie – wieder von den Glanzlichtern ausgehend – die Oberfläche schrittweise mit kurzen, kräftigen Strichen nach außen, bis das ganze Objekt auf diese Art gehöht ist. Denken Sie daran, daß der relativ große Druck, den man bei dieser Technik aufbringen muß, nicht besonders gut für Papiere mit grober Oberfläche geeignet ist, da er die Oberfläche des Papiers auflöst, es zerknittert oder gar zerreißt.

Aufhellen mit Weiß

Farben verändern sich, wenn sie mit Weiß überarbeitet werden. Sehen Sie sich die Unterschiede an, die durch die Höhung entstehen. Wenn man weiße Pigmente als Basis für eine andere Farbe aufträgt, so wird das Weiß wie ein Reflektor ihre Intensität verstärken, während das

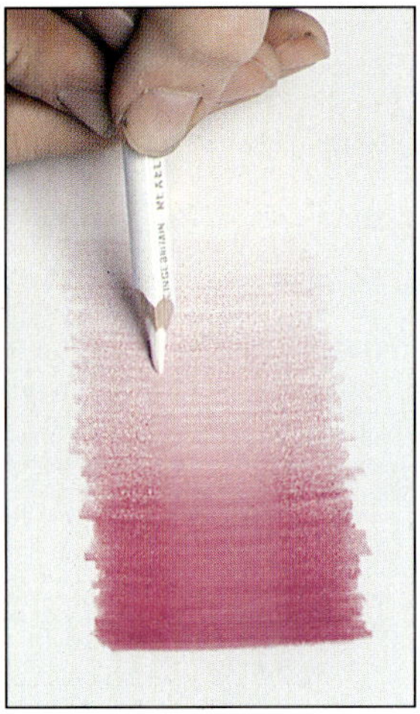

Aufhellen mit Weiß
Oben: Durch Höhen mit Weiß entsteht nicht nur eine neue Farbskala, sondern der Künstler gibt einer einzelnen Grundfarbe einen neuen Charakter. Der Effekt ist dort am deutlichsten, wo das Papier wenig oder gar nicht durchscheint. *Ganz rechts*: Bei einer Reihe unterschiedlicher Farben werden die Möglichkeiten, mit Weiß Farben zu vermischen oder zu verändern, offensichtlich.

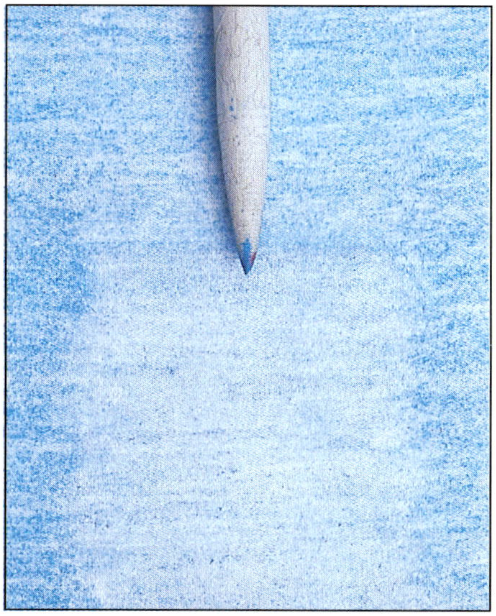

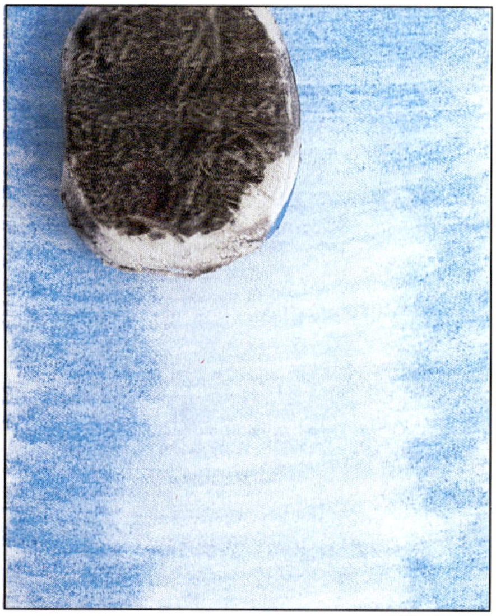

Utensilien zum Aufhellen
Die Beispiele *links* zeigen die unterschiedlichen Effekte, die man mit verschiedenen Utensilien zum Aufhellen erreichen kann. Papierwischer sind sehr genaue, mit hohem Druck zu verwendende Werkzeuge, während ein Radierer weichere, verwischte Striche verursacht.

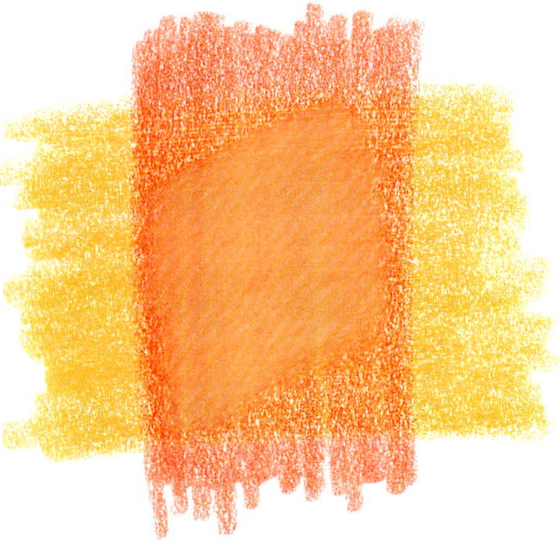

Mit Weiß und Grau aufhellen
Mit den meisten neutralen Farben können Sie andere Farben höhen. Hier sind die Wirkungen von Weiß und Grau bei verschiedenen Grundfarben dargestellt.

Weiß verändert die Farben nur wenig und ist daher für das Vermischen zweier oder mehrerer Farben besser geeignet.

Übermalen einer Farbe mit Weiß sie eher dämpft und kreidig erscheinen läßt.

Zeichnen Sie mit einer Farbe auf einem mittelgekörnten Papier einen Streifen abgetönter Schattierungen von ganz blaß bis ganz kräftig. Überarbeiten Sie dann den Streifen in der Mitte mit Weiß und drücken Sie dabei kräftig auf den Stift. Die deutlichste Vermischung geschieht dort, wo die Farbe am dunkelsten ist. Dies ist ein rein visueller Effekt, denn das Weiß ist überall gleich dicht aufgetragen worden. Wo die Farbe am blassesten bleibt, scheint das Papier am stärksten durch, was natürlich den Effekt der hinzugefügten weißen Pigmente abschwächt. Aufhellen ist in der Regel dann am effektivsten, wenn es mit einem weißen Stift ausgeführt wird, besonders wenn es für Glanzlichter oder den Anschein von Glanz benutzt wird. Aber probieren Sie auch andere neutrale Farben aus – blasses Grau zum Beispiel kann man verwenden, um eine durchgehende Farbgebung zu erreichen. Durch das Aufhellen einer ganzen Zeichnung mit Ocker entsteht die Illusion von vergilbtem Papier und damit Alter. Es gibt unzählige Möglichkeiten, doch bedenken Sie, daß jede die Farbharmonie und die Farbintensität Ihrer Arbeit beeinflußt.

Erstellen Sie jetzt ein Farbspektrum und hellen Sie am oberen Rand einen Streifen mit Weiß auf. So werden die unterschiedlichen Effekte, die Weiß auf verschiedene intensive Farben und Schattierungen ausübt, erkennbar. Die Auswirkungen von Weiß auf dunklere Farben sind weit größer als auf hellere.

Versuchen Sie schließlich noch, zwei übereinanderliegende Farben aufzuhellen. Die Intensität der Nuance verändert sich, und die Farbe wird kreidiger. Bei dieser Technik werden die Farbpartikel zermahlen und gleichmäßig fest in die Papieroberfläche eingearbeitet. Sie können damit sehr feine und differenzierte Farbmischungen erzielen, bei denen der körnige Effekt der ursprünglichen Farbschicht verlorengeht.

Glanzlichter schaffen

Man kann das Aufhellen von vorneherein in die Planung der Zeichnung einbeziehen, aber auch leicht im nachhinein einsetzen, um ein bestimmtes Element zu betonen oder der Zeichnung eine neue Oberflächenstruktur zu geben. Mit Höhungen lassen sich Strukturen erzeugen, zum Beispiel glänzende Linien auf mattem Grund oder gläsern wirkende Punkte auf einem einfachen Hintergrund. Wenn Sie das Prinzip ausschöpfen, können Sie eine flachgetönte Arbeit komplett verändern, indem Sie die gesamte Oberfläche mit einer bestimmten Bewegung aufhellen. So können Sie eine gestrichelte Struktur schaffen, die keinen Bezug zur eigentlichen Zeichnung hat – Sie können buchstäblich einen Firnis auftragen!

Trübungen

Doch seien Sie vorsichtig: Erschrecken Sie nicht, wenn bei zu kräftigen Aufhellungen die Farben trüb werden. Durch großen Druck auf Buntstifte wird das in den Minen enthaltene, wachsähnliche Bindemittel in großen Mengen auf die Papieroberfläche gebracht. Wenn die Zeichnung sich einmal gesetzt hat, können diese Bindemittel graugefärbte Trübungen verursachen, die die Farbe dumpf werden lassen. Man kann sie jedoch leicht mit einem Papiertuch wegwischen, und wenn Sie gleich danach ein Fixativ aufbringen, wird die Oberfläche der Zeichnung versiegelt, und erneute Trübungen werden vermieden.

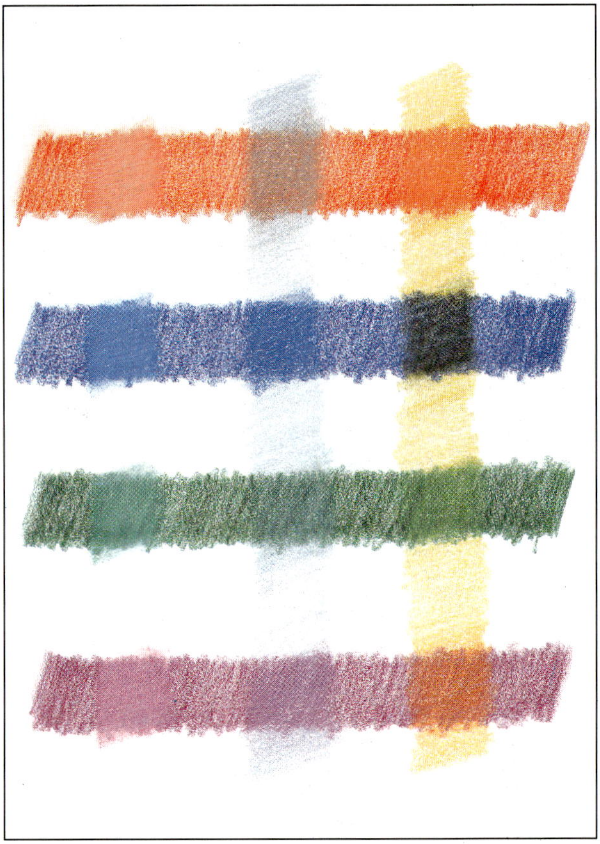

Mit Weiß, Grau und Ocker aufhellen
Die Abbildung *oben* zeigt vier Farben, die jeweils mit Weiß, Grau und Ocker gehöht wurden. Jede Farbe nimmt etwas von der Farbe an, die über ihr aufgetragen wird. Die Farben oben demonstrieren die unterschiedlichen Wirkungen, die mit diesen drei neutralen Farben zu erreichen sind. Die verursachten Farbveränderungen bleiben nicht notwendigerweise dieselben, wenn Weiß, Grau und Ocker auf andere Farben angewendet werden.

Mit Farben aufhellen
Die Farbflächen in der Abbildung *rechts* zeigen die Effekte des Aufhellens von Rot, Gelb, Blau, Türkis, Braun und Grau mit kräftigeren Farben als im vorherigen Beispiel. Zum Teil wird die ursprüngliche Farbe völlig verändert, während sie manchmal nur einen Schimmer der über ihr aufgetragenen Farbe annimmt.

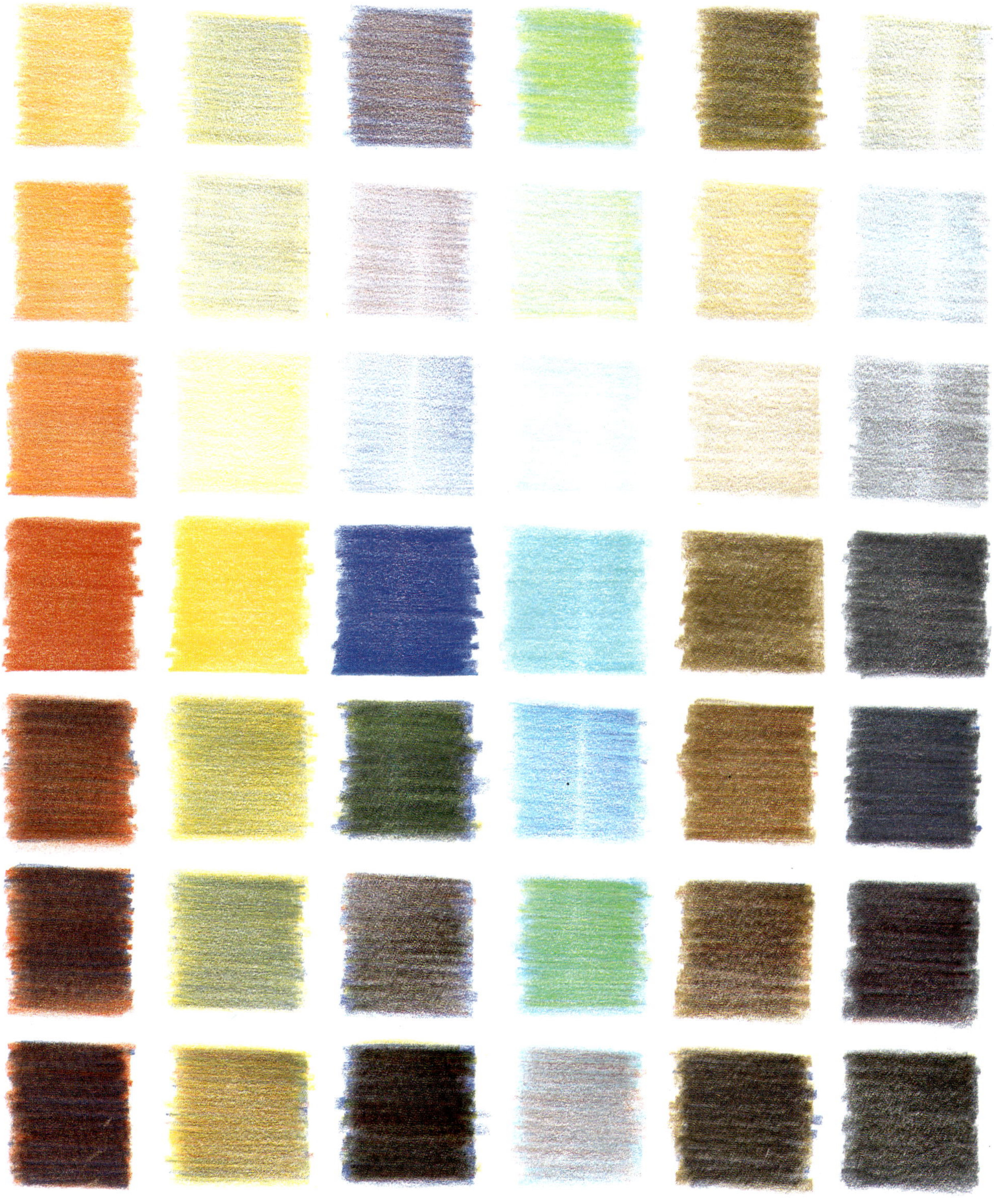

DAS KRAFTWERK VON BATTERSEA

Die Szene mit aufgebrachten Arbeitern vor dem Kraftwerk beschwört ein Bild herauf, das an den Stil der Futuristen erinnert, die Anfang des Jahrhunderts die Macht der Industrialisierung glorifizierten.

Der Künstler legte zunächst die Farbbereiche fest und baute Grundlinien als Basis für die späteren dichten Farbflächen auf. Mit einem weißen Stift hellte er die Glanzlichter, dann, im Zuge der weiteren Ausarbeitung, die Farben mit einem Radierer auf und bediente sich dafür einer Radierschablone.

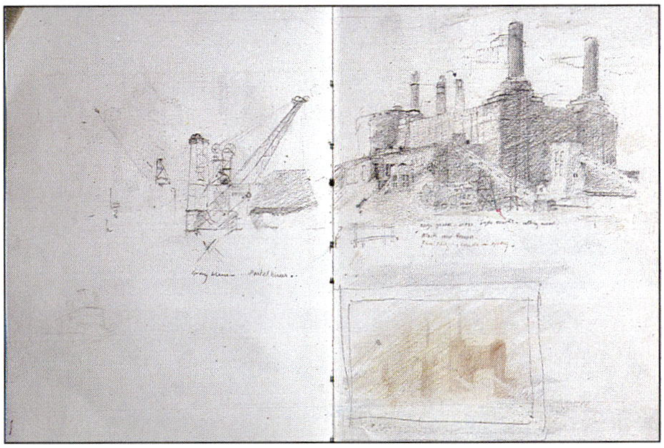

1 *Oben*: Der Künstler ließ sich von dem roten Ziegelsteinmonolithen inspirieren. Ein paar kleine Bleistiftskizzen, die bei einem Abendspaziergang entstanden waren, regten ihn zu dieser Farbkomposition an.

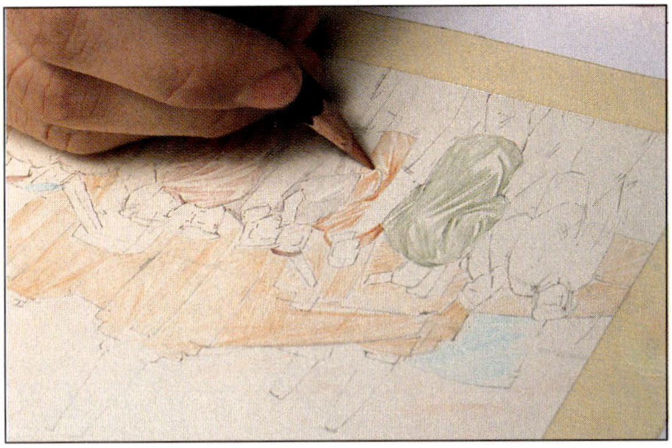

2 *Links:* Nachdem er die Zeichenfläche mit Klebeband abgegrenzt hatte, zeichnete er die Hauptelemente mit Bleistift ein und begann, eine weiche Grundfarbe hinzuzufügen.

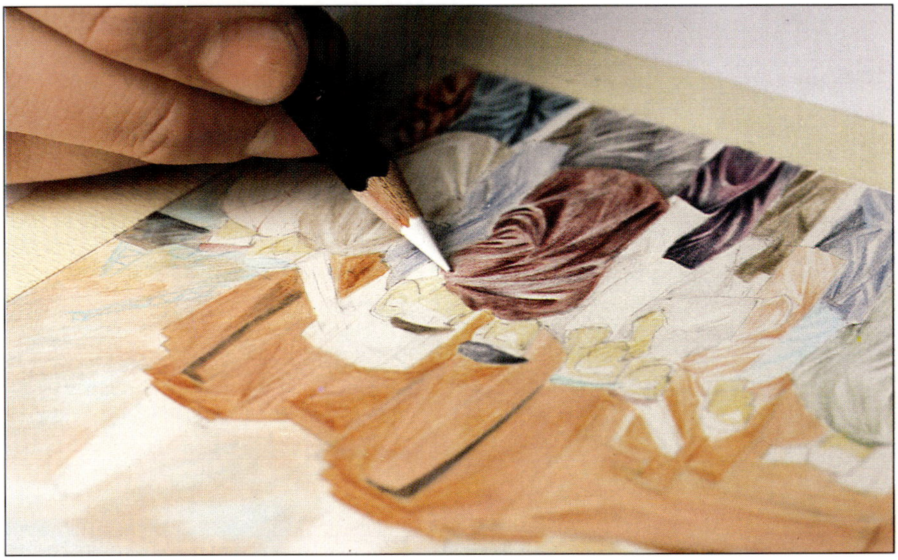

3 *Rechts:* Die ziemlich dicken Farbschichten in der Kleidung am unteren Rand der Zeichnung schaffen kräftige Formen und ein visuelles Erlebnis. Mit Hilfe eines weißen Stiftes höhte der Künstler die Pigmente der Glanzlichter, um den Falten des Stoffes Glanz zu verleihen. Die Farbgebung ist stark stilisiert.

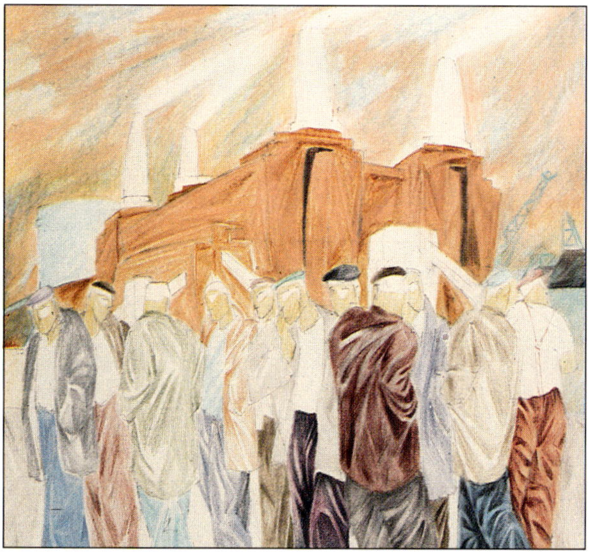

4 *Links:* Die Hauptfarbbereiche wurden als Grundierung aufgetragen. Später wurden die tieferen Farben in die schattigen Bereiche und das Weiß der Glanzlichter eingearbeitet.

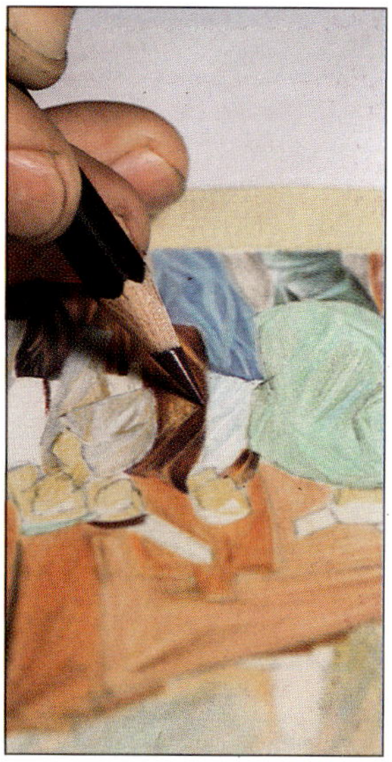

5 *Oben:* Die Schatten entstanden aus den Bereichen der sattesten Farben. Hier fügte der Künstler Schwarz in die Ränder der dunkelbraunen Schatten ein.

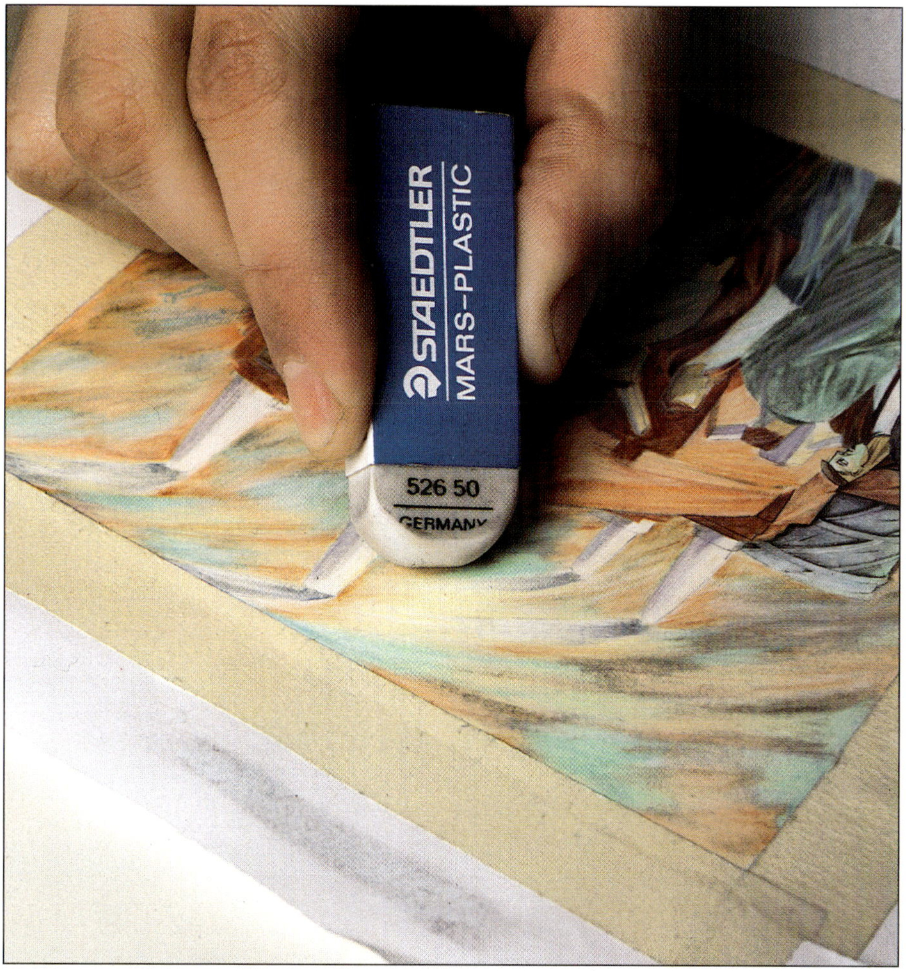

6 *Links:* Sanfte Grün-, Gelb- und Orangetöne wurden mit aufwärtsgerichteten Strichen im Bereich des Himmels aufgetragen, um die Bewegung des Rauchs anzudeuten. Diese Flächen wurden dann mit einem Kunststoffradierer überarbeitet, wobei die Reiberichtung dieselbe war wie die des Farbauftrages. So verschmolzen die Farben durch Glätten, Mischen und Höhen mit dem Hintergrund. Der geschickte Einsatz des Radierers schuf den Eindruck fedriger Wolken.

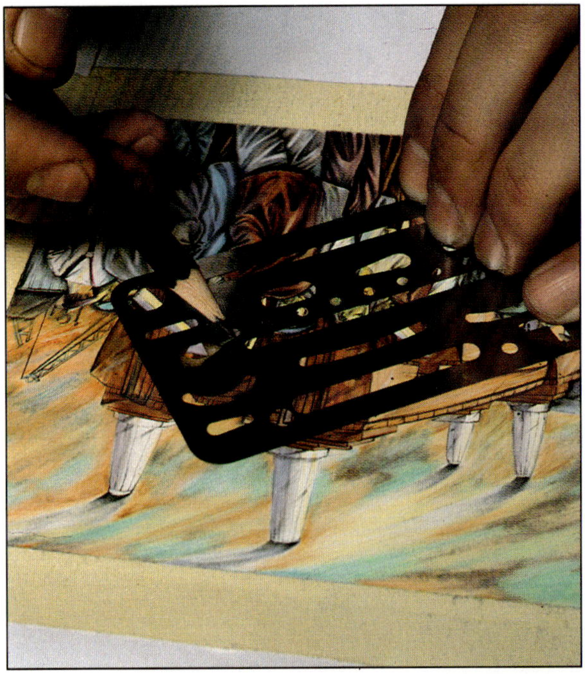

7 *Links:* Um in den kleineren Flächen die Farben exakter und schärfer abgegrenzt auftragen zu können, verwendete der Künstler eine Radierschablone. Danach trug er ein Fixativ auf.

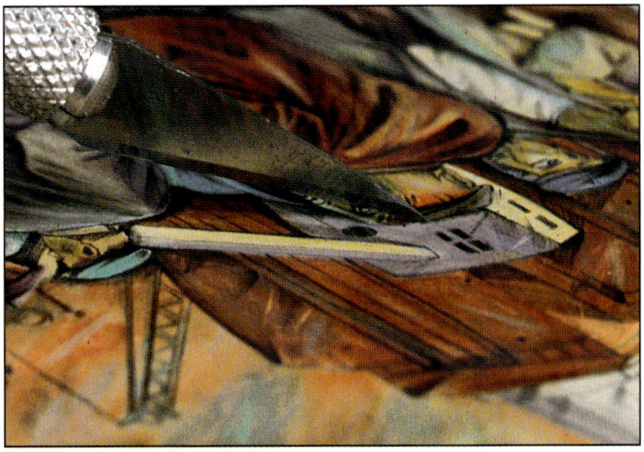

8 *Oben:* Nachdem das Fixativ getrocknet war, wurde die Farbe, die stellenweise etwas zu dick geworden war, mit einem Designermesser vorsichtig weggekratzt. Das verlieh ihr eine wunderbare Transparenz.

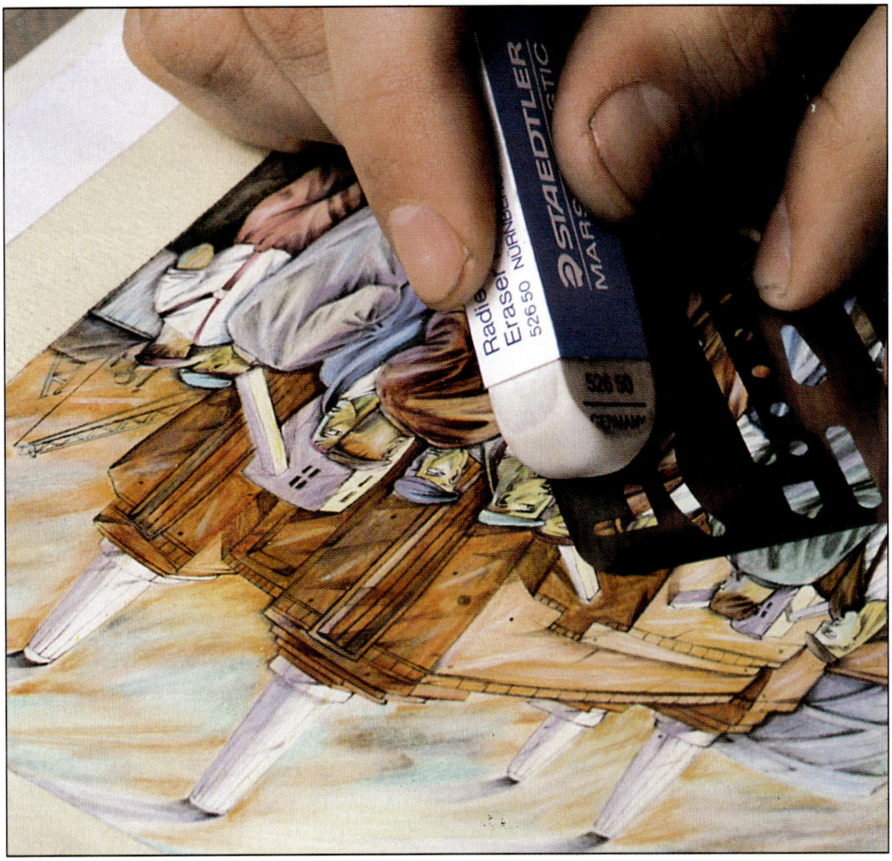

9 *Links:* Eine Schablone ist sehr nützlich, um Pigmente auf kleinen Flächen aufzuhellen. Sie kann als sehr genaue und doch bewegliche Maske benutzt werden. Hier setzte der Künstler sie überzeugend ein, um denselben Höhungseffekt wie beim Himmel zu erzielen. So entstand eine strukturelle Verbindung zwischen allen Elementen der Komposition.

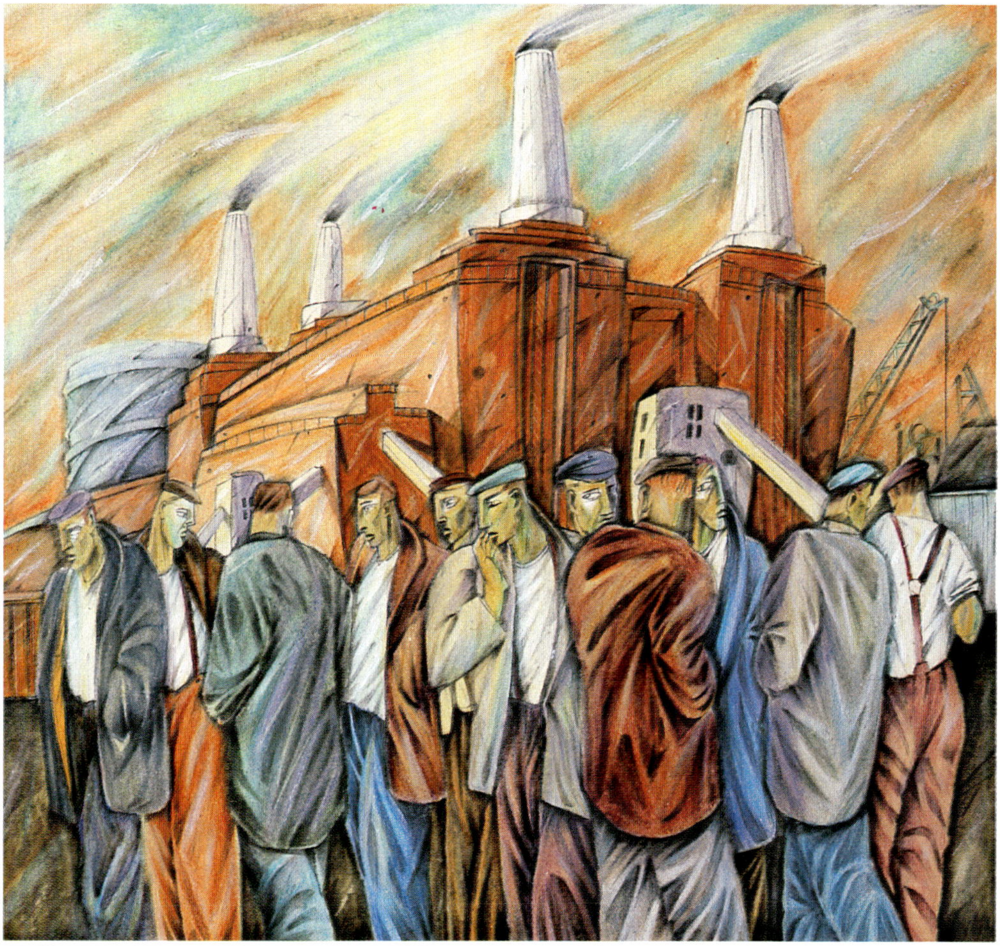

Das Kraftwerk von Battersea

10 Die Komposition wird von Strukturen bestimmt. Sie entstanden durch richtungsgebundenes Höhen und durch die stark betonten Falten der Kleidung und geben dem gesamten Bild Einheitlichkeit. Die Strukturen betonen die Komposition und verstärken gleichzeitig den flüchtigen Eindruck der Spannung, die in den Gesichtern der Männer zu lesen ist.

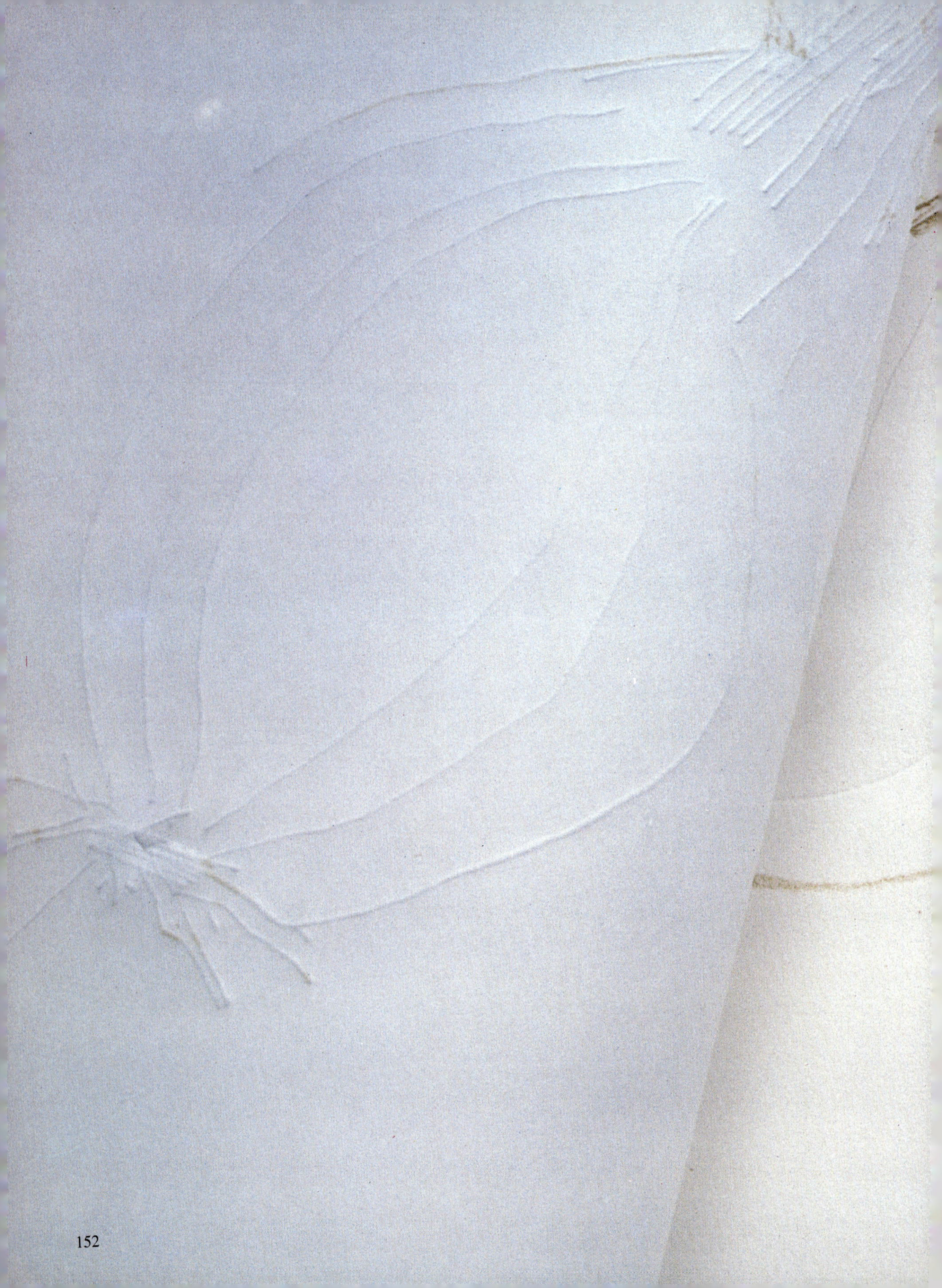

Elftes Kapitel

Frottage-Technik

Es kann vorkommen, daß Sie eine spezielle Textur herstellen wollen, sei es, um feine Details optisch nach vorn zu ziehen und hervorzuheben oder um Farben zu intensivieren und Ihrer Zeichnung damit mehr Lebendigkeit zu verleihen. Durch das Prägen des Papiers entstehen interessante Effekte, die Farben und Texturen verändern. Dafür gibt es zwei Techniken: Man erzeugt tief- oder hochgeprägte Texturen. Der Maler Max Ernst, der diese Techniken 1919 als erster Künstler anwandte, nannte die Ergebnisse Frottagen – Durchreibungen. Allerdings lassen sie sich nicht auf feuchtem Papier oder mit wasservermalbaren Stiften herstellen.

Es gibt bestimmte Papiersorten, die sich besser prägen lassen als andere. Besonders gut eignen sich die weichen Hadernpapiersorten. Sehr hartes Papier oder Japanpapiere dagegen haben eine sehr kompakte, faserige Struktur und sind nicht so ›nachgiebig‹. Experimentieren ist die einzige Methode, mit der Sie die Grenzen einer Papiersorte herausfinden können.

Bei erhaben geprägten Strukturen verändern Sie die gesamte Papieroberfläche, indem Sie sie anheben. Ein elastisches, eher weiches Papier wird am besten auf diese Technik ansprechen. Suchen Sie sich eine stark strukturierte Fläche wie ein rauhes Stück Holz oder einen Ziegelstein, legen Sie das Papier darauf und reiben Sie über die Papieroberfläche, um die darunterliegende Struktur in das Papier zu prägen. Man kann dies mit einem Papierwischer mit Metall- oder Kunststoffspitze machen, bevor man Farben aufträgt. Eine andere Möglichkeit ist, das Prägen mit dem Auftragen der Farbe zu kombinieren, indem man einen Buntstift mit gewissem Druck über das Papier reibt. Das Ergebnis fällt je nach Papiersorte anders aus, und es lohnt sich, zu experimentieren. Versuchen Sie es zunächst mit sanftem Druck, besonders wenn Sie mit einem Papierwischer arbeiten, und steigern Sie langsam den Druck und damit die Tiefe der Textur. Arbeiten Sie auf kleineren Flächen, da der Druck bei kurzen Strichen leichter zu kontrollieren ist. Bei einem Fehler könnte das Papier reißen. Eine abgestufte Verformung der Papieroberfläche bietet manchmal für die Textur wie auch für die Aufnahme der Farbe weitere interessante Aspekte.

Diese Technik, die eine tiefgeprägte Struktur schafft, ermöglicht es Ihnen, sehr präzise weiße Linien in einem farbigen Bereich herzustellen, was sonst recht schwierig ist. Weiß bleibt in einer farbigen Arbeit selten ganz rein, da die Pigmente halbtransparent sind und die Farbe immer durchscheint, wie immer sie auch aufgetragen wird, selbst wenn sie nur leicht vom Weiß des benutzten Papiers abweicht. Auch weiße Stifte sind selten rein weiß, denn sie verfärben sich schnell, indem sie Farbpigmente aufnehmen. Schließlich wirkt Weiß durch seine unmittelbare Nähe zu anderen Farben fast immer ebenfalls farbig. Mit Sgraffito kann man einige interessante Effekte in Weiß erreichen. Dabei muß die Farbe aber sehr dick aufgetragen werden, damit sie eine solide Grundierung bildet, von der Pigmente wieder weggekratzt werden können. Einige Pigmente verbinden sich so gründlich mit der Papieroberfläche, daß möglicherweise keine weiße Linie mehr entstehen kann.

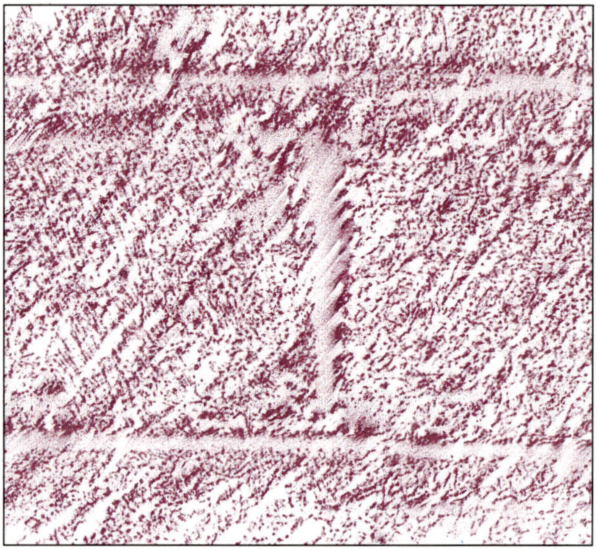

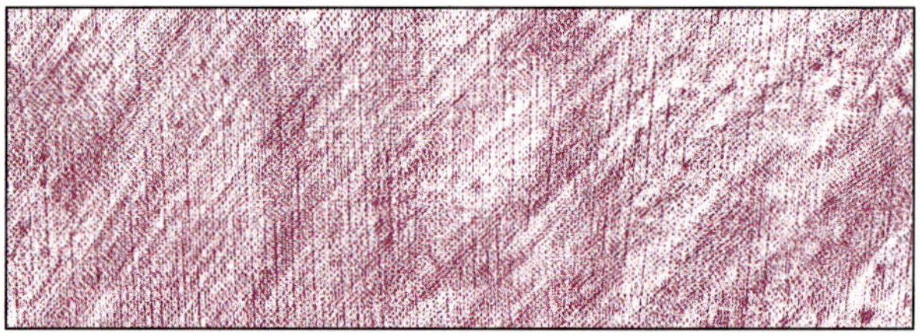

Frottagen
Oben sehen Sie zwei Beispiele, wie Texturen entstehen, wenn man Farbe auf unterschiedlich strukturierte Unterlagen aufträgt. Die obere Illustration wurde auf einer Steinmauer hergestellt, die Abbildung darunter auf einer Stoffunterlage gefärbt. Mit dieser Technik lassen sich prächtige, ungewöhnliche Effekte erzielen, wenn die Farbschichten über unterschiedlichen Oberflächen gehöht werden. Auch den Druck auf den Stift kann man verändern, um noch differenziertere Ergebnisse zu erzielen.

Die einzige Methode, um eine wirklich weiße Linie herzustellen, besteht darin, eine tiefgeprägte Linie zu kreieren, die unterhalb der Zeichenfläche liegt und sauber bleibt, wenn darüber Farben aufgetragen werden. Man spricht dann von tiefgeprägten oder eingeprägten Linien. Diese Technik ist einfach auszuführen, schnell und sauber und zeitigt ganz verblüffende Resultate. Bei relativ weichem Papier nehmen Sie eine abgepauste Skizze Ihres Bildes und befestigen sie mit Malerkrepp auf dem Papier. Nehmen Sie dann einen harten Bleistift

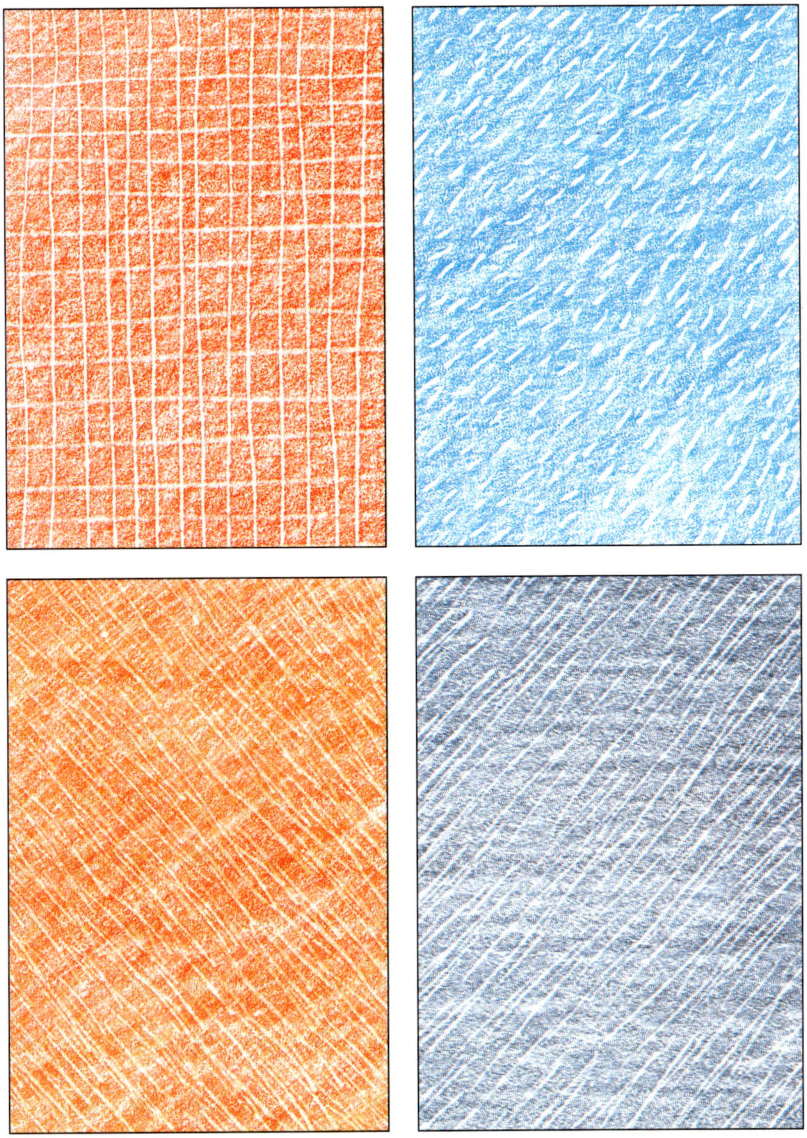

Frottagen
Linien können mit vielen scharfen Objekten eingeprägt werden, wenn das Blatt auf einer strukturierten Unterlage aufliegt. *Links*: Dieses Beispiel wurde mit Bleistift angefertigt. *Rechts*: Die Muster in diesem Beispiel schuf der Künstler mit dem Fingernagel. *Links unten*: Vor dem Auftragen der orangefarbenen Schicht wurden zunächst Linien in das Papier geprägt. Eine weitere Reihe von Linien wurde dann in die orangefarbene Schicht geprägt und mit Rot übermalt, wobei orangefarbene Streifen frei blieben. *Rechts unten*: In das Papier geprägte Linien wurden mit dunkelblauen Farbschichten überdeckt. Jede Schicht erhielt weitere eingeprägte Linien, so daß schließlich eine Strukturierung der Farbe durch zahlreiche Linien entstand.

oder ein Werkzeug mit Metallspitze und ziehen Sie mit kräftigem Druck (allerdings nicht so fest, daß die durchgepauste Skizze zerreißt oder sich verformt) die Linien, die weiß bleiben sollen. Diese liegen dann tiefer als die restliche Papierstruktur. Wenn Sie weitere Hilfslinien einzeichnen möchten, schieben Sie ein Kohlepapier unter die Skizze und übertragen Sie mit dessen Hilfe die farbigen Linien.

Entfernen Sie beide Blätter, bevor Sie anfangen, Farben aufzutragen. Arbeiten Sie vorsichtig mit einem nicht zu spitzen Buntstift, da sonst die geprägten Linien leicht zerstört werden. Wenn Sie die Farbe mit sanften Bewegungen auftragen, erscheint langsam ein filigranes Muster aus weißen Linien. Nachdem die Farbe aufgetragen ist, möchten Sie vielleicht die an die weißen ›Rinnen‹ angrenzenden Bereiche überarbeiten – zum Beispiel könnten Sie die Tönung am Rand der weißen Linien etwas vertiefen, um den Kontrast zwischen den anderen Farben und dem Weiß zu verstärken. Mit dieser Technik können Sie feine Linien – geäderte Blätter, Insektenflügel, feine Risse in Keramik oder feingliedrige Oberflächen wie Spitze – hervorragend darstellen.

STILLEBEN MIT ZWIEBELN

Die Riefelungen in den durchscheinenden Schichten der Zwiebelhaut bieten sich für eine Frottage an. Der Künstler übertrug mit Hilfe von Pauspapier und einem harten Bleistift die Umrisse und Riefelungen der Zwiebeln auf die eigentliche Zeichenfläche. Die so entstandenen Vertiefungen im Papier sind wesentlicher Bestandteil der fertigen Zeichnung. Es ist wichtig, sich die fertige Struktur der Farbkomposition genau vorzustellen, bevor Sie mit der Prägung beginnen, denn geprägte Linien lassen sich kaum mehr entfernen oder verdecken.

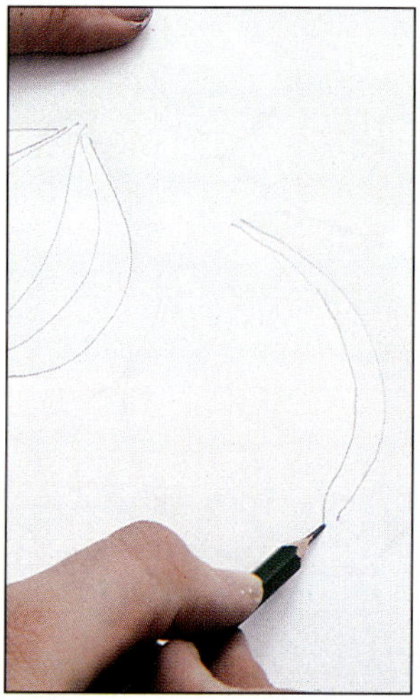

1 *Rechts*: Zunächst zeichnete der Künstler mit einem braunen Stift die Umrisse der Zwiebeln. Dann legte er Pauspapier auf die Zeichenfläche und zog mit einem Graphitstift unter kräftigem Druck die Linien nach.

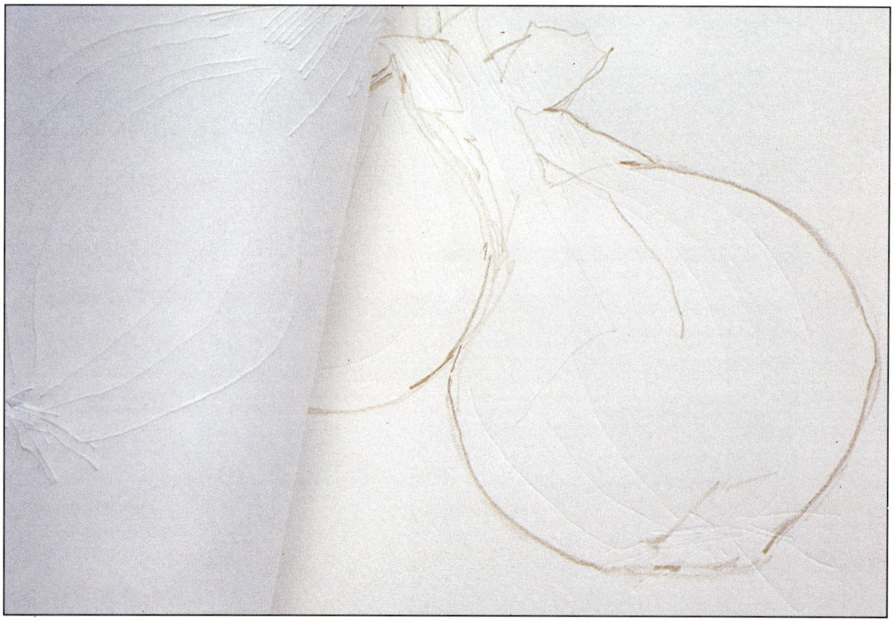

2 *Oben*: Nachdem der Künstler alle Linien nachgezogen hatte, entfernte er das Pauspapier und hatte ein Netzwerk von ›Rinnen‹, das sich in die Papieroberfläche eingeprägt hatte. Diese geprägten Linien sind ein wesentlicher Bestandteil des Bildes und verändern den visuellen Effekt jeder Farbe, die später hinzugefügt wird.

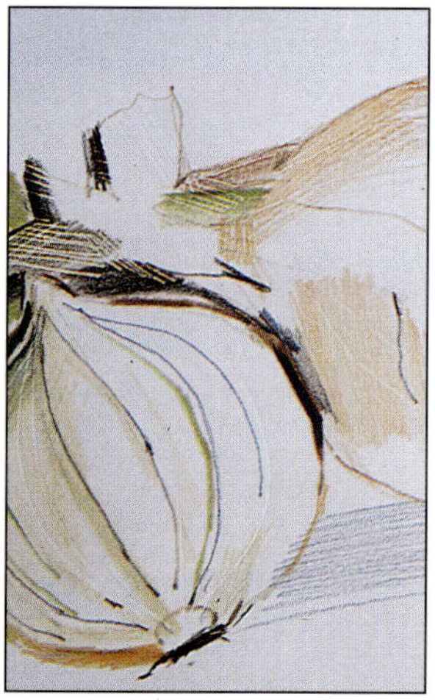

3 *Oben*: Der Künstler fügte den Formen Grün- und Brauntöne hinzu, die er parallel und quer zu den geprägten Linien auftrug, um sie zu betonen.

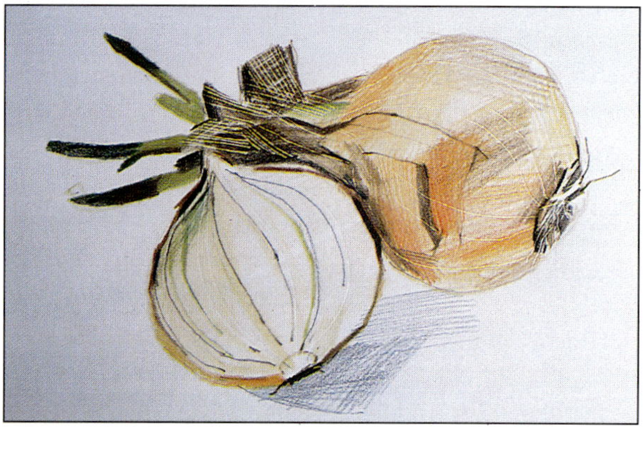

4 *Links:* Durch Zufügen von mehr Farbe wurden die Linien dominierender. Nur da, wo die Farbe sehr konzentriert war, drang sie in die Prägungen ein.

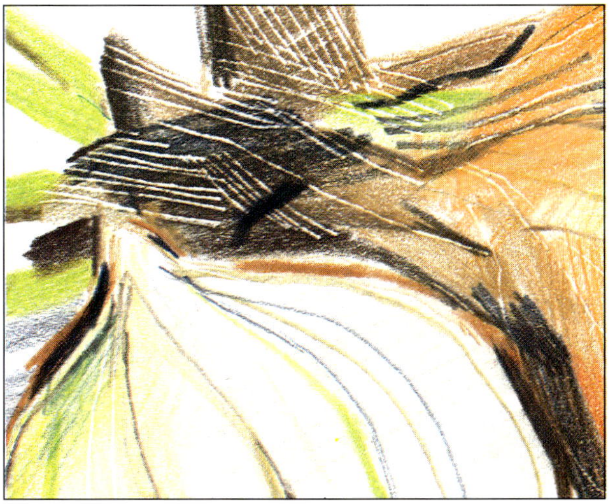

5 *Links*: Schraffierte Bereiche geprägter Linien betonen die papierähnliche, trockene Zwiebelhaut und ihr Oberflächenmuster.

6 Die fertige Zeichnung zeigt, wie Farbe und Form mit geprägten Linien unterstützt werden können. Die Linien auf der halbierten Zwiebel nehmen die Konturen der ganzen Zwiebel auf und schaffen so eine natürliche Harmonie.

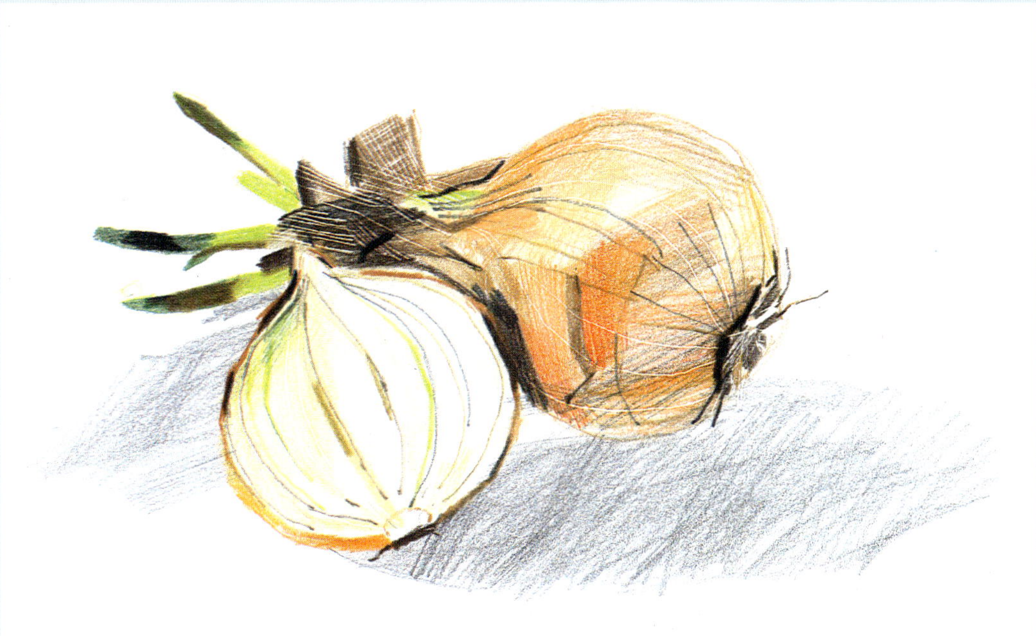

Stilleben mit Zwiebeln

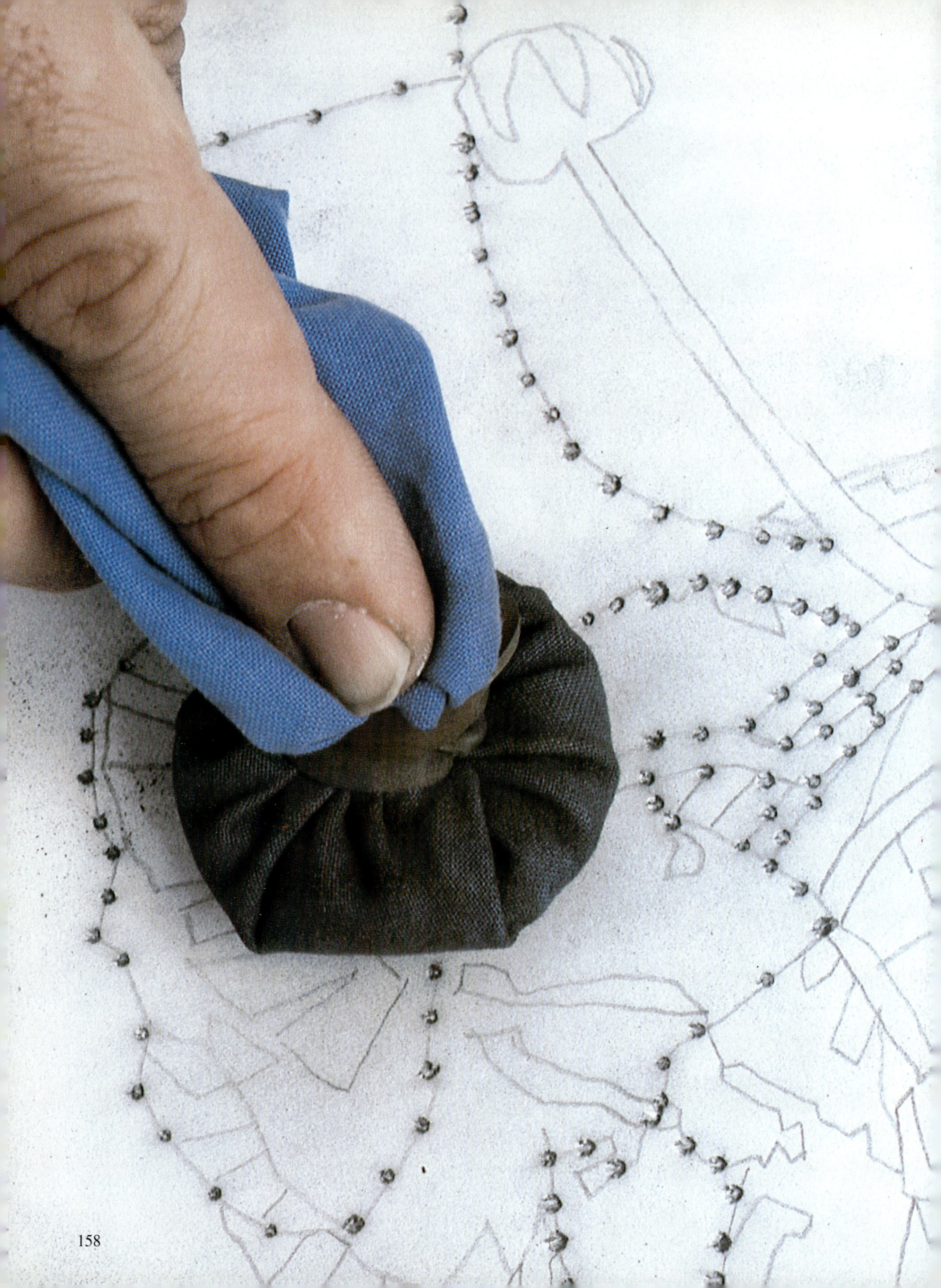

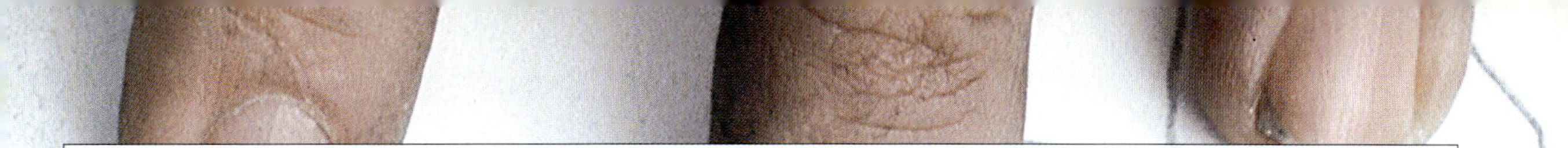

ZWÖLFTES KAPITEL

HILFSTECHNIKEN

Es gibt zahlreiche Techniken, die Ihnen helfen, gut ausgearbeitete Buntstiftzeichnungen anzufertigen, ohne in jedem Fall das freie Zeichnen beherrschen zu müssen. Jeder Zeichner hat seine eigenen Methoden, um eine Zeichnung zu planen und zu gestalten – einige davon sind von allgemeinem Nutzen, andere weniger, aber es gibt weder falsche noch richtige Vorgehensweisen. Die folgenden Tips sind ›mechanische‹ Methoden, die nützliche Alternativen zum Skizzieren sein können.

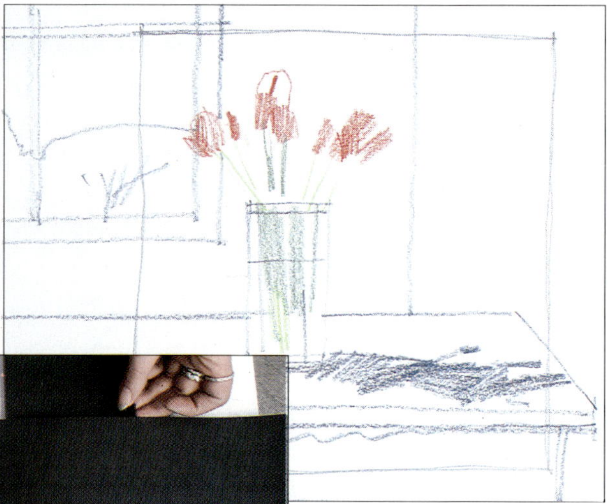

Hilfslinien
Rechts: Um einen bestimmten Bereich einer Komposition herum werden Linien eingezeichnet, die im Stadium der Vorskizze für die weitere Ausarbeitung die Vorgaben darstellen, nach denen gezeichnet werden kann.

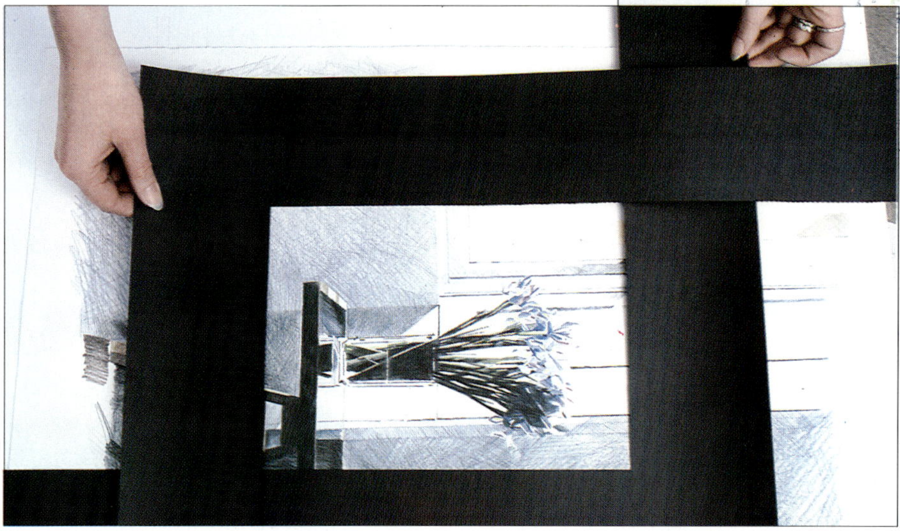

Kartonabdeckungen
Links: Mit einem Paar L-förmiger Kartonstücke wird eine flexible Abdeckung hergestellt. So kann man unterschiedliche Ausschnitte wählen und die endgültige Größe festlegen. Ein kleines Paar solcher ›Ellbogen‹ erleichtert Ihnen beim Zeichnen im Freien die Entscheidung, welchen Bereich der Skizze Sie ausarbeiten möchten.

Mit einem Gitter übertragen

Sicher möchten Sie irgendwann einmal rasch angefertigte Skizzen vergrößern oder eine Skizze oder Fotografie auf die eigentliche Zeichenfläche übertragen. Vielleicht möchten Sie das Bild maßstabsgetreu übertragen, oder aber Sie wollen die Proportionen und Größe der Skizze einer Zeichenfläche von anderer Größe anpassen. Wie auch immer, die meisten Menschen haben große Schwierigkeiten damit, ohne Hilfsmittel eine kleine Skizze in ein größeres Bild zu übersetzen oder eine Skizze zu verkleinern. Im folgenden finden Sie einige einfache Techniken, die diese Aufgabe erleichtern.

Beim Vergrößern einer Vorlage ist es schwierig, genau zu arbeiten – je größer die endgültige Zeichnung ist, desto schwerer fällt das. Wenn Sie eine größere Version einer kleinen Skizze frei aus der Hand zeichnen möchten, sollten Sie das Papier zunächst auf einer harten Unterlage befestigen oder dehnen, so daß Sie die Zeichnung drehen können. Legen Sie nämlich ein großes Blatt Papier auf einen flachen Tisch und zeichnen darauf, werden Sie feststellen, daß der Blickpunkt automatisch auf einen Punkt am oberen, am weitesten von Ihnen entfernten Rand des Blattes zustrebt. Kippen Sie das Blatt nach vorne, so daß es in der Ebene Ihres Gesichtsfeldes bleibt. So können Sie dieses Problem vermeiden.

Um eine Skizze – in gleicher Größe oder in anderem Maßstab – zu übertragen, kann man ein Netz von Quadraten darüberlegen. Diese Technik fand bereits in der italienischen und deutschen Renaissance Anwendung, so zum Beispiel auf einem Holzschnitt von Albrecht Dürer.

Nehmen Sie ein Blatt Pauspapier und legen Sie es auf die Vorlage. Markieren Sie die äußeren Ränder der Vorlage und messen Sie diesen Rahmen aus, dann unterteilen Sie jede Seite in gleich große Abschnitte. Wenn Sie die Skizze stark vergrößern wollen, benötigen Sie kleine Quadrate; wenn die ausgearbeitete Zeichnung dagegen kleiner als die Skizze sein soll, sollte das Gitter proportional größer sein. Verbinden Sie nun über die gesamte

Mit Gittern übertragen
Rechts: Um eine gute Skizze ins Reine zu bringen, können Sie zunächst ein Gitternetz darüberlegen. Zeichnen Sie nun ein zweites großes Gitter auf die eigentliche Arbeitsfläche und übertragen Sie die Details des Originals Quadrat für Quadrat. Diese Technik ist sehr nützlich, um die Positionen aller Elemente richtig wiederzugeben und gleichzeitig den Maßstab zu vergrößern. Sie wird oft für große Flächen eingesetzt, bei denen es recht schwierig ist, die Perspektive genau einzuhalten. Gitterlinien, die mit hellem Bleistift gezeichnet wurden, werden entweder später durch die Farbe überdeckt oder können beim Zeichnen ausradiert werden.

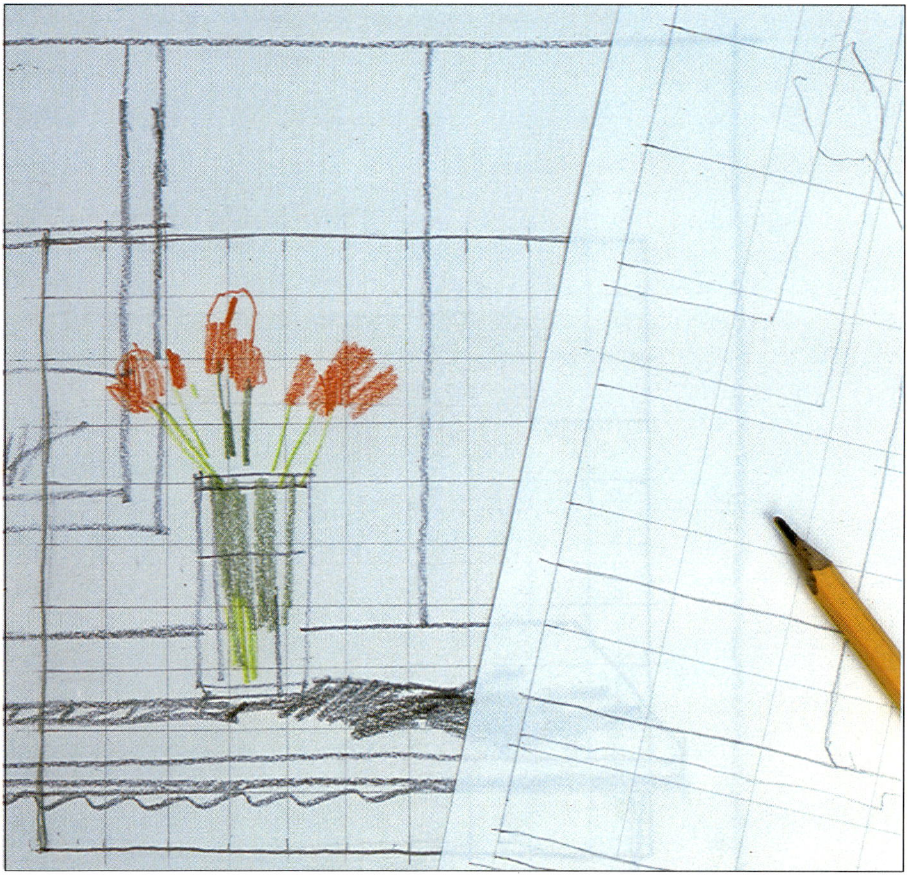

Fläche der Zeichnung die sich gegenüberliegenden Punkte zuerst auf den vertikalen, dann die auf den horizontalen Achsen. Konstruieren Sie dann ein entsprechendes Gitter auf der eigentlichen Zeichenfläche. Wollen Sie zum Beispiel die Größe der Vorlage verdoppeln, muß jedes Quadrat doppelt so groß sein wie auf der Skizze, halb so groß dagegen, wenn Sie die Skizze um die Hälfte verkleinern wollen. Benutzen Sie zum Zeichnen des Gitternetzes einen Bleistift. Die Linien brauchen nicht sehr kräftig zu sein und können später übermalt oder ausradiert werden.

Nachdem Sie das Gitter aufgezeichnet haben, können Sie mit den einzelnen Quadraten bequem die Position der einzelnen Elemente Ihrer Vorlage auf Ihre Zeichnung übertragen. So lösen Sie das Größenproblem in viele kleine, übersichtliche Bereiche auf. Diese Methode hilft auch, wenn Sie einen Hintergrund mit einem dekorativen oder sich wiederholenden Muster gestalten wollen: So können Sie die Regelmäßigkeit des Musters kontrollieren.

Pauspapier

Vielleicht hilft es Ihnen, die Struktur Ihrer Zeichnung zunächst mit Linien auf eine andere als die eigentliche Zeichenfläche zu bringen und sie erst später zu übertragen. Das verhindert, daß Sie auf der eigentlichen Zeichnung allzu viel korrigieren müssen. Vor allem bei stark strukturiertem Papier ist es problematisch, Buntstiftpigmente zu entfernen. Versuchen Sie, die Grundlinien mit einem normalen Bleistift auf einen Bogen Pauspapier zu zeichnen. Die feinstrukturierte Oberfläche ist sehr angenehm, da sie die Bleistiftspitze weicher macht und Sie fließende Linien erzeugen können.

Auf Pauspapier können Sie Formen leicht verändern, und bei großen oder besonders komplexen Zeichnungen geht es manchmal schneller, einzelne Ausschnitte auf Pauspapier zu zeichnen und erst später zusammenzusetzen. Wenn Sie einen Fehler machen sollten, können Sie die Stelle ausschneiden und ein neues Stück Pauspapier mit mattem Tesafilm einkleben, der Bleistiftpigmente sehr gut annimmt. Darüber hinaus ist er praktisch unsichtbar.

Schrittweise kommen alle Elemente der Zeichnung auf dem Pauspapier zusammen und können dann auf die Zeichenfläche übertragen werden.

Pausen übertragen

Es gibt diverse Möglichkeiten, Pausen zu übertragen. Eine der einfachsten besteht darin, die Rückseite der Pause zu überarbeiten, indem man jede Linie mit Kreide, Kohle oder Bleistift nachzieht. Drehen Sie das Pauspapier dann um, legen Sie es auf die Zeichenfläche und ziehen Sie jede Linie mit einem gut gespitzten, harten Stift nach (wenn der Stift zu weich ist, fransen die Linien aus). So wird das ganze Bild auf die Zeichenfläche übertragen und ist dann für das Ausarbeiten mit Farben bereit.

Alternativ können Sie auch einen sogenannten Schabekarton verwenden. Dabei handelt es sich um mit sehr feiner Kreide beschichtetes Seidenpapier, das auch industriell gefertigt erhältlich ist. Es wird in Schwarz, Weiß, Siena und Gelb hergestellt. Legen Sie das Papier mit der pigmentierten Seite nach unten auf die Zeichenfläche. Anschließend legen Sie die Pause darauf und ziehen Linie für Linie mit einem Stift oder einer scharfen Metallspitze – zum Beispiel einem Zirkel oder, bei sehr feinen

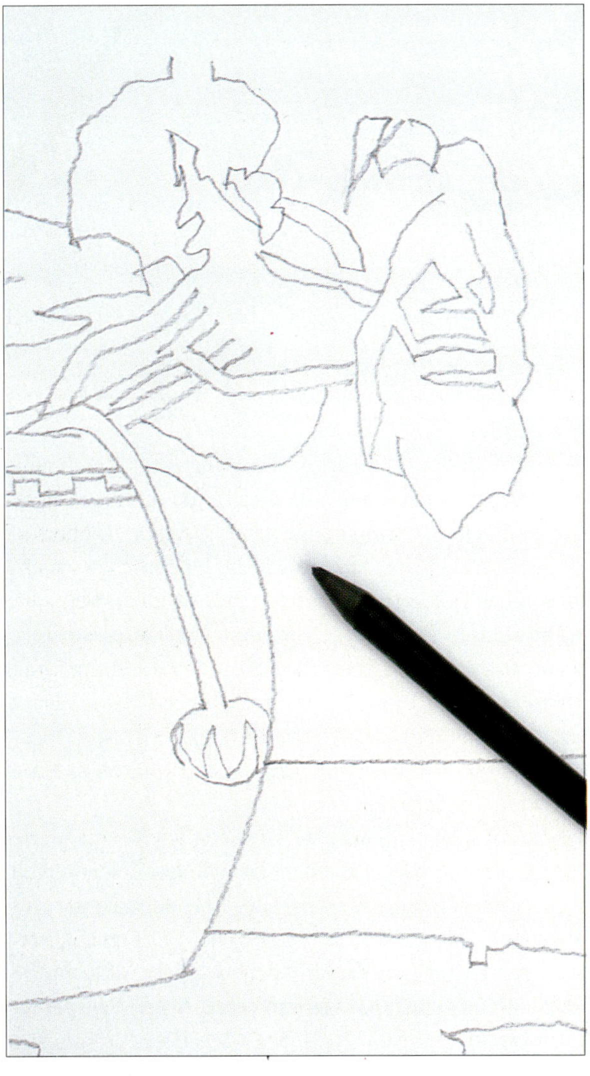

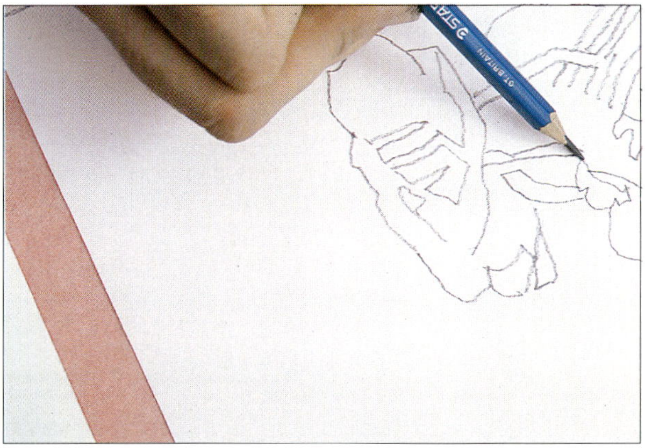

Bleistift

Links: Oft benutzt man den Bleistift, um Formen oder Farbbereiche vorzuzeichnen. Obwohl Bleistifte mit weichen Minen (Härte HB oder B) durchaus benutzbar sind, ziehen einige Künstler Graphitstifte vor. Buntstifte überdecken Bleistiftlinien nicht immer. Wenn sie zu dick erscheinen, radieren Sie ein wenig, um sie weicher zu machen, bevor Sie die Zeichnung mit Farbe überarbeiten.

Pauspapier verwenden

1 *Oben*: Mit Schabekarton oder Pauspapier können Sie einen Entwurf mit sauberen Linien zeichnen, ohne bei eventuellen Fehlern einen Radierer auf der Papieroberfläche benutzen zu müssen. Zeichnen Sie die Linien der Zeichnung zunächst auf den Schabekarton und legen Sie ihn dann mit der Kreideseite nach unten auf die eigentliche Zeichenfläche. Dann können Sie den Entwurf Linie für Linie mit einer scharfen Spitze – einem harten Bleistift oder einer Metallspitze – nachziehen.

Linien, mit einer Nadel – nach. Metallspitzen haben gegenüber Bleistiften den Vorteil, daß sie sich nicht abnutzen, sehr präzise in der Linienbildung sind und keinen Oberflächenstaub hinterlassen, der auf die Zeichenfläche geraten könnte.

Wenn Sie damit fertig sind, heben Sie die Pause und das kreidebeschichtete Seidenpapier vom Zeichenpapier, auf dem nun geprägte Linien, in denen Kreide zurückgeblieben ist, zu sehen sind. Sie können leicht Ihren eigenen Schabekarton herstellen, indem Sie Seidenpapier mit einem Kreidestift einfärben. Mit vorgefertigtem Schabekarton läßt sich ordentlicher arbeiten, er ist allerdings auch teurer.

Durch Perforierungen übertragen

Ein anderes Übertragungssystem, das Perforieren, wird in erster Linie für große Flächen benutzt, auch wenn es sehr aufwendig und zeitraubend ist. Nachdem Sie Ihre Skizze angefertigt haben, folgen Sie den Konturen, indem Sie mit einer Nadel in gleichmäßigem Abstand kleine Löcher entlang der Linien in das Papier stechen. Plazieren Sie Ihre so bearbeitete Skizze nun auf der eigentlichen Zeichenfläche und reiben Sie sanft mit farbiger Kreide darüber. Wenn Sie dann das Blatt vorsichtig entfernen, bleibt Ihr Muster in Reihen aus winzigen Punkten auf dem Papier zurück. Diese Technik ist, da recht zeitaufwendig, nicht sehr gebräuchlich. Sie kann aber sehr nützlich sein, wenn

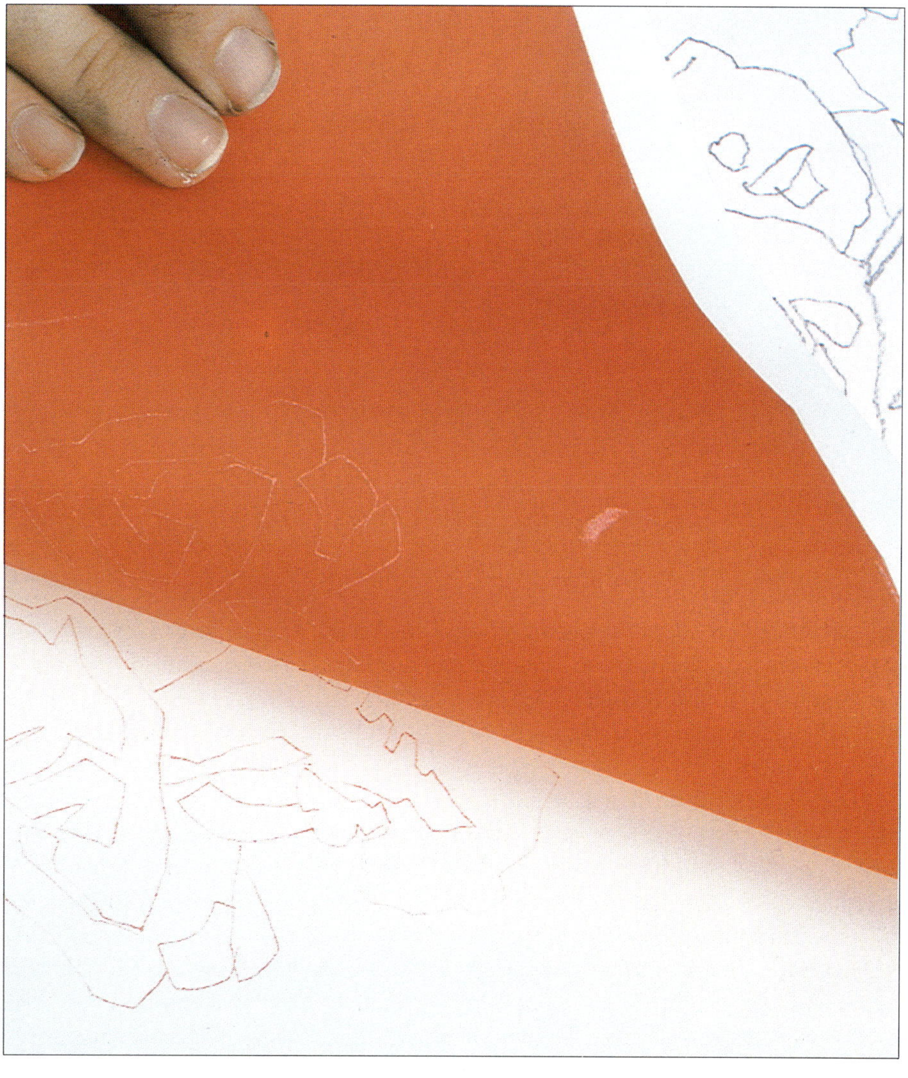

2 *Rechts*: Anschließend wird der Schabekarton entfernt. Zurück bleiben Linien in weicher Kreide. Diese Kreide ist leicht zu entfernen und kann auch übermalt werden, ohne durchzuscheinen. Stellen Sie beim Nachzeichnen sicher, daß das Papier sorgfältig mit Malerkrepp befestigt ist, denn bei dieser Technik entstehen geprägte Linien, die sehr schwer wieder zu entfernen sind, wenn einmal Farbe aufgetragen wurde.

Durch Perforieren übertragen

1 Der Künstler stanzte mit einer Nadel winzige Löcher entlang der Konturen der Vorlage. Er benutzte dabei ein kleines Baumwollkissen mit feinem Kreidestaub, der durch die Löcher auf die Zeichenfläche gesiebt wird und gepunktete Umrisse hinterläßt. Befestigen Sie die Zeichenfläche sorgfältig, da sonst die kleinste Bewegung dazu führt, daß Sie die Punkte falsch plazieren.

2 Wenn die gesamte Zeichnung perforiert ist, entfernen Sie das oberste Blatt, um das durch den zurückgelassenen Staub umrissene Bild freizulegen. Mit dieser Technik erzielt man sehr feine Linien, die die späteren Farbschichten nicht beeinträchtigen. Der Staub verbleibt auf der Papieroberfläche, wird beim Auftragen der Farben mit diesen vermischt und verschwindet fast völlig.

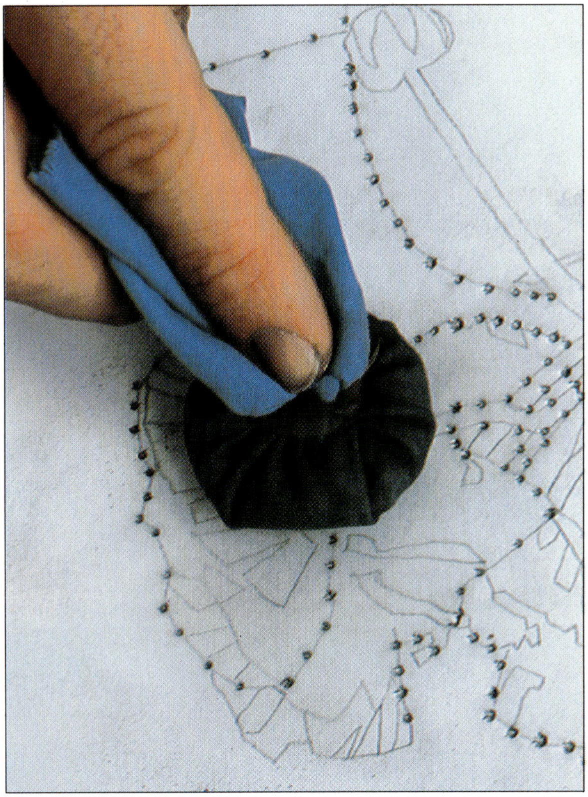

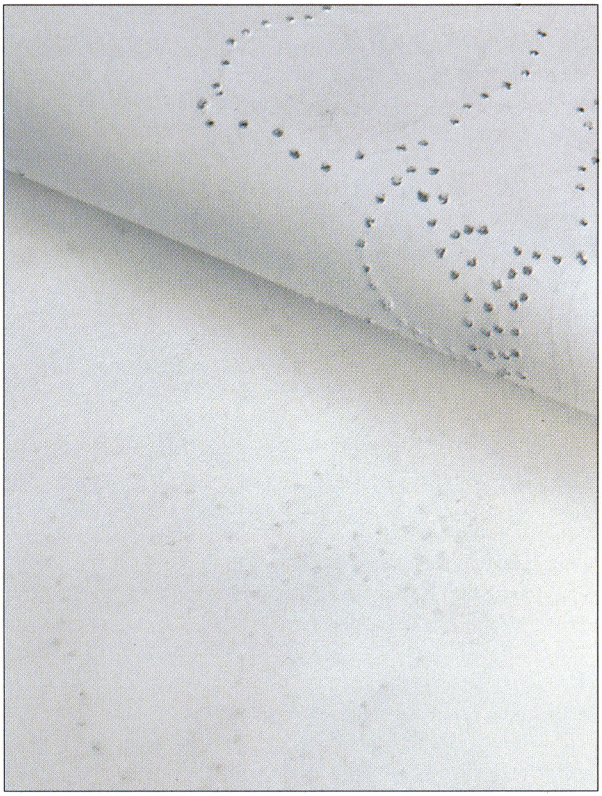

Sie auf einer Oberfläche arbeiten, auf der Sie keinen Radierer benutzen können, wie zum Beispiel auf Gips, oder wenn Sie mit sehr blassen Farben arbeiten, die eventuelle Hilfslinien nicht überdecken.

Seitenverkehrter Probedruck

Das Erstellen seitenverkehrter Probedrucke ist ebenfalls eine relativ einfache Methode, um eine Skizze direkt zu übertragen. Zeichnen Sie die Umrisse Ihres Bildes mit einem weichen Bleistift auf eine mäßig glatte Oberfläche. Achten Sie darauf, keinen überschüssigen Bleistiftstaub zurückzulassen, da dieser sonst auf den Probedruck übertragen wird. Dann befeuchten Sie die Oberfläche Ihres Zeichenpapiers (verwenden Sie dafür zum Beispiel einen Pflanzensprüher, der eine feine Wasserschicht zurückläßt). Legen Sie die Umrißzeichnung nun mit der Zeichenfläche nach unten darauf. Danach schieben Sie die beiden Blätter in eine Presse oder beschweren sie und lassen sie dann trocknen. Die Trocknungszeit hängt von der Papiersorte ab und davon, wie sehr Sie es zuvor angefeuchtet haben. Wenn das Papier anfängt auszutrocknen, lösen Sie die ursprüngliche Skizze davon ab. Sie werden feststellen, daß sie sich auf das feuchte Papier übertragen hat. Diese Methode ist zwar einfach, hat aber den Nachteil, daß das Bild nun seitenverkehrt ist – ihre Anwendungsmöglichkeiten sind also begrenzt.

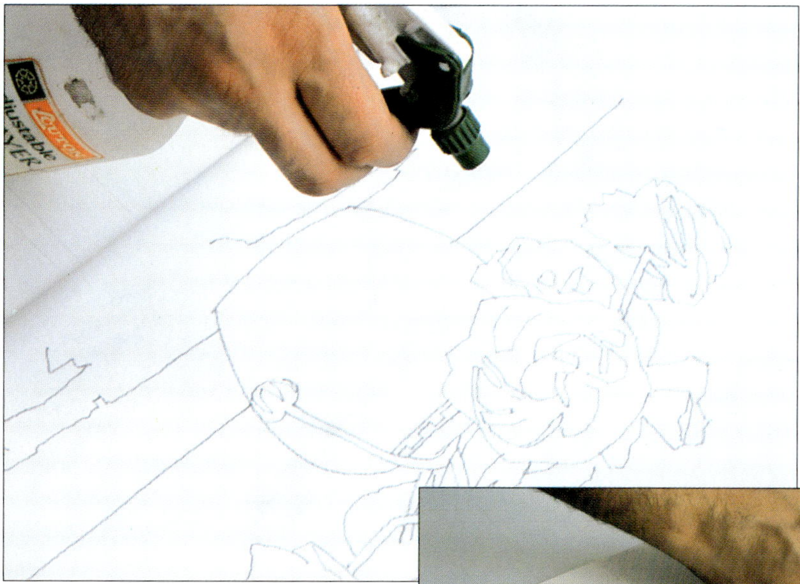

Seitenverkehrte Probedrucke

1 Eine weitere Methode, um eine Pause auf die Zeichenfläche zu übertragen. Sprühen Sie mit Hilfe eines Pflanzensprühers einen feinen Nebel auf die Oberfläche der Zeichnung. Durchweichen Sie das Papier dabei nicht und lassen Sie keine Wasserlachen zurück, denn dies produziert Schmiereffekte. Das Wasser ist der Träger, der die nun feuchten Pigmente auf die absorbierende Fläche des nächsten Blattes bindet.

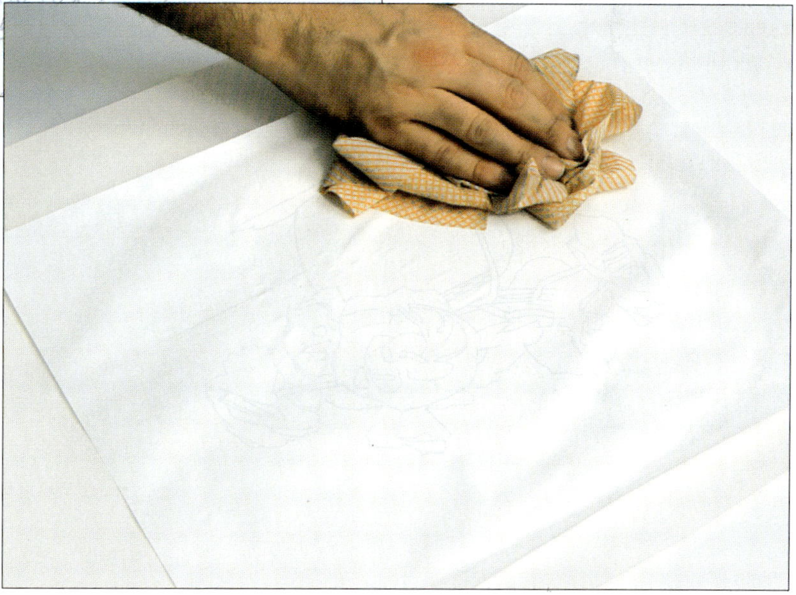

2 Plazieren Sie die angefeuchtete Zeichnung mit der Zeichenseite nach unten auf einem anderen, trockenen Blatt. Reiben Sie leicht darüber, so daß die Pigmente auf das trockene Blatt gedrückt werden. Achten Sie darauf, daß zwischen den beiden Blättern keine Luftblasen sind. Streichen Sie in regelmäßigen Bewegungen mit der Hand darüber. Arbeiten Sie dabei von der Mitte zu den Rändern hin, um eventuelle Luftblasen an die Ränder zu drängen. Wollen Sie diese Technik regelmäßig anwenden, lohnt sich die Anschaffung einer einfachen Buchpresse. Wenn Sie die beiden Blätter nach dem Trocknen voneinander lösen, ist das Bild seitenverkehrt auf dem zweiten Blatt fixiert.

Lichtquellen

Andere Techniken zum Durchpausen von Bildern beziehen eine Lichtquelle ein. Es ist möglich, Zeichnungen vor ein Fenster zu kleben und das natürliche Licht, das durch das Papier scheint, auszunutzen, um das Original auf einem darüber befestigten neuen Blatt nachzuzeichnen. Idealerweise sollten Sie jedoch ein Leuchtpult benutzen – das ist im Grunde ein Kasten mit einer darüberliegenden transparenten Glasscheibe, in dem sich eine Lampe befindet. Wenn Sie Ihre Zeichnung auf das Glas legen, können Sie durch das Papier hindurchsehen und die Linien direkt auf ein neues Blatt übertragen. Der einzige Nachteil besteht darin, daß Sie die Zeichnung nur im Originalmaßstab nachzeichnen können und nur auf einer durchscheinenden Zeichenfläche. Ein Leuchtpult ist teuer, besonders wenn man seine begrenzten Gebrauchsmöglichkeiten bedenkt. Sie sollten deshalb ernsthaft überlegen, eine einfache Version eines Leuchtpultes selbst herzustellen. Kommerzielle Studios benutzen einen Vergrößerer oder einen Overheadprojektor. Beides sind sehr teure Ausrüstungsgegenstände, sie bieten aber die Möglichkeit, mit Licht zu pausen und einzelne Ausschnitte in nur einem Arbeitsschritt zu vergrößern oder zu verkleinern. Ein Grant-Vergrößerer oder ein Epidiaskop sind nützlich, wenn Sie mit Dias arbeiten oder sehr stark vergrößern. In der Regel werden Sie sie nicht brauchen.

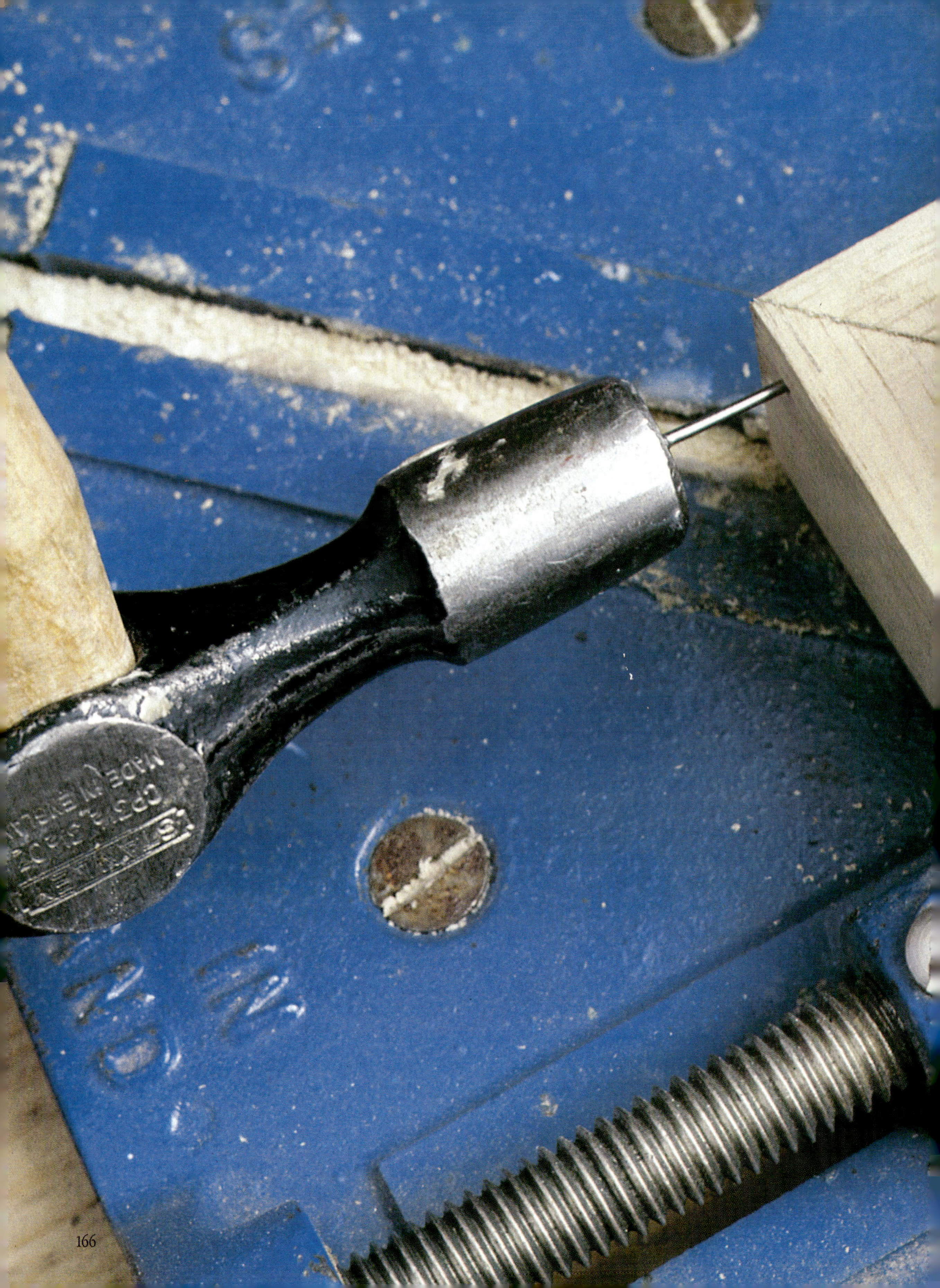

Dreizehntes Kapitel

Fixierungen, Passepartouts und Rahmen

Soll Ihr Kunstwerk den Härten der Zeit trotzen und Ihnen lange Freude bereiten, wenden Sie ruhig einige Mühe auf, um es zu schützen. Es gibt viele einfache Methoden, um sicherzustellen, daß eine Buntstiftzeichnung längere Zeit in ihrem ursprünglichen Zustand übersteht, aber keine ist so grundlegend wie die Auswahl des bestmöglichen Materials. Die meisten Künstler lassen es sich angelegen sein, alle sinnvollen Maßnahmen, auch solche, die nur kurzfristige Wirkung haben, zu treffen, um zu verhindern, daß eine Arbeit, in die sie Zeit und Liebe investiert haben, schnell an Qualität verliert.

Kurzfristig wirksame Schutzmaßnahmen
Die zahlreichen Papiersorten unterstützen Sie dabei, eine breite Skala verschiedenster Effekte zu kreieren, aber sie haben auch ihre Nebeneffekte. Jedes Papier, das alkalische Substanzen oder Säuren enthält, verlangt eine gewisse Behandlung. Viele Papiersorten, besonders die billigeren oder auch die handgeschöpften, beinhalten Verunreinigungen, die keine Probleme verursachen, solange das Papier unter idealen Umständen aufbewahrt wird, die jedoch, wenn das Papier größerer Luftfeuchtigkeit ausgesetzt ist, katastrophale Auswirkungen haben können. Stockflecken etwa – die braune Patina, die oft auf altem Papier erscheint – sind eine direkte Folge metallischer Verunreinigungen im Papier, die auf Feuchtigkeit reagieren und im Laufe der Jahre graduell die Papieroberfläche mit rostähnlichen Flecken überziehen. Es gibt inzwischen viele Papiersorten, die solche Probleme nicht aufweisen, vor allem die Hadernpapiersorten. Spezialanbieter und besonders Hersteller von Velin und Pergament für Archivzwecke werden Sie zu diesen Problemen sicher gern beraten. Für alltägliche Arbeiten sollte jedoch gutes Zeichen- oder Aquarellpapier genügen.

Nicht weniger wichtig als die Qualität des Papiers ist die Ihrer Stifte. Billige Buntstifte werden meist für Kinder hergestellt und sind wenig beständig, während teurere Buntstifte über hochwertigere Bindemittel und größere Farbreinheit verfügen. Damit sind die Farben brillanter, besser im Abstrich, haltbarer und verblassen weniger schnell. Da Sie gerade zu Beginn kein großes Sortiment von Buntstiften brauchen, investieren Sie lieber in Qualität als in Quantität.

Es verlängert auch die Lebensdauer Ihrer Zeichnung, wenn Sie Ihre Materialien mit Sorgfalt handhaben. Vermeiden Sie, Fehler stets mit einem Radierer auszumerzen, da Sie damit jedes Mal eine Schicht der Papierfasern entfernen, was das Material schwächt und später zu weiteren Problemen führt. Wenn Sie mit blassen Farben arbeiten und die dunkleren Nuancen erst im Laufe des Aufbaus auftragen wollen, brauchen Sie nur selten einen Radierer. Benutzen Sie harte Radierer nur für hartes Papier, ansonsten lieber einen weichen Knetradierer.

Arbeiten Sie mit wasservermalbaren Stiften, benutzen Sie nur reines Wasser. Das ist manchmal leichter gesagt als getan – besonders wenn Sie im Freien arbeiten –, aber wenn Sie wirklich wollen, daß Ihre Arbeit von Dauer ist, darf die Papieroberfläche nicht mit Chemikalien getränkt werden. Vermeiden Sie auch in jedem Fall, auf einer feuchten Oberfläche zu reiben, da das die Faserstruktur der oberen Papierschichten zerstört.

Schließlich werden Sie, wenn Sie eine große Fläche bearbeiten, oft feststellen, daß Ihre Hand unterhalb des Bereichs, auf den Sie Farbe auftragen, auf dem Papier ruht. Damit verschmieren Sie leicht die Farbe und – weil Hände immer etwas fettig sind – hinterlassen Flekken auf dem Papier, die später kaum zu entfernen oder zu übermalen sind. Wenn Sie auf sehr dünnem Papier arbeiten, wirft das Papier wegen der Wärme Ihrer Hand Falten. Schieben Sie daher einfach ein dickeres Blatt Papier oder ein Stück dünnen Karton zwischen Ihre Hand und die Arbeitsfläche. Das Papier oder der Karton werden entweder von Ihnen gehalten, oder Sie können es mit wiederablösbaren Haftstücken befestigen, wenn Sie eine Weile denselben Bereich bearbeiten.

Fixative
Auch nachdem Ihre Zeichnung fertiggestellt ist, braucht sie einen Schutz. Buntstifte unterscheiden sich hinsichtlich der darin verwendeten Bindemittel, die wachs- oder kreideartig sein können. Da alle bei größerem Druck verschmieren, ist es wichtig, die Buntstiftzeichnung zu fixieren, um eine Beschädigung der gezeichneten Oberfläche zu verhindern. Um das zu erreichen, wird die Oberfläche mit einem schützenden Bindemittel, einer Art Lack, eingesprüht. Speziell für Zeichnungen gibt es eine ganze Zahl verschiedener Fixative.

Befestigen Sie Ihre Arbeit vertikal und sprühen Sie sie gleichmäßig mit Fixativ ein. Halten Sie sich dabei genau an die Anweisungen auf den Dosen. Halten Sie die Dose etwa zu nahe an die Zeichnung, tränken Sie sie mit der Substanz, was zu Streifen führen kann, oder während des Trocknens bilden sich Lachen, die die Farben mischen und die Arbeit zerstören. Um eine gleichmäßige, unsichtbare Beschichtung zu erzeugen, sprühen Sie diagonal. Bei dünnem Papier können Sie auch die Rückseite einsprühen, statt das Fixativ über der Farbe aufzutragen; auf schwererem Papier oder wenn Sie die Zeichnung mit kräftigem Druck ausgeführt haben, sollten Sie die gezeichnete Seite besprühen.

Benutzen Sie nur qualitativ hochwertige Fixative; nur für Skizzen eignen sich Haarsprays, die kurzfristigen Schutz bieten. Abgesehen von handelsüblichen Fixativen für Zeichnungen gibt es einige schwerere, lackartige

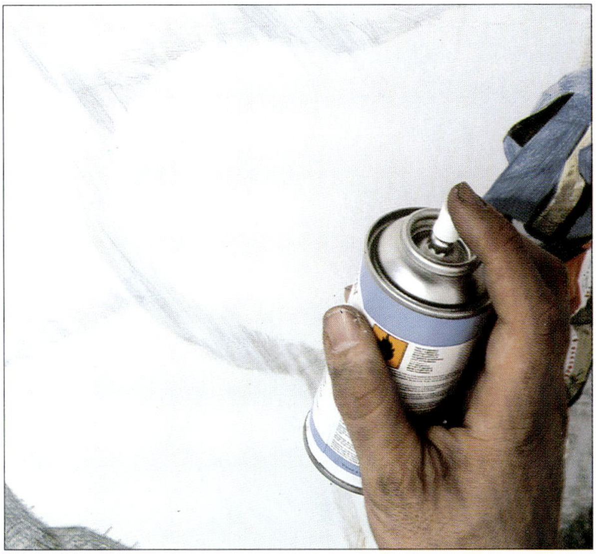

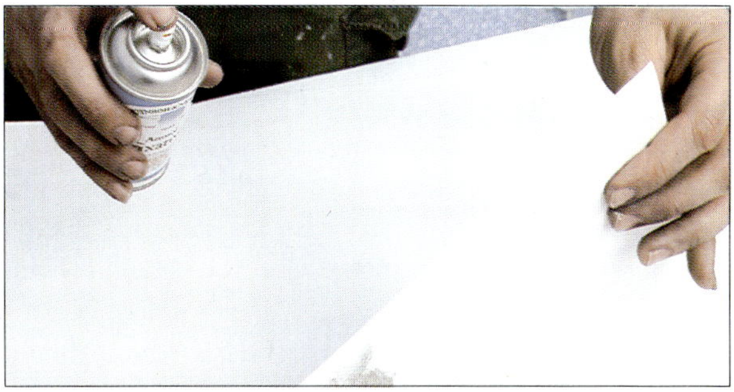

Fixierung
Links: Eine gleichmäßige Beschichtung erzielt man, wenn man die Spraydose in kurzem Abstand vertikal zur Zeichenfläche hält.

Fixieren von der Rückseite
Oben: Feine Papiersorten kann man sehr gut von der Rückseite aus fixieren, indem man eine dünne Schicht Fixativ aufsprüht.

Fixative, die ebenfalls als Spray erhältlich sind. Matte wie glänzende Sprays bilden eine gute Schutzschicht, doch je schwerer ein Spray, desto länger die Trocknungszeit, und die meisten Hochglanzfixative sollten innerhalb von 24 Stunden in zwei oder drei Schichten aufgetragen werden.

Die Fixierung der Pigmente verhindert auch die Bildung von Trübungen, die sich durch den Druck beim Zeichnen und eine zu große Menge von Bindemitteln auf der Papierfläche bilden können. Ist das bereits geschehen, so verhindert das Fixieren, daß es sich wiederholt.

Bewahren Sie Ihre Zeichnung nach dem Fixieren liegend auf. Legen Sie säurefreie Folien oder Pauspapier zwischen die einzelnen Zeichnungen. Rollen Sie sie nicht auf, vor allem nicht, wenn sie mit Fixativ behandelt sind, da sich sonst die Farbpigmente von der Oberfläche lösen oder verschmieren. Am besten stapeln Sie nicht zu viele Zeichnungen übereinander, um die Farbpigmente nicht zu komprimieren und die Art, wie sie auf der Oberfläche haften, nicht zu beeinflussen. Zeichnungen halten sehr lange, wenn sie auf diese Weise in Holzschubladen oder in einem flachen Kasten fernab von Feuchtigkeitsquellen aufbewahrt werden.

Rahmen

Den besten Schutz bietet jedoch ein Rahmen. Buntstiftzeichnungen kann man nicht einfach direkt hinter Glas legen, da das die Pigmente auf der Oberfläche komprimiert und die Struktur des Papiers flachdrückt. Daher brauchen Sie ein Passepartout, das Ihre Zeichnung auch dann schützt, wenn Sie sie nicht rahmen. Passepartouts werden aus starkem, speziell angefertigtem Karton zugeschnitten. Solche Kartons sind in unterschiedlicher Dicke und Oberflächenstruktur erhältlich, vom Reinzeichenkarton mit großer Farbauswahl bis zum Leinenstrukturkarton und Lackpapier. Wenn Sie die Kante des Kartons betrachten, sehen Sie, daß er aus mehreren Lagen dünnerer Kartons besteht, die mit der feineren Oberfläche nach oben miteinander verbunden sind. Denken Sie daran, wenn Sie das Passepartout zuschneiden: Oft reißt die Oberfläche, die eine andere Struktur hat, dabei aus, obwohl Sie einen sauberen Schnitt durch die laminierten Flächen ziehen. Mit ein wenig Übung werden Sie aber bald merken, welche Materialien gut geeignet sind.

Messen Sie die Zeichnung aus und betrachten Sie Ihr Motiv. Viele Nahansichten benötigen eine bescheidene Passepartoutfläche, während manche Bilder – etwa eine Arbeit mit einer eher dramatischen Perspektive – am besten unter einem großen Passepartout aufgezogen werden. Damit intensivieren Sie den Eindruck von Breite und Aussicht und lenken das Auge vom Vordergrund weg auf einen Punkt am Horizont.

Der Maßstab des Passepartouts kann einen großen Einfluß auf den Inhalt und Stil Ihrer Arbeit haben. Das Zuschneiden wird dabei die schwierigste Aufgabe sein, die Sie zu meistern haben. Es gibt viele Schneidewerkzeuge unterschiedlichster Größe und Güte. Stellen Sie auf jeden Fall sicher, daß Sie über einen guten Halter für die Klinge und ein fixierbares Lineal verfügen, das Sie auf Ihrer Arbeitsfläche befestigen können und an dessen Rand entlang Sie das Passepartout zuschneiden. Markieren Sie den Bereich, den Sie ausschneiden wollen, mit einem weichen Bleistift, befestigen Sie dann den Karton in einer Halterung und ziehen Sie das Messer beim Schneiden auf sich zu. Achten Sie darauf, daß die Klinge scharf ist, damit sie die Oberfläche des Kartons nicht beschädigt. Eine abgeschrägte Kante zum Bild hin wirkt zwar sehr schön, ist aber ungleich schwerer zu schneiden. Manche Künstler lassen zwischen der Bildfläche und dem Passepartout einen Streifen frei. Auch das kann sehr attraktiv aussehen, besonders, wenn der Rand der Zeichnung sauber ausgearbeitet ist. Sind die Ränder einer Zeichnung dagegen eher grob, kann man sie gut damit abdecken. Es gibt also keine festen Regeln, wie ein gutes Passepartout aussehen sollte.

Legen Sie die Zeichnung hinter das Passepartout und befestigen Sie sie mit einigen kleinen Haftstücken. Wenn sie sich in der richtigen Position befindet, können Sie die Klebestreifen wieder entfernen und die Zeichnung rundum mit Klebeband fixieren. Es ist günstiger, nicht zuviel Papier über den Ausschnitt des Passepartouts überstehen zu lassen. Sollte sich die Zeichnung ein wenig aufwerfen, befestigen Sie sie gerade innerhalb des Ausschnitts, und sie wird an ihrem Platz bleiben. Bleibt hinter dem Passepartout zuviel Papier stehen, verringert sich die Spannung, und das Papier verwirft sich mit der Zeit zwischen der rückseitigen Pappe und dem Glas.

Jetzt ist die Zeichnung fertig zum Rahmen. Hierfür können Sie einen einfachen, rahmenlosen Glashalter benutzen, der leicht herzustellen ist. Die Einzelteile dazu erhalten Sie in jedem guten Geschäft für Künstlerbedarf. Statt dessen können Sie aber auch Ihr Passepartout den gängigen Maßen anpassen und für relativ wenig Geld einen fertigen Rahmen erwerben. Reinigen Sie das Glas immer mit einem antistatischen Mittel, das Sie mit einem weichen Tuch aufreiben sollten, bevor Sie die Teile zusammensetzen. Für die meisten auf Papier ausgeführten Arbeiten ist es in der Regel am besten, Glas zu benutzen. Unter Umständen leisten aber auch Acryl oder Plastik gute Dienste. Viele dieser Materialien beschleunigen allerdings die Oxidation der im Papier enthaltenen Verunreinigungen.

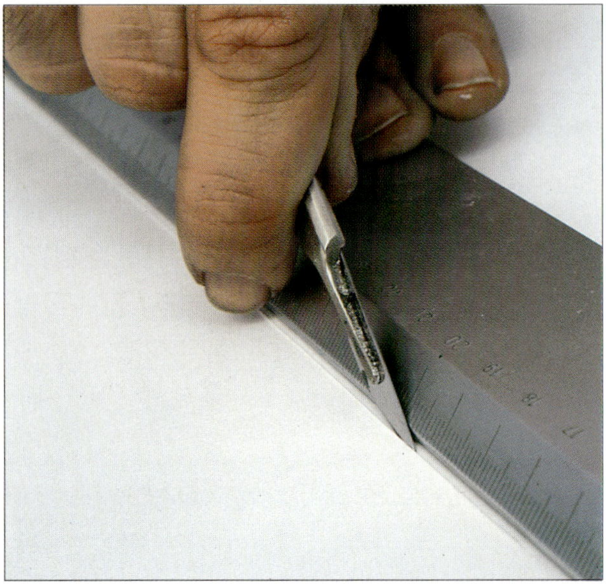

Verwenden eines Metallineals
Oben: Passepartoutkartons und Schutzhüllen können leicht mit einem Metallineal und einem scharfen Teppichmesser zugeschnitten werden. Vor allem die Schneidekante muß aus Metall bestehen, und die Linealkante sollte den richtigen Winkel haben, so daß ein durchgehender Schnitt möglich ist.

Rahmung *(folgende Seite)*
Links: Mit einer Gehrungslade können Sie den Winkel der Rahmenecken exakt ausmessen und entlang der Führung abzeichnen.
Mitte: Mit einer Schraubzwinge wird der Rahmen auf der Arbeitsfläche befestigt und auf Gehrung geschnitten.
Rechts: Die Schraubzwinge auf der Gehrungslade dient auch dazu, zwei Teile des Rahmens beim Abbinden des Klebers in Position zu halten. An jeder Seite wird ein Holzdübel angebracht.

Wenn Sie sich einen Rahmen anfertigen lassen, achten Sie darauf, daß das Glas genau in die Aussparung an der Vorderseite des Rahmens paßt, damit keine Insekten oder Feuchtigkeit eindringen können. Setzen Sie das Glas in den Rahmen und legen Sie die Zeichnung darauf.

Hinter der Zeichnung brauchen Sie eine Rückwand. Diese besteht normalerweise aus Sperrholz oder Hartfaserplatte und schützt nicht nur die Rückseite der Zeichnung, sondern verleiht auch dem Rahmen Stabilität. Die Rückwand wird mit Hilfe von Spezialklammern, die im 45-Grad-Winkel in die Innenkante des Rahmens eingeschlagen werden, in Position gehalten.

Wenn alles fest an seinem Platz sitzt, kleben Sie die Nut zwischen Rückwand und Rahmen auf der Rückseite des Rahmens mit Packband ab. Stellen Sie dabei sicher,

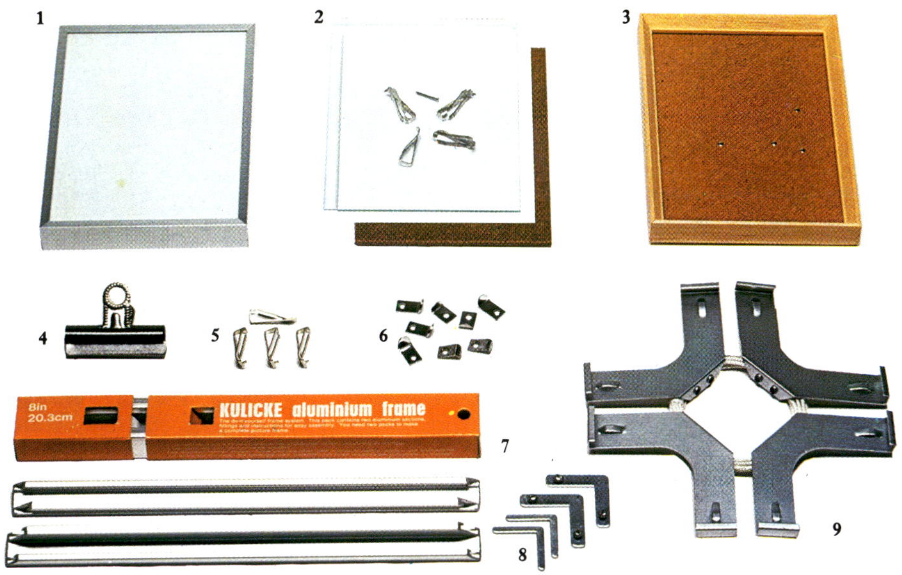

Eine Auswahl von Materialien für Rahmungen

1 Metallwechselrahmen von Emo
2 Emo-Rahmenset, bestehend aus einer Glasscheibe, einer Hartfaserplatte und einigen kleinen Klemmen
3 Vorgefertigter Holzrahmen
4 Clip
5 Federklemmen
6 Spiegelklemmen
7 Aluminiumrahmensatz von Kulicke
8 Metallrahmensatz von Daler
9 Hängerahmensatz

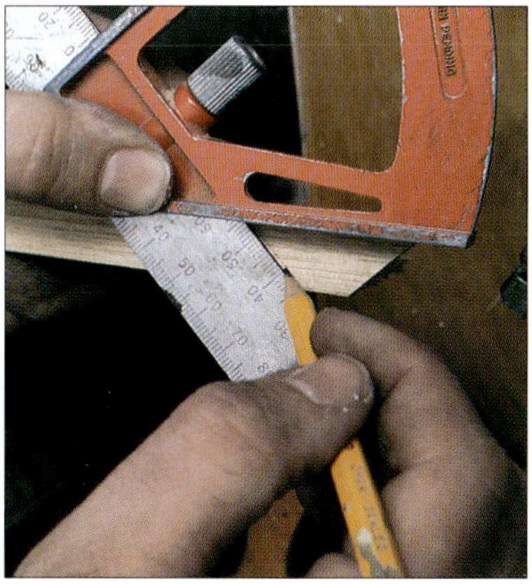

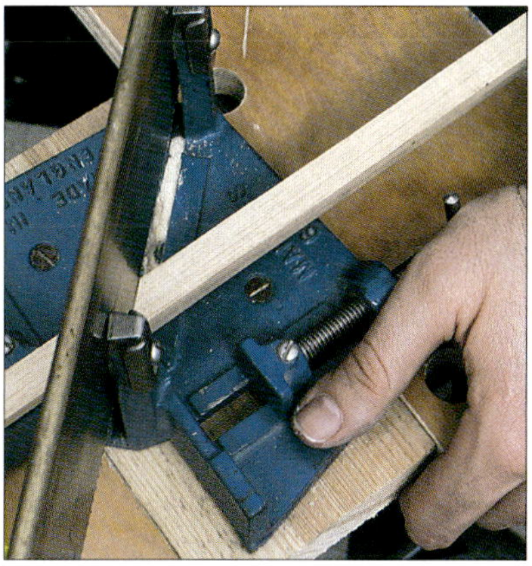

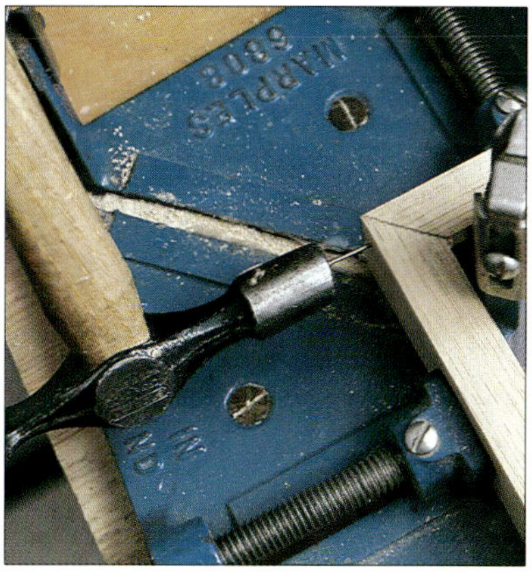

daß der Rahmen versiegelt ist und die Ecken des Packbandes überlappen, um die Zeichnung auch von der Rückseite her vollständig zu schützen. Danach schrauben Sie auf der Rückseite auf etwa einem Drittel der Höhe des Bildes kleine Ösen an, durch die Sie eine Nylonschnur oder einen Spezialdraht ziehen. Überprüfen Sie die Länge der Schnur, bevor Sie sie verknoten.

Inzwischen erhalten Sie die verschiedensten Rahmen im Handel, von breiten, mit Ornamentschnitzereien oder Stuck verzierten bis zu einfachen Metall-, Kunststoff- oder Holzrahmen. Die Auswahl bleibt Ihnen überlassen. Im Zweifelsfall ist es am besten, etwas Einfaches zu wählen und die Einzelteile von einem Fachmann zuschneiden zu lassen – außer wenn Sie planen, regelmäßig selbst zu rahmen.

Es gibt wenig mehr, was Sie zum Schutz Ihrer Arbeit tun können, außer darüber nachzudenken, wo Sie sie aufhängen möchten. Vermeiden Sie Räume, in denen es zu großen Temperaturschwankungen kommt oder in denen die Luftfeuchtigkeit sehr hoch ist. Innenwände bieten die beständigsten Bedingungen. Wärmequellen und direktes Sonnenlicht schaden dem Bild, da sie die Farben ausbleichen lassen. Nachdem Sie sich all die Mühe gemacht haben, Ihre eigenen Buntstiftzeichnungen anzufertigen, lohnt es sich, auch darauf zu achten. Wenn Sie sich an die meisten dieser einfachen Regeln halten, werden Sie imstande sein, die Lebensdauer Ihrer Zeichnungen so sehr zu verlängern, daß Sie sie viele Jahre lang genießen können.

Glossar

ADDITIVE FARBEN
Rot, Blau und Grün – die Primärfarben des Lichts, aus deren Mischung sich alle anderen Farben ergeben.

ANLEGEN
Das Festlegen der wichtigsten Formen und Kompositionselemente durch Farb- und Nuanceflächen.

BLICKPUNKT
Der Winkel, in dem ein Bild präsentiert wird, um die beste ästhetische Wirkung zu erzielen oder um bestimmte Elemente in der Komposition hervorzuheben.

DURCHSCHEINEN
Das Papier oder die Leinwand nimmt beim Zeichnen kein Pigment oder nur einen dünnen Farbfilm auf, so daß der Zeichengrund unter der darüberliegenden Farbe sichtbar bleibt.

FABRIKGEFERTIGTE OBERFLÄCHENSTRUKTUREN
Maschinell geprägtes Papier, das mit einer bestimmten Textur produziert wird, etwa mit Leinen- oder Elefantenhauttextur.

FIXIEREN
Das Besprühen der Bildoberfläche mit einer Substanz, die verhindert, daß die Farben verschmieren oder die Pigmente vom Papier abfallen. Fixative sind eine Art von Lack, die in Sprühdosen oder anderen Behältern, aus denen sie dann mittels einer Fixierspritze aufgetragen werden können, verkauft werden.

FROTTAGE
Eine Technik, mit deren Hilfe man der Farbe eine Textur geben kann, indem man mit einem Zeichenmittel wie einem Bleistift über Papier reibt, das über eine mit einer Textur versehene Oberfläche wie etwa einen Holztisch oder eine Münze gelegt wird.

GERADE KANTE
Es ist wichtig, daß Lineale aus Stahl oder Plastik lange, gerade Kanten haben, an denen entlanggemalt oder -gezeichnet wird, um eine gerade Linie oder einen harten Farbübergang zu erzeugen.

GESÄTTIGTE FARBE
Dieser Begriff bezieht sich auf die Dichte einer Farbe. Ist sie sehr dicht – oder satt – aufgetragen, ist es eine gesättigte Farbe, bei einem leichten Auftrag spricht man von ungesättigter Farbe.

GESSO
Eine stark absorbierende, weiße Grundierung, die aus Gips oder Kalk hergestellt wird. Man benutzt Gesso als Grundierung auf Holz- oder Sperrholzplatten oder auf Papier, um, je nach Art des Auftrages, eine glatte oder texturierte Oberfläche zu erzeugen.

GRAPHIT
Eine Form der Kohle, die, mit Ton vermischt, zur Herstellung von Farbstiften verwendet wird.

GRAUWERTE/GRAUWERTSKALA
Die verschiedenen Schattierungen von Grau zwischen Weiß und Schwarz.

GITTER
Bei Zeichnungen mit Farbstiften der Bereich mit kreuzschraffierter Farbe.

GITTERNETZ
Eine Methode, um eine Form oder Figur auf Papier zu übertragen, indem man sie hinter einem Netz von Quadraten betrachtet und die einzelnen Elemente dann Quadrat für Quadrat auf die Zeichenfläche überträgt.

GROBE SKIZZE
Eine schnelle Skizze, die nur die Positionen der Elemente in einer Komposition und ihre Farben ungefähr wiedergibt; häufig nur in sehr kleinem Maßstab.

GRUNDIERUNG
Eine Behandlung der Zeichenoberfläche, die das Papier als Zeichengrund vorbereitet. Die Grundierung kann zum Beispiel aus Gesso bestehen oder auch aus einer Pigmentschicht.

HEISSGEPRESST
Dieser Begriff stammt aus der Papierproduktion und beschreibt Papier, das durch erhitzte Metallplatten oder -walzen besonders glatt und glänzend gemacht wird.

HÖHEN
Mit einem Radiergummi, einem Papierstempel, einem Papierwischer oder auch einem anderen Farbstift über eine Farbe reiben, um ein Glanzlicht auf der darunterliegenden Farbe zu erzeugen.

JAPANPAPIER
Ein Kunstpapier, das mit einer dünnen Schicht weißen Porzellanpulvers beschichtet ist, das ihm eine durchscheinende Qualität verleiht.

KALTGEPRESST
Dieser Begriff beschreibt sehr hochwertiges Aquarell- oder Zeichenpapier. Er bezieht sich auf die Papieroberfläche, die mittelrauh ist. Im Gegensatz zum heißgepreßten Papier werden hier bei der Produktion die Blätter direkt aufeinandergelegt, ohne eine Filzschicht dazwischen, so daß sie leicht komprimiert werden und eine glattere Textur erhalten als rauhes Papier, jedoch nicht so glatt wie heißgepreßtes Papier, das durch heiße Metallwalzen geschickt wird.

KOHLEPAPIER
Ein auf einer Seite mit Graphit beschichtetes Papier, das man mit der beschichteten Seite auf ein Blatt Papier legt. Zeichnet man auf seiner Rückseite dann eine Skizze nach, wird sie gleichzeitig auf das unter dem Kohlepapier liegende Blatt übertragen.

KOMPLEMENTÄRFARBEN
Die Farben, die sich im Farbkreis gegenüberliegen, zum Beispiel Rot und Grün, Violett und Gelb, Orange und Blau. Wenn man sie nebeneinander aufträgt, verstärken sie sich gegenseitig.

KREUZSCHRAFFUR
Eine Technik, bei der man mit sich überkreuzenden Farblinien Nuancen herstellt. Insbesondere wird sie verwendet, um Schatten zu zeichnen.

LEIM
Ein gelatinöser Klebstoff, manchmal, wie Hasenleim, aus tierischen Produkten, mit dem eine Oberfläche überzogen wird, um sie für eine Grundierung, das Zeichnen oder Malen vorzubereiten.

MONOCHROM
Ein nur in Schwarzweiß oder in den Tönen einer einzigen Farbe gezeichnetes Bild.

NEGATIVE FORMEN
Die Formen, die entstehen, indem man die sie umgebenden Bereiche zeichnet oder malt, statt das Objekt selbst darzustellen (vgl. positive Formen).

OPTISCHES MISCHEN
Das Auftragen verschieden farbiger Punkte nebeneinander, deren Pigmente sich nicht mischen, die aber aus einiger Entfernung im Auge des Betrachters zu gemischten Farben verschmelzen. Setzt man zum Beispiel viele blaue und gelbe Punkte nebeneinander, erscheinen sie als grüne Farbe.

PAPIERWISCHER
Ein Stempel aus gerolltem Papier oder Sämischleder, mit dem Farbstift-, Kohle- und Aquarellfarben verwischt werden.

PAUSEN
Eine Methode, um eine Zeichnung von einer Oberfläche auf eine andere zu übertragen. Dabei wird die Zeichnung mit einem weichen Graphitstift angefertigt, dann preßt man ein feuchtes Blatt Papier flach auf die Zeichnung, bis es trocknet. Das zweite Blatt Papier nimmt den überflüssigen Graphit der originalen Zeichnung auf und wird so mit einem seitenverkehrten Bild der Originalzeichnung bedruckt.

PERFORIEREN
Eine Technik, um Zeichnungen zu übertragen, bei der die Linien einer Zeichnung in regelmäßigen Abständen mit einer Nadel durchstochen werden. Danach klopft man die Linien mit einem Säckchen Kohlestaub ab, wobei durch die Löcher dünne Markierungen auf der darunterliegenden eigentlichen Zeichenfläche zurückbleiben, die eine Kopie der ursprünglichen Zeichnung darstellen.

POINTILLISMUS
Die Methode, Farbe mit Punkten statt mit Strichen oder als Flächen aufzutragen.

POSITIVE FORMEN
Diese Formen schafft man, indem man ein Objekt selbst zeichnet, und nicht die es umgebenden Formen (s. negative Formen).

PRÄGEN
Eine Technik, bei der die Papieroberfläche mechanisch verformt wird, um ein Muster oder eine Textur in einer Zeichnung zu schaffen.

SCHABLONENTECHNIKEN
Diverse Methoden, um bestimmte Bereiche eines Bildes abzudecken, die man nicht koloriert haben will, während man auf einem danebenliegenden Bereich arbeitet.

SCHATTIEREN
Das Auftragen eines dünnen Farbschleiers über ein darunterliegendes Bild oder eine Farbe, so daß diese noch durchscheinen.

SCHATTIERUNG
Ein Farbstich oder eine Farbabstufung.

SCHRAFFUR
Eine Zeichentechnik, bei der mittels paralleler Linien Formen, Farbtöne oder Schatten geschaffen werden.

SGRAFFITO
Eine Technik, bei der in eine pigmentierte Oberfläche gekratzt wird, um eine Textur zu erzielen. Mit jedem scharfkantigen Gegenstand, vom Messer bis zum Fingernagel, läßt sich dabei jedwede Form schaffen.

STOCKFLECKEN
Die braune Verfärbung von Papier, die auftritt, wenn die Verunreinigungen des Papiers mit der Luftfeuchtigkeit reagieren.

SUBTRAKTIVE FARBEN
Farben, die Licht eher absorbieren, statt es zu brechen – das gilt für die primären Pigmentfarben wie auch für die aus ihnen gemischten Farben.

TEXTUR
Beschaffenheit, Gefüge einer materiellen Oberfläche.

TONWERT
Die Dichte der Farbe in einem Bild.

TRÜBUNG
Der graue Schleier, der sich bei einer Zeichnung über eine kräftig verwischte Farbe legt. Er wird durch das wachsartige Bindemittel der Pigmente im Farbstift hervorgebracht und verteilt sich in großer Menge über der Farbe. Man kann ihn wegwischen und verhindern, daß er sich erneut bildet, indem man die Zeichnung mit einem Fixativ besprüht.

ÜBER DER HAND ZEICHNEN
Die Striche werden aufgebracht, indem man den Stift wie beim Schreiben zwischen Daumen und Zeigefinger hält. Mit dieser Haltung hat der Künstler die größte Kontrolle über den Stift und kann am genauesten zeichnen.

UNTER DER HAND ZEICHNEN
Die Striche werden gemacht, indem man den Stift unter der Hand hält und mit dem Daumen und den anderen Fingern führt. Die so erzeugten Striche sind breit, skizzenhaft und eignen sich, um große Bereiche zu bedecken.

VERMALEN
Farben entweder mit Hilfe eines Lösungsmittels, wie etwa Wasser, durch Darüberreiben oder durch Übermalen so verschmelzen, daß keine Übergänge oder auch Striche mehr erkennbar sind.

VORZEICHNUNG
1 Vorläufige Zeichnung mit Bleistift oder Kohle, aus der das eigentliche Werk entwickelt wird.
2 Eine Skizze oder angedeutete Zeichnung, die später noch ausgearbeitet werden soll.

ZUSCHNEIDEN
Die senkrechten und waagerechten Ränder eines Bildes abschneiden, um ungewollte Elemente zu entfernen oder um bestimmte Blickwinkel oder spezifische Aspekte einer Zeichnung besonders hervorzuheben.

Register

Danksagungen

Der Verlag dankt allen, die dabei geholfen haben, dieses Buch zu machen. Das gilt vor allem für Justin Scott, der sein Atelier zur Verfügung stellte. Der Firma Langford and Hill sei gedankt für die Materialien, die sie zur Verfügung stellte, und besonders auch Rexell Cumberland für ihre großzügige Unterstützung und die zahlreichen Materialien.

Die Werke folgender Künstler wurden verwendet:
Alan Adler 64–65, 70–71, 138–141
Susan Alcantarilla 96–97, 112–113
Adrian Bartlett 86–89, 106–107
Chloe Cheese 48–51, 52–53
Paul Finn 92–95
Elaine Mills 54–55, 98–99, 114–115
Stuart Robertson 148–151
Piers Sanford 77–85
Ian Sidaway 36–37, 38, 40–47, 56, 58–63, 66–69, 76, 78–83, 85, 90–91, 100, 102–105, 108–111, 116, 119, 120–123, 124–127, 132, 135, 136–137, 142, 144–147, 152, 154–158, 160–165
Stan Smith 128–131

Weitere Illustrationen
Ian Logan Ltd. 6
Spectrum Artists Ltd. 10–11
Fotos von Paul Forrester 16–27, 118, 134
Fotos von John Wyand 28–29, 156, 158–160, 161–167, 169